自主潜航器仿真模型及其可信度评估

主编　郭晓俊
编著　苏绍璟　黄芝平　刘纯武　张羿猛
　　　赵德鑫　刘　晔

国防工业出版社
·北京·

内容简介

自主潜航器在海洋科学探索、军事工程等领域有着广泛应用。由于试验条件的限制,仿真是现场试验的重要辅助手段,仿真模型的可信度水平衡量着仿真试验数据的可用程度。本书是一部专门研究自主潜航器仿真模型及其可信度评估理论、方法与技术的著作。作者在全面阐述自主潜航器仿真模型基本理论及常用建模方法的基础上,重点研究面向仿真应用的非高斯混响、匹配场等自主潜航器建模及仿真的新方法及技术,并深入探讨其仿真模型的可信度评估方法及应用。

本书适用于从事航天、航空、航海、能源、工业等方面研究、仿真及试验分析的科学工作者、工程技术人员和高等院校教师参考,亦可作为高等院校高年级本科生和研究生的教材。

图书在版编目(CIP)数据

自主潜航器仿真模型及其可信度评估/郭晓俊主编.
—北京:国防工业出版社,2017.6
ISBN 978-7-118-11331-0

Ⅰ.①自… Ⅱ.①郭… Ⅲ.①可潜器-仿真模型
②可潜器-技术评估 Ⅳ.①U674.941

中国版本图书馆 CIP 数据核字(2017)第 156129 号

※

国防工业出版社 出版发行
(北京市海淀区紫竹院南路 23 号 邮政编码 100048)
天利华印刷装订有限公司印刷
新华书店经售

*

开本 787×1092 1/16 **印张** 16½ **字数** 378 千字
2017 年 6 月第 1 版第 1 次印刷 **印数** 1—2000 册 **定价** 68.00 元

国防书店:(010)88540777 发行邮购:(010)88540776
发行传真:(010)88540755 发行业务:(010)88540717

前　言

随着计算机技术的发展,建模与仿真技术在社会、军事领域的应用愈加深入与广泛,计算机仿真成为继科学理论与科学实验之后第三种认知客观世界和改造客观世界的重要手段。随着对海洋科学领域的深入探索和研究,自主潜航器日益成为人们的得力助手。自主潜航器不同于其他领域(空中、地面)的航行器,其运动、通信、目标检测等都涉及较复杂的水文和气候条件,对于用于军事领域的鱼雷等航行器更是如此。由于试验条件的限制,自主潜航器在对模型进行测评或在现场试验中,都不可能实现试验样本的中大样本量(几百甚至上千上万),因此仿真成为其重要的辅助手段,仿真模型的可信度水平衡量着仿真实验数据的可用程度。

遵循钱学森等老一辈科学家的系统科学研究思路,在进行复杂系统研究尤其是复杂巨系统研究时,必须要从系统科学思想出发,采取6个相结合的复杂系统综合研究方法,即定性判断与定量计算相结合、微观分析与宏观综合相结合、本体还原论与整体论相结合、确定性描述与不确定性描述相结合、科学推理与哲学思想相结合及计算机模拟与专家智能相结合。目前,国内对于自主潜航器相关声学模型的建模及仿真研究、自主潜航器仿真模型及试验分析研究的著作还比较缺乏。作者所在研究团队,在自主潜航器建模与仿真领域潜心攻关多年,在相关声学模型建模及仿真模型的可信度评估方面积累了大量的研究成果。结合国家、军队的重大发展研究计划及自然科学基金面上项目的课题研究,本书为自主潜航器相关声学(混响、声呐)模型仿真建模及仿真模型的可信度评估提供了良好的理论及实践参考。

本书共7章,从内容与结构上可以分为四个部分,具体内容如下:

第一部分(第1章):本书的研究背景,论述目前国内外自主潜航器建模与仿真、仿真模型可信度评估的研究现状,以及介绍本书的主要研究内容及组织结构。

第二部分(第2~3章):通过统计模型结合物理现象的方法,以海底混响为建模对象,以SαS分布为基本模型,对浅海海底混响的幅值及包络分别进行建模;并研究基于SαS模型的混响预白化技术,为非高斯混响噪声背景下的信号检测提供有效方法;从阵列信号出发,以冲击混响为研究对象,对浅海混响背景下的阵列信号探测及信号参数检测进行研究,提出适合冲击混响噪声的高分辨率阵列信号检测算法。

第三部分(第4~5章):基于常用的匹配场处理方法和声场建模方法,将匹配场处理方法应用于静止的水平短线列阵,并研究在二维海洋环境中基于静止水平短线列阵的匹配场定位性能;针对自主潜航器的定位问题,提出了一种基于小波变换的灰粒子滤波算法,并通过对比分析验证该算法的有效性;提出一种基于自主潜航器舷侧阵的浅海远程目标三维被动定位方法,并对该方法在不同信噪比下的定位性能进行评估。

第四部分(第6~7章):基于测试精度的需求给出试验子样容量等级的定义,从静态模型可信度的测试评估出发，探讨两种最常用两类分布的性能参数——最大航程和命中概率的小子样试验数据测试评估方案，并为两类常用分布的序贯检验试验样本量提供试验样本需求量参考表；总结自主潜航器控制系统模型的不确定性特性，探讨含语义评判的混合动态多属性决策问题决策准则的普适化实现；系统研究灰箱系统辨识理论框架及方法技术，对自主潜航器非线性基本运动模型进行灰箱系统辨识，通过基于一定先验的灰箱辨识将动态模型的可信度测试与评估转化为静态参数的一致性检验。

本书在编写过程中参考了大量的国内外文献和研究成果(列举在参考文献中)，在此对这些学者和研究人员表示真诚的感谢。本书的出版得到了国家自然科学基金(面上项目:基于不确定性的AUV仿真模型验证及小子样试验分析研究，项目编号:61374008)和国防科学技术大学机电工程与自动化学院仪器科学与技术学科一流课程体系建设项目的大力支持，在此表示诚挚的感谢！本书的出版还得到了国防工业出版社辛俊颖编辑的大力支持，在此表示衷心的感谢。

自主潜航器建模与仿真及其仿真模型的可信度评估技术还在不断的深入发展中，许多研究工作还需要不断的创新与完善。尽管作者在编写过程中做了很多努力，但由于水平有限，不妥和纰漏之处在所难免，敬请广大读者和专家批评指正。

编　者
2016年9月
于国防科学技术大学

目　　录

第1章 绪 论

1.1 AUV仿真概述

1.1.1 自主潜航器

无人潜航器(Unmanned Underwater Vehicle, UUV)作为高技术的水下无人作战平台,近年来已在情报、监视与侦察、军事防御以及海洋科学试验和工业等领域发挥了重要作用,因此备受各国海军关注[1-4]。无人潜航器主要分为遥控式潜航器(Remotely Operated Vehicle, ROV)和自主式潜航器(Autonomous Underwater Vehicle, AUV)两大类,本书主要针对自主式潜航器展开研究。早在19世纪80年代,很多有远见的学者和工程师们就提出要设计建造出一种无人的水下航行器,它不仅要能够以较低的成本代替完成很多有人舰船和潜水器所承担的任务,而且更重要的是要具备到恶劣或者危险地区工作的能力。如今,AUV技术的迅速发展,已将这个梦想逐渐变成了现实[5-11]:电池技术的成熟使得装备了高性能导航系统的AUV具备长时间巡航的能力;电动力驱动系统的发展使得AUV在航行过程中噪声低而且振动小,这些特点都是在水声测量中所期望的;靠泊系统赋予了AUV不需要被回收到水面上而仍能持续工作的能力;声呐技术的进步使得当前的AUV已经能够进行复杂的声信号处理,可以使用其主动声呐探测周围环境和可疑目标,或使用被动声呐执行反潜任务。

2009年,美国发布针对中国的《"空海一体战"——战役构想的起点》研究报告,指出AUV是传统反潜平台之外最重要的反潜装备之一,并明确提出了继续研发并装备远程/高续航能力无人水下运载器用于反潜跟踪的建议[2-4]。目前,美国海军的AUV分为以下四大类:

(1) 便携式AUV,重量为11.3~45.4kg,续航力可达10~20h,潜航器外形各异,没有特别明显的共性特征,如图1.1所示[12,13]。

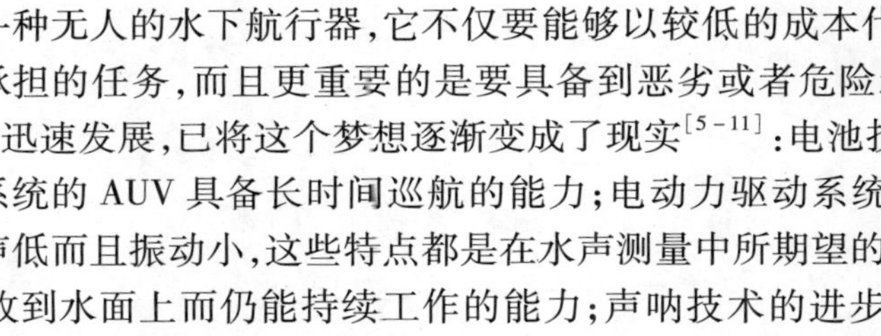

图1.1 美国海军便携式AUV

(2) 轻型 AUV,直径为 0.32m,重量约为 266.8kg,有效载荷运载能力比便携式 AUV 大 6~12 倍,续航力是便携式的 2 倍。

(3) 重型 AUV,直径为 0.53m,重量约为 1360.8kg,各种能力均比轻型 AUV 高 2 倍以上,一般装有与潜艇兼容的装置,可通过潜艇布放和回收。

(4) 大型 AUV,重量约为 10t,既可以使用水面舰艇(如濒海战斗舰)为母舰,也可以使用潜艇(如攻击型核潜艇和巡航导弹核潜艇)为母舰。

其中,重型和大型 AUV 是具有反潜战潜力的类型。2004 年,美国海军制定的《无人潜航器主计划》中,将 AUV 反潜战任务归结为以下 3 种作战概念[2]:风险控制——监控所有出港或经过关键通道的潜艇;海上保护——为航母打击群或远征打击群清理出一个安全的作战区域;安全通道——为航母打击群或远征打击群清理出一条安全航线,如图 1.2所示。

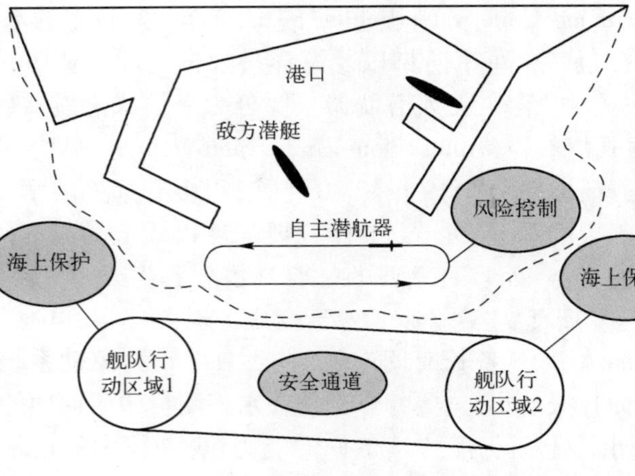

图 1.2　AUV 的反潜作战任务示意图

根据美国海军的《情报、监视与侦察路线图》以及其研究办公室公布的资料,美军计划在 2014 年建成大排水量 AUV,从 2017 年起服役,到 2020 年左右形成一支 AUV 部队。设想中的大排水量 AUV 将完全自主控制、续航时间长、可以从岸上发射、具备浅海活动能力,而且通过配置不同的装备,能够长时间执行情报、监视和侦察、长航程的海洋测量、爆炸物处理、反水雷战、反潜战等任务[12-15]。AUV 的灵活性和隐蔽性特点使它更适合在敏感和存在争议的海区执行水下军事任务,在未来的海战场,AUV 在反潜战中的作用及表现将成为一个新的关注点。

1.1.2　自主潜航器仿真技术

科学实验是人们改造自然和认识社会的基本活动与主要手段。科学实验有两种途径:一是在实际系统进行试验,称为实物试验或物理试验;二是利用模型完成试验,即模型研究或系统仿真。一个有效模型必须能够较好地反映原型的主要表征、特性及功能,并具有如下基本性质:普遍性(或等效性)、相对精确性、可信性、异构性及通过性[16]。

(1) 普遍性是指一个模型可能与多个系统具有相似性,即一种模型通常可以描述多个相似系统。

(2) 相对精确性是指模型的近似度和精度都不可超出应有限度和许可条件。

(3) 可信性是指模型必须通过可信度测试与评估,使之具有满意的可信度。

(4) 异构性是指对于同一系统,模型可以具有不同的形式和结构,即模型不是唯一的。

(5) 通过性,即模型可视为“黑箱”,通常能够利用输入/输出实验数据辨识出它的结构和参数。

仿真试验,即利用仿真模型,研究由于成本、试验周期、环境等因素制约而难以大量进行或无法进行现场(物理)试验的过程,仿真试验大量应用于武器性能评估领域[17-21]。仿真试验所用模型的可信度水平成为衡量仿真试验被用户接受及对现场试验的辅助程度的重要因素。

由于各种新技术的不断涌现和性能指标突破、武器更迭速度加快,在 AUV 相关武器采办、论证、研发、作战效能评估各阶段所能支配的时间大大缩短。特别是在具有高复杂度、高成本特点的相关武器领域,现场试验的次数及试验覆盖率受到较大限制。仿真试验技术应运而生,成为现场试验的主要辅助手段。具有较高可信度的仿真模型,可以产生用户需要的较大数量的试验数据,对现场试验的试验结果分布提供一定的先验认知,仿真模型的可信度水平是仿真试验数据可使用程度的衡量标准。

仿真试验与仿真验证技术,已被越来越多地应用在国内外军工产品研制中,它通过各个阶段的建模与仿真和仿真试验获得充分可信的武器装备性能的相关信息,减少了武器装备采购过程中的盲目性和不确定因素,增强了决策的合理性和科学性[16]。仿真试验是相对于真实产品的物理试验而言的。是在长期积累的大量有关数据、有关的动力学模型以及各类三维模型的基础上,利用高性能计算机、网络环境、传感器或各种虚拟现实设备,建立能方便地进行人机交互的虚拟环境或虚实结合的环境,在此环境中对实体、物理样机或虚拟样机进行试验,用可视化的方法观察被视物体的性能及其相互间的关系,并对试验结果进行分析与研究[17]。军工领域的仿真试验是指在虚拟环境条件下,利用计算机建模与仿真技术、通信技术和计算机网络技术,对武器装备性能进行的试验,主要考核武器装备功能和性能是否达到设计要求。它为武器装备的性能测试、试验、战术技术指标考核、综合性能评估和开发提供了一种新的途径,是国防科技工业领域中的一项关键技术及军工产品的一项重要试验手段[18]。

仿真试验技术属于可控制的、无破坏性的、耗费小并允许多次重复的测试手段。在复杂产品的研制过程中,仿真试验可以在一定程度上替代传统的物理试验,减少物理样机制造、测试次数,使测试不受场地、时间和次数的限制,并实现对测试过程的记录、重复与再现,实现设计者、产品用户在设计阶段信息的互反馈,使设计者尽早发现并解决设计过程中存在的潜在问题,从而达到缩短新产品测试周期、降低测试费用、提高产品质量的目的[17]。与传统试验相比,仿真试验能够缩短研制周期,降低研制费用和风险,形式更加保密,并且能够实现某些传统试验中无法实现的试验重现。

早在 20 世纪 60 年代,美国的海军实验站和日本的三菱重工业公司就已经将仿真应用到 AUV 的研制中了,建成了自导 AUV 制导全系统的半实物仿真系统[22]。此后,用于 AUV 半实物仿真和全数字仿真的 AUV 仿真软件得到迅速发展。英国的 Marconi 水下系统在“鲔鱼”和“矛鱼”的研制及验证中起着重要作用。美国罗德岛的美军海军水下站中心(National Undersea Warfare Center, NUWC)战术集成综合环境(SETI)是其仿真试验成功应用的实例之一,它可将高置信度的仿真 AUV 与舰队中一定深度和速度下作战的潜艇集成在一起,利用水下跟踪系统、水声遥测系统和广域网技术,它还可将仿真武器与战术声呐系统和潜艇火控设备集成在一起[23]。我国在 20 世纪 50 年代也开始军事仿真有关理论及软硬件的研究,航天一院和国防科技大学联合研制的 CZ2E 运载火箭姿控系统半实物仿真试验系统、国防科技大学构建的基于仿真的采办(Simulation - Based Acquisition, SBA)协同环境体系结构为 SBA 提供了基于网络的框架支持。但因为缺乏统一的标准(国家标准或军事标准),在研制过程中并不能很好地实现跨系统的集成或联合作战演练等。国内开展 AUV 有关模型仿真研究始于 20 世纪 50 ~60 年代,研究的主要方向也由模拟机为平台的控制回路数学仿真转变为数字机、工作站为平台的各类 AUV 仿真软件技术设计[22,24-26]。据统计,仿真试验技术可缩短导弹武器研制周期 20% ~40%,减少 AUV 实航次数 50% ~80%,仿真试验技术已在各类导弹(含 AUV、运载火箭)、卫星、舰船等的研制中发挥举足轻重的效用。

1.2 国内外研究现状及发展趋势

1.2.1 AUV 相关模型研究

1. 声学相关模型

当代人类对海洋的认知需求是多方面、多层次的,大到社会生活和军事安全,小到各个具体的部门行业,利用声呐探测和认识海洋已和人类社会的进步发展息息相关。例如,海洋环境探测中,需要借助声呐了解海洋的结构分布、海底的材质组成、水流的变化特性、内涡湍流的成因等;资源勘探中,需要利用自然资源对声呐声波的反射、散射性质与海底环境不同的特性发现和估计埋藏于海底的自然资源的位置及分布;生物探索中,需要利用声呐了解处于海洋深处的生物的生态特性和活动规律;海运海航中,需要利用声呐探测发现前方及周围的障碍和危险,并提前进行规避;军事上对声呐的依赖性更加强烈,声呐可以及时发现并跟踪隐藏于海洋中的危险目标,以防御和阻止敌对势力的入侵,此外如潜艇和水下航行器等水下航行工具还需借助声呐进行必要的水下通信。

其实早在 20 世纪人们就已经发现,声波是水媒质中唯一能够远距离传输信息的载体[27-31],因此声呐技术的发展和应用一直被重视和强调。第二次世界大战结束至今的七十多年是声呐技术突飞猛进的发展时期,电子技术特别是微电子技术的发展、人们对海洋中声传播规律的掌握,以及导弹武器和核潜艇的出现等,是推动声呐技术发展的主要因素[32]。进入 21 世纪,各国之间在海洋领域的竞争空前激烈,从军事侦测到资源勘探,从国土安全到社会生活,声呐在军事、环境、资源、生物等众多领域中都具有非常广阔的应用前景和很高的应用价值。例如在军事领域,美国海军“洛杉矶”级核潜艇上一直装备有最先进的 TB -23/BQ 声呐设备,使其具备快速精准的搜索和攻击能力。2010 年 3 月韩国“天安”号事件的发生,再次引发了各国海军对潜艇等水下目标的探测能力的强烈关注,美国海军决定研发新技术来提高声呐设备的反潜能力。

由此可见声呐技术的重要性非同一般。人们根据运用目的和范围的不同将声呐设计成满足不同指标的探测设备，但其工作的基本原理都是相同的，即依靠接收和分析在水中传播的具有某些特性的声波实现对目标的探测和定位。声呐按照工作方式的不同主要分为两种基本类型：一种是被动式声呐，其设备本身不发射声波，而是通过水听传感器接收来自指定方向范围内的声波信号，并通过信号处理从噪声信号中提取目标信息；另一种是主动式声呐，其通过自身的发射器向指定方向发射被设计成具有某种特性和规律的声波，并通过接收和处理回波提取目标信息。近年来，由于潜艇的消声静音技术发展迅速，依靠被动声呐的探测性能很难发现潜艇的行踪，这无疑给各国的海域带来了巨大的安全隐患，反潜技术面临新的挑战。2012 年 10 月发生的美巡洋舰与核潜艇的相撞事故就能从侧面反映出探测声呐的现状处境。美国海军负责潜艇战的一位高级官员在向美国国防部提交的一份报告中指出，很多国家的静音潜艇经常在沿海高噪声的浅水水域活动，以往用于探测舰船发出噪声的被动声呐目前已经无法发现处于攻击位置的低噪声柴电潜艇，而唯一能够发现其行踪的装备就是主动声呐，因此主动声呐的地位和作用被再一次强调。近海浅水一直是噪声来源多、干扰强的水域，人类频繁的海上活动、各种船只进出港口、浅海生物的活动、潮汐改变引起的海况变化，都会生成各种不同频段的噪声，对目标噪声产生干扰甚至淹没目标噪声，这将严重阻碍被动声呐的正常工作。因此世界各国现役的各类潜艇和舰船上，大部分均装有用于发现目标和攻击目标的主动攻击声呐，以加强舰船在危险形式下的生存能力与作战性能。除了军事运用，在海底自然资源勘探、海运障碍规避等许多领域，都必须借助主动声呐来完成任务。采用主动声呐可以直接在声波照射范围内进行目标探测，理论上即使目标噪声很小也无法逃避声呐的搜索。然而大量研究和试验[33-40]表明，浅海环境下主动声呐的探测性能也受到强烈的干扰。分析主要原因：浅海海水深度较浅，发射的声信号在水中进行中远距离传播时会经历海面及海底的多次反射，引起强烈的多径效应，影响目标检测的精度；此外，由于声呐距海底的距离较小，海底对声波的散射作用会产生强烈的混响干扰，更加不利于目标信号的检测。下面具体分析浅海下混响的形成及其对声呐的影响。

对于主动声呐，混响是其工作时特有的一项背景干扰。声在海洋中传播时，由于介质的各种非均匀性及其介面的不平整性，将产生部分散射[41]。混响就是由海洋中大量无规则散射体对主动声呐信号进行反向散射后在接收端叠加形成的随机噪声[42,43]。与环境噪声相比，混响与发射信号的特性更为相似，从频谱上几乎无法区分两者，这严重干扰了声呐对真实目标信号的检测能力，降低了主动声呐的工作性能。混响的形成起源于散射体的散射作用，通过对散射体来源的不同可以把混响划分为海面混响、体积混响以及海底混响。海面的散射作用[44,45]起源于海洋表面，由海风、引力、人类及海洋生物的活动引起海洋表面的不平整介面，以及海水翻动形成的气泡层，都能对声波产生散射作用，这类散射引起的混响归类为海面混响。体积混响[46,47]的散射来源较为复杂，包括海洋中广泛分布的鱼类、海洋生物和微生物、杂质以及海水温度、盐度等的变化引起海水介质密度的非均匀性等，均可引起不同程度的散射。海底的散射[48-51]来源于海底介面的不平整性。海底介质的非均匀性以及分布于海底表面的各种杂质均可引起不同程度的散射，这类散射引起的混响归类为海底混响。此外，根据产生混响的散射体与声源、接收水听器的距离远近不同可以将混响分为近程混响和远程混响。

浅海区域是个复杂的混响生成环境。浅海是人类活动最频繁的海域，各种海湾港口是海运船只出入的密集场所，加上潮汐和海风等外界因素的作用，加剧了海面介面的不平整性，也加强了海面的散射作用。但事实上，由海底散射形成的混响产生的影响往往更加强烈。从地形结构上讲，浅海区域是大陆架延伸的地带海水深度较浅，海底距声源的距离较深海更近，因此海底对声波的散射作用更加强烈；此外浅海区域的海底表面介质成分复杂，介质散射性强，进一步加强了海底散射作用的强度。

可以说浅海海底混响是主动声呐工作时的主要干扰，其对声呐探测产生诸多方面的影响。从浅海环境来讲，首先海底混响的强度等级较强，在主动声呐工作时，其真正感兴趣的目标信号可能淹没于高强度的混响噪声中，加之目标信号与混响噪声存在诸多的相似性，加大了信号检测的难度；其次，海底混响的强度等级受环境和散射体分布影响，连续的混响波动将影响系统检测阈值的大小和分级强度[52]，增加了系统检测的虚警概率，造成检测过程的不稳定。海底混响已成为水声领域广泛关注和研究的对象[53-59]。此外，主动声呐的硬件配置同样影响混响的分布形成。被探测目标的自身特性是决定目标信号强度的重要方面，但如尺寸材质、反射系数等目标特性通常不由声呐决定，因此声呐只能通过发射具有一定特性规律的声波对目标进行照射并接收带有目标特征信息的回波进行判断。声波在激励目标的同时也引起了有效声传播区内散射体的声散射，因此散射形成的混响对声呐的影响是不可避免的。具有不同波束宽度（窄指向性）的声呐能引起其照射范围内散射体分布特性的改变，从而改变混响的统计特性。

散射体的随机分布决定了混响的形成是一种随机过程现象，通过统计模型建立与现象的联系是一种有效的分析方法，基于建模方式分析混响的手段已受到业内的一致认可。而散射体分布变化的多样性导致混响统计特性的不同，使得建模的多样化发展趋势成为必然。根据海底混响建模目的的不同可以大致分为两种情况：一种是通过建模实现不同海底环境中的混响噪声合成，为声呐仿真和性能估计提供可靠和准确的模拟噪声源[60-63]；另一种是通过建模找到能高度拟合混响实验数据的模型[64-69]，为提高后期信号处理能力做准备。纵观数十年混响建模的发展历程可以发现，混响模型的好坏直接影响到对混响统计特性的认识及基于模型的抗混响研究技术的发展，原因有两点：一是模型的适用性建立在与混响现象相联系的基础之上，当统计模型可以合理解释特定环境下混响形成的自然过程时，模型的统计分布特性往往可以有效反映混响的统计特性，从而提高模型的可靠程度；二是模型的准确性往往反映在与混响分布的拟合程度上，具有更高拟合度的模型能保证基于此模型的算法具有更小的误差及更高的精度。因此在建模时需要综合考虑两方面因素，使模型与实际现象相结合。

经典的高斯模型在散射体分布满足中心极限定理（Central Limit Theorem, CLT）条件下能较好地解释混响过程，但在声波发射条件改变或是特殊的海洋环境下，散射体分布不能满足 CLT 时，混响幅值分布将偏离高斯分布。在复杂易变的浅海环境下，产生的混响会严重干扰主动声呐的目标探测过程，增加系统的信号处理误差，降低声呐定位的准确度。特别是海底混响，其强度由介面的近距离散射效应以及介质的强散射系数决定，介面的不平整性能引起声波入射时的掠射角的变化，部分强烈的散射作用导致混响幅值具有一定的冲击特性，加剧了混响包络起伏的波动性。高斯模型在建模浅海海底混响上已不具备普适性，寻找和选择一个更具代表性的非高斯模型将更加有利于我们认识和了解浅海海底混响。非高斯混响建模在国外水声研究领域中已有较为丰富的理论成果，但在国内还处于探索与起步阶段，本书的相关研究内容在此严峻的背景形势下应运而生，研究非高斯混响建模的理论意义和实用价值十分巨大。

2. AUV 控制系统模型

AUV 控制系统的作用是：操纵 AUV 沿着预定的弹道航行，当 AUV 在航行过程中受到干扰偏离预定弹道时，控制系统能操纵 AUV 回到预定的轨迹，使 AUV 能按预定弹道航行。AUV 的控制系统有一百二十多年的历史，自 AUV 发展初期至现代有了很大的发展。

AUV 空间一般运动有 6 个自由度，其中包括重心空间运动的 3 个自由度和 AUV 绕重心转动的 3 个自由度。6 个自由度的运动可归纳为纵向运动和侧向运动。纵向运动包括前进运动、爬潜运动和俯仰运动。侧向运动包括侧移运动、偏航运动和横滚运动。描述 AUV 空间运动的独立变量，称为 AUV 的运动参数。

AUV 控制系统的主要作用就是对这些运动参数的部分或全部进行自动控制，使 AUV 按战术要求的战术基准弹道航行。按照所控制的参数不同，分为航向控制系统、深度控制系统、纵倾控制系统、横滚控制系统等。现代 AUV 航行深度范围大，航程远，航速高，变速制，AUV 的特征参数在很大范围内变化，并要求实现各种战术弹道，如垂直命中末弹道等，对控制精度要求特别高，传统的控制技术已不能满足要求，需要采用最优控制、最优估计、系统辨识、自适应控制、鲁棒控制、容错控制、智能控制等现代控制理论与技术。高速度、大容量微型计算机在 AUV 上的在线运行，为应用现代控制理论分析、综合、设计复杂的 AUV 导航与控制系统提供了可能，有利于促进 AUV 导航与控制大系统向信息化、综合化、智能化、高精度方向发展。

AUV 控制装置（自动驾驶仪）和 AUV 按照闭环负反馈原理组成 AUV 导航与控制系统。其工作原理是：敏感元件测量 AUV 的实际运动参数，并输出相应的信号同运动参数的设定值进行比较，当 AUV 偏离轨道限定的战术基准弹道时，即产生偏差信号，经信息处理装置综合放大后成为符合控制规律的信号，操纵伺服机构（称为舵机），使舵面产生相应的偏转。由于 AUV 自控系统采用负反馈原理连接，其结果是 AUV 运动趋向按战术基准弹道航行。当 AUV 达到战术要求的航行姿态时，控制信号为 0，舵面回到平衡状态，AUV 按所要求的弹道航行。

对 AUV 控制系统的研究大多集中在 AUV 流体动力方程、运动方程及控制率的研究上，仿真技术在 AUV 控制系统的研究中发挥了重要作用[70]，相关数学模型（全数字仿真）及半实物模型（半实物仿真）广泛应用在 AUV 应用研究的各个阶段。对 AUV 控制系统仿真模型的研究，旨在通过仿真试验测试其模型结构或者特征参数的性能表现，节约实航试验成本。

1.2.2 仿真模型可信度评估研究

1. VV&A 与可信度测试评估理论体系

在仿真模型开始应用的 20 世纪 50 年代，人们已经开始对模型的准确性及对于应用的可信度进行研究[71]了。在 20 世纪的 80 年代左右，校核、验证与确认（Verification，Validation and Accreditation，VV&A）开始作为一个整体概念出现在各种资料及文献中，到 90 年代，VV&A 理论不断得到充实和丰富，以美国国防部建模与仿真办公室（DMSO）为代表的各国军方都为本国的 VV&A 标准化和规范化工作制定了基本纲领[72-75]。这些标准基本上涵盖了贯穿于全生命周期的 VV&A 工作的具体步骤、遵循原则、所有步骤的 V&V 评估方法、数据有效性、文档管理等方面，大大促进了 VV&A 技术在各个领域仿真系统的可信度评估工作。尤其是其中的 IEEE1278.4 标准和 IEEE1516.3 标准分别为 DIS 和 HLA 仿真用户和开发者提供了 VV&A 指导。几乎与 VV&A 理论研究同步，测试与评估（Test and Evaluation，T&E）的理论体系及相关应用领域内的实现也在同时进行，国际测试评估协会（International Test and Evaluation Association，ITEA）尤其是军方有关测试评估部门如美军测试评估部（U. S. Army Test and Evaluation Command，ATEC）等，尤其重视建模与仿真（Modeling and Simulation，M&S）在军事性能测试评估（Operational Test and Evaluation，OT&E）中的应用，并提出有必要将 M&S 的可信度测试评估工作纳入到现场试验的规划中，以便更好地为仿真试验模型的验证提供匹配的现场试验数据[76-79]。

国内对 VV&A 理论的研究起步相对较晚，在 20 世纪 90 年代以前，国内期刊或者学术会议上发表的有关 VV&A 的文章很少，自 90 年代起，以国防科技大学、哈尔滨工业大学、北京航空航天大学、西北工业大学、空军工程大学等为代表的多家单位均较系统地开展了 VV&A 理论研究工作[24,80-84]。国内一些单位在实际仿真系统的测试、验证方面以及仿真系统可信性问题方面进行了一些研究工作，如国防科技大学开发了战略导弹六自由度实时仿真系统[80]，北京航空航天大学对飞机防滑控制系统进行了分布式实时仿真，另外西北工业大学和哈尔滨工业大学等单位也进行了相关的研究，基本上对国外 VV&A 理论研究进行了较好地跟踪和发展。目前国内还未颁布有关 VV&A 工作的标准及规范，基本上上述的研究都是参考欧美的相关标准进行的。刘丽等[85]在 M&S 全生命周期中有效地进行 VV&A 过程和测试与评估（Test and Evaluation，T&E）过程，探讨了 M&S、VV&A、T&E 三者的关系。曹星平等[86]分五种应用背景讨论了 VV&A 与 T&E 的区别与联系，并探讨了将两者集成实施的方法。张伟等[87]提出了基于模型测试的作战仿真模型可信度分析方法，指出应该将测试过程、测试分析贯穿于作战仿真模型的建模过程中，以提高作战仿真模型可信度。

2. 小子样统计推断理论及应用

从 20 世纪 80 年代起，美国等国就开始采用贝叶斯小子样理论对导弹的精度和可靠性进行评估应用[88-90]，“天空闪光”因其很强的技术继承性，仅 6 次试验就满足了作战鉴定的需求，是小子样方法成功应用于武器系统的典型。俄罗斯针对武器系统的 M&S 及其 VV&A，较深入地研究了小子样方法，其“白杨”-M 及后续系列继承和发展了其着眼于全生命周期、多源信息的试验评估理念[91]。贝叶斯方法的引入在减少专家（Subject Matter Expert，SME）主观干扰、减少现场试验次数、充分利用已有信息等方面表现优越[92]。

小子样静态模型可信度评估主要体现在小子样情况下两个总体或多个总体的分布相容性检验，其内容包含贝叶斯点估计、区间估计及贝叶斯序贯检验等几个主要部分[93]，其旨在实现：同等精度水平下，实现统计推断所需的数据量较少；在同等数据量情况下，实现更高精度的统计推断。贝叶斯小子样理论是充分利用多源信息（总体信息、样本信息、先验信息）实现小样本高精度的数据统计推断方法。贝叶斯方法要求先验分布已知或可推断，近年来贝叶斯理论的研究热点也多集中在先验分布的求解方法上，针对各种应用背景下的多种先验分布下的共轭先验分布也已经得到推导[94,95]。虽然共轭先验分布提供了相当大的便利，但合理的先验分布的选取则是第一重要的，不合理的先验分布可能会影响到参数的统计推断的精度[96]。在无先验分布信息可用时,基于马尔可夫链的蒙特卡罗和 Bootstrap 可分别提供先验分布基于转移概率似然原理和频率学的获取途径[97-100]。

小子样试验特征参数的统计量估计对于数据统计处理相当重要,贝叶斯方法提供了较经典频率统计学置信区间长度更短的最大后验密度(High Posterior Density, HPD)可信区间。由于对先验信息的充分利用,HPD 可信区间具有更好的收缩性,在进行先验分布的估计时,Bootstrap 方法被广泛应用[101]。

在对武器系统进行参数指标鉴定时,即对试验参数模型及设计参数模型进行可信度测试评估时,A. Wald 提出了序贯概率比检验(Sequential Probability Ratio Test, SPRT)方法[102]。较之传统方法,SPRT 方法在拒绝区域和接受区域之间构建了一个缓冲区域,避免了因一次试验的成败而产生截然不同的判决,在减少试验样本量、降低两类风险方面改善显著。但这种方法没有考虑先验信息,以致历史试验数据或经验数据没有得到充分利用,试验样本量依然较大。基于 SPRT 实现的簇检验[103]及基于贝叶斯最大似然原理建立的序贯验后加权检验(Sequential Posterior Odd Test, SPOT)方法[104,105],在缩减试验样本量方面效果明显。

国内小子样试验评估技术方法的研究源于钱学森、朱光亚等科学先驱的倡导,张金槐、唐雪梅等开展了大量的研究,在导弹武器装备的全生命周期试验鉴定及相关战术技术指标的评估方法上取得了较大进展[106-109]。国内有关小子样相关技术及理论的文献为数不少,但是不同领域的学者对于小子样的界定却相差颇大,国内较早提及小子样统计推断是在进行总体分布为χ^2分布、student t 分布及 F 分布时均值方差及均方差的估计时,文章建议以 50 为界作为大小子样的分割线[110],值得注意的是文章还没有涉及小子样的贝叶斯统计技术;不管总体分布为何,一般样本容量在 100 以下的统计推断问题被认作小子样问题是得到大多数人认可的[111,112]。在对自动目标识别(Automatic Target Recognition, ATR)算法识别率进行估计时,几百的数据量在经典频率统计理论下依然无法满足精度的需求,而被认为只能称为“中样本”[113]。很显然,在经典方法无法满足精度需求时,子样容量的性状问题才会被纳入研究范围,而子样容量的大小制约着统计推断的精度及可信度。针对极小子样(样本量在 10 以内)试验数据的统计推断,文献[109]提出了一种快速收敛点估计算法,利用经验分布函数与分位点函数的转换,并依据 Shannon 熵不确定性极大值原理,通过求解熵极值曲线与可行解曲线簇的切点,即数学期望的点估计,为无先验信息的极小子样武器系统精度评估提供了统计推断手段。文献[113]针对雷达自动目标识别(Automatic Target Recognition, ATR)性能评估中样本量特性,使用了最小长度准则对 ATR 算法的识别率进行区间估计,分别研究了无先验信息和两类典型先验分布下的识别率区间估计和所需试验样本量的关系,为 ATR 评估试验试验样本量预测、设计评估试验、分析先验信息提供了一定的指导意义。

在小子样试验序贯检验研究方面,针对经典 SPRT 算法可能无解以及试验样本量依然很大的缺陷,通过插入一系列检验点,将单个检验问题拆分为若干对假设检验[114],针对二项分布简单假设对简单假设序贯检验建立的序贯网图检验(Sequential Mess Test, SMT),在所需试验样本量及两类风险上都有较大改善。对于成败型产品的抽样问题,一次抽样计数结合 SPOT 的检验方案,大大减少了抽样量[115,116]。针对正态分布总体均值与方差均未知的 SPOT 和截尾 SPOT 检验问题,基于贝叶斯理论基础的联合序贯验后加权检验方案可在抽样试验之前给出假设检验所需的试验样本容量及决策阈值的估计值，可减少试验样本容量，提高试验效费比[117]。文献[118]就多元正态总体均值向量$\boldsymbol{\mu}$和协方差阵$\boldsymbol{\Sigma}$的SPOT检验及截尾SPOT检验方案进行了深入研究，并提出了$\boldsymbol{\mu}$和$\boldsymbol{\Sigma}$的递推估计方法。

3. 动态模型的可信度评估

在人们开始研究模型可信度不久之后，在时域进行动态模型可信度测试的诸多方法开始被不断提出并应用，如相关系数法、Theil不等式法、回归分析、非参数检验方法等[80,119]。20世纪80年代，Montgomery最早开始频谱分析方法在导弹系统的仿真模型验证中的应用研究，并在1983年，将频谱分析方法由单变谱分析扩展到互谱分析技术[120]。1984年，Holmes提出了模型动态特性置信度等级(Confidence Levels in Model Behaviors, CLIMB)的五级方案，为进行模型可信度测试的数据提供了等级参考标准，此标准后被北大西洋公约组织(NATO)采用[121]。

基于时域数据的动态模型可信度测试主要是基于统计理论实现的，Kleijnen讨论了在现场试验数据是否具备的几种情况下，使用Student t分布统计推断方法进行模型验证的实现途径[122]。基于元模型的验证方法比具体的仿真模型具备更高效的估计精度[123]，文献[124]提出了一种新的模型可信度衡量参数——模型可接受度(Model Acceptability Score, MAS)，并比较了元模型下其与均方误差(Root – Mean Square Error, RMSE)及平均绝对误差(Average Absolute Error, AAE)对可信度仿真模型样本量的敏感度，MAS在确定性仿真中对模型样本量具有较低的敏感度。

对于动态系统，频率及频谱是最能反映系统性能和暴露系统问题的重要指标，若两随机过程具有相同的概率分布，则它们也必然有相同的频谱特性；而两随机过程的差异也会通过它们的频谱分布特性反映出来[80]。早期使用的古典谱估计[125,126]，对数据进行加窗、分段和平均处理，已经一定程度上改变了待检验模型的原始频谱特性，另外，经典的谱估计无法提高短时序数据估计谱的分辨率，Burg引用信息熵的概念于1967年首先提出最大熵谱估计，它最大限度地保留了量测区间以外的信息，具有较高的分辨率[127,128]。

上述的无论时域或频谱的模型验证方法，大多是针对平稳随机信号，且只能从时域或频域选择其一进行检验分析[129,130]，而对非平稳信号，需要对信号进行差分、分段等预处理，势必在一定程度上影响检验效果。小波变换在处理非平稳时间序列方面具有分辨率高、局部分析性能较好、在时域和频域同时具有良好的局部化特性等独特优点[131]。基于小波变换多分辨率分析的基本理论和性质，以小波变换系数表征信号特征，从而可将待检验模型数据的相容性检验转化为小波变换系数的相容性检验[82,132]。

由于待评估的系统复杂性的不断增加，系统模型的可信度评估愈加困难，尤其是动态模型的验证中，很少引入SME在系统模型、具体应用领域等方面丰富的经验信息，由于复杂巨系统的可信度评估信息常分散式分布在不同子系统中，基于知识系统的模型可信度评估方法日益受到人们的关注[133-135]。文献[136]提出了一种自动化智能模型验证系统，该系统由验证知识库、决策知识库和验证方法库组成，为复杂分布式系统模型验证提供了智能化实现手段。根据复杂系统模型行为特性，将其表征为连续动态、离散事件、行为关联、聚合行为、关键变量及指标五种模式，并提出五种模式下的模型验证方法，在电磁轨道炮的模型验证中详细阐述了基于知识系统自动化验证的实现[137]。

4. AUV 仿真试验模型的可信度评估

全数字式、半数字式等各模式仿真试验技术已在各类 AUV(含鱼雷、运载火箭)、卫星、舰船等的研制中广泛应用[138-140]。作为一个复杂系统,AUV 具有一般复杂系统最本质的两个特性:涌现性和非线性。前者是指构成复杂系统的组分之间存在相互作用而形成复杂结构,在表现组分特性的同时,还传递着作为整体而新产生的特性,而还原到低层次后这些特性就不复存在。后者是指不能用线性数学模型描述的系统特性,构成复杂系统的必要部分、大部分乃至所有部分都存在着非线性,且组分间存在着非线性相互作用,且这种非线性的相互作用是复杂性的产生根源。以 AUV 的空间运动为例,AUV 的控制律可分为互为独立的横向控制律与纵向控制律,在单独考虑某一控制律进行运动方程的建模及相关工作时,得到的是简化后的结论,而实际上两个方向上的控制模型内部是存在某种耦合的,而这种耦合正是涌现性的表现。在进行 AUV 控制模型机理建模时,一般都是在平衡点附近基于小扰动原理对模型进行线性化处理从而简化建模过程,而非线性是其内在本质特性。

复杂巨系统不仅具有非线性和涌现性的基本特性,还具有多属性、多层次、多步骤等特点,对于已经得到的各种评估因素的基本可信度评估分量,如何经过聚合得到系统整体的综合可信度是进行可信度评估的重要部分。此时的综合可信度评估可近似为多属性决策(Multi - Attribute Decision - Making, MADM)问题,而 MADM 问题的一般解决思路为:①建立评价指标体系;②确定指标间的权重分配;③选择评价准则;④给出评估结论。①中主要涉及的问题是决策元的规范化处理[141-143]和指标的聚合分析[144,145];②中主要涉及的问题是基于主观判断[146-148]或基于客观属性值[149,150]的权重分配方案;③中所涉及的评价准则主要有层次分析法(Analytic Hierarchy Process, AHP)[151,152]、分层逼近理想解排序法(Technique for Order Preference by Similarity to Ideal Solution, TOPSIS)[153,154]、灰关联分析法(Grey Relational Analysis, GRA)[155,156]、基于现实的消除选择法(ELimination Et Choix Traduisant la Realité, ELECTRE)[157,158]等。随着决策元表征方式的逐渐多样化及不确定数学理论的不断发展,基于模糊理论的多数据类型的 MADM 问题研究为复杂非线性巨系统的 MADM 提供了有效的解决方案[159-161]。

1.3 本书的组织结构

本书结合当前 AUV 仿真实验中的关键要素展开研究,重点研究海底混响非高斯建模及对称 α 稳定(Symmetric alpha Stable,SαS)分布背景下的信号检测、声呐匹配场及舷侧阵目标定位、AUV 静态和动态仿真模型的可信度评估三个方面的相关技术。

第 2 章通过统计模型结合物理现象的方法,以海底混响为建模对象,依据合理的假设和条件限制,以 SαS 分布为基本模型,对浅海海底混响的幅值及包络分别进行建模。研究基于 SαS 模型的混响预白化技术,为非高斯混响噪声背景下的信号检测提供一种有效方法。

第 3 章从阵列信号出发,以冲击混响为研究对象,对浅海混响背景下的阵列信号探测及信号参数检测进行研究,提出适合冲击混响噪声的高分辨率阵列信号检测算法。

第 4 章基于常用的匹配场处理方法和声场建模方法对水平短线列阵的阵元数、阵元间距与布放深度，海洋环境模型、模型参数和建模方法，以及目标声源的特性进行了合理性分析与假设，将具有不同分辨率和稳健性的匹配场处理方法应用于静止的水平短线列阵，研究在二维海洋环境中基于静止水平短线列阵的匹配场定位性能。

第5章针对AUV的定位问题，分析现阶段被广泛应用于AUV自主定位的卡尔曼滤波算法以及粒子滤波算法；以提高机动情况下AUV的自主定位精度、减小其舷侧阵的采样位置偏差为目的，在研究AUV的运动状态特性的基础上，提出了一种基于小波变换的灰粒子滤波算法；并对比分析多模型粒子滤波算法以及自适应扩展卡尔曼滤波算法；通过试验数据的对比分析，详细评估基于所提出滤波算法的AUV自主定位的精度，验证该算法的有效性。提出一种基于AUV舷侧阵的浅海远程目标三维被动定位方法，并对该方法的使用条件进行了说明；通过大量仿真实验对该方法在不同信噪比下的分辨率、定位目标所需要的采样位置的数目以及抗海洋环境参数失配与舷侧阵采样位置误差的性能进行了评估，详细分析和论证所提出定位方法的优缺点。

第6章在对比经典频率学派与贝叶斯学派的区别与联系的基础上，基于测试精度的需求给出试验子样容量等级的定义；系统地研究贝叶斯理论基础在小子样模型测试评估中的方法体系；从静态模型可信度的测试评估出发，探讨两种最常用两类分布的性能参数——最大航程和命中概率的小子样试验数据测试评估方案。首先对几种区间估计在一定精度下的试验样本量进行对比，然后就AUV静态模型测试评估中用到的序贯检验的改进方法及性能表现进行深入研究，探讨两类风险与试验样本量的关系，并为两类常用分布的序贯检验试验样本量提供试验样本需求量参考表；并对贝叶斯统计学方法与基于Bootstrap的现代频率统计学方法的对立与统一进行初步研究。

第7章在回顾不确定信息概念内涵及外延的基础上，总结AUV控制系统模型的不确定性特性；引入多属性决策中权重分配概念对模型各因子之间关联度进行解耦，探讨主、客观方法在权重分配中的影响；回顾动态模型验证的频域、时域、时/频域相结合的验证方法，并比较三种方法的可信度、合理度及分辨力；在合理表征综合可信度评估中涉及的MADM问题的复杂形式——混合动态MADM问题的基础上，针对含特殊数据类型——语义评判的HD-MADM问题探讨各种决策准则的普适化实现；回顾非线性块联模型的主要表征方式，即Hammerstein模型、Wiener模型及带外生变量的一般非线性回归模型（Non-linear AutoRegressive model with eXogenous inputs, NARX），并对其主要性质进行阐述；系统研究灰箱系统辨识理论框架及方法技术，首先对灰箱系统辨识的三个重要组成先验知识、辨识试验、辨识算法进行系统总结；在此基础上，针对建立的AUV非线性基本运动模型进行灰箱系统辨识，并比较不同的算法在准确度、辨识效率上的优劣；通过基于一定先验的灰箱辨识将动态模型的可信度测试与评估转化为静态参数的一致性检验。

第2章　基于SαS分布的非高斯混响建模及混响预白化技术

本章以SαS分布为基本模型，对浅海海底混响的时域幅值、匹配包络及幅值混合序列模型进行建模；研究基于SαS模型实现的混响预白化技术，并结合仿真实验对比其与高斯模型预白化技术之间的差异及性能表现。

本章具体研究内容如下：2.1节，研究基于SαS分布的浅海海底混响信号基本模型建模方法；2.2节，研究基于混响匹配包络的SαS分布建模；2.3节，研究基于混响幅值混合序列假设的混合SαS分布建模；2.4节，分析高斯AR预白化技术的实现原理和过程；2.5节，研究基于SαS模型的混响预白化技术；2.6节，对提出的算法和方法进行实验与仿真验证；2.7节，对本章内容进行总结。

2.1　基于SαS分布的浅海海底混响建模

Abraham和Lyons对混响进行K分布建模[39]时进行了一系列假设和条件限制：在声呐配置方面，假设发射和接收装置均为大尺寸、大孔径基阵，在发射具有窄波束宽度和较宽带宽声波的前提下，声呐的分辨力变高，分辨单元尺寸变小，在经过波束形成和匹配滤波后，分辨单元内的散射体数量不满足中心极限定理条件；在散射体方面，假设散射体的尺寸（如直径）满足指数分布，且散射体散射回波的强度与尺寸成正比。根据以上假设，得出混响匹配后的包络可以用K分布较好地拟合这一结论。

本节以单SαS分布为基本模型，通过条件假设推导使广义中心极限定理（Generalized Central Limit Theorem，GCLT）条件成立的合理性，并对混响的幅值及包络进行建模并验证其有效性。

2.1.1　建模基本假设

本小节以Abraham和Lyons在文献[64]中的假设条件为切入点，进行建模前假设。

1. 散射体分布假设

CLT对随机变量的具体分布形式没有任何要求，而GCLT是CLT的广义化形式，只是要求每个随机变量满足独立同分布（i.i.d.）条件且随机变量的数量充分大即可。根据以上分析，本小节假设分布于海底的散射体数量足够多，每个散射体满足i.i.d.条件，因而将散射介质及各种沉淀物看作满足同一分布的彼此独立的离散散射体。这里对散射体的尺寸、形状等参数不作限定，因此在此假设前提下的模型分布具有普适性。

2. 声传播理论假设

声波入射到散射体介质表面时，由于散射体的形状不均匀且声波入射角度及方位不一,因此会导致所产生散射回波的强度起伏变化。Lyons 和 Abraham 曾在某海区做了大量的实验并在文献[38]中给出了不同海底散射介质下掠射角与散射强度之间的对应关系,如图 2.1 所示。从图中可以看出随着掠射角的增大,散射强度大致呈现出曲折上升的趋势。

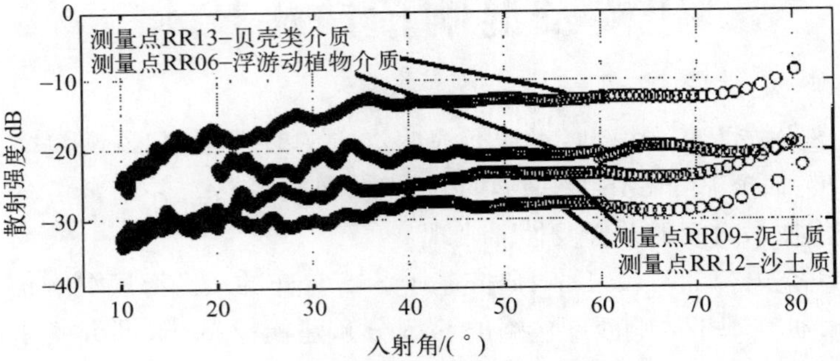

图 2.1 不同介质下掠射角与散射强度的关系图

根据海底散射介质表面的不平整情况,这里给出了图 2.2 所示的声波入射到不平整表面时的反向散射示意图。图中 θ_0 为散射体表面为理想的水平面时的掠射角,而实际情况下散射介质表面更多地类似于图中起伏的实曲线。结合图 2.1 给出的关系图,当入射声波与表面切线之间形成的掠射角很小时(如 θ_1),形成的反向散射强度也较小,而当入射声波与表面切线之间形成的掠射角很大时(如 θ_2),形成的反向散射强度就较强。

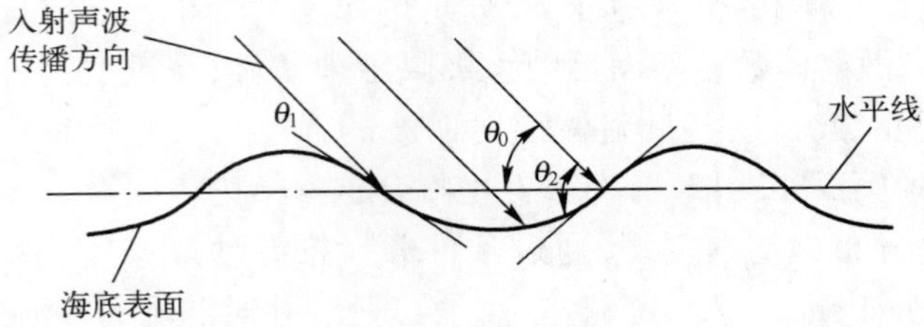

图 2.2 不平整表面的声散射示意图

结合上述分析,本小节假定回波的强度变化随掠射角的增大而增强,而掠射角度的不同也是混响信号起伏变化的原因之一。

3. 声呐配置假设

这里假定声呐发射的波束宽度足够宽,接收装置的张角足够大,且发射波束为单频正弦脉冲信号。由于单频信号自身的特性,其在距离和速度上的测量精度不可兼得,而宽带信号往往可以独立调整参数,因此根据假设,声呐分辨单元的尺寸变大,分辨能力下降,分辨单元内的散射体数量变多。当散射体数量充分大,可认为满足 GCLT 的成立条件,这为 SαS 分布建模提供了前提保证。图 2.3 为声呐单个分辨单元内散射体分布的示意图。

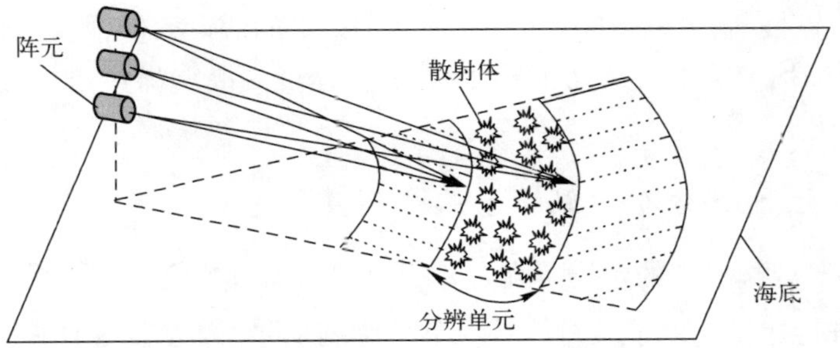

图 2.3　分辨单元内散射体分布示意图

2.1.2　基于 SαS 分布的混响幅值分布建模

假设主动声呐发射波形的时域表达形式为 $s(t)$，发射波为平面波，声呐分辨单元内满足 i. i. d. 条件的离散散射体数量为 N，则在接收端接收到的信号形式可表示为

$$r(t) = a_0 s(t-\tau_0) + \sum_{i=1}^{N} a_i g_i ss(t-\tau_i) + n_w(t) \tag{2.1}$$

式中，等式右边第一项代表接收到的目标信号，其中 a_0 表示目标信号的衰减系数，代表目标信号反射过程中来回声程中的传播损失及介质对声能的吸收损失；$s(t-\tau_0)$ 表示声波经目标反射后的波形表达式，τ_0 是目标回波信号达到的时延。第二项代表散射体散射信号之和，a_i 表示第 i 个散射体散射信号的衰减系数，代表声波入射前和散射后的传播损失以及吸收损失；g_i 表示第 i 个散射体的散射强度系数，代表声波入射第 i 个散射体时由散射系数及入射的掠射角不同引起散射强度的变化系数；$ss(t-\tau_i)$ 表示声波经第 i 个散射体散射后的波形表达式，τ_i 是散射回波信号达到的时延。第三项 $n_w(t)$ 表示环境噪声，本书认定其为与信号不相关的 0 均值噪声，此处暂不考虑运动引起的多普勒频移。

式(2.1)中的第二项就是本书所关心的混响噪声的实信号幅值表达式，其表达形式为一个多变量求和项。若以 $n_r(t)$ 代表混响噪声幅值变量，将第二项中的每一个求和表达式改写为随机变量 X_i 的形式，则混响噪声可进一步表示为

$$n_r(t) = \sum_{i=1}^{N} X_i \tag{2.2}$$

这里

$$X_i = a_i g_i ss(t-\tau_i) \tag{2.3}$$

结合 2.1.1 节的建模假设，我们可以推导出以下三点：

(1) 从表达式来看，式(2.2)与 GCLT 中的定义形式十分相似。在 2.1.1 节中，已经假设海底散射体满足 i. i. d. 条件，假设声波的入射和传播条件不变，则经过散射体散射的信号同样具备 i. i. d. 条件，即 X_i 满足 i. i. d. 条件。

(2) 2.1.1 节中假设海底散射体的数量足够多，且声呐的分辨单元尺寸足够大，则单元内的散射体数量满足充分大条件。

(3) 浅海环境下，声呐与海底之间的距离小，海底散射体的散射作用强烈，而入射表面的不平整引起的散射强度的差异将导致散射体对混响的贡献不一(式(2.2)中的随机变量 X_i)，引起混响强度等级的波动，从而引起混响本身的方差不收敛特性。

根据上述三点推断,可以得知式(2.2)满足 GCLT 的假设条件,则可推断 $n_r(t)$ 的极限分布为 SαS 分布(均值为 0),从而证明了用 SαS 分布对混响噪声进行建模具有理论可行性。

2.1.3 基于 SαS 分布的混响包络分布建模

2.1.2 节中对混响噪声的建模研究是基于混响的瞬时幅值 $n_r(t)$ 展开的,本节将对混响噪声的包络进行建模。由于发射信号为单频调制信号,因此在接收端的混响可表示为由同向分量和正交分量组成的形式。Tsihrintzis 和 Nikias 在文献[162,163]中给出了二元各向同性冲击噪声变量的 SαS 分布模型,本节借助此方法,对混响序列的包络分布进行建模。式(2.2)中的混响噪声 $n_r(t)$ 用同向分量和正交分量表示时可写成

$$\begin{aligned} n_r(t) &= n_c\cos(2\pi f_0 t) - n_s\sin(2\pi f_0 t) \\ &= \Re\{(n_c + \mathrm{j}n_s)\exp(\mathrm{j}2\pi f_0 t)\} \end{aligned} \tag{2.4}$$

式中:n_c 和 n_s 为混响噪声 $n_r(t)$ 的两个正交分量幅度;$n_c+\mathrm{j}n_s$ 为相应的复数幅值;$\Re\{\}$ 表示取实部。联合考虑混响信号的同向分量和正交分量的关系,若两者服从联合 SαS 分布,则应具有相等的特征指数 α 与分散系数 γ,这时的联合特征函数和概率密度函数(Probability Distribution Function,PDF)可分别表示为

$$\phi(t_1,t_2) = \exp(-\gamma\,|\,t_1^2+t_2^2\,|^{\alpha/2}) \tag{2.5}$$

$$f_{\alpha,\gamma}(n_c,n_s) = \frac{1}{(2\pi)^2}\int_{-\infty}^{\infty}\int_{-\infty}^{\infty}[\exp(-\gamma\,|\,t_1^2+t_2^2\,|^{\alpha/2})\mathrm{e}^{-\mathrm{j}(t_1n_c+t_2n_s)}]\mathrm{d}t_1\mathrm{d}t_2 \tag{2.6}$$

将式(2.6)进一步转换为包络和相位的表达形式,则有

$$\begin{aligned} f_{\alpha,\gamma}(\rho,\theta) &= \frac{1}{(2\pi)^2}\int_0^{2\pi}\int_0^{\infty}[\rho s\exp(-\gamma s^{\alpha})\cdot J_0(s\rho)]\mathrm{d}s\mathrm{d}\theta \\ &= \frac{1}{2\pi}\rho\int_0^{\infty}[s\exp(-\gamma s^{\alpha})\cdot J_0(s\rho)]\mathrm{d}s \\ &= f_{\alpha,\gamma}(\rho) \end{aligned} \tag{2.7}$$

式中:$s=\sqrt{t_1^2+t_2^2}$ 为自变量;$\theta=\arctan(n_s/n_c)$ 为信号相位;$\rho=\sqrt{n_c^2+n_s^2}$ 为信号包络;J_0 是零阶第一类 Bessel 函数。从式(2.7)可以看出相位 θ 服从[0, 2π)上的均匀分布且与包络 ρ 是相互独立的。

2.1.4 SαS 和高斯混合模型的参数估计

2.1.2 节中提出的接收信号模型中,噪声由两部分组成:混响噪声和环境噪声。在实际情况下,接收到的主动声呐信号也存在这两种噪声类型。理论上在建模时应分别对两者进行建模,以保证模型的精确度。然而在实际过程中对混响噪声和环境噪声分别进行建模会大大增加模型的复杂度及计算量,特别是当混合模型中存在 SαS 分布(或 α 稳定分布)时,由于稳定分布的概率密度函数不存在封闭的表达式,这使得模型的估计和计算变得异常困难。国内外如 Ilow、Hatzinakos[164] 及夏光荣[165] 等学者对存在 SαS 分布的混合模型的参数估计进行过深入研究,得到相关的估计算法,本节将对这些模型估计算法进行探讨与分析,并测试其在浅海主动声呐信号中的有效性。

1. 经验特征函数

虽然 α 稳定分布的 PDF 不存在封闭的表达式,参数求解存在难度,但是由 α 稳定分布的定义可知,其特征函数表达式中包含了分布中所有的参数,充分说明特征参数可以描述分布所具有的性质,因此可以考虑通过估计分布的特征函数后再对分布的参数进行估计。

一个随机变量 X 的特征函数可以定义为

$$\phi(t) \sim \mathrm{E}[\mathrm{e}^{\mathrm{j}tX}], \quad t \in \mathbf{R} \tag{2.8}$$

式中,$\mathrm{E}(\cdot)$表示取数学期望。实际上特征函数(Characteristic Function, CF)是 PDF 表达式的傅里叶变换,假设 X 的 PDF 表达式为 $f(\cdot)$,则 CF 与 PDF 之间存在以下关系:

$$\phi(t) = \int_{-\infty}^{\infty} f(x)\mathrm{e}^{\mathrm{j}tx}\mathrm{d}x \tag{2.9}$$

在实际中通常采用 CF 的估计值来近似代替 CF 真值,假设随机变量 X 的样点数量为 N,我们可以得到其经验特征函数(Empirical Characteristic Function, ECF)为

$$\hat{\phi}_N(t) \triangleq \frac{1}{N}\sum_{i=1}^{N}\exp(\mathrm{j}tx(i)), \quad t \in \mathbf{R} \tag{2.10}$$

ECF 是 CF 最简单形式的估计器,从定义可以看出,若对 ECF 取数学期望,则有

$$\mathrm{E}[\hat{\phi}_N(t)] = \frac{1}{N}\sum_{i=1}^{N}\mathrm{E}[\exp(\mathrm{j}tx(i))] = \phi(t) \tag{2.11}$$

假设随机变量 X 在 m 个自变量取值 $\boldsymbol{t} = [t_1, \cdots, t_m]$ 上得到关于 ECF 的复随机向量 $\hat{\phi}_N(\boldsymbol{t}) = [\hat{\phi}_N(t_1), \cdots, \hat{\phi}_N(t_m)]$,我们可以得到关于$\hat{\phi}_N(\boldsymbol{t})$的协方差矩阵:

$$\boldsymbol{R}(j,k) = \mathrm{cov}(\hat{\phi}_N(t_j)\hat{\phi}_N(t_k)) = \frac{1}{N}(\phi(t_j + t_k) - \phi(t_j)\phi(t_k)) \tag{2.12}$$

因此文献[164]给出结论:根据中心极限定理,$\hat{\phi}_N(\boldsymbol{t})$弱收敛于一均值为 $\phi(\boldsymbol{t})$,协方差矩阵为 $\boldsymbol{R}$ 的复高斯随机向量,即$\hat{\phi}_N(\boldsymbol{t}) \sim N(\phi(\boldsymbol{t}), \boldsymbol{R})$。在计算中,$\hat{\phi}_N(t)$可以写成实部加虚部的形式:

$$\hat{\phi}_N(t_k) = C_N(t_k) + \mathrm{j}S_N(t_k) \tag{2.13}$$

有了式(2.13),我们可以得到以下 3 个关系式:

$$\mathrm{cov}(C_N(t_j), C_N(t_k)) = \frac{1}{2N}(C(t_j + t_k) + C(t_j - t_k) - 2C(t_j)C(t_k)) \tag{2.14}$$

$$\mathrm{cov}(S_N(t_j), S_N(t_k)) = \frac{1}{2N}(C(t_j - t_k) - C(t_j + t_k) - 2S(t_j)S(t_k)) \tag{2.15}$$

$$\mathrm{cov}(C_N(t_j), S_N(t_k)) = \frac{1}{2N}(S(t_j + t_k) - S(t_j - t_k) - 2C(t_j)S(t_k)) \tag{2.16}$$

2. 基于经验特征函数的参数估计方法

文献[164]给出了两种方法基于特征函数方法估计分布参数:最小距离法和矩方法。下面先介绍这两种方法。

1) 最小距离法

最小距离法中的参数估计通过求解下面表达式的最优解估计参数值:

$$\min\int_{-\infty}^{\infty} |\hat{\phi}_N(t) - \phi(t)|^2 w(t)\mathrm{d}t \tag{2.17}$$

式中：$w(t)$是权函数。这种方法的基本原理在于，当自变量 t 在范围$(-\infty, \infty)$内变化时，当且仅当两个分布的特征函数一致时，其分布函数是等价的。其实质就是在自变量变化时在范数距离上与真实特征函数值最为接近的经验特征函数值所对应的参数估计值即为所求值。最小距离法的特点是计算量大，且仿真结果很难收敛到真实值。

2）矩方法

矩方法的提出使得对混合 SαS 分布的参数估计成为可能。若随机变量是由两个满足不同分布参数条件的 SαS 变量组成的，则其特征函数可表示为

$$\phi(t) = \exp(-\gamma_1 |t|^{\alpha_1} - \gamma_2 |t|^{\alpha_2}) \tag{2.18}$$

特别地，当其中一个随机变量满足高斯分布时，特征函数的形式可写为

$$\phi(t) = \exp\left(-\frac{1}{2}\sigma^2 t^2 - \gamma_2 |t|^{\alpha_2}\right) \tag{2.19}$$

式中：σ^2表示高斯分布的方差。

使用矩方法求解参数时，以 t_1为自变量，根据式(2.18)得到两个衍生方程：

$$\log|\phi(t_1)| = -\gamma_1 |t_1|^{\alpha_1} - \gamma_2 |t_1|^{\alpha_2} \tag{2.20}$$

$$\log\left|\phi\left(\frac{1}{t_1}\right)\right| = -\gamma_1 \left|\frac{1}{t_1}\right|^{\alpha_1} - \gamma_2 \left|\frac{1}{t_1}\right|^{\alpha_2} \tag{2.21}$$

同样，以 t_2、t_3、t_4代替 t_1，可以得到相同形式的方程。对以上四组方程进行组合变化，可以得到以下表达式：

$$\frac{t_1^{\Delta\alpha} - t_2^{\Delta\alpha} + t_1^{-\Delta\alpha} - t_2^{-\Delta\alpha}}{t_3^{\Delta\alpha} - t_4^{\Delta\alpha} + t_3^{-\Delta\alpha} - t_4^{-\Delta\alpha}} = \frac{\log\hat{\phi}_N(t_1)\log\hat{\phi}_N(1/t_1) - \log\hat{\phi}_N(t_2)\log\hat{\phi}_N(1/t_2)}{\log\hat{\phi}_N(t_3)\log\hat{\phi}_N(1/t_3) - \log\hat{\phi}_N(t_4)\log\hat{\phi}_N(1/t_4)} \tag{2.22}$$

式中：$\Delta\alpha = \alpha_1 - \alpha_2$。尽管式(2.22)是一个非线性等式方程，但方程中仅有一个未知变量 $\Delta\alpha$，若已知其中一个分布的特征参数就能求解另一未知特征参数，从而可以实现对 SαS 分布和高斯分布混合序列的参数求解，此时 $\Delta\alpha = 2 - \alpha_2$。得到特征参数值后，离散系数 γ_1和 γ_2可以通过下式求得：

$$\begin{bmatrix} \log\hat{\phi}_N(t_1) \\ \log\hat{\phi}_N(t_2) \end{bmatrix} = -\begin{bmatrix} |t_1|^{\hat{\alpha}_1} & |t_1|^{\hat{\alpha}_2} \\ |t_2|^{\hat{\alpha}_1} & |t_2|^{\hat{\alpha}_2} \end{bmatrix} \begin{bmatrix} \gamma_1 \\ \gamma_2 \end{bmatrix} \tag{2.23}$$

矩方法得到的估计是一致估计，但计算的收敛速度取决于自变量的选值。从式(2.20)和式(2.21)可以看到，自变量在两式中成一反比关系，因此自变量在取值时既不能取得过大，也不能取得太小，否则都将导致其中一式误差过大影响计算精度。因此在选取 t 值时必须靠近 1 的值，这使得 t 与 $1/t$ 值非常接近，从而使式(2.23)中的方阵容易变成坏条件数矩阵。矩方法的特点同样是计算复杂，结果发散性强。

文献[165]在文献[164]的基础上，改进了矩方法。借助高斯分布特征函数 $\alpha = 2$ 的特点，改进的矩方法简化了非线性方程的求解难度，其求解过程如下。

在对自变量取正值的前提下，对式(2.20)两边同时乘上 k^2，得到

$$k^2\log\phi(t_1) = -k^2\gamma_1 t_1^{\alpha_1} - k^2\gamma_2 t_1^2 \tag{2.24}$$

再用 kt_1代替式(2.20)中的自变量，得到

$$\log\phi(kt_1) = -\gamma_1 (kt_1)^{\alpha_1} - \gamma_2 (kt_1)^2 \tag{2.25}$$

利用式(2.24)减去式(2.25),得到以下表达式:

$$k^2\log\phi(t_1)-\log\phi(kt_1)=\gamma_1(kt_1)^{\alpha_1}-k^2\gamma_1 t_1^{\alpha_1} \tag{2.26}$$

同样以t_2代替t_1,可以得到同式(2.26)形式的方程。将两者进行组合变换,最终可以得到

$$\log\left(\frac{k^2\log\hat{\phi}(t_1)-\log\hat{\phi}(kt_1)}{k^2\log\hat{\phi}(t_2)-\log\hat{\phi}(kt_2)}\right)=\log\left(\frac{\gamma_1(kt_1)^{\hat{\alpha}_1}-k^2\gamma_1 t_1^{\hat{\alpha}_1}}{\gamma_1(kt_2)^{\hat{\alpha}_1}-k^2\gamma_1 t_2^{\hat{\alpha}_1}}\right)=\hat{\alpha}_1\log\left(\frac{t_1}{t_2}\right) \tag{2.27}$$

相比最小距离法和原矩方法,改进的矩方法在计算上具有更加简单的求解过程,避免了复杂的非线性运算部分。需要注意的是,文献[164]指出,虽然在一般的随机变量参数估计中,离散系数的变换不会影响参数估计的正确性,然而在矩方法估计中,离散度的尺度变换将引起估计结果的变化。在实际操作中,需要将数据的离散系数控制在一个较小的值内,由于混合分布的两个离散系数之比为一常数,而离散系数越小,经验特征函数的估计值误差就越小。然而离散系数不能过小,否则将引起估计值的不稳定,这就需要在操作时把握尺度变换的程度。

2.1.5 实验与仿真

在信号处理中,对随机噪声建模的精度高低将影响信号处理的性能好坏,在条件允许的情况下,将随机噪声模型建得越精细,则其吻合度就越高,信号检测的效果越好。然而建模的精度往往与算法复杂度及计算开销直接挂钩。2.1.4节中提到的混合模型估计算法虽然存在可行性,但在实际中估计值的发散性强,均存在不易收敛到真实值的不足,因此其在应用中受到限制。在实际的信号处理过程中还需要根据实时性和可靠性在建模的精度与复杂度之间进行折中。本节的实验和仿真中首先将对同时存在混响噪声和环境噪声的实际噪声数据当作整体进行处理,验证模型与瞬时值分布的匹配程度,其次通过仿真纯混响噪声检验模型对瞬时值及包络分布的拟合程度。

仿真2.1 取一段未经处理的不含目标信号的实际噪声幅值序列数据(以下简称数据1)进行测试。数据由置于7m水深(底面深度20m)的水听器接收,经16bit的AD采样器采集得到。采样频率为25kHz,发射信号的中心频率为8kHz,发射长度为100ms,发射周期为1s。图2.4给出了数据的特性分析及模型拟合结果。

图2.4中,图2.4(a)为一个周期长度的噪声时域幅值序列;图2.4(b)为幅值方差随序列增加的变化情况,与图2.5中高斯情况下的方差收敛性能相比,可以看出数据方差的收敛性较差,出现了较大的发散峰值;图2.4(c)为数据序列的自协方差图,具有对称特性;图2.4(d)为由自协方差估计得到的功率谱,除了在混响的中心频率处出现明显的谱峰外,由于低频噪声的存在,在谱中接近0频处亦存在较高的环境噪声谱峰;图2.4(e)为共变理论结合分数低阶统计量得到的自共变估计,可以看出自共变表现出明显的非对称特性;图2.4(f)为基于自共变估计得到的自共变谱,类似于功率谱,自共变谱中同样存在两个谱峰;图2.4(g)为通过对数据序列进行参数估计得到的SαS分布及高斯分布的模型参数,进而拟合出来的分布曲线与数据幅值序列分布的匹配结果,可以看出在整体分布的吻合度上,单SαS分布具有明显的优势,而高斯分布的匹配程度较差;图2.4(h)是图2.4(g)的局部放大图,可以看出在描述数据幅值分布的拖尾上,单SαS分布的吻合程度也比高斯分布更高,从而说明了数据序列的非高斯特性。

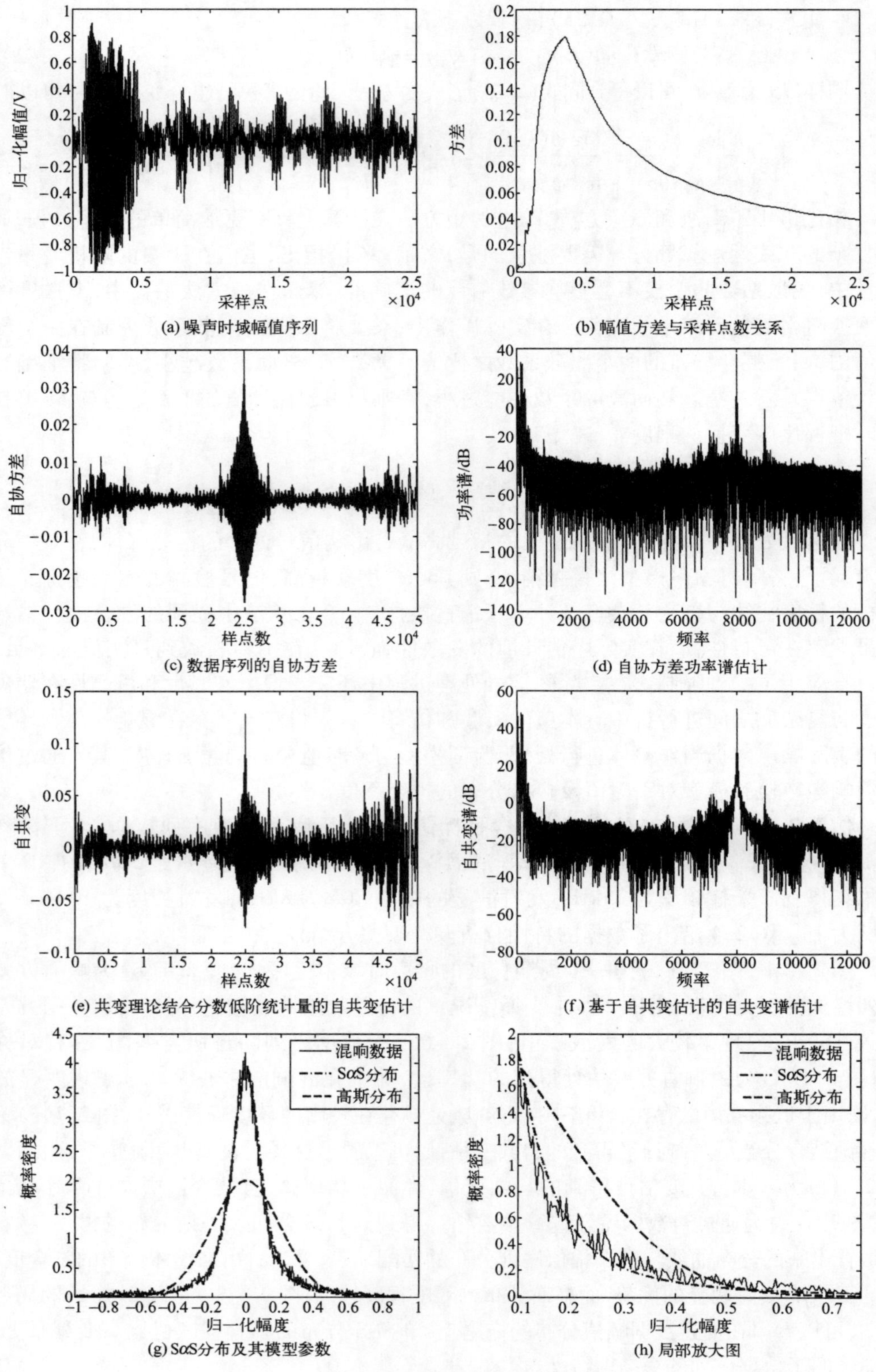

(a) 噪声时域幅值序列
(b) 幅值方差与采样点数关系
(c) 数据序列的自协方差
(d) 自协方差功率谱估计
(e) 共变理论结合分数低阶统计量的自共变估计
(f) 基于自共变估计的自共变谱估计
(g) SαS分布及其模型参数
(h) 局部放大图

图 2.4　数据 1 特性分析及分布拟合图

仿真 2.2 另取一段相同实验条件下的实际噪声幅值序列数据（以下简称数据 2）测试单 SαS 分布模型的拟合程度。波形发射长度为 10ms，其他条件不变。图 2.5 给出了数据的特性分析及模型拟合结果。

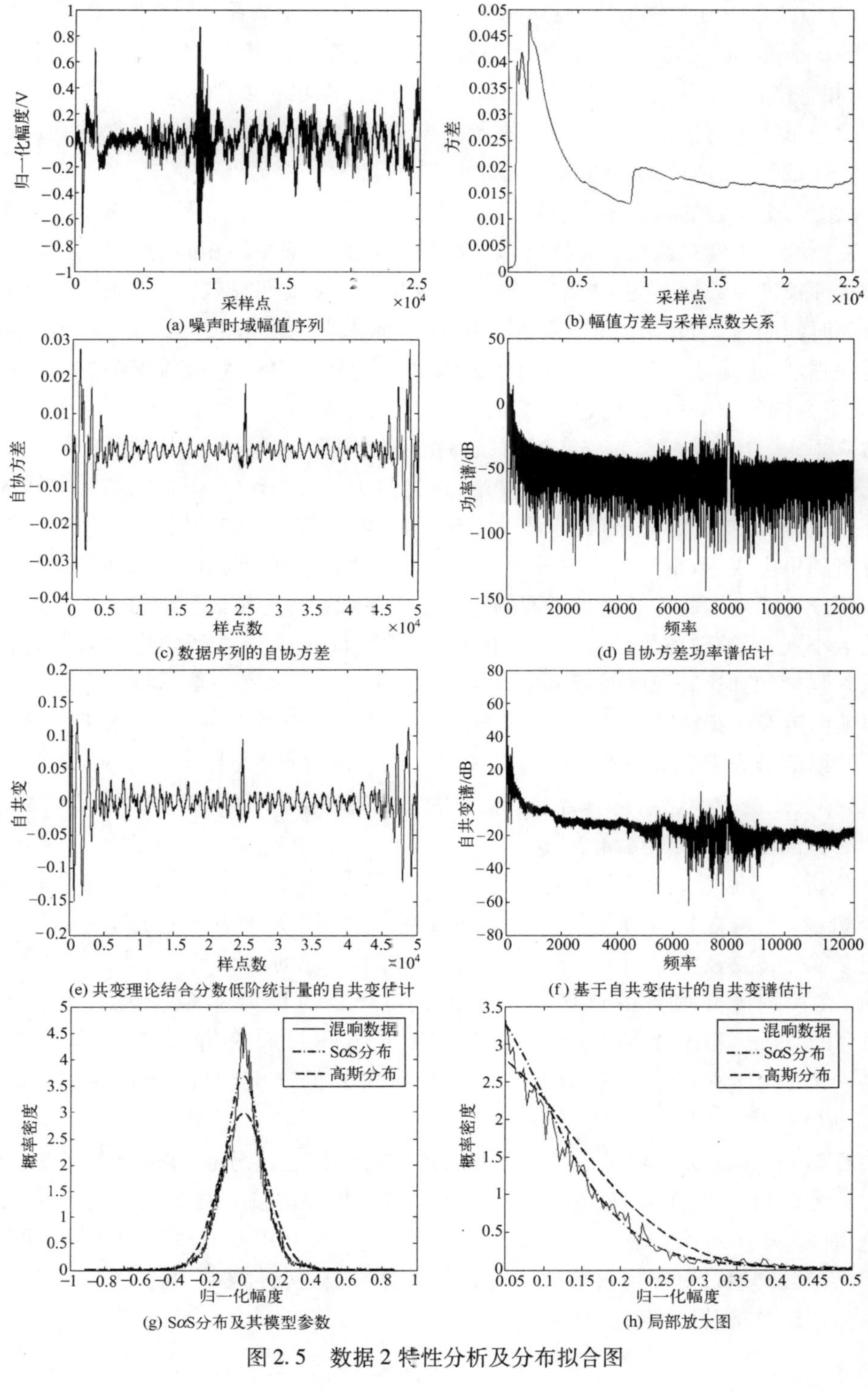

(a) 噪声时域幅值序列 (b) 幅值方差与采样点数关系

(c) 数据序列的自协方差 (d) 自协方差功率谱估计

(e) 共变理论结合分数低阶统计量的自共变估计 (f) 基于自共变估计的自共变谱估计

(g) SαS分布及其模型参数 (h) 局部放大图

图 2.5 数据 2 特性分析及分布拟合图

对比图2.4和图2.5,可以发现本仿真数据表现出的非高斯特性没有仿真2.1中的数据那么明显。首先从图2.5(b)中的方差收敛性检验来看,尽管数据的方差依旧存在发散,但其收敛速度比图2.4(b)中要快;图2.5(e)中的自共变的非对称性也明显较弱,与图2.5(c)中的自协方差较为接近;从图2.5(g)的分布拟合来看,尽管数据2的分布更加接近单SαS分布,但从估计得到的SαS分布与高斯分布的形状来看,两者的差异较数据1估计得到的分布差异小;这点从图2.5(h)的局部放大图也可以得到结论:从拖尾上来看,数据2的分布拖尾与估计得到SαS分布及高斯分布的拖尾均比较接近,说明了数据2的非高斯特性较弱,而估计得到的SαS分布的特征指数也更接近于2。

从以上两个实验的结论来看,除了说明单SαS分布能较好地匹配数据外,也进一步验证了发射脉冲长度对数据非高斯特性的影响。在其他条件均相同的情况下,数据1中的发散脉冲长度为数据2的10倍,数据1中的混响的强度明显较大,验证了混响干扰强度随发射时间的增大而增大;其次数据1中的混响的起伏也更加明显,导致数据的非高斯特性更加强烈,这验证了发射时间的增大能加剧混响噪声的起伏,使混响的方差收敛性变差,增大了混响的非平稳程度,也加强了混响的非高斯特性。

仿真2.3 本次实验将首先实现对浅海混响的仿真合成,再利用仿真混响测试分布幅值的匹配性。混响的仿真过程简述如下:首先初始化实验条件和环境参数,包括水深和声呐阵元位置,声呐的波束张角,声波的衰减系数,海底散射体的散射系数,散射体的数量和位置将随机生成,数量值应为一较大的正整数,确保分辨单元内的散射体数量能与分辨单元面积成正比。海底和散射体表面的不平整性体现在入射声波与散射介质表面形成的掠射角大小上,将掠射角也设置为一随机数,范围在$(0, \pi/2]$之间随机均匀取值。散射体的散射强度和到达阵元的时延将根据相对位置进行计算,混响数据将根据大量散射体的散射波强度及时延在阵元处的叠加得到。仿真设置水深为20m,阵元水声传感器深度为7m,发射信号为单频正弦波,中心频率为1kHz,发射脉冲时长为20ms,采样频率为5kHz,数据长度为5000点,仿真合成的信号为纯混响数据,无环境噪声。图2.6为仿真混响序列的特性分析及模型拟合结果。

从分析结果来看,由于噪声合成时未加入环境噪声,纯混响噪声的幅值显得较为平滑,这同样体现在自协方差与自共变估计结果中;图2.6(b)中仿真混响的方差的发散性较强,收敛较为缓慢;在图2.6(d)和图2.6(f)的谱估计中,由于无环境噪声的影响,在混响谱峰值外的谱区间上的谱强度迅速下降且呈现较为平滑的下降趋势。在图2.6(g)和图2.6(h)的分布估计中,单SαS分布对仿真序列的吻合程度高于高斯分布,且在拖尾描述上单SαS分布具有很好的匹配程度,也说明了仿真混响的非高斯特性较为明显。

仿真2.4 本次实验利用上述仿真方法测试混响的包络分布的模型匹配性,测试的模型对象为瑞利分布、单α稳定分布、基于SαS分布推导的包络模型、威布尔分布及K分布。这里的基于SαS分布推导的包络模型由式(2.7)的PDF表达式计算得到,而其他分布的模型参数均通过对序列直接估计得到。仿真混响的条件参数设置同仿真实验2.3。图2.7为包络分析及模型拟合结果。

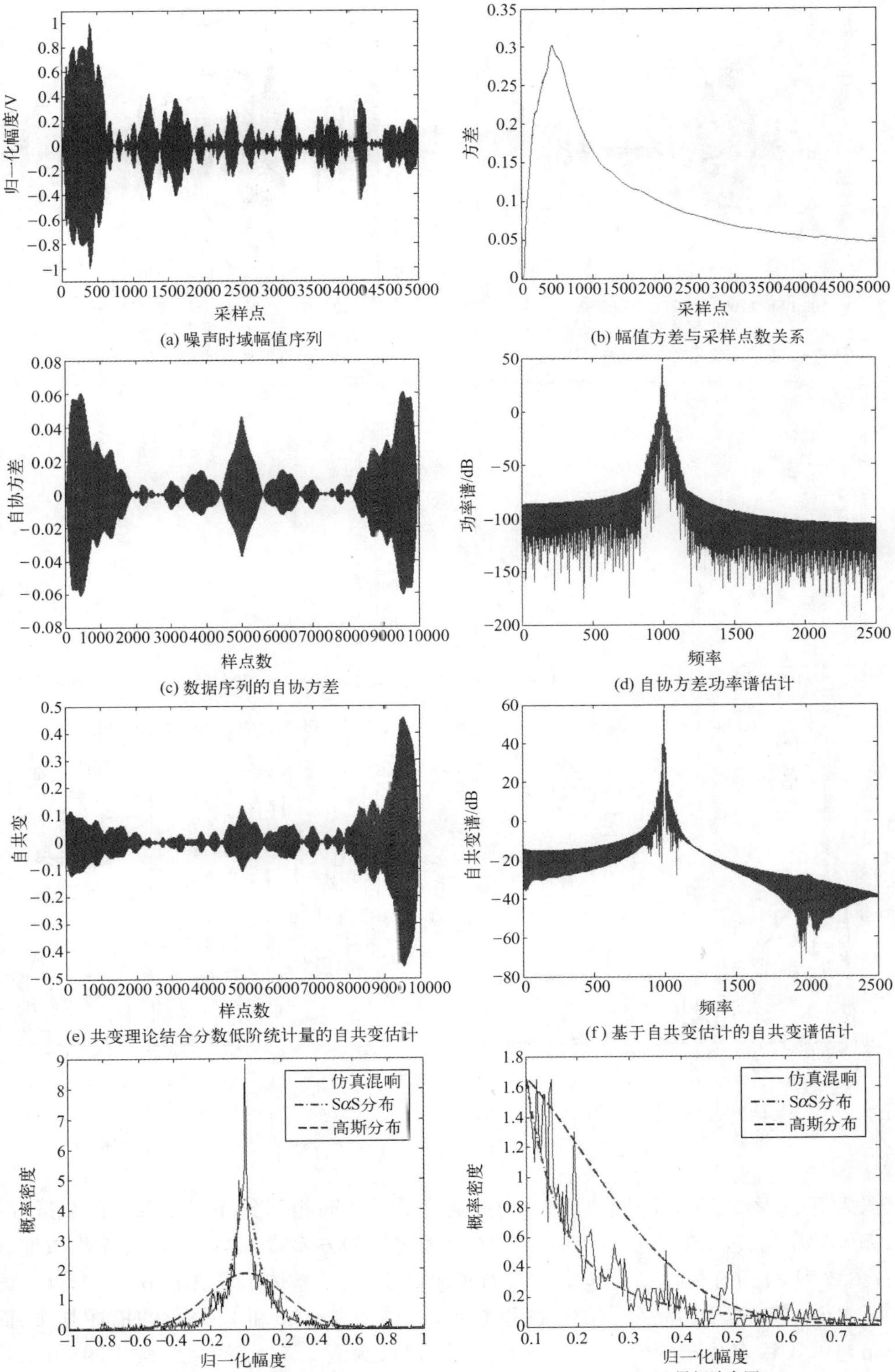

(a) 噪声时域幅值序列

(b) 幅值方差与采样点数关系

(c) 数据序列的自协方差

(d) 自协方差功率谱估计

(e) 共变理论结合分数低阶统计量的自共变估计

(f) 基于自共变估计的自共变谱估计

(g) SαS分布及其模型参数

(h) 局部放大图

图 2.6　仿真混响的特性分析及分布拟合图

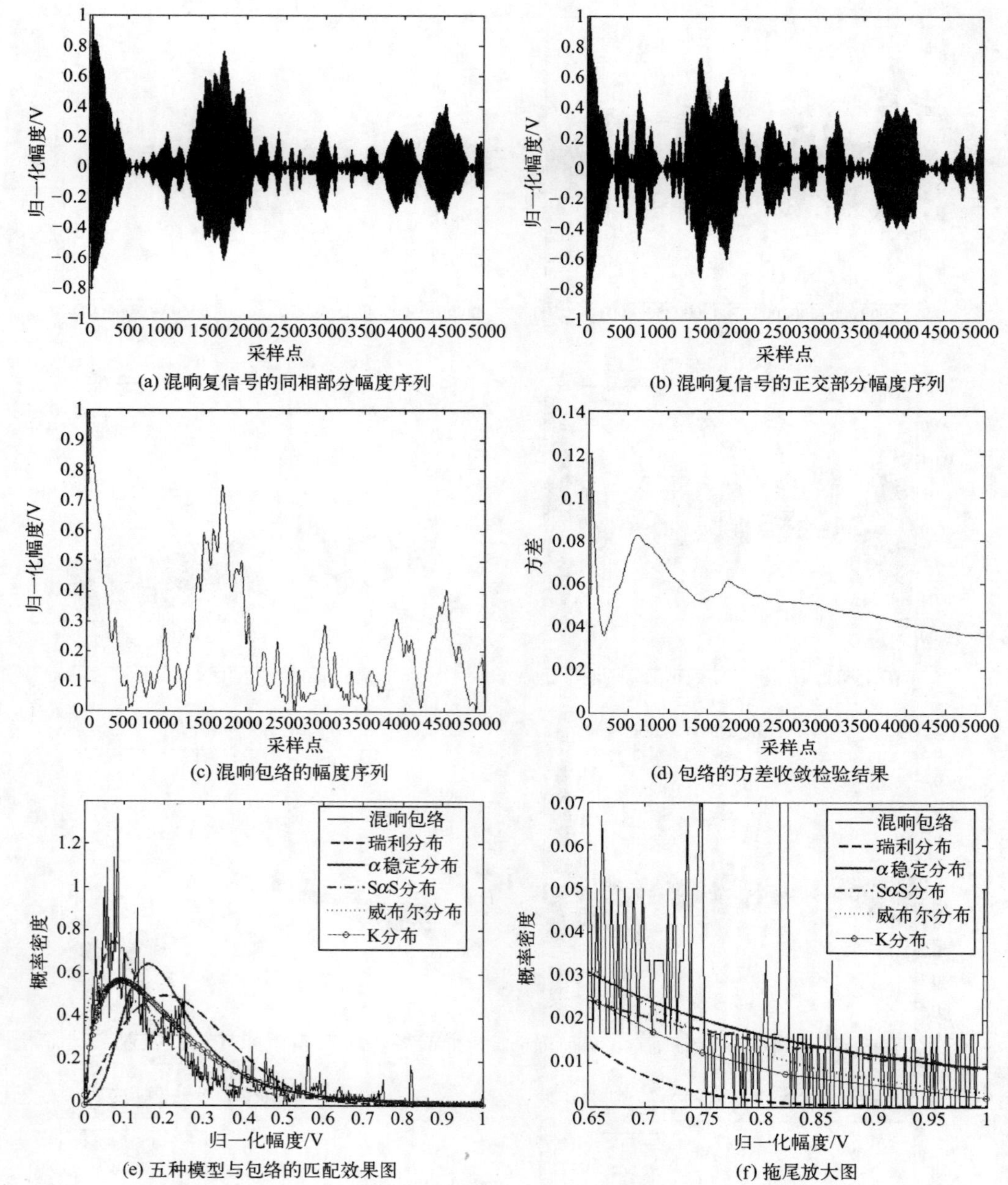

(a) 混响复信号的同相部分幅度序列　(b) 混响复信号的正交部分幅度序列

(c) 混响包络的幅度序列　(d) 包络的方差收敛检验结果

(e) 五种模型与包络的匹配效果图　(f) 拖尾放大图

图 2.7　混响包络分析及模型拟合结果

图 2.7 中,图 2.7(a)和图 2.7(b)为混响复信号的同相部分和正交部分的幅度序列;图 2.7(c)为混响包络的幅度序列;图 2.7(d)为包络的方差收敛检验结果,其收敛性表现较差;图 2.7(e)为五种模型与包络分布的匹配效果图,从整体上看,由 SαS 分布推导的包络 PDF 表达式对整个包络分布的匹配程度最高,威布尔分布和 K 分布的描述其次,而瑞利分布与单 α 稳定分布的匹配效果较差;图 2.7(f)为图 2.7(e)的拖尾放大图,可以看出在描述包络的拖尾特性上,四种非高斯分布模型均具有描述厚拖尾分布的优势,在下降趋势上,SαS 分布推导的包络 PDF 表达式与单 α 稳定分布的匹配效果更加接近,威布尔分

布和 K 分布的下降趋势较为接近,而瑞利分布在拖尾描述上误差较大,因而限制了其描述冲击噪声的能力。

仿真 2.5 本次仿真利用基于特征函数的参数估计方法对数据 1 混合噪声进行混合模型参数的求解及拟合测试。取一个周期的数据长度,采用改进的矩方法对其进行 SαS 和高斯混合分布的参数估计,并根据估计值拟合分布曲线。由于需要控制离散系数的大小来保证估计精度,因此测试数据不进行归一化处理。实验数据最大值范围在(1, 20]中进行多次调整并逐一估计参数,测试结果显示在峰值为[10, 15]区间内进行估计得到的曲线拟合效果较好,图 2.8 为其中一次实验的拟合结果图。

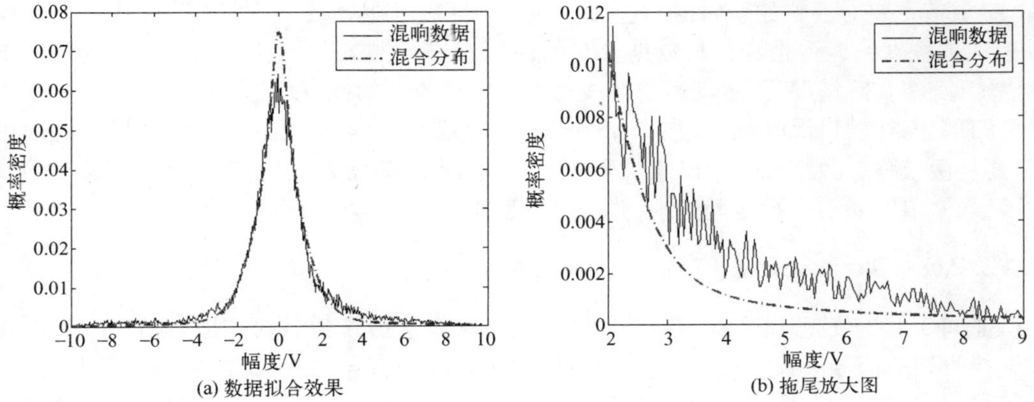

图 2.8 混合分布拟合数据 1 分布曲线图

仿真 2.6 本次实验利用基于特征函数的参数估计方法对数据 2 混合噪声进行混合模型参数的求解及拟合测试。同样取一个周期的数据长度,采用改进的矩方法对其进行 SαS 和高斯混合分布的参数估计,并根据估计值拟合分布曲线。实验数据最大值范围在[20, 40]中进行多次调整并逐一估计参数,测试结果显示在峰值为[21, 25]区间内进行估计得到的曲线拟合效果较好,图 2.9 为其中一次实验的拟合结果图。

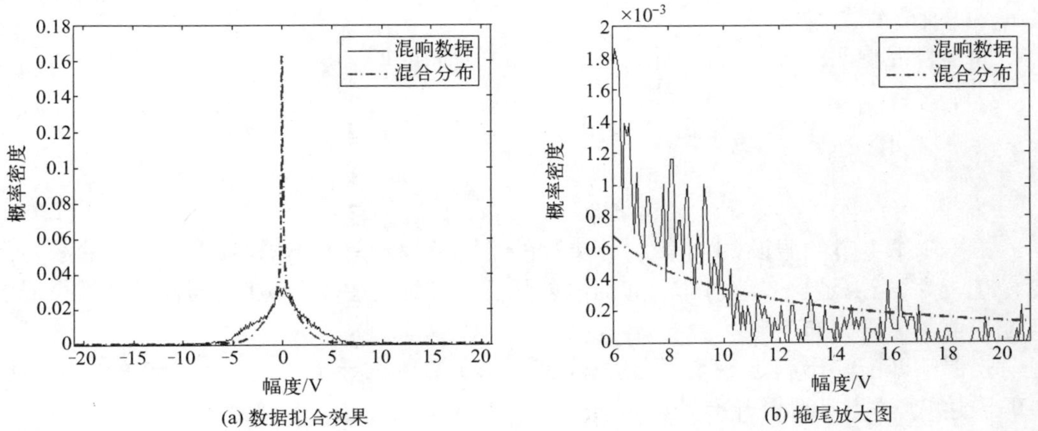

图 2.9 混合分布拟合数据 2 分布曲线图

从两次混合分布拟合曲线的结果来看,匹配效果不太理想,分析可能引起偏差的原因大致有以下两方面:①数据中存有的低频噪声不服从高斯分布,导致这种基于 SαS 和高斯混合分布假设的参数估计方法的结果不准;②由于估计算法的收敛性不强,且估计偏差受数据离散系数大小的影响较大,在实际操作中不易控制,易产生偏差。基于以上两方面因素及测试的结果,在实际过程中使用基于经验特征函数进行估计的方法的应用将受到限制。

2.2 基于混响匹配包络的分布建模

2.1 节主要对混响的瞬时值和包络分布进行了基于 SαS 分布的建模,并通过拟合模型 PDF 曲线对实验数据和仿真数据分布的匹配性进行测试和验证。在 2.1 节的分析中我们知道,在实际情况下,主动声呐在浅海工作时接收到的噪声总是包括混响噪声和环境噪声两部分,在假设混响噪声服从 SαS 分布和环境噪声服从高斯分布的混合模型的前提下,要将两模型参数精确估计出来难度较大,且估计不易收敛到真实值。为了消除环境噪声因素,本节对噪声进行匹配处理,并通过模型匹配验证其有效性。

2.2.1 基于 SαS 分布的混响匹配包络建模

如同 2.1.2 节,假设主动声呐发射波形的时域表达形式为 $s(t)$,其他条件不变,在接收端接收到的信号形式如式(2.1)。由于混响噪声由发射声波激励散射形成,因此与目标信号存在诸多相似性,且经匹配滤波后无法消除。利用这一特性,采用匹配滤波将混响噪声与环境噪声分离。假设式(2.1)中的环境噪声为发射信号不相关,则经过匹配滤波,得到以下表达式:

$$r_m(t) = a_0 R_s(t-\tau_0) + \sum_{i=1}^{N} a_i g_i R_{ss}(t-\tau_i) \tag{2.28}$$

式中:$r_m(t)$代表匹配输出;a_0、a_i和 g_i同 2.1.2 节中假设的衰减系数和散射强度系数;$R_s(t-\tau_0)$表示回波信号 $s(t-\tau_0)$与发射信号的匹配函数;$R_{ss}(t-\tau_i)$表示第 i 个散射体散射信号与发射信号的匹配函数。由于假设环境噪声与发射信号不相关,因此经过匹配式(2.1)中的 $n_w(t)$项被消除。

同样将混响匹配部分看作是随机变量 Y 的累加和,即

$$r_r(t) = \sum_{i=1}^{N} Y_i \tag{2.29}$$

这里

$$Y_i = a_i g_i R_{ss}(t-\tau_i) \tag{2.30}$$

根据 2.1.1 节的假设,由于散射体类型的不同及掠射角的不同,散射体之间的散射强度变化较大,当由足够多散射体引起的散射强度之和的方差不收敛时,同样可以推得混响匹配幅值的极限分布为 SαS 分布。

当混响匹配输出满足 SαS 分布时,类似 2.1.3 节可推导出基于 SαS 分布的匹配包络 PDF 表达式,这里不再展开推导。

2.2.2 实验与仿真

仿真 2.7 本次实验对仿真混响的匹配包络分布进行多模型拟合并比较匹配性。仿

真混响的生成条件同仿真实验 2.3，生成混响后对其进行匹配滤波处理，实验不考虑目标回波信号。

图 2.10 为仿真混响的匹配包络分析结果。图 2.10(a)为匹配后的包络序列；图 2.10(b)为匹配包络的方差收敛情况；图 2.10(c)为匹配包络分布及各模型对包络的拟合结果，从整体上来看，K 分布及基于 SαS 分布推导的包络 PDF 表达式与包络分布的匹配程度较高，韦布尔分布及单 α 稳定分布的拟合曲线与包络分布的匹配程度次之，瑞利分布的曲线走势偏离较大；图 2.10(d)为拖尾放大图，从各模型的拖尾趋势来看，单 α 稳定分布与 SαS 分布的拖尾拟合效果较好，K 分布及韦布尔分布的拟合效果次之，瑞利分布无法描述具有厚拖尾的分布，因而拟合表现最差。

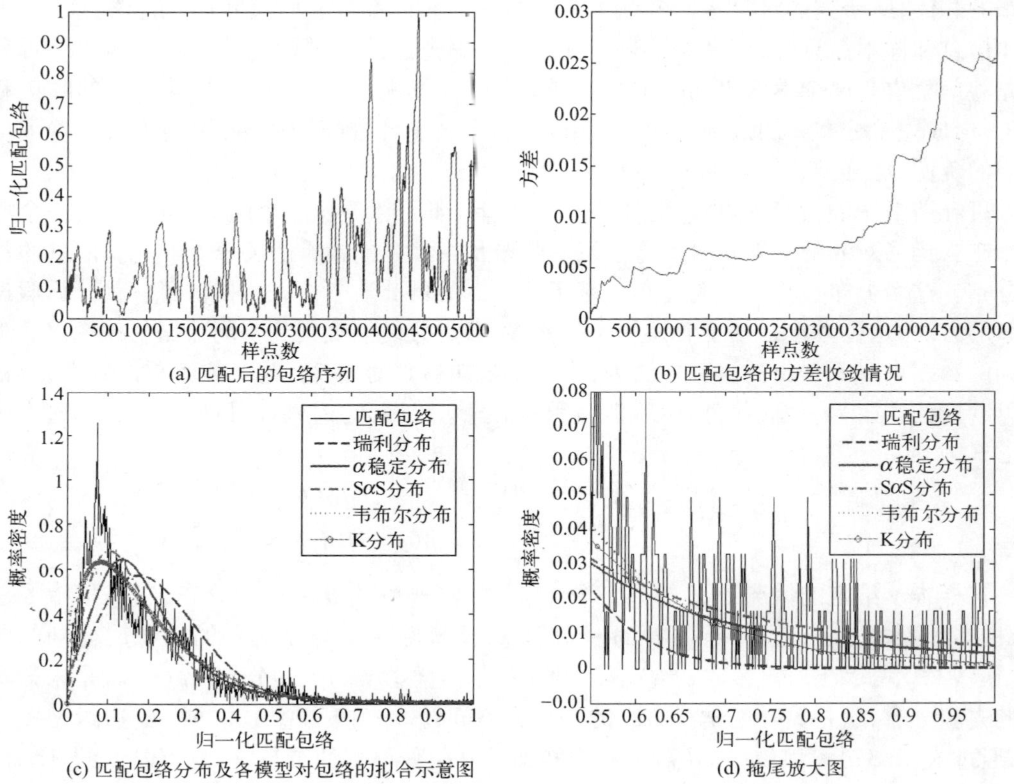

图 2.10　混响匹配包络拟合结果

2.3　基于混合 SαS 分布的混响混合序列建模

在 2.1 节和 2.2 节中，对混响的建模从海底混响的形成过程出发，根据对海底散射体分布、声传播及声呐配置等方面的合理假设以及理论推导，得到了 SαS 分布能合理描述海底混响瞬时值幅度分布这一结论。在此基础上，又得到了基于 SαS 分布的混响包络表达式，为描述混响包络分布提供了一种有利工具。此外，根据混响特性，利用匹配滤波去除环境噪声的干扰，并对混响匹配包络进行了基于 SαS 分布的建模，同样得到了较好的效果。

2.1.4 节中对基于 SαS 和高斯混合模型的混响混叠序列进行了模型测试。在本节中,将混响的瞬时值序列假设为满足多分布的混合序列,即瞬时值序列中的每一个幅值点均满足服从混合分布中某一子分布的条件,从而从概率统计角度出发,对混响瞬时值进行混合分布建模。

2.3.1 贝叶斯理论和马尔可夫链蒙特卡罗方法

统计学中有两个主要学派[166]:频率学派与贝叶斯学派。经典统计学是基于总体信息和样本信息进行统计推断的学派,其基本观点是把数据样本看成是来自具有一定概率分布的总体,所研究的对象是这个总体而不局限于数据本身。而贝叶斯统计学除了基于总体信息和样本信息外,还借助于第三种信息——先验信息进行统计推断。因此是否利用先验信息也是两个学派之间的主要差别。贝叶斯学派认为,通过对先验信息的收集和加工,形成先验分布并加入到统计推断中,可以提高统计推断的质量,否则不仅浪费了可利用的资源,更会导致不合理的结论。

贝叶斯学派的最基本观点是:任一个未知量 θ 都可以看作一个随机变量,应用一个概率分布去描述对 θ 的未知状况。这个概率分布是在抽样前就有的关于 θ 的先验信息的概率分布。这个分布被称为先验分布。基于此观点的贝叶斯分析方法提供了一种计算假设概率的方法,这种方法是基于假设的先验概率、给定假设下观察到不同数据的概率以及观察到的数据本身而得出的。其方法为,将关于未知参数的先验信息与样本信息综合,再根据贝叶斯公式,得出后验信息,然后根据后验信息去推断未知参数。贝叶斯公式的密度函数形式为

$$p(\theta|\boldsymbol{y}) = \frac{p(\boldsymbol{y}|\theta)p(\theta)}{p(\boldsymbol{y})} = \frac{p(\boldsymbol{y}|\theta)p(\theta)}{\int_{\theta}p(\boldsymbol{y}|\theta)p(\theta)\mathrm{d}\theta} \tag{2.31}$$

在样本 $\boldsymbol{y}$ 给定的情况下,θ 的条件分布 $p(\theta|\boldsymbol{y})$ 被称为 θ 的后验分布,它是集中了总体、样本和先验三种信息中有关 θ 的一切信息,又排除一切与 θ 无关的信息后得到的结果。$p(\boldsymbol{y}|\theta)$ 表示在未知参数 θ 给定某个值时,总体样本 $\boldsymbol{y}$ 的条件分布。$p(\theta)$ 就是未知参数的先验分布,也是贝叶斯学派研究的一个关键问题。$p(\boldsymbol{y})$ 为总体样本 $\boldsymbol{y}$ 的边缘密度函数,通过式(2.31)可以看出,$p(\boldsymbol{y})$ 是对未知参数 θ 积分得到的结果,因此不含 θ 的任何信息。后验分布的离散形式表示如下:

$$p(\theta_i|\boldsymbol{y}) = \frac{p(\boldsymbol{y}|\theta_i)p(\theta_i)}{\sum_j p(\boldsymbol{y}|\theta_j)p(\theta_j)}, i = 1,2,\cdots \tag{2.32}$$

一般来说,先验分布反映的是人们在抽样前对未知参数 θ 的认识,而后验分布则反映了人们在抽样后对 θ 的认识,两者之间的差异是由于样本 $\boldsymbol{y}$ 出现后人们对 θ 认识的一种调整。所以后验分布可以看作是人们用总体信息和样本信息对先验分布做调整的结果。理论上贝叶斯分析较易实现,但在实际计算后验分布时需要进行复杂的高维积分,这给工程上的实现和应用带来了巨大的困难和限制。计算后验分布期望的传统熟知计算方法有数值积分、拉普拉斯近似计算和蒙特卡罗重要抽样。马尔可夫蒙特卡罗(Markov Chain Monte Carlo)方法,即 MCMC 方法产生于19 世纪50 年代早期,是在贝叶斯理论框架下,通

过计算机模拟的蒙特卡罗方法,它将马尔可夫过程引入到蒙特卡罗模拟中,实现了对抽样分布的动态模拟,弥补了蒙特卡罗积分本身只能静态模拟的缺陷,是近年来广泛应用的统计计算方法[167]。目前,MCMC 方法已经成为流行的贝叶斯计算方法,这出于两方面原因:一是它在处理非常复杂的高维积分计算问题时具有很高的效率,二是其编程方法相对简易。

MCMC 方法的基本思想[168]是:在样本 $\boldsymbol{X}$ 的状态空间中模拟一条马尔可夫链,使得该链的极限分布/平稳分布/平衡分布就是目标分布,即未知参数的后验分布,而马尔可夫链的产生就是通过建议一个有效的转移规则来达到平稳分布的,马尔可夫链的每一步转移即为产生的后验分布的样本,基于这些有效样本进行蒙特卡罗积分。当所求的为一未知参数集时,就需要同时产生多条马尔可夫链,每条链对应一个未知参数的目标分布。算法的收敛取决于所有的马尔可夫链均达到稳定状态。

2.3.2 MCMC 抽样算法

可以看出,MCMC 方法就是借助适当的转移规则来构造马尔可夫链,进而产生非独立样本的一种抽样方法。目前应用最为广泛的两种抽样算法是 Metropolis – Hastings 算法和 Gibbs 抽样算法。

1. Metropolis – Hastings 算法

Metropolis 算法[169]的基本思想最初是由 Metropolis 等人在 1953 年提出的,从理论上说明了不管目标分布的分析形势多复杂和维数多高,该算法都可以从目标分布中产生随机样本,因此成为所有 MCMC 抽样算法的基石。Metropolis 算法的主要实现过程是[168]:从任意一个转移点 $\boldsymbol{y}^{(0)}$ 开始,交替进行以下两步迭代,即

步骤 1:为了产生新的转移点 $\boldsymbol{y}'$,首先需给定当前状态 $\boldsymbol{y}^{(t)}$ 的一个随机的“无偏扰动”。从数学角度来看,$\boldsymbol{y}'$ 可以看作从对称的概率转移函数(通常称为建议函数或试验建议)$T(\boldsymbol{y}^{(t)},\boldsymbol{y}')$ 中产生(即 $T(\boldsymbol{y},\boldsymbol{y}') = T(\boldsymbol{y}', \boldsymbol{y})$),然后计算变化量 $\Delta h = h(\boldsymbol{y}') - h(\boldsymbol{y}^{(t)})$。

步骤 2:从[0, 1]的均匀分布中产生一个随机数 U,若

$$U \leqslant \pi(\boldsymbol{y}')/\pi(\boldsymbol{y}^{(t)}) \equiv \exp(-\Delta h) \tag{2.33}$$

则令 $\boldsymbol{y}^{(t+1)} = \boldsymbol{y}'$,否则令 $\boldsymbol{y}^{(t+1)} = \boldsymbol{y}^{(t)}$。

从迭代过程来看,每次建议函数在转移点的基础上产生一个较小的随机扰动,π 为目标分布,而目标函数 $-\Delta h$ 即为来自该扰动的增量,通过比较产生的随机数 $\log(U)$ 与转移前后目标分布的概率比的大小,来确定是否拒绝新产生的转移点。Metropolis 等人将建议函数限定为对称的形式,根据该扰动规则,从转移点 $\boldsymbol{y}$ 处经过扰动后到达 $\boldsymbol{y}'$ 的概率总是等于从 $\boldsymbol{y}'$ 得到 $\boldsymbol{y}$ 的概率,因此直观上可以看出建议函数不存在“趋势偏差”。

Hastings 在 1970 年将此算法拓展到了非对称的情形,从而就有了 Metropolis – Hastings(M – H)算法。M – H 算法对建议函数最主要的限制是 $T(\boldsymbol{y},\boldsymbol{y}') > 0$ 的充要条件是 $T(\boldsymbol{y}',\boldsymbol{y}) > 0$。由于选择的建议函数为非对称形式,因此拒绝概率表达形式变为

$$r(\boldsymbol{y},\boldsymbol{y}') = \min\left\{1, \frac{\pi(\boldsymbol{y}')T(\boldsymbol{y}',\boldsymbol{y})}{\pi(\boldsymbol{y})T(\boldsymbol{y},\boldsymbol{y}')}\right\} \tag{2.34}$$

可以看出,当 $T(\boldsymbol{y},\boldsymbol{y}') = T(\boldsymbol{y}',\boldsymbol{y})$ 时,M – H 算法与 Metropolis 算法是等价的。

2. Gibbs 抽样算法

Gibbs 抽样算法[170]是 S. Geman 和 D. Geman 在 1984 年提出的一种特殊的 MCMC 算法,其最显著的特点是通过沿一系列互补的方向来构建条件分布序列的方式构造马尔可夫链。虽然在 M－H 抽样算法中建议函数可以任取,但由于其每次转移均存在一个拒绝概率,当数据样本过长或者建议函数的转移效率较低时,将会导致整个算法的迭代效率降低,从而浪费了大量的计算时间。相比之下,Gibbs 抽样算法在每次迭代步骤中都使用条件分布来构建马尔可夫链。条件分布使目标分布被限制在一定的子空间内产生样本,而每一步抽样都不拒绝建议转移产生的马尔可夫链样本。

Gibbs 抽样算法的主要实现过程为:给定任意初始向量 $\boldsymbol{y}$,当其第 t 步迭代的估计值为 $\boldsymbol{y}^{(t)}=(y_1^{(t)},\cdots,y_d^{(t)})$ 时,则在第 $t+1$ 步迭代中,对任意 $i(i=1,2,\cdots,d)$,从条件分布 $\pi(y_i\mid y_1^{t(+1)},\cdots,y_{i-1}^{(t+1)},y_{i+1}^{(t)},\cdots,y_d^{(t)})$ 中抽取 $y_i^{(t+1)}$。

2.3.3 混合 SαS 分布混响混合序列建模

1. 混合序列

2.1.4 节中对混响噪声和环境噪声进行建模采用的是 SαS 分布和高斯分布的混合模型,而被建模的样本序列被看作是服从 SαS 分布的混响噪声和服从高斯分布的环境噪声两种噪声的混叠序列。混合序列不同于混叠序列,从样本序列的分布角度来看,混合序列的分布是由几个子分布组成的,混合序列中的每个幅值点均属于子分布中的某一分布。混合序列中的子分布同样可以称为混合模型,但与混叠序列的混合模型的建模存在本质区别。混叠序列的混合模型是基于随机信号的产生本质的不同来建模,混合序列的混合模型是基于随机信号自身序列分布的拟合来建模。举一个简单的例子,随机产生两个服从高斯分布的随机信号,每组信号样本长度为 2500,两组序列组合后形成一混合序列,其 PDF 表达式如下:

$$p(x)=0.5N(5,1.5)+0.5N(0,1) \tag{2.35}$$

式中:$p(x)$代表混合序列的 PDF;$N(\mu,\ \sigma)$代表正态分布的 PDF,μ 表示均值,σ 表示标准差。图 2.11 为混合序列的时域采样图及幅值分布图。从图 2.11(a)中,无法看出序列是由两个不同分布序列组成的,甚至与单高斯分布序列相差无几;但从图 2.11(b)的幅值分布就能明显看出,序列由两个均值不同、方差不等的分布混合而成。

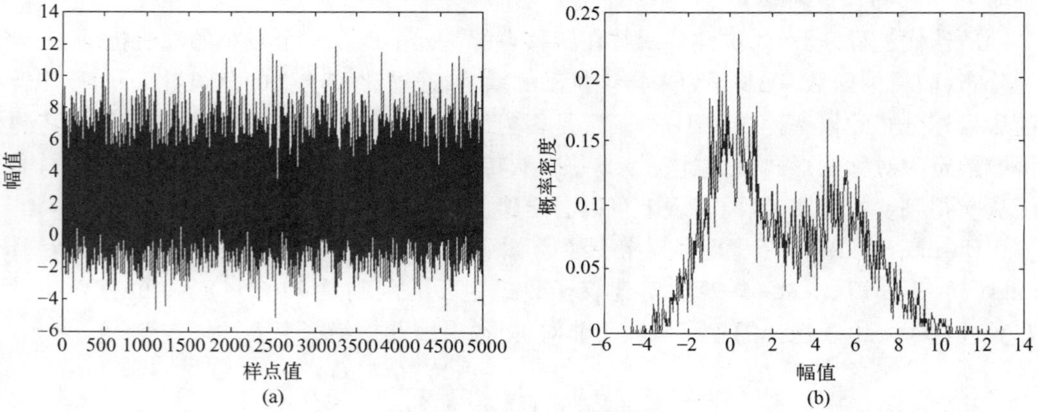

图 2.11　仿真混合序列分布图

2. 基于混合序列的 MCMC 方法

要对混合序列中混合模型的参数进行求解,直接对样本序列进行参数估计存在很大难度,这时需要借助贝叶斯定理。根据式(2.31),混合模型的未知参数集可以通过后验分布的估计得到。这里混合序列即为样本 $\boldsymbol{y}$,参数集 $\boldsymbol{\theta}=\{\theta_1, \theta_2, \cdots\}$ 为混合模型的参数集。由于式(2.31)中的 $p(\boldsymbol{y})$ 为不含未知变量的积分,因此可以视为一归一化常数,因此可以得到以下关系式:

$$p(\boldsymbol{\theta}\mid\boldsymbol{y})\propto p(\boldsymbol{y}\mid\boldsymbol{\theta})p(\boldsymbol{\theta}) \tag{2.36}$$

从式(2.36)可以看出,要得到参数集 $\boldsymbol{\theta}$ 的关于样本的条件分布(后验分布),只需要有关 $\boldsymbol{\theta}$ 的先验信息和在已知下样本的概率密度分布信息,而 $p(\boldsymbol{y}\mid\boldsymbol{\theta})$ 亦可通过对 $\boldsymbol{\theta}$ 的先验分布进行抽样后得到 $\boldsymbol{\theta}$ 的当前值进行估计。MCMC 方法为贝叶斯估计的转移过程的实现提供了非常有效和便利的手段,算法通过对 $\boldsymbol{\theta}$ 的先验分布的抽样得到参数值,并对子分布的预判更新参数值,经过多次反复迭代和更新过程,使得依马尔可夫链产生的参数样本最终收敛到真值附近,从而得到准确的目标分布。

利用 MCMC 方法估计混合模型中的未知变量时,未知参数集 $\boldsymbol{\theta}$ 中的变量主要分为四类:子分布的权向量,子分布的参数,每个样本属于某个子分布的标识变量以及子分布的个数。在 MCMC 估计时,根据建议函数的规则,抽样的未知参数样本延某条马尔可夫链的方向产生,未知参量之间按照类型的不同存在因果依赖关系或并行独立关系。1997 年,Richardson 和 Green 在文章[171]中利用可逆跳转法则及 MCMC 方法实现了对高斯混合模型的估计并拟合了混合序列的分布曲线,取得了很好的效果。可逆跳转 MCMC 方法过程主要通过以下几个步骤迭代实现:

(1) 更新权向量;

(2) 更新子分布参数;

(3) 更新样本标识变量;

(4) 更新先验分布中的超参数;

(5) 将某一子分布一分为二或将两个相邻子分布合二为一;

(6) 产生或消亡一个子分布。

通过以上过程,可以实现对混合模型中四类未知参量的估计。

3. 混合 SαS 模型中的未知参数

类似于混合高斯分布,混合 SαS 模型的一般表达式可以写成

$$p(\boldsymbol{y}) = \sum_{j=1}^{k} w_j S_{\alpha_j}(\boldsymbol{y}\mid\gamma_j,0,\mu_j) \tag{2.37}$$

式中:j 表示子分布序号;k 表示子分布个数;w_j 表示第 j 个子分布的权重系数,且 $\sum_{j=1}^{k} w_j = 1$;$S_\alpha(\cdot)$ 代表 $S\alpha$S 分布,其中的 α_j、γ_j 和 μ_j 分别表示第 j 个 SαS 子分布的特征指数、离散系数和位置参数。对于式(2.37),除了上述未知参数外,还有表示样本点属于某一子分布的标识变量,记为 z_i($i=1,2,\cdots,N$,N 为样本长度),因此混合模型待求的未知参数可写成参数集形式 $\boldsymbol{\theta}=\{w_j, \alpha_j, \gamma_j, \mu_j, z_i, k\}$。要求未知参数集 $\boldsymbol{\theta}$,根据式(2.36),可以得到以下的表达式:

$$p(w_j,\alpha_j,\gamma_j,\mu_j,z_i,k\mid\boldsymbol{y})\propto p(\boldsymbol{y}\mid w_j,\alpha_j,\gamma_j,\mu_j,z_i,k)p(w_j,\alpha_j,\gamma_j,\mu_j,z_i,k) \tag{2.38}$$

要得到参数集 $\boldsymbol{\theta}$ 的后验分布,就要知道其参数变量的先验信息。当未知参量是某一分布的参数时,则可以利用共轭先验分布的性质。共轭先验分布的定义如下。

定义 2.1 设 θ 为总体分布中的参数(或参数向量),$\pi(\theta)$ 是 θ 的先验密度函数,假如由抽样信息算得的后验密度函数与 $\pi(\theta)$ 有相同的函数形式,则称 $\pi(\theta)$ 是 θ 的(自然)共轭先验分布。

共轭先验分布在许多场合被采用,因其有两个优点:首先是形式固定,便于计算;其次是后验分布的一些参数可以得到很好的解释。当然共轭先验分布应用的前提是指定参数有其满足的分布,如正态分布中的均值和方差、二项分布中的成功概率、指数分布中的均值倒数以及泊松分布中的均值等。此外,先验分布中所含的未知参数称为超参数。共轭先验分布就是一种含有信息的先验分布,其常含有超参数,应充分利用各种先验信息确定它。如果均匀分布属于无信息先验分布,则其一般不含有超参数。在文献[171]中,Richardson 等给出了各个未知参数的共轭先验分布,为后验分布提供了可利用的建议函数。

然而共轭先验分布只有在未知参数满足某一特定分布的前提下才能应用,而 SαS 分布由于其自身概率密度函数不存在封闭的表达式,分布中的参数很难直接找到和利用合适的共轭先验分布。鉴于此,Kuruoglu 等人[172-174]利用 SαS 分布的性质,将 SαS 分布中的参数通过分布表达式的等价变换使其满足高斯分布,进而在高斯分布下,参数可以利用相应的共轭先验分布进行抽样。

由 SαS 分布特性可知,当 X 和 $Y>0$ 为独立的随机变量且满足 $X \sim S_{\alpha_1}(\gamma,0,0)$,$Y \sim S_{\alpha_2}(\cos(\pi\alpha_2/2)^{1/\alpha_2},1,0)$ 时,则可得到 $XY^{1/\alpha_1} \sim S_{\alpha_1\alpha_2}(\gamma,0,0)$,根据需求,选择 $\alpha_1=2$(高斯分布),$\alpha_2<1$。因此当 y_i 为满足独立同分布条件的 SαS 分布序列中的一个采样点时,$y_i \sim S_\alpha(\gamma,0,\mu)$,根据 SαS 分布与高斯分布表达式之间的关系及 SαS 分布特性,y_i 又可表示为 $y_i \sim N(\mu,\lambda_i\gamma)$,$N(\mu,\lambda_i\gamma)$ 代表高斯分布且 μ 代表均值,$\lambda_i\gamma$ 代表方差,这里 $\lambda_i \sim S_{\alpha/2}(2\cos(\pi\alpha/4)^{2/\alpha},1,0)$ 为一满足正稳定分布的辅助随机变量。变换后混合 SαS 模型的一般表达式可改写成

$$p(\boldsymbol{y})=\sum_{j=1}^{k} w_j N(\boldsymbol{y} \mid \mu_j,\lambda\gamma_j) \tag{2.39}$$

4. 未知参数的先验分布

通过以上分析可知,混合 SαS 模型的一般表达式由六个未知参数组成参数集 $\boldsymbol{\theta}=\{w_j,\alpha_j,\gamma_j,\mu_j,z_i,k\}$。Salas - Gonzalez 等人在文献[175]中给出了部分未知参数的先验分布,具体如下:

(1) 特征参数 α。由于特征指数 $\alpha \in (0,2]$,因此其先验分布可以由均匀分布表示,即

$$p(\alpha_j \mid a)=\frac{1}{a}=\frac{1}{2} \qquad 0<\alpha_j \leqslant 2 \tag{2.40}$$

式中,$a=2$。均匀分布属于无信息先验分布,不含超参数。

(2) 根据高斯分布参数的共轭先验分布信息可知,在已知方差的前提下,均值的共轭先验分布为高斯分布 $N(\cdot)$,而在均值已知的情况下,方差的共轭先验分布为逆伽马分布 $IG(\cdot)$。两者的分布形式可写成

$$p(\mu_j \mid \xi, \kappa^{-1}) = N\left(\frac{\frac{1}{\gamma}\sum_{i=1;z_i=j}^{N}\frac{y_i}{\lambda_i} + \kappa\xi}{\frac{1}{\gamma}\sum_{i=1;z_i=j}^{N}\frac{1}{\lambda_i} + \kappa}, \frac{1}{\frac{1}{\gamma}\sum_{i=1;z_i=j}^{N}\frac{1}{\lambda_i} + \kappa}\right) \tag{2.41}$$

$$p(\gamma_j{}^2 \mid \alpha_0, \beta_0) = IG\left(\alpha_0 + \frac{1}{2}n_j, \frac{1}{2}\sum_{i=1;z_i=j}^{N}\frac{(y_i - \mu_j)^2}{\lambda_i} + \beta_0\right) \tag{2.42}$$

式(2.41)中,ξ 和 κ^{-1} 是均值共轭先验分布中的超参数;式(2.42)中 α_0 和 β_0 为方差共轭先验分布中的超参数。

(3) 权重变量 w_j 的共轭先验分布为 Dirichlet 分布,有

$$\boldsymbol{w} \sim D(\delta + n_1, \cdots, \delta + n_k) \tag{2.43}$$

式中,δ 是 Dirichlet 分布的超参数,n_j 为第 j 个子分布的样点数。

5. 基于 MCMC 方法的混合 SαS 分布建模

通过上述分析,利用 MCMC 方法在每次迭代中获取和更新未知参数值。其主要过程如下:

(1) 通过 Gibbs 采样算法从共轭先验分布中采样并更新权重变量 w_j。

(2) 通过 Gibbs 采样算法从共轭先验分布中采样并更新各个子分布的离散系数 γ_j。基于零均值的假设,各子分布的均值设定 $\mu_j = 0$,因此不估计 μ_j。

(3) 通过 Metropolis 采样更新特征参数 α_j。由于无法给出特征参数闭合的全条件件形式,且均匀分布(先验分布)为无信息分布,因此这里采用 Metropolis - Hasting 采样算法。假设每次迭代从一个目标分布 $q(\alpha_j^{\text{new}} \mid \alpha_j)$ 中采样 α_j^{new},并以概率 A_{α_j} 接受新值,这里

$$A_{\alpha_j} = \min\left\{1, \frac{\Pi_{i;z_i=j}^{N} p(y_i \mid w_{z_i}, \alpha_j^{\text{new}}, \gamma_j, k)}{\Pi_{i;z_i=j}^{N} p(y_i \mid w_{z_i}, \alpha_j, \gamma_j, k)} \times \frac{p(w_{z_i}, \alpha_j^{\text{new}}, \gamma_j, k)}{p(w_{z_i}, \alpha_j, \gamma_j, k)} \times \frac{q(\alpha_j \mid \alpha_j^{\text{new}})}{q(\alpha_j^{\text{new}} \mid \alpha_j)}\right\} \tag{2.44}$$

在式(2.44)中

$$\frac{p(w_{z_i}, \alpha_j^{\text{new}}, \gamma_j, k)}{p(w_{z_i}, \alpha_j, \gamma_j, k)} = \frac{p(\alpha_j^{\text{new}})}{p(\alpha_j)} = \frac{1/2}{1/2} = 1 \tag{2.45}$$

且 $q(\cdot \mid \cdot)$ 可以考虑取对称目标分布,如王态分布,则有 $q(\alpha_j \mid \alpha_j^{\text{new}}) = q(\alpha_j^{\text{new}} \mid \alpha_j)$,从而式(2.44)可以进一步简化为

$$A_{\alpha_j} = \min\left\{1, \frac{\Pi_{i;z_i=j}^{N} p(y_i \mid w_{z_i}, \alpha_j^{\text{new}}, \gamma_j, k)}{\Pi_{i;z_i=j}^{N} p(y_i \mid w_{z_i}, \alpha_j, \gamma_j, k)}\right\} \tag{2.46}$$

(4) 更新标识变量 z_i。样本序列每个样本 y_i 的分配变量 z_i 的确定根据其在某个子分布内的概率大小来决定。由于假定各子分布的均值为 0,因此 $p(z_i)$ 的概率密度表达式要稍作变化,去掉权重向量的影响,否则整体的分配变量将有集中在某一子分布的趋势,即

$$p(z_i = j) = p(y_i \mid w_j, \alpha_j, \gamma_j, k) \tag{2.47}$$

(5) 通过拒绝采样更新辅助变量 λ_i。由于 Metropolis 采样算法的接受率较低,在长序列中估计每个序列点 y_i 的辅助变量值 λ_i 时的开销很大,因此在每次迭代中采用拒绝采样法实现对 λ_i 的更新。主要实现过程如下。

由于

$$p(y_i \mid 0, \lambda_i\gamma_j{}^2) \leqslant \frac{1}{\sqrt{2\pi} \mid y_i \mid}\exp\left(-\frac{1}{2}\right) \tag{2.48}$$

则 λ_i的更新可通过以下步骤完成：

① 从分布 $S_{\alpha/2}(2\cos(\pi\alpha/4)^{2/\alpha},1,0)$ 中抽取 λ_i^{new}；

② 从均匀分布 $U\left(0,\frac{1}{\sqrt{2\pi\mid y_i\mid}}\exp\left(-\frac{1}{2}\right)\right)$ 中抽取 u_i；

③ 如果 $u_i>p(u_i\mid 0,\lambda_i\gamma_j)$，返回①。

（6）更新子分布个数 k。由于混合分布中各子分布的均值均为 0，MCMC 可逆跳转法则无法运用，因此我们必须通过对混响的子分布个数进行假设来判断模型的精准性。

总结以上 MCMC 过程，可以得到图 2.12 所示的迭代更新关系示意图。

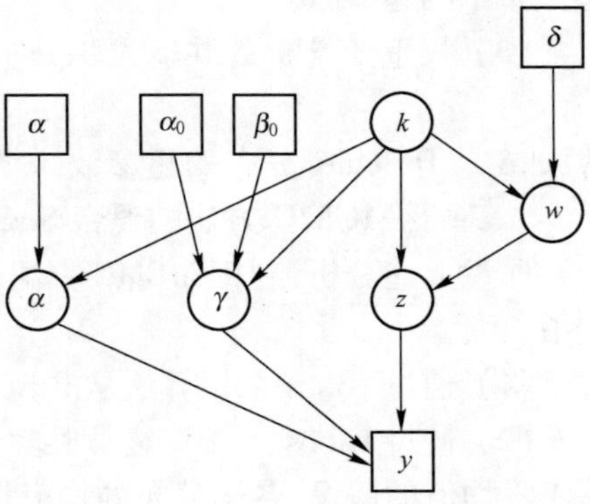

图 2.12　混合 SαS 分布的定向非循环图

图 2.12 中，箭头方向表示参数估计的因果依赖关系，最上层方形流程框图中的参数均为各未知参数的先验分布中的超参数。中间一层圆形流程框图中的参数是待求的未知参数，可以看出，子分布数 k 是决定其他未知参数迭代更新过程的前提。由于这里可逆跳转法则无法运用，必须在迭代前设定子分布的个数，如此必须估计不同 k 值下的混合分布表达式，进而通过比较精度选取最接近样本序列分布的 k 值下的参数集，这种方法的缺点是成倍地加大了估计的运算量。最下层方形流程框图中的 y 表示最终的样本模型估计表达式。

2.3.4　实验与仿真

仿真 2.8　仿真两段 SαS 序列，并得到长度为 $N=1000$ 个采样点的混合序列，其分布表达式如下：

$$p_Y(y)=0.4S_{1.5}(0.2,0,0)+0.6S_{1.8}(0.03,0,0) \tag{2.49}$$

初始设置如下：$\alpha_0=1,\beta_0=0,\delta=1$，各子分布的初始样点数量设置为 N/k。表 2.1 为子分布个数 k 设为 2 时得到的参数估计平均值及标准差。这里每次运行的迭代次数为 500 次，共进行 50 次的运行。从表 2.1 可以看出，50 次运行结果得到的未知参数的估计均值与真值的误差值较小，表现在标准差的大小上。

表 2.1　仿真混合序列参数估计

估计参数	真　值	估 计 值	标 准 差
α_1	1.5	1.5241	0.0254
α_2	1.8	1.8220	0.0115
γ_1	0.2	0.2031	0.0035
γ_2	0.03	0.0286	0.0012
w_1	0.4	0.403	0.0023
w_2	0.6	0.597	0.0026

图 2.13 为其中一次仿真实验混合序列的概率密度分布曲线的拟合图,图中分别为真实分布以及 SαS 混合分布的拟合线,其中 SαS 单分布模型参数通过直接对序列估计得到,混合分布参数估计通过 MCMC 方法得到。

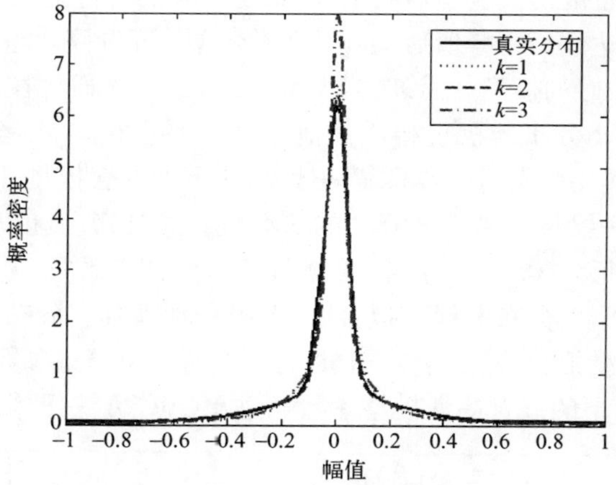

(a) 拟合曲线的整体效果

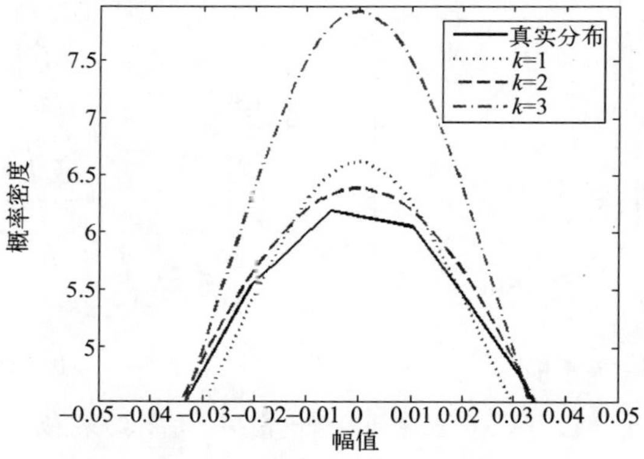

(b) 峰值局部放大图

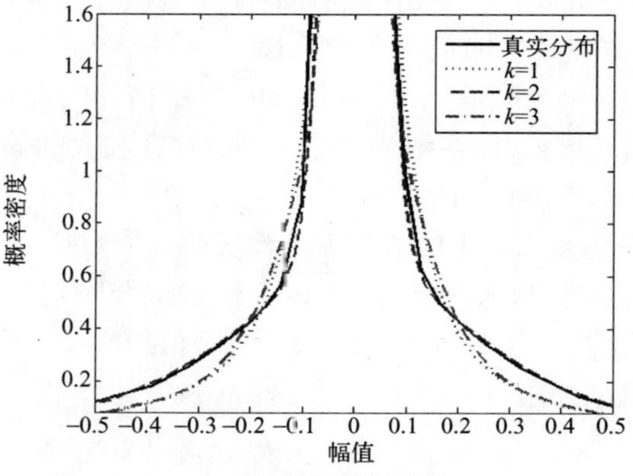

(c) 底端局部放大图

图 2.13　仿真序列混合 SαS 模型估计结果图

图 2.13(a)为拟合曲线的整体效果图,图 2.13(b)和图 2.13(c)为图 2.13(a)的局部

放大图，拟合结果显示基于 SαS 分布的模型总体上与真实分布的吻合度较高，而采用 MCMC 方法估计得到的混合 SαS 模型又高于单 SαS 模型，其中在 $k=2$ 时的拟合模型与真实分布的曲线走势非常吻合。当 k 大于或小于 2 时，得到的 SαS 混合模型的匹配误差变大。实际上经过大量的仿真实验后我们发现，随着 k 的估计值逐渐增大，估计的模型对数据分布的匹配程度达到一个峰值后又开始下降，这时可以停止继续估计更大 k 值下的模型，并选择匹配性最好的模型。另外，当 k 增加到某一值（通常在 $k>3$）时，估计的模型中会有接近 $(k-3)$ 个子分布的权重相比其他子分布要小很多，以至于可以被近似忽略，因此在实际的估计过程中，我们通常只需估计 $k \leqslant 4$ 下的混合模型即可。

仿真 2.9　仿真一段长度为 $N=1000$ 的 SαS 混合序列，其真值表达式同式(2.49)，初始设置如下：$\kappa=0.001$，$\xi=0.1$，$\delta=1$，各子分布的初始样点数量设置为 N/k。图 2.14 为仿真混合序列的概率密度分布曲线的拟合图，图中分别为真实分布拟合线，以及 $k=1\sim4$ 时的混合高斯分布模型拟合线，其中 $k=1$ 时的单高斯分布模型参数通过对仿真序列的直接估计得到，$k=2\sim4$ 下的混合高斯模型参数通过 MCMC 方法得到。

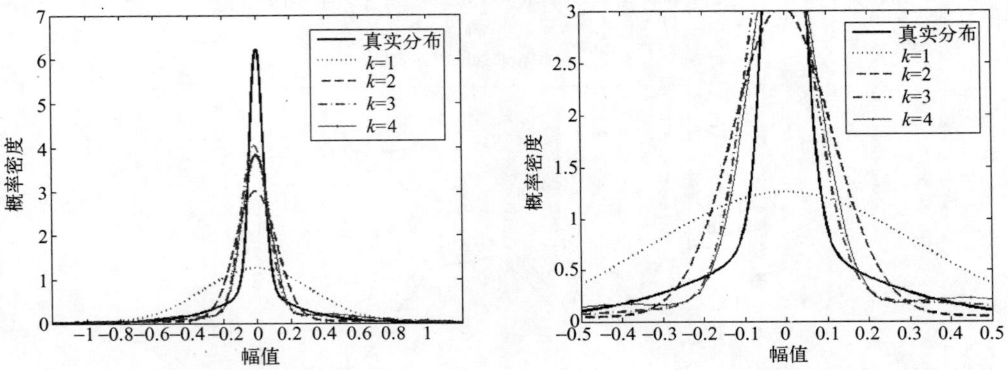

(a) 拟合曲线的整体效果　　(b) 局部放大图

图 2.14　仿真序列混合高斯模型估计结果图

从图 2.14(a)的整体分布可以看出用混合高斯模型拟合混合 SαS 序列的分布曲线时均具有较大的偏差。从图 2.14(b)的局部放大图可以看出，当采用单高斯模型估计仿真序列分布时，其误差最大，吻合度最低；采用 MCMC 方法估计的混合高斯模型虽然在拟合程度上较单高斯模型提高很多，但在细节描述上仍然存在较大的偏差，因此采用混合高斯模型无法实现对混合 SαS 序列的高精度拟合。

仿真 2.10　再次对仿真 2.1 中的数据 1 进行实验。取数据 1 一个周期中的前 10000 个采样点序列进行模型匹配测试，采用混合 SαS 模型拟合序列分布。图 2.15 为序列时域、频域图，表 2.2 给出了子分布数 $k=1\sim5$ 下估计的混合 SαS 模型参数估计结果，图 2.16 为对应表 2.2 的曲线拟合结果图。

表 2.2　数据 1 混合模型参数估计结果

k	α	γ	w
1	1.237	0.120	—
2	1.649 1.762	0.201 0.048	0.485 0.515

（续）

k	α	γ	w
3	1.486 1.935 1.572	0.401 0.136 0.038	0.234 0.352 0.414
4	1.400 1.772 1.853 1.601	0.310 0.264 0.032 0.102	0.078 0.253 0.368 0.301
5	1.1926 1.9721 1.2415 1.7816 1.0164	0.1818 0.0261 0.0141 0.5225 0.0016	0.6783 0.1572 0.0734 0.0642 0.0269

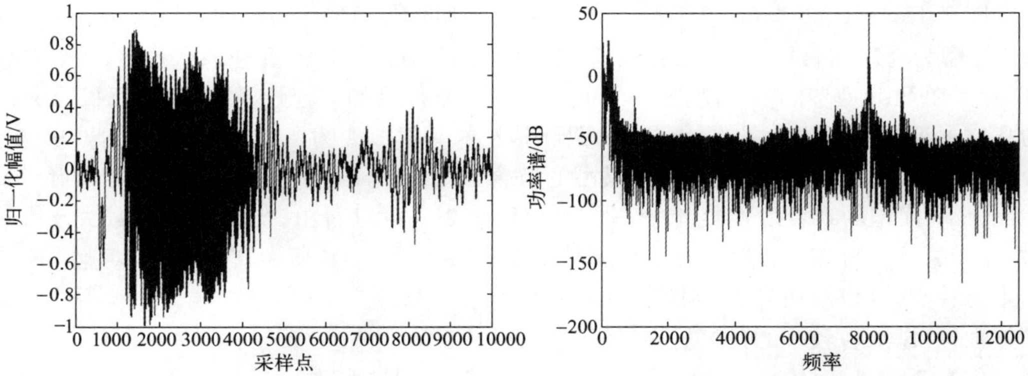

(a) 拟合曲线序列　　(b) 拟合曲线的功率谱估计

图 2.15　数据 1 序列时域、频域图

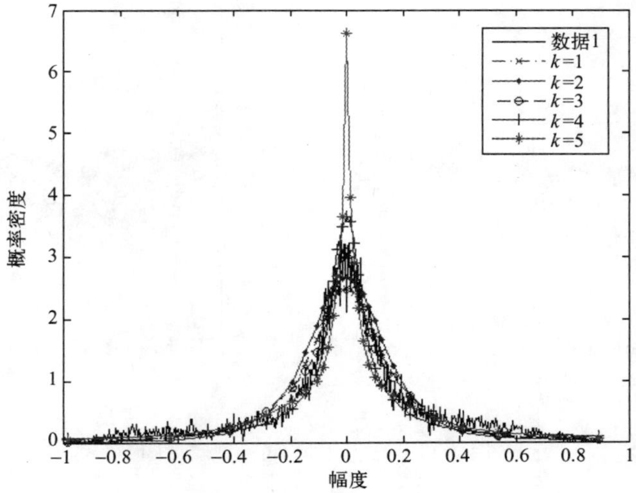

(a) 混合SαS模型整体拟合图

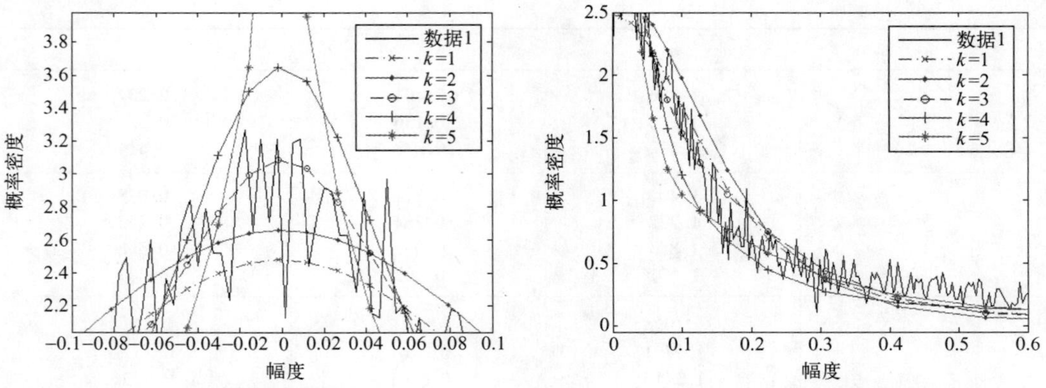

(b) 0值附近的局部放大图　　(c) 正拖尾的局部放大图

图 2.16　数据 1 混合模型拟合结果图

图 2.16 中,图 2.16(a)为混合 SαS 模型对序列分布的整体拟合图,其中 $k=1$ 表示单 SαS 模型为对序列直接估计得到,$k=2\sim5$ 为 MCMC 方法估计的混合 SαS 模型,从整体上看,除了单 SαS 模型的吻合度稍差外,其余三个混合模型的拟合效果均较好。图 2.16(b)为 0 值附近的局部放大图,图 2.16(c)为正拖尾的局部放大图。从仿真结果来看,尽管子分布数量在设定不同时得到的混合模型的拟合曲线有所不同,但通过与序列的实际分布相比,SαS 模型的吻合度偏差均较小。然而从表 2.2 可以看出,当子分布个数大于 3 个时,其中某几个分布的比例相对其他子分布要小很多,由于其所占比例不大,对整个分布的影响较小,这也与仿真 2.8 中给出的结论对应。因此在实际估计时子分布个数取值无须很大,可以节省较多的计算量。

仿真 2.11　对仿真 2.2 中的数据 2 进行实验。同样取数据 2 一个周期中的前 10000 个采样点序列进行模型匹配测试,采用混合 SαS 模型与混合高斯模型拟合序列分布。图 2.17 为序列时域、频域图,图 2.18 为对应表 2.2 的曲线拟合结果图。

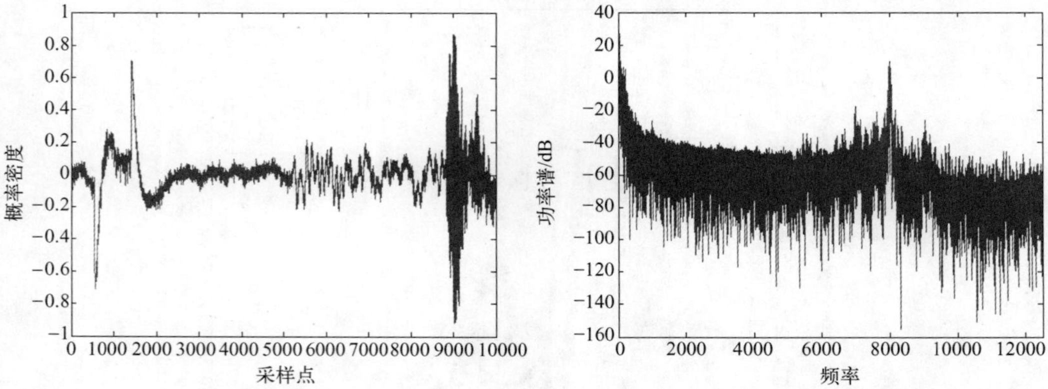

(a) 拟合曲线序列　　(b) 拟合曲线的功率谱估计

图 2.17　数据 2 序列时域、频域图

图 2.18 中,图 2.18(a)为混合模型对序列分布的整体拟合图,其中 $k=1$ 时的单 SαS 模型和单高斯模型通过直接估计序列得到,其余混合模型均通过 MCMC 方法估计得到。

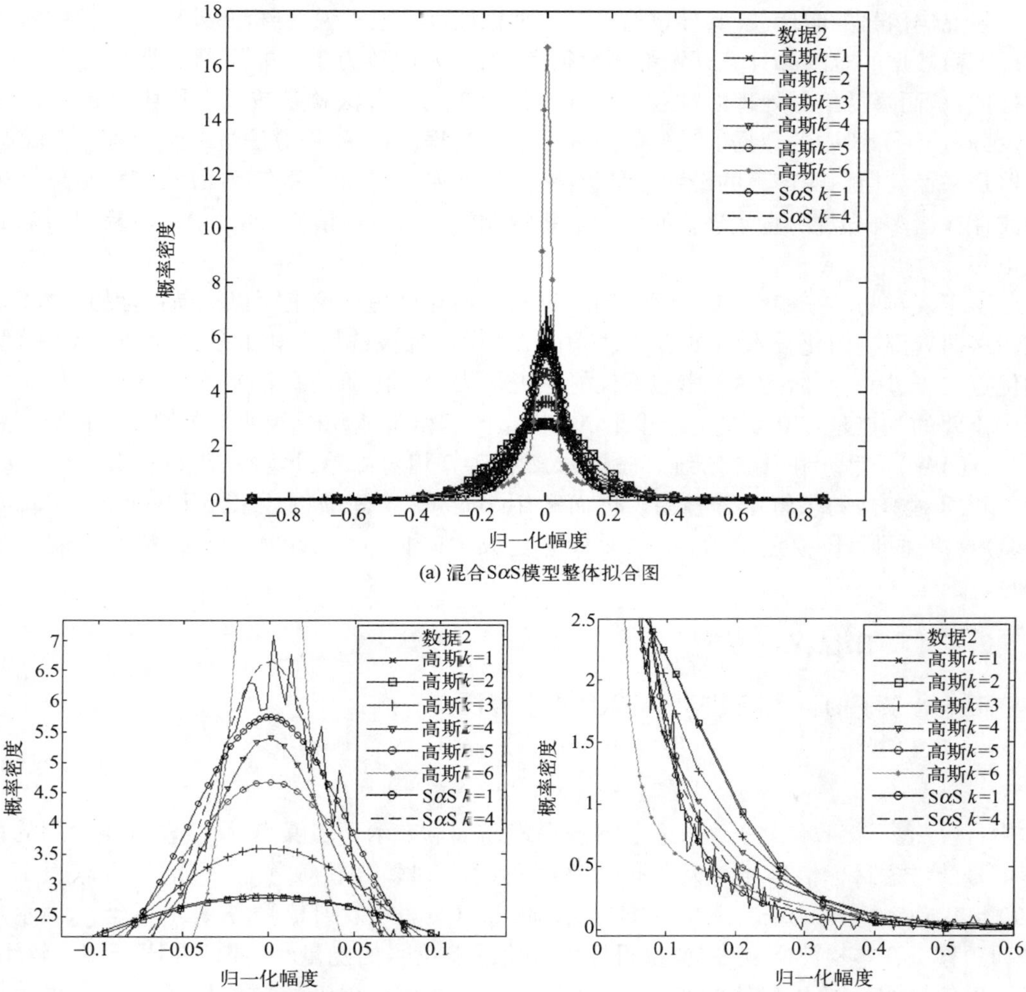

(a) 混合SαS模型整体拟合图

(b) 0值附近的局部放大图

(c) 正拖尾的局部放大图

图 2.18　数据 2 混合模型拟合结果图

从整体上看,所有基于高斯分布的模型与数据分布的吻合度均不高且当 $k=6$ 时,高斯混合模型表现得比数据分布更加尖锐,相比之下,SαS 模型的拟合效果更具优势。图 2.18(b)为 0 值附近的局部放大图,图 2.18(c)为正拖尾的局部放大图,基于 SαS 分布的模型曲线基本能贴合分布曲线的走势,其中 SαS 混合模型($k=4$)的拟合匹配程度最佳。从仿真结果来看,尽管混合 SαS 模型和混合高斯模型曲线随子分布数量设定的不同而不同,但整体上 SαS 模型的表现要优于高斯模型,这从另一方面验证了混响的非高斯特性。

2.4　高斯 AR 预白化技术

从高斯理论的统计特性来看,混响噪声属于二阶非平稳随机信号的范畴。混响的能量强度由有效散射体数量和散射强度两方面因素决定,散射体的随机分布与强度的变化将引起混响信号的起伏波动，导致信号的非平稳性。一般来说，分析和处理非平稳数据比处理平稳数据的难度和计算开销都要大很多，因此人们致力于将非平稳数据进行准平稳化处理，从而降低信号处理的难度。一种简化而实用的方法就是按某一原则对数据进行分段分析，使分段中的数据能近似看成局部平稳过程，再用平稳算法进一步处理。匹配滤波器是平稳高斯白噪声下的最佳信号检测器，然而混响作为一种有色噪声，其特性与目标回波存在诸多相似性，直接进行匹配很难将混响噪声与目标信号分离，得到的检测结果必然很差。

鉴于混响的非平稳性和有色性，对其进行预白化处理理论上可以提高目标检测性能。在诸多研究混响白化技术的文献[176-179]中，AR 模型都被选作白化的基础模型。AR 模型的优点在于，用有限阶的 AR 模型不仅能够近似表示无限阶的移动平均(MA)过程，而且更为重要的一点是在高斯模型假设下 AR 模型的自相关函数和模型参数之间满足 Yule - Walker(YW)方程。由于二阶统计量的求解和运算相对简单，这种基于自相关函数的线性方程组对参数的求解十分容易。进而利用 Toeplitz 矩阵的特性采用 Levinson - Durbin (LD)算法递推 AR 模型阶数，不仅使计算量大大降低，而且计算结果的精度也能得到保证。

2.4.1 目标探测模型

混响背景下的目标探测问题可以用以下假设表示：

$$\begin{cases} H_0: y(t) = n_r(t) + n_w(t) \\ H_1: y(t) = s(t) + n_r(t) + n_w(t) \end{cases} \tag{2.50}$$

式中：$y(t)$表示接收信号；$n_r(t)$表示混响噪声；$n_w(t)$表示环境噪声；$s(t)$表示要检测的目标信号。考虑目标信号相对发射信号产生的时延和多普勒频移，目标信号可以表示为 $s(t) = As_e(t-\tau)\exp(2\mathrm{j}\pi f_d t)$，其中 A 表示幅值，$s_e(t)$表示发射信号，τ 表示时延，f_d表示多普勒频移。在本检测问题中，假设目标信号比混响信号的能量小，即信混比(SRR)较小，且发射信号的带宽 B 与其载频 f 的比值很小，因此可以保证接收波形不会产生很大的失真。

2.4.2 平稳化处理

从有色背景噪声中检测信号的最佳方法是白化噪声，再对白化信号进行匹配滤波，白化过程需要知道噪声的自相关函数，但是目标信号的存在使得估计自相关函数变得不易。而且混响的非平稳性导致白化滤波器的设计变得非常困难，因为要白化非平稳混响需要一时变的白化滤波器，这一设计过程将大大增加信号检测的开销。考虑次最优方案，如果对检测数据进行分段，使目标信号只存在于某一分段中，这样就可以利用前一段不含目标信号的数据的自相关估计去白化后一段信号，直到检测到信号为止。要实现上述过程的一个重要前提是保证相邻两段数据满足平稳原则。若将非平稳混响噪声看作为局部平稳过程，则其每段信号就可以当作平稳时不变过程进行处理，如此进行分段的准平稳化处理既可以采用一个时不变的白化滤波器对分段信号进行白化，同时也减小了信号处理的算法开销，关键是需要一个分段准则来保证分段信号的局部平稳性。

在局部平稳原则的选择上，Valérie Carmillet 等人在文献[176]中利用了对称 Itakura

距离[180,181]来确定。考虑两个离散时域信号 $x_1(n)$ 和 $x_2(n)$，其各自对应的功率谱密度为 $s_1(\omega)$ 和 $s_2(\omega)$，则两者之间的 Itakura 距离定义为

$$d_I(s_1,s_2)=\ln\left[\int_{-\pi}^{+\pi}\frac{1}{2\pi}\frac{s_1(\omega)/\delta_1^2}{s_2(\omega)/\delta_2^2}\mathrm{d}\omega\right] \tag{2.51}$$

式中，δ^2 表示信号的线性预测误差的方差，有

$$\delta_i^2 = \exp\left(\int_{-\pi}^{\pi}\log(s_i(\omega))/(2\pi)\mathrm{d}\omega\right) \tag{2.52}$$

然而以上定义的 Itakura 距离为非对称形式，在此基础上得到对称 Itakura 距离的表达式为

$$d_I'(s_1,s_2)=\frac{1}{2}(d_I(s_1,s_2)+d_I(s_2,s_1)) \tag{2.53}$$

从 Itakura 距离的定义可知，即当两个信号成正比时，两者的对称 Itakura 距离为 0。尽管给出了以上明确的估计表达式，但在实际估计中由于分段数据的长度很短，对各段功率谱密度的估计较为困难。一个可行的方法是将每段数据中的混响噪声看作是一个 AR 过程，借助 AR 模型，信号可以表示为

$$x(n)=-\sum_{m=1}^{p}a_m x(n-m)+\varepsilon(n) \tag{2.54}$$

式中：a_m 表示模型系数；p 为阶数；$\varepsilon(n)$ 表示激励白噪声。考虑

$$A(z)=\sum_{k=0}^{p}a_k z^{-k},a_0=1 \tag{2.55}$$

则信号的谱密度可以表示成

$$s(\omega)=\frac{\sigma^2}{|A(e^{j\omega})|^2} \tag{2.56}$$

式中，σ^2 表示激励白噪声的方差。因此，假设 $s_K(\omega)$ 和 $s_L(\omega)$ 代表第 K、L 个分段的功率谱密度，根据式(2.56)两分段之间的 Itakura 距离可表示为

$$d_I(s_K,s_L)=\ln\left[\int_{-\pi}^{+\pi}\frac{1}{2\pi}\left|\frac{A_L(\mathrm{e}^{\mathrm{j}\omega})}{A_K(\mathrm{e}^{\mathrm{j}\omega})}\right|^2\mathrm{d}\omega\right] \tag{2.57}$$

当相邻两个分段信号之间的 Itakura 距离小于某一阈值时，表明两者的功率谱密度较为近似，可以认为信号在这连续的两个分段区域内满足平稳条件。然而在实际操作中，在判断局部平稳时估计各段的功率谱密度需要很大的工作量。

2.4.3 自回归模型估计

若直接估计式(2.57)中相邻两段长度较短数据的谱密度存在较大的难度，而将分段信号看作 AR 过程，通过估计 AR 模型进而估计分段信号的谱密度则是个可行的方法。另外，对数据进行白化同样可以借助 AR 模型，若两段数据满足局部平稳条件，则两者谱密度差异小，即两段信号的 AR 模型差异较小，从而使用前段数据的 AR 模型白化后段数据具有可行性和合理性。因此 AR 模型的估计是白化技术的关键。

从式(2.54)可知，对 AR 模型的估计主要包括模型阶数 p 和模型系数 a_m 两方面。模型阶数 p 的估计可以根据最小描述长度(MDL)准则[182]获得，MDL 准则在估计短长度数据的模型阶数上具有较好的表现，这里不再详细介绍。模型系数 a_m 的估计可以通过求解

YW 方程获得

$$\boldsymbol{Ra} = \begin{bmatrix} \sigma^2 \\ \boldsymbol{0} \end{bmatrix} \tag{2.58}$$

式中：$\boldsymbol{R}$ 为 $(p+1)\times(p+1)$ 阶 Toeplitz 自相关矩阵，展开式如式(2.59)，其中 $R(n)$ 为自相关函数；$\boldsymbol{a}=[1 \quad a_1 \quad \cdots \quad a_p]^{\mathrm{T}}$；$\sigma^2$ 为高斯白噪声 $\varepsilon(n)$ 的方差；$\boldsymbol{0}$ 表示 $p+1$ 阶全零列向量。

$$\boldsymbol{R} = \begin{bmatrix} R(0) & R(1) & R(2) & \cdots & R(p) \\ R(1) & R(0) & R(1) & \cdots & R(p-1) \\ R(2) & R(1) & R(0) & \cdots & R(p-2) \\ \vdots & \vdots & \vdots & & \vdots \\ R(p) & R(p-1) & R(p-2) & \cdots & R(0) \end{bmatrix} \tag{2.59}$$

$a_m(m=1,\cdots,p)$ 系数的预测可以采用最小均方误差准则来选择。假设 $y(n)$ 是一实数据列，$-\infty<n<\infty$，我们可以用过去时刻的 N 个数据来预测当前时刻的数据 $y(n)$，即

$$\hat{y}(n) = -\sum_{k=1}^{N} a_N(k)y(n-k),\ -\infty < n < +\infty \tag{2.60}$$

式中，$a_N(k)$ 即为预测系数。定义预测误差 $e(n)$ 为

$$e(n) = y(n) - \hat{y}(n) \tag{2.61}$$

如此根据最小均方误差准则选择 $a_N(k)$，并定义总误差 E_N 如下式，使得 E_N 最小：

$$E_N = \sum_{n=-\infty}^{\infty} e^2(n) = \sum_{n=-\infty}^{\infty} \left[y(n) + \sum_{k=1}^{N} a_N(k)y(n-k) \right]^2 \tag{2.62}$$

这种优化参数 $a_N(k)$ 的方法得到了如下的正则方程组：

$$\sum_{k=1}^{N} a_N(k)R(k-l) = -R(l),\quad l=1,2,\cdots,N \tag{2.63}$$

结合式(2.63)对式(2.58)进行变化，可以衍生出以下的矩阵表达式：

$$\boldsymbol{R}_p\,\boldsymbol{a}_p = -\boldsymbol{r}_p \tag{2.64}$$

其中

$$\boldsymbol{a}_p = [a_1, a_2, \cdots, a_p]^{\mathrm{T}} \tag{2.65}$$

$$\boldsymbol{r}_p = [R(1), R(2), \cdots, R(p)]^{\mathrm{T}} \tag{2.66}$$

$$\boldsymbol{R}_p = \begin{bmatrix} R(0) & R(1) & \cdots & R(p-1) \\ R(1) & R(0) & \cdots & R(p-2) \\ \vdots & \vdots & \vdots & \vdots \\ R(p-1) & R(p-2) & \cdots & R(0) \end{bmatrix} \tag{2.67}$$

要求解式(2.65)中的 $\boldsymbol{a}_p$ 参数，可以借助 LD 算法。LD 算法利用了 Toeplitz 矩阵的特点来进行迭代计算，注意到二阶自相关函数 $R(i,j)=R(j,i)=R(|i-j|)$，即对角线上的元素都相等，所以这个自相关矩阵 $\boldsymbol{R}$ 或 $\boldsymbol{R}_p$ 均是 Toeplitz 矩阵。LD 算法首先由一阶预测器 $(p=1)$ 开始，计算预测系数 $a_1(1)$。然后增加阶数，利用低阶的结果得到下一个高阶的计算结果。

根据式(2.63)，首先得到一阶预测器的预测系数 $a_1(1)$：

$$a_1(1) = -\frac{R(1)}{R(0)} \tag{2.68}$$

其最小均方误差为

$$E_1 = R(0) + 2a_1(1)R(1) + a_1^2(1)R(0) = R(0)[1 - a_1(1)^2] \tag{2.69}$$

下一步求解二阶预测器的系数 $a_2(1)$ 和 $a_2(2)$，并用 $a_1(1)$ 表示结果：

$$a_2(1)R_{yy}(0) + a_2(2)R_{yy}(1) = -R_{yy}(1) \tag{2.70}$$

$$a_2(1)R_{yy}(1) + a_2(2)R_{yy}(0) = -R_{yy}(2) \tag{2.71}$$

将式(2.68)代入式(2.70)、式(2.71)中，经过计算得到

$$a_2(2) = -\frac{R(2) + a_1(1)R(1)}{R(0)[1 - a_1^2(1)]} = \frac{R(2) + a_1(1)R(1)}{E_1} \tag{2.72}$$

$$a_2(1) = a_1(1) + a_2(2)a_1(1) \tag{2.73}$$

以此类推，我们可以用 $p-1$ 阶预测器的预测系数来表示 p 阶预测器的系数。这样，我们可将 p 阶预测系数矢量 $\boldsymbol{a}_p$ 写成两矢量的和，也就是

$$\boldsymbol{a}_p = \begin{bmatrix} a_p(1) \\ a_p(2) \\ \vdots \\ a_p(p) \end{bmatrix} = \begin{bmatrix} \boldsymbol{a}_{p-1} \\ 0 \end{bmatrix} + \begin{bmatrix} \boldsymbol{d}_{p-1} \\ \rho_p \end{bmatrix} \tag{2.74}$$

式中：矢量 $\boldsymbol{a}_{p-1}$ 是第 $p-1$ 阶预测器的预测系数，$p-1$ 维的矢量 $\boldsymbol{d}_{p-1}$ 和标量 ρ_p 是待定的。我们将 $p \times p$ 自相关矩阵 $\boldsymbol{R}$ 写成如下形式：

$$\boldsymbol{R}_p = \begin{bmatrix} \boldsymbol{R}_{p-1} & \boldsymbol{r}_{p-1}^{\mathrm{b}} \\ \boldsymbol{r}_{p-1}^{\mathrm{bT}} & R(0) \end{bmatrix} \tag{2.75}$$

式中

$$\boldsymbol{r}_{p-1}^{\mathrm{bT}} = [R(p-1), R(p-2), \cdots, R(1)] = (\boldsymbol{r}_{p-1}^{\mathrm{b}})^{\mathrm{T}} \tag{2.76}$$

$\boldsymbol{r}_{p-1}^{\mathrm{b}}$ 的上标 b 表示 $\boldsymbol{r}_{p-1} = [R(1), R(2), \cdots, R(p-1)]^{\mathrm{T}}$ 元素的倒序排列。

根据式(2.74)和式(2.75)，可以将式(2.64)写成

$$\begin{bmatrix} \boldsymbol{R}_{p-1} & \boldsymbol{r}_{p-1}^{\mathrm{b}} \\ \boldsymbol{r}_{p-1}^{\mathrm{bT}} & R(0) \end{bmatrix} \left(\begin{bmatrix} \boldsymbol{a}_{p-1} \\ 0 \end{bmatrix} + \begin{bmatrix} \boldsymbol{d}_{p-1} \\ \rho_p \end{bmatrix} \right) = -\begin{bmatrix} \boldsymbol{r}_{p-1} \\ R(p) \end{bmatrix} \tag{2.77}$$

从式(2.77)可以得到以下两个方程：

$$\boldsymbol{R}_{p-1}\boldsymbol{a}_{p-1} + \boldsymbol{R}_{p-1}\boldsymbol{d}_{p-1} + \rho_p \boldsymbol{r}_{p-1}^{\mathrm{b}} = -\boldsymbol{r}_{p-1} \tag{2.78}$$

$$\boldsymbol{r}_{p-1}^{\mathrm{bT}}\boldsymbol{a}_{p-1} + \boldsymbol{r}_{p-1}^{\mathrm{bT}}\boldsymbol{d}_{p-1} + \rho_p R(0) = -R(p) \tag{2.79}$$

由于 $\boldsymbol{R}_{p-1}\boldsymbol{a}_{p-1} = -\boldsymbol{r}_{p-1}$，由式(2.78)得到

$$\boldsymbol{d}_{p-1} = -\rho_p \boldsymbol{R}_{p-1}^{-1}\boldsymbol{r}_{p-1}^{\mathrm{b}} \tag{2.80}$$

由于 $\boldsymbol{r}_{p-1}^{\mathrm{b}}$ 是 $\boldsymbol{r}_{p-1}$ 的倒序排列，且 $\boldsymbol{R}_{p-1}$ 是 Toeplitz 矩阵，因此可得

$$\boldsymbol{R}_{p-1}\boldsymbol{a}_p^{\mathrm{b}} = -\boldsymbol{r}_p^{\mathrm{b}} \tag{2.81}$$

且

$$\boldsymbol{a}_p^{\mathrm{b}} = -\boldsymbol{R}_{p-1}^{-1} \cdot \boldsymbol{r}_p^{\mathrm{b}} \tag{2.82}$$

因此式(2.80)可以写成

$$
\boldsymbol{d}_{p-1} = \rho_p \boldsymbol{a}_{p-1}^{\mathrm{b}} = \rho_p \begin{bmatrix} a_{p-1}(p-1) \\ a_{p-1}(p-2) \\ \vdots \\ a_{p-1}(1) \end{bmatrix} \tag{2.83}
$$

用式(2.83)来消去式(2.79)中的$\boldsymbol{d}_{p-1}$,可得

$$
\rho_p[R(0) + \boldsymbol{r}_{p-1}^{\mathrm{bT}} \boldsymbol{a}_{p-1}^{\mathrm{b}}] + \boldsymbol{r}_{p-1}^{\mathrm{bT}} \boldsymbol{a}_{p-1} = -R(p) \tag{2.84}
$$

注意到$\boldsymbol{r}_{p-1}^{\mathrm{bT}} \boldsymbol{a}_{p-1}^{\mathrm{b}} = \boldsymbol{r}_{p-1}^{\mathrm{T}} \boldsymbol{a}_{p-1}$,从而可以求得未知参数$\rho_p$:

$$
\rho_p = -\frac{R(p) + \boldsymbol{r}_{p-1}^{\mathrm{bT}} \boldsymbol{a}_{p-1}}{R(0) + \boldsymbol{r}_{p-1}^{\mathrm{T}} \boldsymbol{a}_{p-1}} \tag{2.85}
$$

从上述推导过程得到了$\boldsymbol{d}_{p-1}$和ρ_p的结果,再将两者代入式(2.83)中,就能得到$\boldsymbol{a}_p$向量,其中

$$
a_p(p) = \rho_p = -\frac{R(p) + \boldsymbol{r}_{p-1}^{\mathrm{bT}} \boldsymbol{a}_{p-1}}{R(0) + \boldsymbol{r}_{p-1}^{\mathrm{T}} \boldsymbol{a}_{p-1}} = -\frac{R(p) + \boldsymbol{r}_{p-1}^{\mathrm{bT}} \boldsymbol{a}_{p-1}}{E_{p-1}} \tag{2.86}
$$

$$
\begin{aligned} a_p(k) &= a_{p-1}(k) + \rho_p a_{p-1}(p-k) \\ &= a_{p-1}(k) + a_p(p) a_{p-1}(p-k), \quad k = 1, 2, \cdots, p-1 \end{aligned} \tag{2.87}
$$

对于p阶预测系数下的总误差,有

$$
\begin{aligned} E_p &= R(0) + \sum_{k=1}^{p} a_p(k) R(k) \\ &= R(0) + \sum_{k=1}^{p} [a_{p-1}(k) + a_p(p) a_{p-1}(p-k)] R(k) \\ &= R(0) + \sum_{k=1}^{p-1} a_{p-1}(k) R(k) + a_p(p) \left[R(p) + \sum_{k=1}^{p-1} a_{p-1}(p-k) R(k) \right] \\ &= E_{p-1} + a_p(p) [R(p) + \boldsymbol{r}_{p-1}^{\mathrm{bT}} \boldsymbol{a}_{p-1}] \end{aligned} \tag{2.88}
$$

将式(2.86)代入式(2.88),可以得到

$$
E_p = E_{p-1}[1 - a_p^2(p)] = E_{p-1}[1 - \rho_p^2] \tag{2.89}
$$

特别地,$E_0 = R(0)$,且$E_0 \geqslant E_1 \geqslant \cdots \geqslant E_p$。

以上就是LD算法的过程,利用LD算法不仅可以估计AR模型的系数,也可以判断模型阶数的取值合适性问题。由于LD算法是迭代递推型算法,可以减少在计算大型矩阵时的开销,因此可以提高模型估计的效率。

2.4.4 分段白化实现

完成了混响噪声的分段准平稳化处理后,就可以对各段数据进行白化处理了。这里假设目标信号仅存在于某一段数据中但不在第一段分段数据中。若第k个分段中不存在目标信号,则计算该分段的自相关函数,利用LD算法估计该分段的AR模型参数。在局部平稳条件成立的前提下,相邻两段数据的谱密度差别不大,AR模型的差异也相对较小,因此利用第k分段估计得到的AR模型白化第$k+1$段数据,再利用匹配滤波器检测白化后的$k+1$段数据。若未检测到信号,则估计第$k+1$段数据的AR模型,并重复上述白化过程,直到在某段数据中检测到信号为止。在实际估计中当然也可以将全部分段全

部白化，但是对存在目标信号的分段数据的后一段的白化将变得没有意义，因为估计含有目标信号的数据的自相关函数是不准确的。白化检测实现过程可以用图 2. 19 所示的流程图表示。

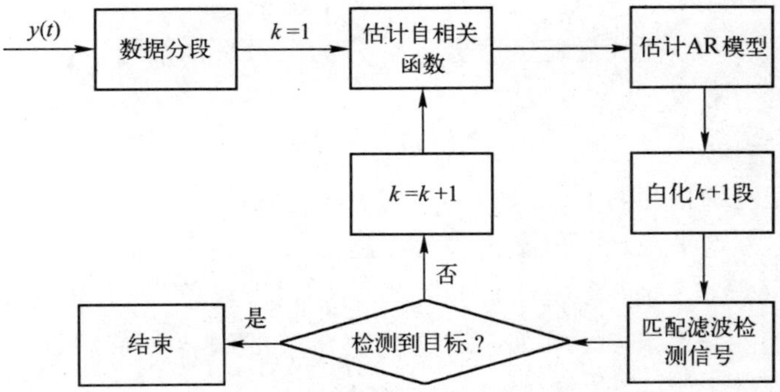

图 2. 19　高斯 AR 白化流程图

高斯 AR 白化技术解决了非平稳有色混响背景下的目标信号检测，但该方法存在不足之处。首先分段平稳化处理是一种准平稳化的处理方法，数据分段在局部平稳原则下进行，分段后相邻两段数据之间的 Itakura 距离越小，说明两者差异越小，两段数据的平稳性越好；反之越差。然而尽管可以借助局部平稳原则控制分段数据的平稳性，但分段过程无疑增加了检测过程的复杂度。其次，在检测到信号的分段前必须依次对各段数据进行 AR 模型的估计，每段的模型估计都要求解 AR 模型阶数和系数，若信号存在于靠后的数据段中，则大大增加了模型估计和白化过程的计算开销，导致检测过程变慢。此外，在遇到具有冲击特性的混响噪声时，信号的非平稳性将更加明显，数据的平稳性变差，使得分段的长度的选择性变小，提高了数据分段的复杂性，从而降低了局部平稳化原则在非高斯混响下的应用性。

2.5　基于 SαS 分布的预白化技术

在非高斯模型的基础上，采用高斯信号检测技术会导致检测性能降低，甚至造成错误的结果。因此有必要应用非高斯检测技术提高检测性能。前面章节对浅海混响进行了基于 SαS 分布的建模，实验与仿真表明，相比高斯模型，SαS 模型及混合 SαS 模型与混响的概率密度分布更加吻合。本节将在高斯 AR 白化技术的基础上，实现 SαS 模型下的 AR 预白化技术。

2.5.1　分数低阶统计量

在经典信号处理理论中，信号的平稳性是根据信号的 k 阶矩与时间的关系来判断的。对于一个随机信号 $x(t)$，定义其 k 阶矩[182]为

$$m(t_1,\cdots,t_k)=\mathrm{E}\{x(t_1)\cdots x(t_k)\} \tag{2.90}$$

根据 k 阶矩是否与时间有关，随机信号被分为平稳随机信号和非平稳随机信号两大类。在对平稳信号的定义上，存在 n 阶平稳的描述。

定义 2.2 （n 阶平稳）随机信号 $x(t)$ 称为 n 阶平稳的过程，若对所有整数 $1\leqslant k\leqslant n$ 和所有 $t_1,\cdots,t_k$ 及 τ，其 k 阶矩有界，且满足

$$\mathrm{m}(t_1,\cdots,t_k)=\mathrm{m}(t_1+\tau,\cdots,t_k+\tau) \tag{2.91}$$

特别地，当随机信号是 2 阶平稳时，则称为广义平稳信号。

定义 2.3 （广义平稳）复随机信号 $x(t)$ 称为广义平稳信号，若

（1）其均值为常数，即 $\mathrm{E}\{x(t)\}=\mu$；

（2）其二阶矩有界，即 $\mathrm{E}\{x(t)\,x^*(t)\}=\mathrm{E}\{|x(t)|^2\}<\infty$；

（3）其协方差函数与时间无关，及 $R(\tau)=\mathrm{E}\{[x(t)-\mu][x(t-\tau)-\mu]^*\}$。

广义平稳也称协方差平稳、弱平稳等，简称平稳信号。

定义 2.4 （严格平稳）随机信号 $x(t)$ 称为严格平稳信号，若随机变量组 $\{x(t_1+\tau),x(t_2+\tau),\cdots,x(t_k+\tau)\}$ 和 $\{x(t_1),x(t_2),\cdots,x(t_k)\}$ 的联合分布函数对所有 $\tau>0$ 和 $(t_1,t_2,\cdots,t_k)$ 均相同，其中 $k=1,2,\cdots$。

通常，均值和方差都是关于时间的函数，对于平稳离散随机过程，它们均为常量。另外，均值和方差又是关于时间的统计平均量，它们能提供关于随机过程的信息。对于 0 均值的混响来讲，其均值为一阶原点矩，方差为二阶原点矩。由于混响的方差具有时变性，可知混响是二阶非平稳的。以上的结论是基于二阶统计量的理论，而在稳定分布理论下，由于不存在二阶及二阶以上的矩统计量，要认识 α 稳定随机变量特别是 SαS 随机变量，则需要借助其分数阶矩统计量进行分析。同理在对混响进行了基于 SαS 分布的建模后，要对其进行 SαS 模型下的 AR 预白化，可以借助 p 阶矩工具，具体将在实验仿真环境进行验证。

2.5.2 SαS 过程的 AR 模型

高斯过程下的 AR 模型是建立在二阶统计量的基础之上的，然而在遇到具有比高斯分布拖尾更厚的冲击型非高斯分布时，方差就变得时变甚至趋于无穷大，因而原有基于二阶统计量的分析方法不再适用。类似于高斯过程，α 稳定过程同样存在 AR 模型，一个 AR 的 SαS 过程同样可以用式（2.54）表示，只是其中的 $\varepsilon(n)$ 是一个特征指数为 α，分散系数为 γ 的 i. i. d. 的 SαS 过程。SαS 分布下 AR 过程的一个特点是不具有有限的二阶统计量，因此无法得到随机信号的自相关函数，通过 YW 方程无法估计模型参数。Nikias 和 Shao 在文献[183]中给出了基于共变系数的广义 Yule－Walker（GYW）方程，方法如下。

改变式（2.54）中模型系数的符号，并在等式的两边同时对 $x(m)$ 取条件期望，得到下式：

$$\mathrm{E}\{x(n)\mid x(m)\}=a_1\mathrm{E}\{x(n-1)\mid x(m)\}+\cdots+a_p\mathrm{E}\{x(n-p)\mid x(m)\},n-p\leqslant m\leqslant n-1 \tag{2.92}$$

因为 $\varepsilon(t)$ 与 $x(m)$ 相互独立，$\mathrm{E}\{\varepsilon(t)\mid x(m)\}=0$。根据 α 稳定过程的平稳特性及条件期望的性质，可知

$$\mathrm{E}\{x(n+l)\mid x(n)\}=\lambda(l)x(n) \tag{2.93}$$

式中：$\lambda(l)$ 是 $x(n+l)$ 和 $x(n)$ 的共变系数，且 $\lambda(0)=1$。将式（2.93）代入式（2.92），可以得到

$$\lambda(n-m)x(m)=a_1\lambda(n-m-1)x(m)+\cdots+a_p\lambda(n-m-p)x(m),n-p\leqslant m\leqslant n-1 \tag{2.94}$$

通过上面的表达式,我们可以得到如下的矩阵形式:

$$\boldsymbol{La}=\boldsymbol{p} \tag{2.95}$$

式中

$$\boldsymbol{p}=[\lambda(1)\quad \lambda(2)\quad \cdots\quad \lambda(p)]^{\mathrm{T}} \tag{2.96}$$

$$\boldsymbol{L}=\begin{bmatrix} \lambda(0) & \lambda(-1) & \cdots & \lambda(1-p) \\ \lambda(1) & \lambda(0) & \cdots & \lambda(2-p) \\ \vdots & \vdots & \ddots & \vdots \\ \lambda(p-1) & \lambda(p-2) & \cdots & \lambda(0) \end{bmatrix} \tag{2.97}$$

$$\boldsymbol{a}=[a_1\quad a_2\quad \cdots\quad a_p]^{\mathrm{T}} \tag{2.98}$$

式(2.95)就是 GYW 方程的表示形式,$\boldsymbol{L}$ 为 Toeplitz 矩阵。

2.5.3 广义 Levinson – Durbin 算法

由于 LD 算法在预测 AR 模型系数及定阶上具有较好的表现,且其本身为迭代递推型算法,能降低矩阵运算带来的巨大开销。根据 GYW 的矩阵表达形式,我们在 LD 算法的基础上,提出了广义 Levinson – Durbin(General Levinson – Durbin,LD,GLD)算法,为 SαS 过程的 AR 模型的参数估计提供了一种新思路。

令

$$\boldsymbol{L}_{m-1}=\begin{bmatrix} \lambda(0) & \lambda(-1) & \cdots & \lambda(2-m) \\ \lambda(1) & \lambda(0) & \cdots & \lambda(3-m) \\ \cdots & \cdots & \cdots & \cdots \\ \lambda(m-2) & \lambda(m-3) & \cdots & \lambda(0) \end{bmatrix} \tag{2.99}$$

$$\boldsymbol{l}'_{m-1}=[\lambda(1-m)\quad \lambda(2-m)\quad \cdots\quad \lambda(-1)] \tag{2.100}$$

$$\boldsymbol{l}^{\mathrm{b}}_{m-1}=[\lambda(m-1)\quad \lambda(m-2)\quad \cdots\quad \lambda(1)] \tag{2.101}$$

$$\boldsymbol{l}_{m-1}=[\lambda(1)\quad \lambda(2)\quad \cdots\quad \lambda(m-1)] \tag{2.102}$$

式中,$\boldsymbol{l}^{\mathrm{b}}_{m-1}$的上标 b 表示$\boldsymbol{l}_{m-1}$元素的倒序排列。根据式(2.99)至式(2.102),我们可以得到 $\boldsymbol{L}_m$的表达形式:

$$\boldsymbol{L}_m=\begin{bmatrix} \boldsymbol{L}_{m-1} & \boldsymbol{l}'^{\mathrm{T}}_{m-1} \\ \boldsymbol{l}^{\mathrm{b}}_{m-1} & \lambda(0) \end{bmatrix} \tag{2.103}$$

根据推导可以得到

$$\boldsymbol{a}_m=\begin{bmatrix} a_m(1) \\ a_m(2) \\ \vdots \\ a_m(m) \end{bmatrix}=\begin{bmatrix} \boldsymbol{a}_{m-1} \\ 0 \end{bmatrix}+\begin{bmatrix} \boldsymbol{d}_{m-1} \\ \rho_m \end{bmatrix} \tag{2.104}$$

将式(2.103)和式(2.104)代入式(2.95),可以得到

$$\begin{bmatrix} \boldsymbol{L}_{m-1} & \boldsymbol{l}'^{\mathrm{T}}_{m-1} \\ \boldsymbol{l}^{\mathrm{b}}_{m-1} & \lambda(0) \end{bmatrix}\left(\begin{bmatrix} \boldsymbol{a}_{m-1} \\ 0 \end{bmatrix}+\begin{bmatrix} \boldsymbol{d}_{m-1} \\ \rho_m \end{bmatrix}\right)=\begin{bmatrix} \boldsymbol{l}^{\mathrm{T}}_{m-1} \\ \lambda(m) \end{bmatrix} \tag{2.105}$$

从上述表达式可以得到以下两个方程：

$$\boldsymbol{L}_{m-1}\boldsymbol{a}_{m-1}+\boldsymbol{L}_{m-1}\boldsymbol{d}_{m-1}+\rho_m\boldsymbol{l}'^{\mathrm{T}}_{m-1}=\boldsymbol{l}^{\mathrm{T}}_{m-1} \tag{2.106}$$

$$\boldsymbol{l}^{\mathrm{b}}_{m-1}\boldsymbol{a}_{m-1}+\boldsymbol{l}^{\mathrm{b}}_{m-1}\boldsymbol{d}_{m-1}+\rho_m\lambda(0)=\lambda(m) \tag{2.107}$$

由于$\boldsymbol{L}_{m-1}\boldsymbol{a}_{m-1}=\boldsymbol{l}^{\mathrm{T}}_{m-1}$，代入式(2.104)，得到

$$\boldsymbol{d}_{m-1}=-\rho_m\boldsymbol{L}^{-1}_{m-1}\boldsymbol{l}'^{\mathrm{T}}_{m-1} \tag{2.108}$$

根据 Toeplitz 矩阵的性质，改变矩阵形式，可以得到

$$\boldsymbol{L}^{\mathrm{T}}_{m-1}\boldsymbol{a}^{\mathrm{b}}_{m-1}=\boldsymbol{l}^{\mathrm{bT}}_{m-1} \tag{2.109}$$

经过变换得到

$$\boldsymbol{a}^{\mathrm{bT}}_{m-1}=\boldsymbol{l}^{\mathrm{b}}_{m-1}\boldsymbol{L}^{-1}_{m-1} \tag{2.110}$$

另外将$\boldsymbol{L}_{m-1}\boldsymbol{a}_{m-1}=\boldsymbol{l}^{\mathrm{T}}_{m-1}$代入式(2.106)得到

$$\boldsymbol{L}_{m-1}\boldsymbol{d}_{m-1}+\rho_m\boldsymbol{l}'^{\mathrm{T}}_{m-1}=0 \tag{2.111}$$

式(2.109)两边左乘式(2.110)并整理得到

$$\rho_m=-(\boldsymbol{l}^{\mathrm{b}}_{m-1}\boldsymbol{d}_{m-1})[(\boldsymbol{l}'_{m-1}\boldsymbol{a}^{\mathrm{b}}_{m-1})^{\mathrm{T}}]^{-1} \tag{2.112}$$

将式(2.111)代入式(2.106)得到

$$\boldsymbol{l}^{\mathrm{b}}_{m-1}\boldsymbol{a}_{m-1}+Q\boldsymbol{l}^{\mathrm{b}}_{m-1}\boldsymbol{d}_{m-1}=\lambda(m) \tag{2.113}$$

式中

$$Q=1-\lambda(0)[(\boldsymbol{l}'_{m-1}\boldsymbol{a}^{\mathrm{b}}_{m-1})^{\mathrm{T}}]^{-1} \tag{2.114}$$

对式(2.113)做等价变换得到

$$\boldsymbol{l}^{\mathrm{b}}_{m-1}\boldsymbol{d}_{m-1}=\frac{1}{Q}[\lambda(m)-\boldsymbol{l}^{\mathrm{b}}_{m-1}\boldsymbol{a}_{m-1}] \tag{2.115}$$

将式(2.115)代入式(2.111)后得到

$$\begin{aligned}\rho_m&=-\frac{1}{Q}[\lambda(m)-\boldsymbol{l}^{\mathrm{b}}_{m-1}\boldsymbol{a}_{m-1}][(\boldsymbol{l}'_{m-1}\boldsymbol{a}^{\mathrm{b}}_{m-1})^{\mathrm{T}}]^{-1}\\&=-\frac{[\lambda(m)-\boldsymbol{l}^{\mathrm{b}}_{m-1}\boldsymbol{a}_{m-1}][(\boldsymbol{l}'_{m-1}\boldsymbol{a}^{\mathrm{b}}_{m-1})^{\mathrm{T}}]^{-1}}{1-\lambda(0)[(\boldsymbol{l}'_{m-1}\boldsymbol{a}^{\mathrm{b}}_{m-1})^{\mathrm{T}}]^{-1}}\\&=\frac{\lambda(m)-\boldsymbol{l}^{\mathrm{b}}_{m-1}\boldsymbol{a}_{m-1}}{\lambda(0)-(\boldsymbol{l}'_{m-1}\boldsymbol{a}^{\mathrm{b}}_{m-1})^{\mathrm{T}}}\\&=\frac{\lambda(m)-\boldsymbol{l}^{\mathrm{b}}_{m-1}\boldsymbol{a}_{m-1}}{\lambda(0)-\boldsymbol{l}'_{m-1}\boldsymbol{a}^{\mathrm{b}}_{m-1}}\end{aligned} \tag{2.116}$$

高斯过程下采用最小均方误差准则使总误差 E_p 达到最小。在 SαS 过程下，不存在有限的二阶矩，这里定义

$$\begin{aligned}e_m&=\mathrm{E}(x(n)\mid x(n))-a_1\mathrm{E}(x(n-1)\mid x(n))-\cdots-a_m\mathrm{E}(x(n-m)\mid x(n))\\&=[\lambda(0)-a_1\lambda(-1)-\cdots-a_m\lambda(-m)]x(n)\end{aligned} \tag{2.117}$$

另外

$$\rho_m=\frac{\lambda(m)-\boldsymbol{l}^{\mathrm{b}}_{m-1}\boldsymbol{a}_{m-1}}{\lambda(0)-(\boldsymbol{l}'_{m-1}\boldsymbol{a}^{\mathrm{b}}_{m-1})^{\mathrm{T}}}=\frac{[\lambda(m)-\boldsymbol{l}^{\mathrm{b}}_{m-1}\boldsymbol{a}_{m-1}]x(n)}{[\lambda(0)-\boldsymbol{l}'_{m-1}\boldsymbol{a}^{\mathrm{b}}_{m-1}]x(n)} \tag{2.118}$$

我们定义 $E_{m-1}=\lambda(0)-\boldsymbol{l}'_{m-1}\boldsymbol{a}^{\mathrm{b}}_{m-1}$，则有

$$a_m(m)=\rho_m=\frac{\lambda(m)-\boldsymbol{l}_{m-1}^{\mathrm{b}}\boldsymbol{a}_{m-1}}{\lambda(0)-\boldsymbol{l}'_{m-1}\boldsymbol{a}_{m-1}^{\mathrm{b}}}=\frac{\lambda(m)-\boldsymbol{l}_{m-1}^{\mathrm{b}}\boldsymbol{a}_{m-1}}{E_{m-1}} \tag{2.119}$$

$$\begin{aligned}E_m&=\lambda(0)-\boldsymbol{l}'_m\boldsymbol{a}_m^{\mathrm{b}}\\&=\lambda(0)-\boldsymbol{l}'_m\left(\begin{bmatrix}\boldsymbol{a}_{m-1}\\0\end{bmatrix}+\begin{bmatrix}\boldsymbol{d}_{m-1}\\\rho_m\end{bmatrix}\right)^{\mathrm{b}}\\&=\lambda(0)-\boldsymbol{l}'_{m-1}\boldsymbol{a}_{m-1}^{\mathrm{b}}-\boldsymbol{l}'_m\begin{bmatrix}\boldsymbol{d}_{m-1}\\\rho_m\end{bmatrix}^{\mathrm{b}}\\&=E_{m-1}-\boldsymbol{l}'_m\begin{bmatrix}\boldsymbol{d}_{m-1}\\a_m(m)\end{bmatrix}^{\mathrm{b}}\end{aligned} \tag{2.120}$$

当绝对预测误差E_m随着阶数的增加不再明显减少时，说明AR模型阶数的增加对系统的影响已经变得很小，此时无须再增加更多的阶数而增加额外的计算开销了，此时的阶数即可认为是模型相应的阶数。

以上是GLD算法的迭代实现过程。GLD算法的优点在于在计算过程中就能实时地对AR阶数进行估计，无须通过复杂的阶数估计法则，并且可以依靠前一次的计算结果迭代进行本次计算，从而减少了计算量。不足之处在于，由于稳定分布共变系数的不对称性，即$\lambda(m)\neq\lambda(-m)$，$(m\neq0)$，因此由GYW方程得到的Toeplitz矩阵特性没有YW方程中自相关系数的Toeplitz矩阵强，在迭代过程中由于$\boldsymbol{l}'_{m-1}$与$\boldsymbol{l}_{m-1}^{\mathrm{b}}$不能相互转化相消，在迭代过程中必须求一次矩阵的逆$\boldsymbol{L}_{m-1}^{-1}$，因此GLD算法比LD算法的计算量大。

2.5.4 SαS过程的白化实现

通过对2.5.3节的探讨研究得知，若整个SαS过程满足分数低阶统计量下的p阶矩稳定条件，我们可以认为信号在SαS模型下是近似平稳的，在白化过程中无须对其进行局部平稳化处理。因此基于SαS模型的AR白化技术适合于周期发射的主动声呐探测过程中。若对于每一个接收周期中接收到的信号可以看成一个SαS过程，且满足p阶稳定条件，则可以进行基于SαS模型的AR预白化。理想的情况是利用前一周期中的数据进行AR模型估计，然后去白化后一周期的数据，再进行目标信号的检测，这样不仅省去了数据分段的复杂过程，也减少了在多次AR模型估计中产生的误差。在单周期的接收信号检测中无法体现出此方法的优势。

2.5.5 接收检测器

白化后的数据需要合适的接收检测器来检测目标。匹配滤波器是高斯白化数据的最佳检测器，但是应用到经过SαS白化的数据上效果不佳，因此需要考虑SαS模型下的检测器。从第2章的仿真实验的结果来看，将环境噪声和混响噪声一起进行建模，估计得到的单SαS模型拟合效果较为理想。因此处考虑简化的噪声模型，并将接收端的目标信号看成为波形形式已知，相位满足在$[0,2\pi)$上均匀分布的信号形式，则式(2.50)的目标探测问题可以写成以下的离散表达形式：

$$\begin{cases}H_0: y(k) = n(k) \\ H_1: y(k) = e^{j\phi}s(k) + n(k)\end{cases}, \quad k = 1, 2, \cdots, N \tag{2.121}$$

Tsihrintzis 和 Nikias 在文献[162]中给出了一般情况下的最佳接收器的表达式：

$$l_{\mathrm{opt}} = \frac{1}{2\pi N}\sum_{k=1}^{N}\int_0^{2\pi}\log\frac{S_{\alpha,\gamma}[x(k) - e^{i\phi}s(k)]}{S_{\alpha,\gamma}[x(k)]}\mathrm{d}\phi \tag{2.122}$$

式中：分布 $S(\cdot)$ 表示 SαS 分布的 PDF；α 和 γ 表示背景噪声估计得到的特征指数和离散系数。然而事实上很难得到关于 SαS 分布的 PDF 具体表达式，因此一般情况下也很难得到相应的最佳接收器。基于这种情况，文献[162]给出了两种次最佳的信号检测器，分别为高斯检测器（$\alpha = 2$）和柯西检测器（$\alpha = 1$）。

高斯检测器的表达式如下：

$$l_{\mathrm{G}} = \frac{1}{N}\left|\sum_{k=1}^{N}x(k)s^*(k)\right| \tag{2.123}$$

柯西检测器的表达式如下：

$$l_{\mathrm{C}} = \frac{1}{N}\sum_{k=1}^{N}\log\frac{\dfrac{1}{2\pi}\displaystyle\int_0^{2\pi}\frac{1}{(\xi^2 + \xi_1\cos\phi + \xi_2\sin\phi)^{3/2}}\mathrm{d}\phi}{\dfrac{1}{(|x(k)|^2 + \gamma^2)^{3/2}}} \tag{2.124}$$

式中

$$\xi^2 = |x(k)|^2 + |s(k)|^2 + \gamma^2 \tag{2.125}$$

$$\xi_1 = -2\Re\{x(k)s^*(k)\} \tag{2.126}$$

$$\xi_2 = -2\Im\{x(k)s^*(k)\} \tag{2.127}$$

两种次最佳检测器的检测性能视具体情况而变，不能一概而论地认定哪种检测器的效果最佳。理论上若噪声的特征指数更加接近于2，即噪声的冲击特性较弱，则高斯检测器的性能表现更加优越；若噪声的特征指数更加接近于1，即噪声的冲击特性较强，则柯西检测器的性能表现更加优越。

2.6 实验与仿真

仿真2.12 仿真一段 SαS 分布的 AR 过程来测试平稳性。仿真序列长度为6000，AR 模型阶数设定为6阶，各阶系数为{0.12，-0.46，0.37，-0.16，0.61，-0.51}，激励的白噪声为 SαS 白噪声，其特征指数为 $\alpha = 1.7$，离散系数为 $\gamma = 1$。仿真序列根据文献[184]的方法生成。图2.20给出了对仿真序列的平稳性测试结果。

图2.20中，图2.20(a)为生成的 SαS 白噪声；图2.20(b)为由图2.20(a)中白噪声激励的 AR 序列；图2.20(c)中选取5个 p 值对 AR 过程的矩特性进行了测试，由于 SαS 白噪声设定的特征指数为1.7，可以看出，在小于 α 的 p 值（$p = 1.0$、1.2、1.4 和 1.6）下，矩估计结果基本保持平稳，特别是在 $p = 1.0$ 下，其矩平稳性保持最佳，而当 p 值大于 α（$p = 2.0$）时，矩估计结果波动较大，矩平稳性显然较弱，因此我们可以认为

AR 序列近似满足 p 阶矩平稳性条件；图 2.20(d)为采用二阶统计量下的 Itakura 距离估计数据分段后的平稳性，由于距离值变化较大，因此 SαS 模型下的 AR 过程不满足二阶平稳性条件。

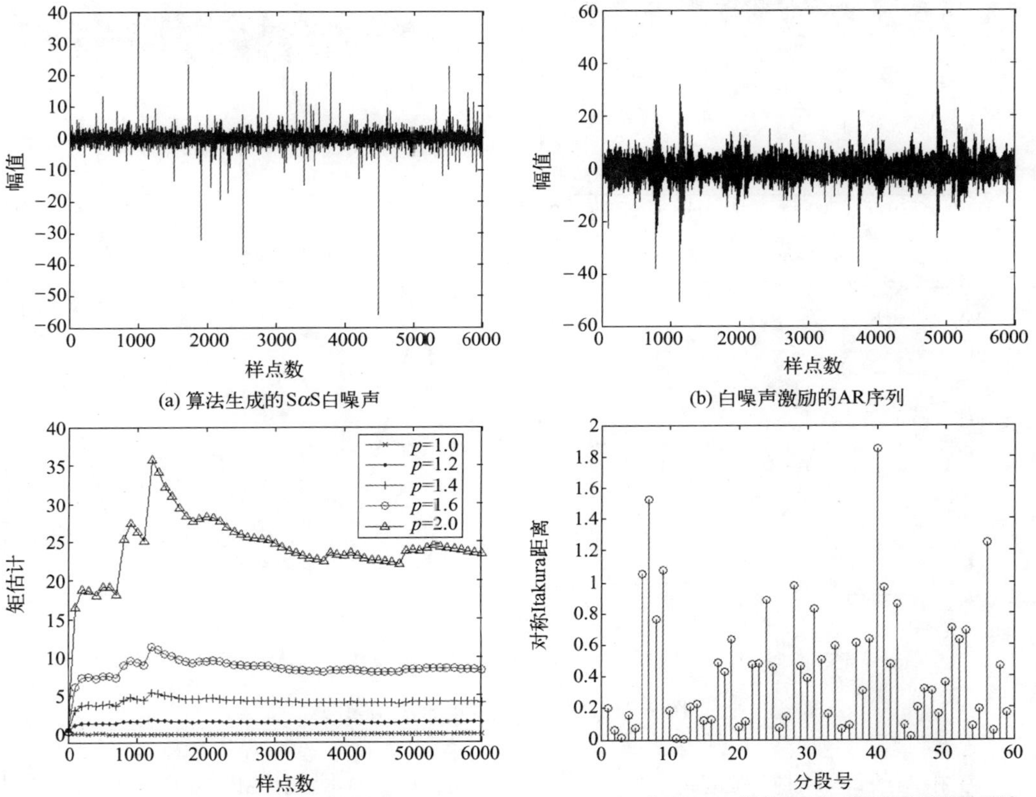

(a) 算法生成的SαS白噪声　(b) 白噪声激励的AR序列

(c) 不同p值对应的AR过程矩特性　(d) 基于Itakura距离的分段后数据的平稳性测试

图 2.20　仿真 SαS AR 过程平稳性测试结果

仿真 2.13　仿真一段 SαS 分布的 AR 过程来检测 GLD 算法的性能。序列长度为 6000，AR 模型阶数为 8 阶，激励的白噪声为 SαS 白噪声，其特征指数为 $\alpha=1.7$，离散系数为 $\gamma=1$。仿真序列根据文献[184]的方法生成。图 2.21 给出了一次仿真实验中的激励白噪声和 AR 过程的序列图，以及 AR 模型的阶数估计和系数估计结果。

图 2.21 中，图 2.21(a)为 SαS 白噪声；图 2.21(b)为由图 2.21(a)激励产生的 AR 过程；图 2.21(c)为通过 GLD 迭代算法得到的总误差 E_m 值，随着 AR 模型估计阶数的增加，E_m 值总体呈现逐渐下降的趋势，到了真实阶数 8 阶附近，E_m 值的下降趋势已经达到一个很平缓的状态，在 8 阶以后，随着 AR 模型估计的阶数的继续增加，对整体误差的减小效果已经不明显，若再增加阶数估计，既不能有效地减小估计误差，又增加了模型估计的复杂度和开销，因此根据 E_m 值的下降趋势可以较为合理和准确地选择 AR 模型的阶数值；图 2.21(d)为在估计阶数为 8 阶下的 AR 模型系数估计值，从实验结果看估计的效果较好，产生的估计误差较小，分析误差产生的原因，一是受 E_m 值影响，二是在共变估计的过程中产生。

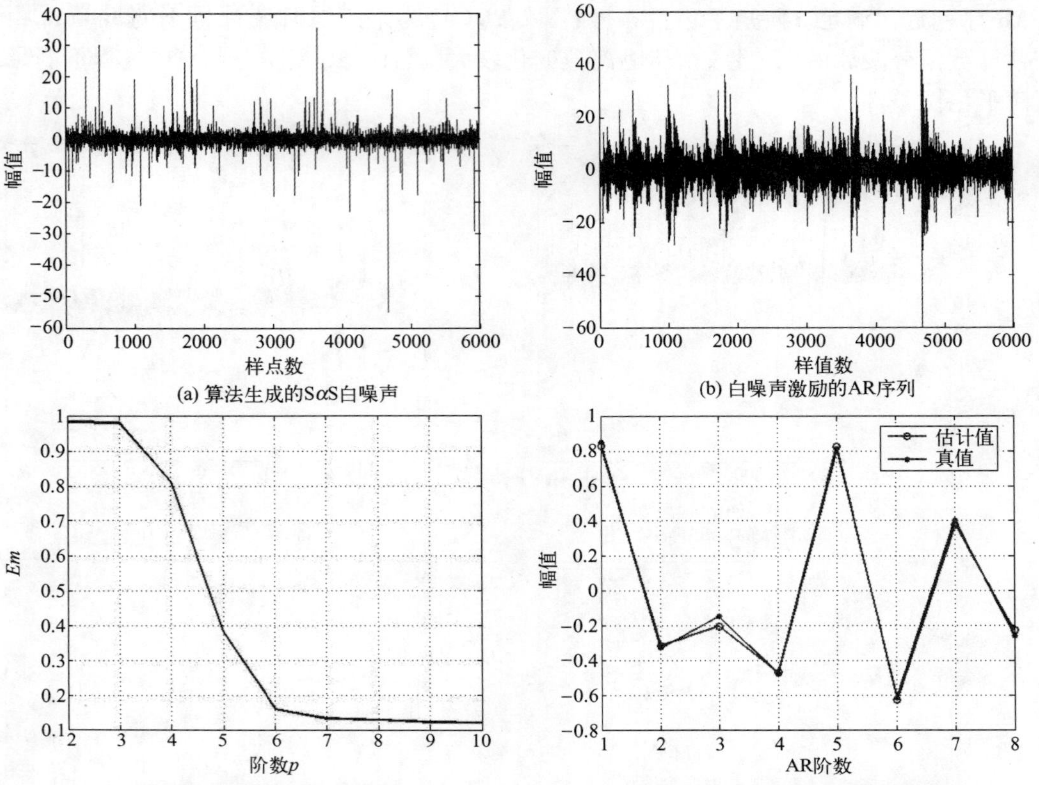

(a) 算法生成的SαS白噪声　(b) 白噪声激励的AR序列

(c) 基于GLD迭代算法的总误差*Em*　(d) 估计阶数为8阶时AR模型系数估计值

图 2.21　GLD 算法性能检测结果图

在相同条件下对实验进行 500 次重复测试,估计 AR 模型系数的均值和方差。表 2.3 给出了 AR 模型系数的估计结果。

表 2.3　AR 模型系数估计结果

估计参数	模型系数							
	a_1	a_2	a_3	a_4	a_5	a_6	a_7	a_8
真值	0.85	−0.33	−0.15	−0.48	0.81	−0.62	0.40	0.26
均值	0.8700	−0.3397	−0.1660	−0.4734	0.8313	−0.6432	0.3986	−0.2567
方差	0.0033	0.0084	0.0051	0.0011	0.0011	0.0054	0.0081	0.0032

从表 2.3 中的结果来看,各个系数的估计均值与真值的偏差不是很大,而方差也能控制在较小的范围内,说明在 AR 阶数估计准确的前提下,GLD 算法能够保证 AR 系数估计结果的精度。

仿真 2.14　用数据 1 对两种不同模型下的 AR 预白化方法进行测试。由于数据 1 的信号发射长度为 100ms,发射周期为 1s,在高斯白化方法下,为了确保信号完全落在同一分段内,因此对信号按一个发射长度进行分段。同时为了保证 SαS 白化方法的实现,取数据长度为两个周期长。分段示意如图 2.22 所示。

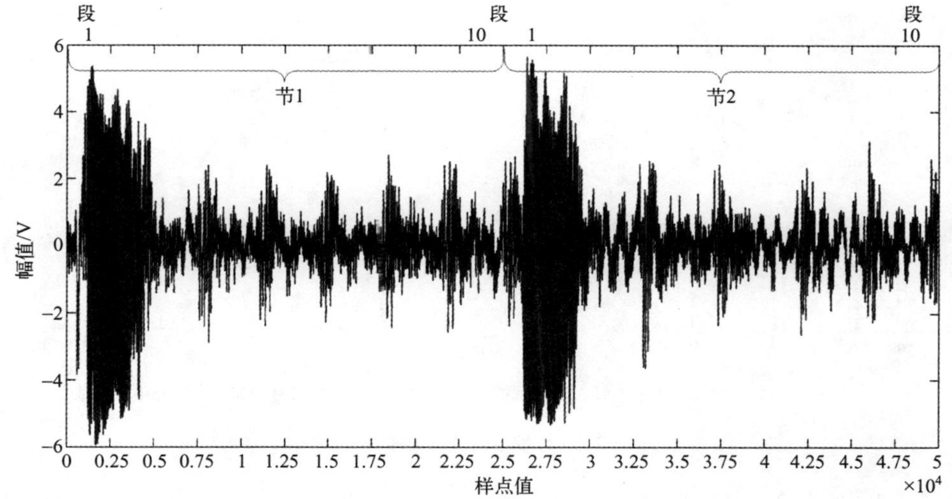

图 2.22　数据 1 分段示意图

从图 2.22 可以清楚地看到，数据分段长度为周期长度的 1/10。将一个周期看作为一节数据，每节数据由 10 个等长度分段组成，将节记为 s1 和 s2，每节的分段记为 b1 ~ b10。由于数据中不存在目标信号，我们人为地在第 2 节的第 5 分段（记为(b5,s2)）中加入一个合成的可调节信噪比的具有随机相位的目标信号，在 SαS 模型下，我们采用文献[185]中定义的广义信噪比（Generalized Signal to Noise Ratio，GSNR），其表达式如下：

$$\mathrm{GSNR}=10\lg\left(\frac{1}{N\gamma}\sum_{k=1}^{N}|s(k)|^{2}\right) \tag{2.128}$$

式中：$s(k)$ 表示目标信号；N 为信号的采样长度。根据上述分段标准，高斯 AR 的白化顺序为(b10,s1)→(b1,s2)，(b1,s2)→(b2,s2)，…，(b9,s2)→(b10,s2)；SαS AR 的白化顺序为 s1→s2。要注意的是，在进行匹配的信号也需要用对应分段的 AR 估计模型进行白化才能用于检测目标信号。图 2.23 是对两节数据的 p 阶矩平稳性测试和分段的 Itakura 距离值估计结果。

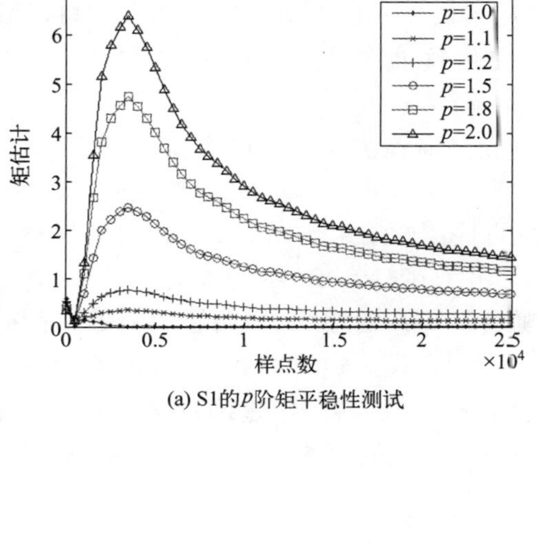

(a) S1的p阶矩平稳性测试

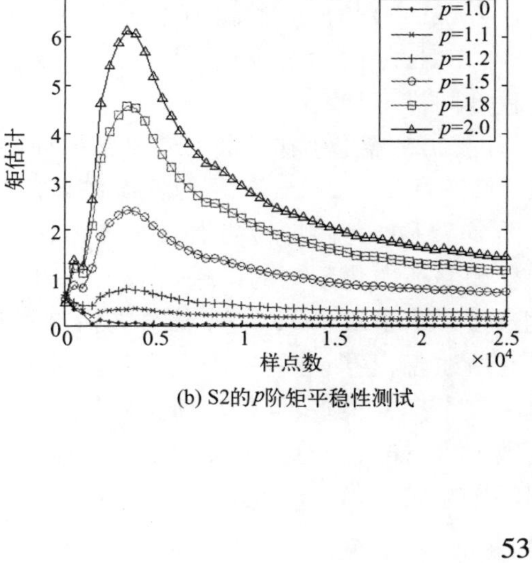

(b) S2的p阶矩平稳性测试

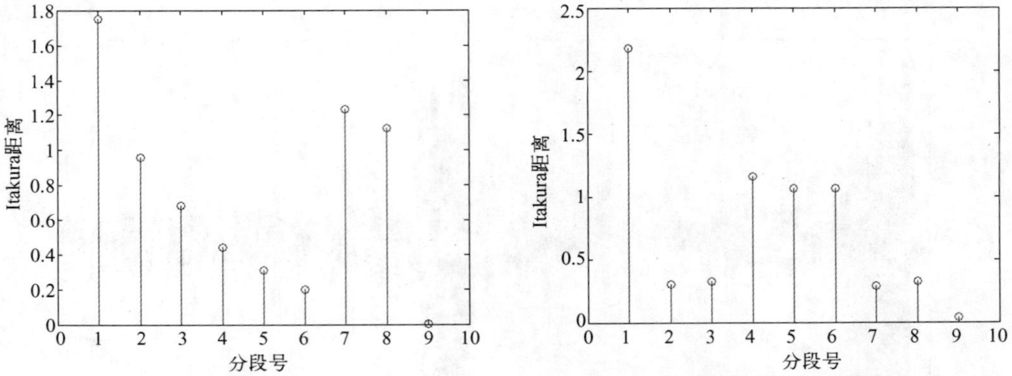

(c) S1分段时的Itakura距离值估计

(d) S2分段时的Itakura距离值估计

图 2.23　数据 1 平稳性测试结果

图 2.23 中，图 2.23(a)和图 2.23(b)为分别对 s1 和 s2 进行 p 阶矩平稳性测试的结果。考虑简化模型，对数据直接进行单 SαS 分布估计，得到两节数据的特征参数估计值分别为 1.28 和 1.41，对比图 2.23(a)和图 2.23(b)的测试结果可以看出，在 $p<\alpha$ 时矩估计较为平稳，随时间的增加变化很小，而在 $p>\alpha$ 时矩估计波动较大，明显表现出较差的平稳性，特别是在 $p=2$ 的高斯情况，说明了数据的 2 阶非平稳性。图 2.23(c)和图 2.23(d)是两节数据在分段下的 Itakura 距离值估计结果，可以看出得到的估计值偏大，分段的平稳性较弱。

下面对数据按两种方法进行白化，这里设定 GSNR = −14.1dB。图 2.24 给出了不同方法下 s2 数据被白化后的结果以及白化数据的频谱。

图 2.24 中，图 2.24(a)为 SαS 分布下 AR 模型白化 s2 后的序列。从图 2.23 的 p 阶矩平稳性测试结果可以得知，s1 和 s2 属于同一周期信号，两者平稳性较为接近，因此采用 s1 估计的 AR 模型白化 s2 的效果较好。图 2.24(c)为图 2.24(a)对应的频谱，从谱密度来看，数据被白化地较为均匀，白化后在低频区的环境噪声和 8kHz 处的混响噪声已明显被减弱。图 2.24(b)为高斯分布下 AR 模型白化 s2 后的序列。由于(b1，s2)与(b2，s2)的 Itakura 距离值较大，说明两者的 AR 模型结构差别较大，因此在(b1，s2)→(b2，s2)的白化过程中白化不彻底，这点从图 2.24(d)中对应的频谱图中可以看出，在 8kHz 处的频谱较强，显然对混响噪声的白化效果不够，且在低频处的噪声的白化程度同样不足。

图 2.25 给出了在不同 GSNR 下柯西检测器和高斯检测器对不同数据的检测结果。图 2.25(a)和图 2.25(b)是两种检测器对未白化数据直接进行检测的结果。图 2.25(c)和图 2.25(d)是两种检测器对 SαS 白化数据进行检测的结果。图 2.25(e)是高斯检测器检测高斯白化数据的结果。对于未白化数据，由于在(b2，s2)中的混响能量很强，因此直接影响了对(b5，s2)中信号的检测，但是随着 GSNR 的增加，柯西检测器的检测效果有所改善，高斯检测器表现较差。对于经过 SαS AR 模型白化的数据，柯西检测器的检测效果提升很多，但是高斯检测器的表现仍然较差。最后是经过高斯 AR 模型白化的数据，同样由于对(b2，s2)的混响白化不够彻底，残留的混响能量依旧很强，其对检测的影响较大。

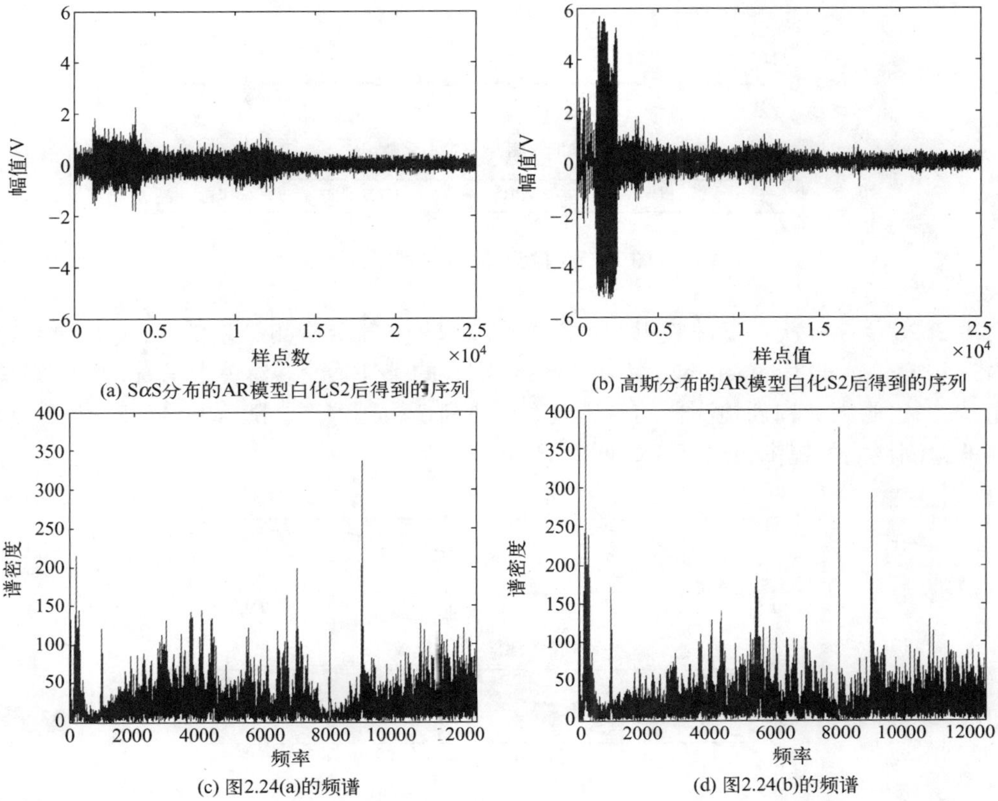

(a) SαS分布的AR模型白化S2后得到的序列
(b) 高斯分布的AR模型白化S2后得到的序列
(c) 图2.24(a)的频谱
(d) 图2.24(b)的频谱

图 2. 24　两种模型下的白化结果图

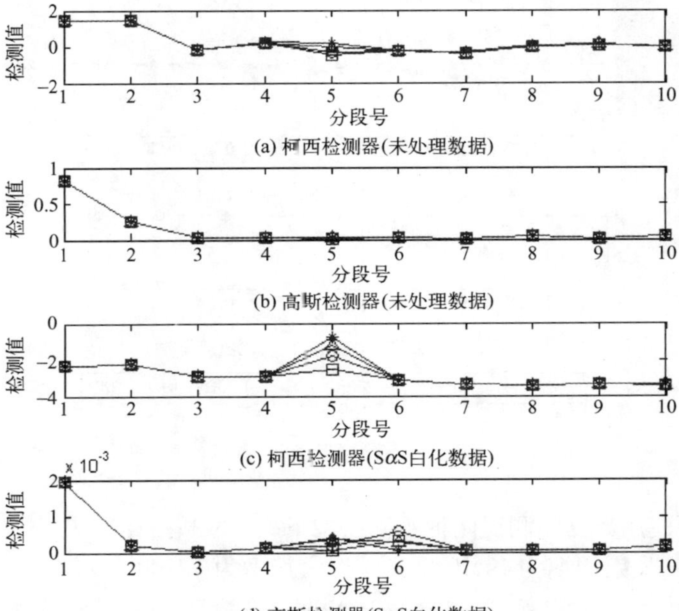

(a) 柯西检测器(未处理数据)
(b) 高斯检测器(未处理数据)
(c) 柯西检测器(SαS白化数据)
(d) 高斯检测器(SαS白化数据)

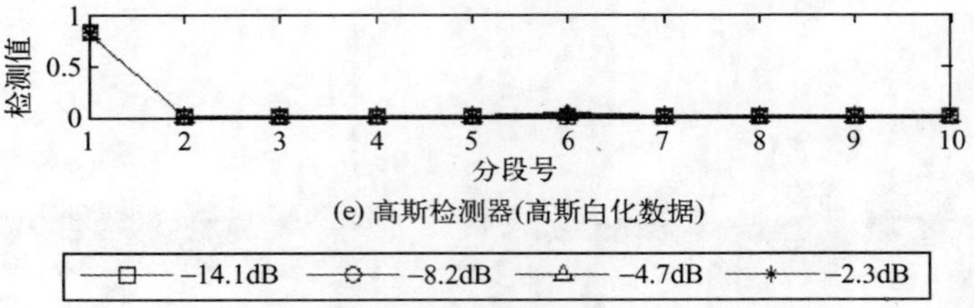

图 2.25　检测器检测结果图

图 2.26 为 500 次重复试验得到的关于图 2.25 中各个检测结果的被测者工作特征(Reciever Operating Characteristic, ROC)曲线,实验的条件不变。总体上来看,由于数据的冲击特性较强,因此柯西检测器的检测概率要比高斯检测器高。随着 GSNR 的提高,柯西检测器检测性能的提高也要高于高斯检测器。

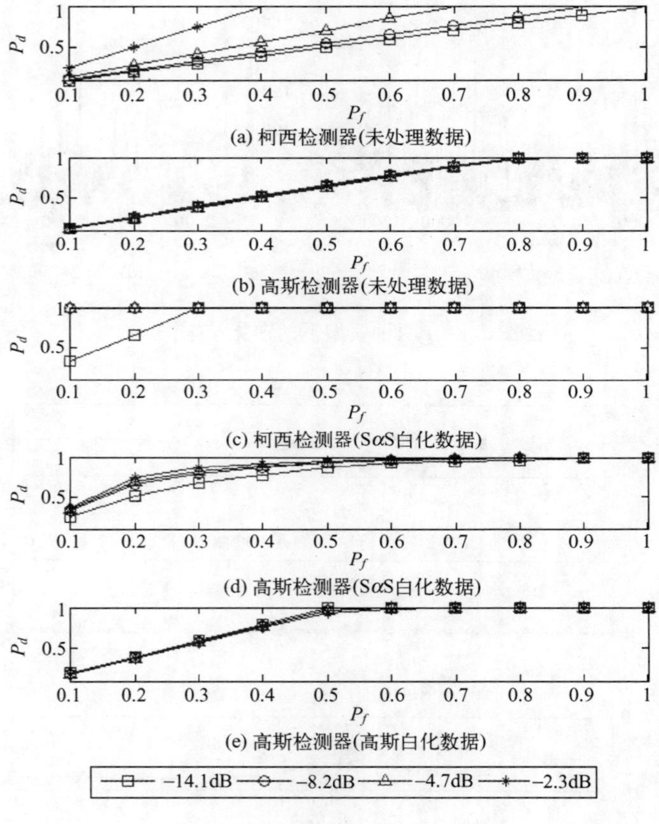

图 2.26　检测器 ROC 曲线

仿真 2.15　使用数据 2 测试两种不同模型下的 AR 预白化方法。由于数据 2 的信号发射长度为 10ms,发射周期为 1s,因此选择分段长度为 1/100 的周期长度。同样取两个周期的数据,分别记为 s1 和 s2,每节分为 100 段。图 2.27 为数据分段示意图。

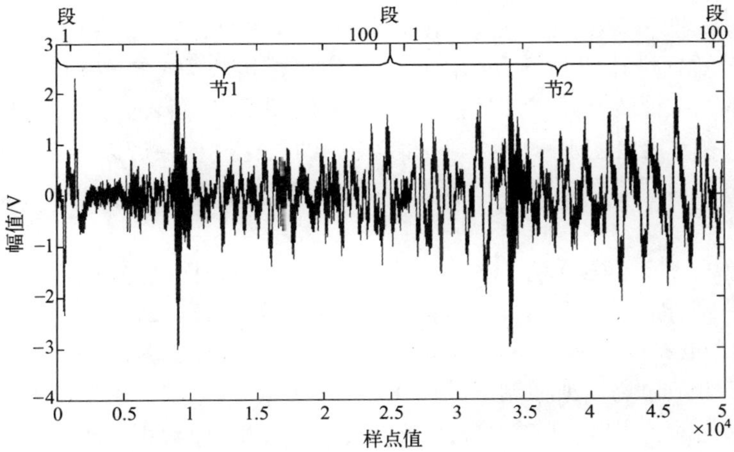

图 2.27　数据 2 分段示意图

类似仿真 2.14 的白化过程，在本实验中，高斯 AR 的白化顺序为(b100，s1)→(b1，s2)，(b1，s2)→(b2，s2)，…，(b99，s2)→(b100，s2)；SαS AR 的白化顺序仍然为 s1→s2。由于数据 2 中不存在目标信号，我们在(b81，s2)中加入一个合成的可调节信噪比的具有随机相位的目标信号。图 2.28 为对两节数据的 p 阶矩平稳性测试和分段的 Itakura 距离值估计结果。

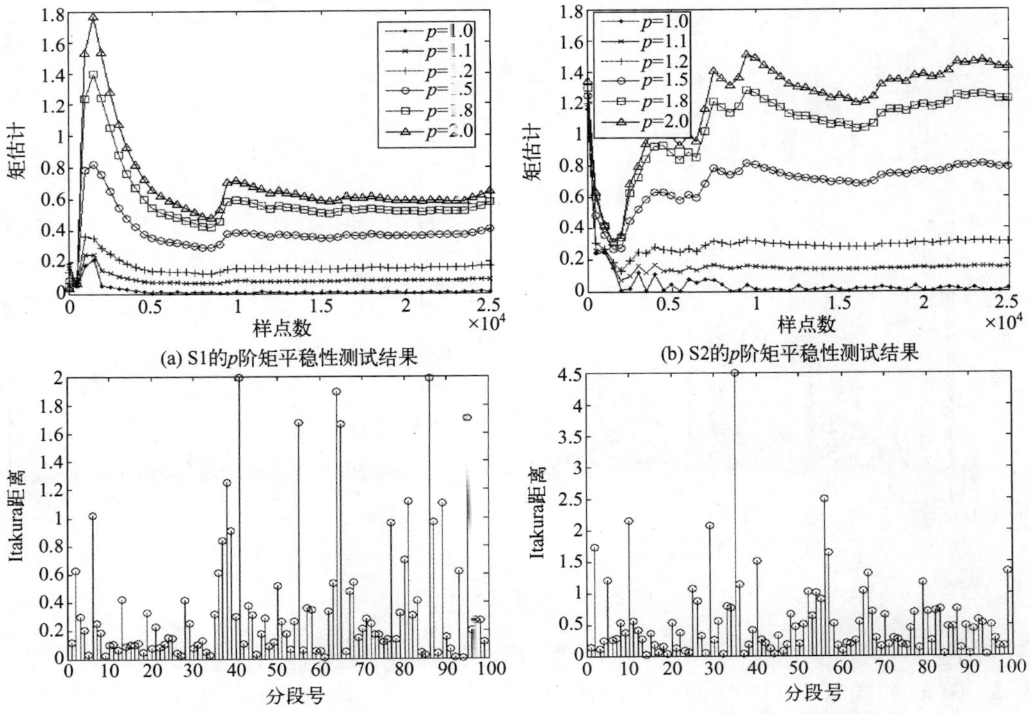

(a) S1的p阶矩平稳性测试结果　(b) S2的p阶矩平稳性测试结果

(c) S1的Itakura矩离值估计　(d) S2的Itakura矩离值估计

图 2.28　数据 2 平稳性测试结果图

图 2. 28 中,图 2. 28(a)和图 2. 28(b)为两节数据的 p 阶矩平稳性测试结果。利用简化模型对两节数据进行单 SαS 分布估计得到的特征指数为 1. 76 和 1. 89。图 2. 28(a)和图 2. 28(b)的结果说明,两段数据的 p 阶矩平稳性较弱,且两者的差别较大,因此在 AR 模型结构上会存在一定的差别,这点在下面实验中的白化过程中可以得到结论。图 2. 28(c)和图 2. 28(d)是对两节数据的 Itakura 距离值的估计,显示的估计值波动较大,表明分段后的平稳性也较弱。

图 2. 29 中,图 2. 29(a)是 SαS 模型下的白化序列,前面已经分析,由于两节数据存在一定的结构差别,因此 s1 不能很好地白化 s2,从对应的图 2. 29(c)中给出白化后的频谱图可以看出,在低频区的噪声没有得到很好抑制,但在 8kHz 处的混响噪声已经得到较好的白化。图 2. 29(b)为高斯模型下的白化序列,s2 中前端的数据及原数据的冲击处不能被 AR 模型白化彻底,从图 2. 29(d)的频谱图可以看出,原数据的低频区和 8kHz 处噪声均未白化完全。

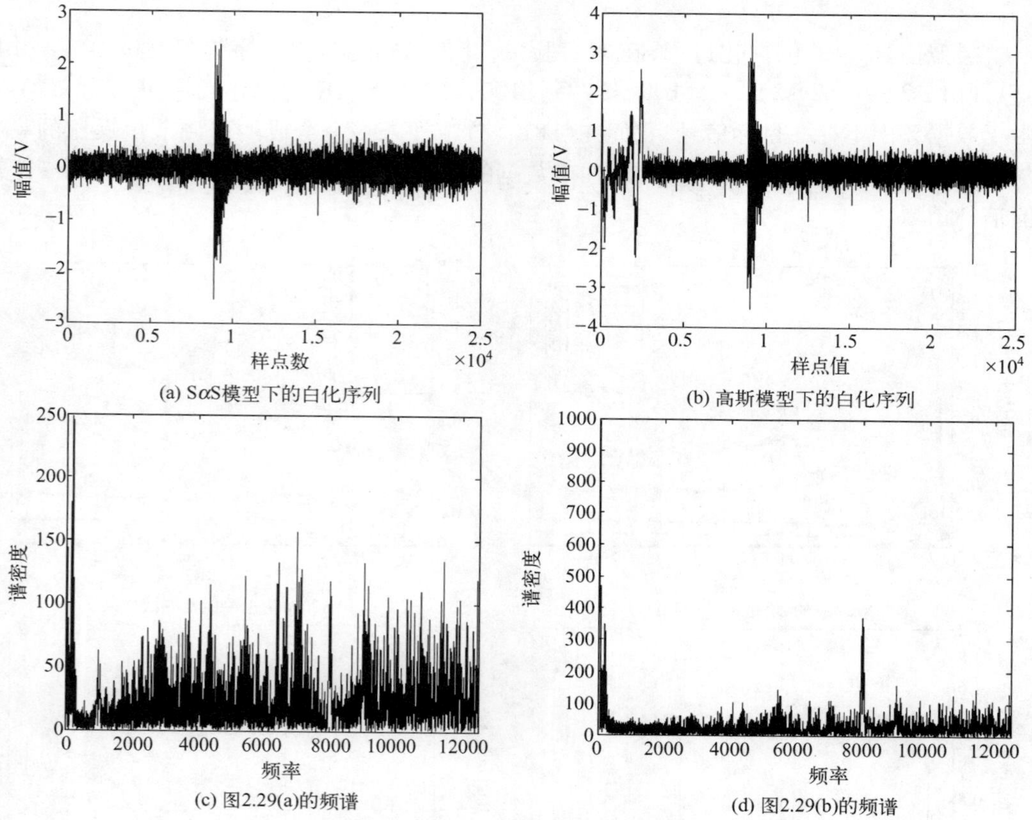

图 2. 29　数据 2 白化结果图

图 2. 30 给出了在不同 GSNR 下柯西检测器和高斯检测器对不同数据的检测结果。图 2. 30(a)和图 2. 30(b)是两种检测器对未白化数据直接进行检测的结果。图 2. 30(c)和图 2. 30(d)是两种检测器对 SαS 白化数据进行检测的结果。图 2. 30(e)是高斯检测器检测高斯白化数据的结果。对于未白化数据,特别是在高斯检测器下,出现了一个非常明显的干扰峰值。随着 GSNR 的增加,两种检测器的检测效果的增加并不明显。对于经过

SαS AR 模型白化的数据，由于白化未完全，干扰峰值仍然存在，但柯西检测器的检测效果能随着 GSNR 的增加迅速提升。经过高斯 AR 模型白化的数据，同样受干扰峰值影响很大，残留的混响能量依旧很强，其随着 GSNR 的增加对检测性能的提升不明显。从总体来看，随着 GSNR 的增加，只有经过 SαS 白化的数据在检测效果上提高较为明显，柯西检测器的检测效果最为理想。

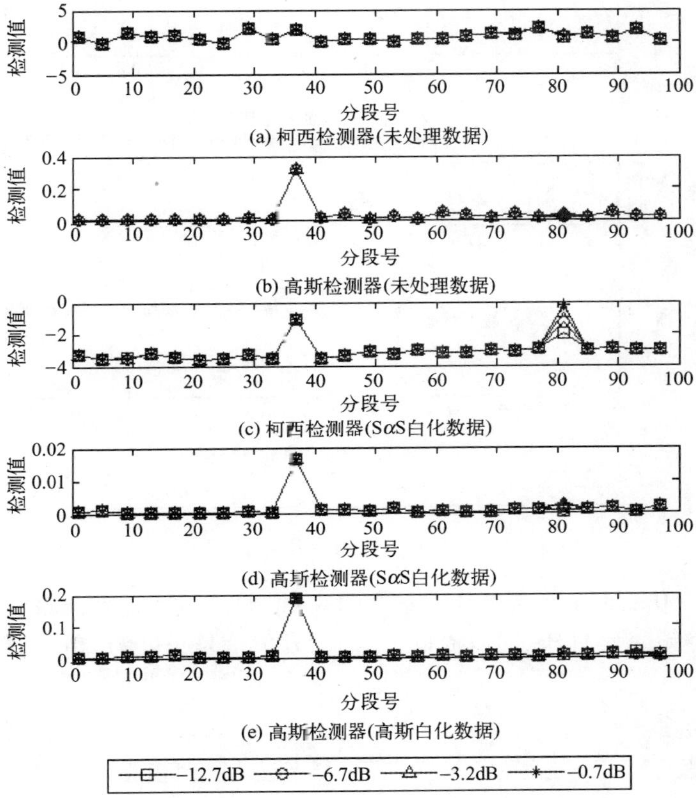

图 2.30　检测器检测结果图

图 2.31 给出了 500 次重复试验得到的以上 5 个检测结果的 ROC 曲线，实验的条件不变。对于未白化数据，柯西检测器和高斯检测器的检测性能表现均一般，且随着 GSNR 和虚警概率的增加其检测概率的增加程度有限。图 2.31(e) 中经过高斯白化的数据在高斯检测器下的检测性能较未白化数据有所提升。经过 SαS 白化的数据在检测器下的检测性能是三种数据中最好的。随着 GSNR 的增加，两种检测器的检测概率提升较快，而其中柯西检测器的表现性能最佳。

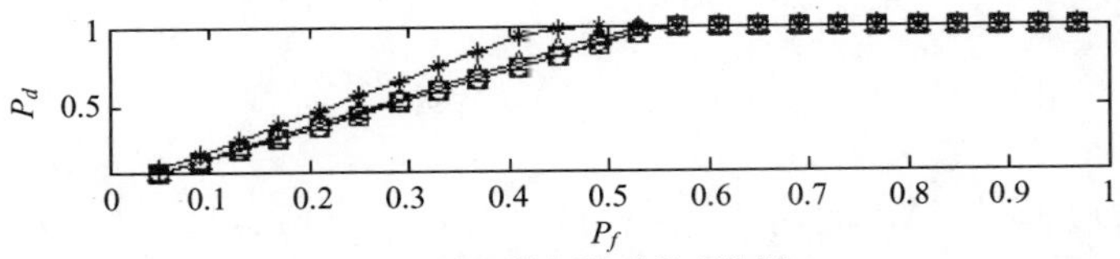

(a) 柯西检测器(未处理数据)

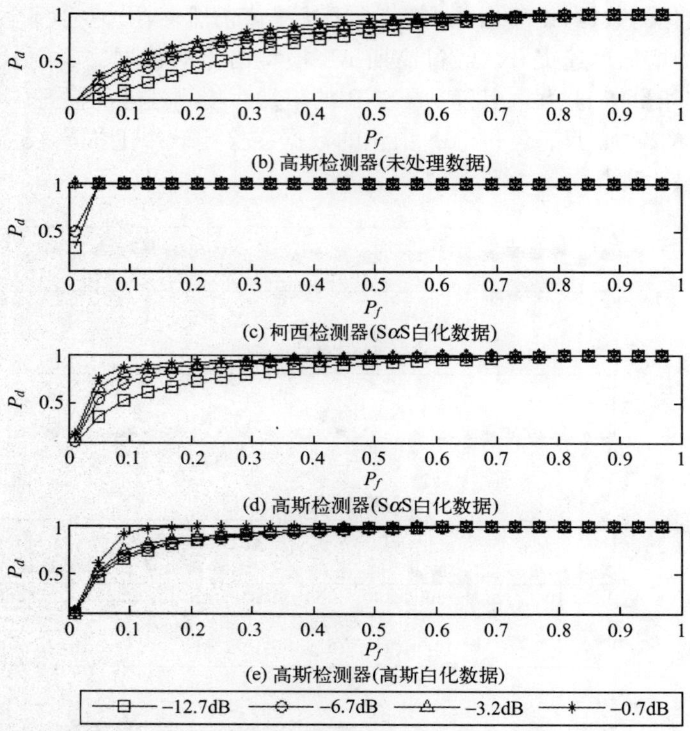

图 2.31　检测器 ROC 曲线

仿真 2.16　仿真两节纯混响周期信号对两种白化方法进行测试。仿真信号采样频率为 5kHz，中心频率为 1kHz，接收周期长为 1s，发射信号长度为 20ms，图 2.32 为分段示意图。

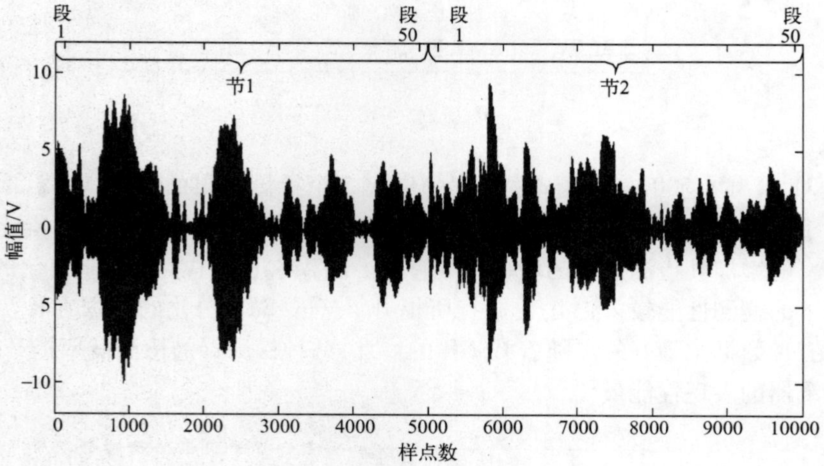

图 2.32　仿真混响分段示意图

根据以上分段，高斯 AR 的白化顺序为(b50，s1)→(b1，s2)，(b1，s2)→(b2，s2)，…，(b49，s2)→(b50，s2)；SαS AR 的白化顺序仍然为 s1→s2。由于仿真序列为纯混响序列且其中不存在目标信号，我们在(b31，s2)中加入一个合成的可调节信噪比的具有随机相位的目标信号。图 2.33 为对两节数据的 p 阶矩平稳性测试和分段的 Itakura 距离值估计结果。

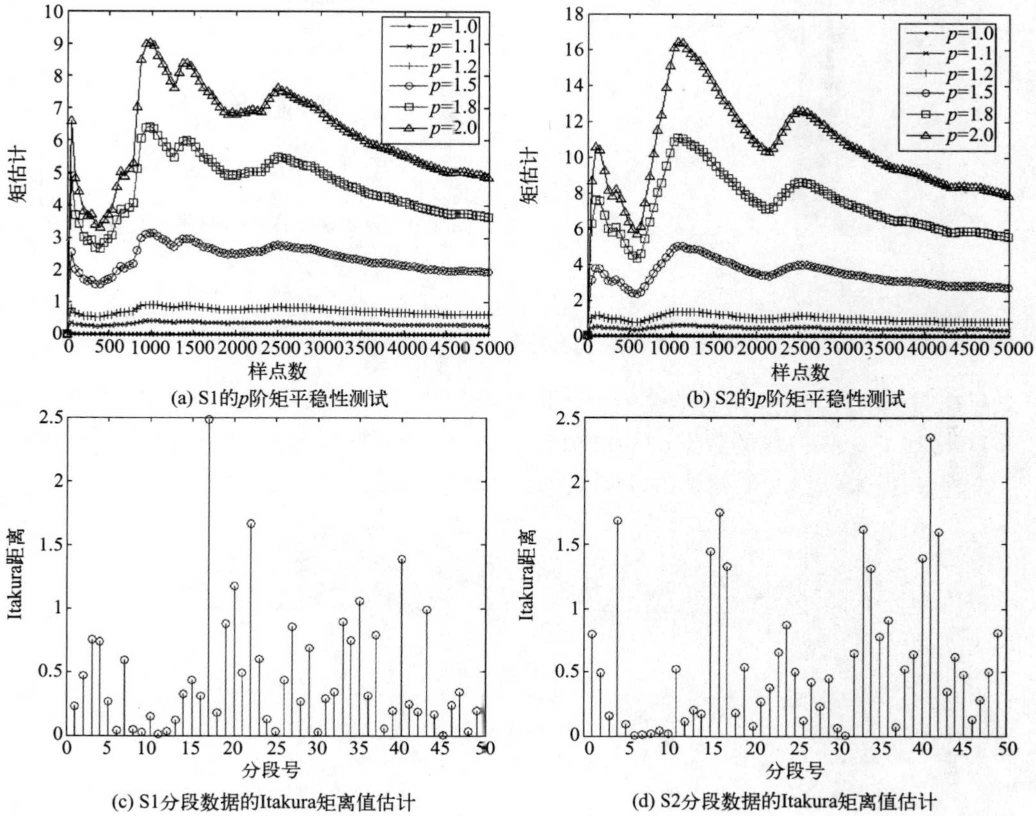

(a) S1的p阶矩平稳性测试　(b) S2的p阶矩平稳性测试

(c) S1分段数据的Itakura矩离值估计　(d) S2分段数据的Itakura矩离值估计

图 2.33　混响仿真序列平稳性测试结果

图 2.34 为两种方法下的白化结果。图 2.34(a)和图 2.34(b)分别为 SαS AR 模型和高斯 AR 模型白化后得到的结果。由于仿真序列为纯混响序列，因此在图 2.34(c)和图 2.34(d)中，白化后的数据频谱中在 1kHz 附近的频率成分仍然较高，结合图 2.34(a)和图 2.34(b)的结果对比发现，SαS AR 模型对序列的白化效果要优于高斯 AR 模型。

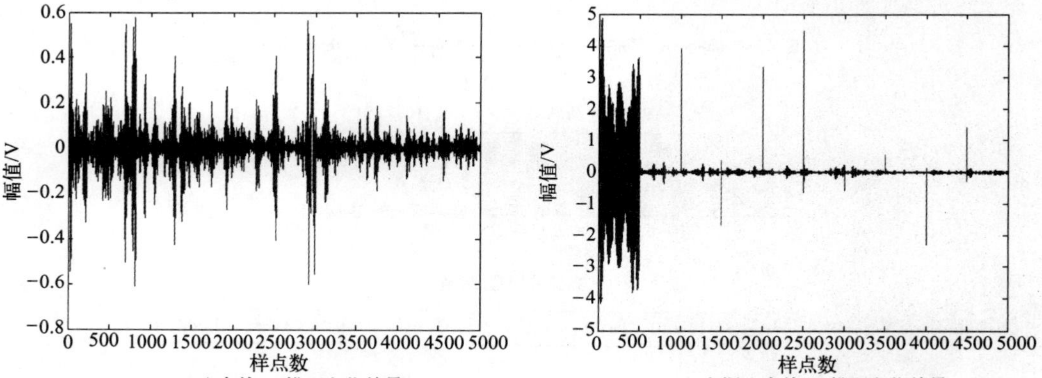

(a) SαS分布的AR模型白化结果　(b) 高斯分布的AR模型白化结果

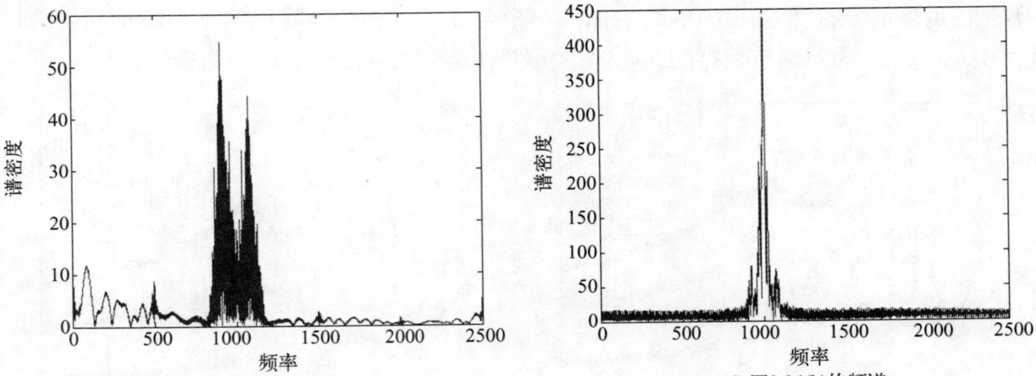

(c) 图2.34(a)的频谱　　(d) 图2.34(b)的频谱

图 2. 34　仿真序列的白化效果图

图 2. 35 和图 2. 36 是两种检测器对不同数据的检测结果以及对应的 ROC 曲线，从检测结果看，基于 SαS 白化的数据的检测效果要比其他两种数据更有优势，其次是高斯白化后的数据，而未经白化的数据的检测效果最差。

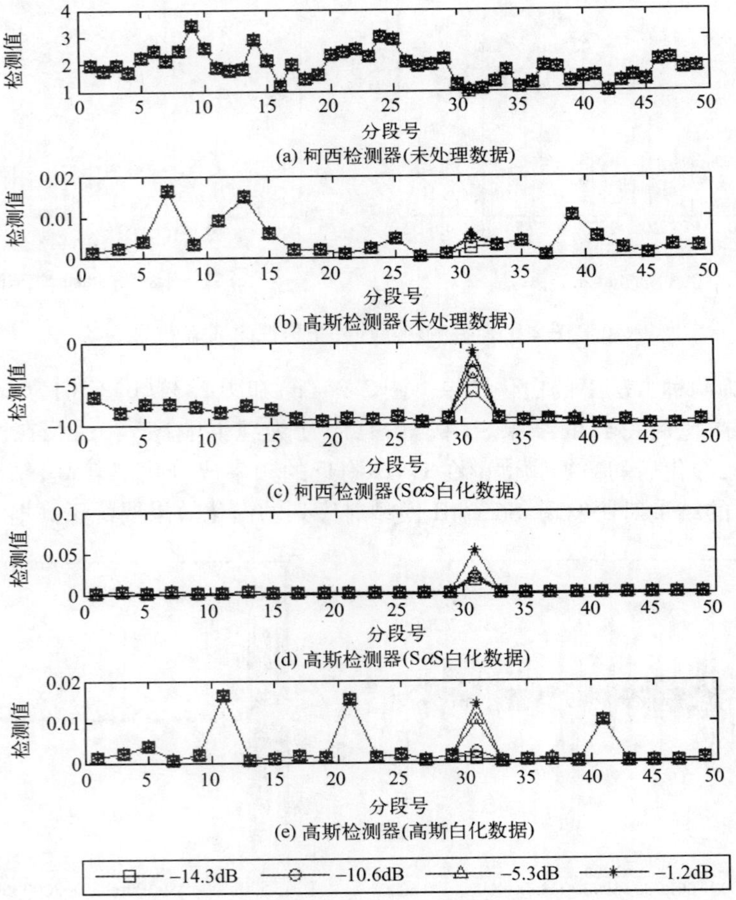

(a) 柯西检测器(未处理数据)

(b) 高斯检测器(未处理数据)

(c) 柯西检测器(SαS白化数据)

(d) 高斯检测器(SαS白化数据)

(e) 高斯检测器(高斯白化数据)

图 2. 35　检测器检测结果图

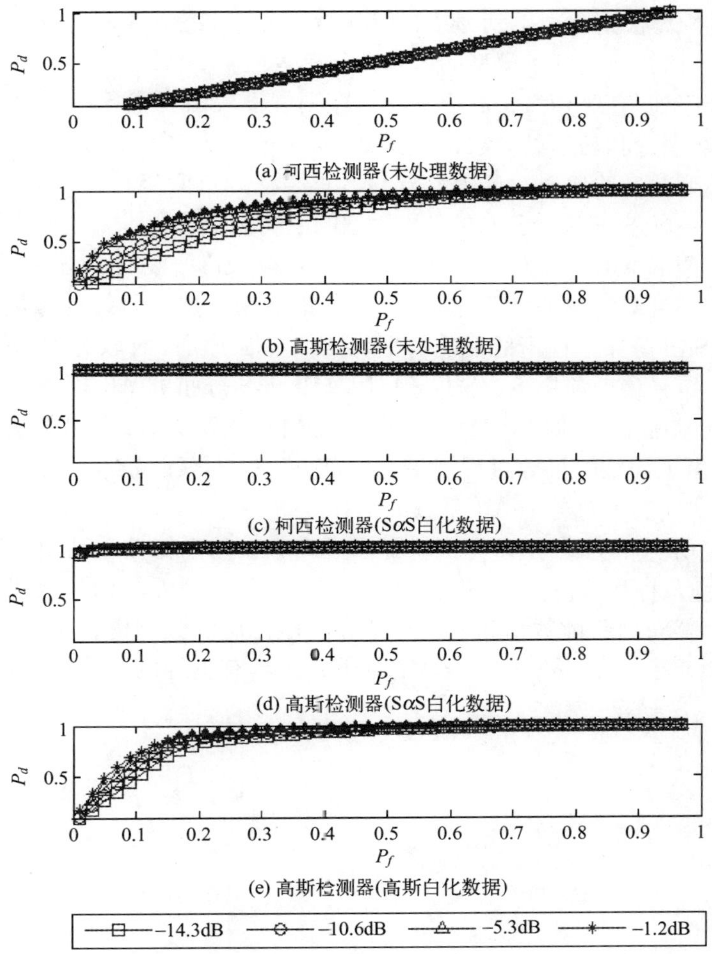

图 2.36　检测器 ROC 曲线

2.7　本章小结

本章对混响建模及模型参数求解进行了详细讨论与研究。主要内容和研究结论如下：

（1）从散射体分布、声传播理论及声呐配置三方面展开假设分析了浅海海底混响的形成过程，假设推导并验证了混响形成满足广义中心极限定理条件，在此基础上对浅海海底混响进行基于 SαS 分布的瞬时值建模。

（2）对混响信号进行展开分析，利用 SαS 模型进行推导和等式变换，建立了基于 SαS 分布的混响包络模型。

（3）在假设主动声呐信号由环境噪声和混响噪声组成的前提下，利用高斯和 SαS 混合模型对主动声呐信号建模，借助基于经验特征函数的参数估计方法求解了声呐数据下的混合分布参数，并测试了混合分布对数据的拟合程度。

（4）利用匹配滤波消除声呐信号中的环境噪声后，对混响匹配数据进行了基于 SαS 分布的包络建模，仿真并测试了模型的可靠性与有效性。

（5）从混合序列角度出发，将混响瞬时值序列假设成由多个 SαS 子分布组成的混合分布，利用贝叶斯理论和马尔可夫蒙特卡罗方法对序列进行了混合模型的参数估计，并通过与混合高斯模型的实验比对验证了混合 SαS 模型在分布拟合上的优越性。

本章提出了一种基于 SαS 分布的 AR 模型的混响预白化技术。主要内容如下：

（1）高斯模型的 AR 白化方法需要对混响进行分段准平稳化处理，增加了白化处理时的难度和开销。针对混响的二阶非平稳性，本章借助分数低阶统计量测试了混响的 p 阶矩平稳性，为 SαS 分布建模下的混响的平稳性判定提供了一种较为可靠的标准。

（2）在 p 阶矩平稳性前提下，分析了利用基于 SαS 分布的 AR 模型对混响进行白化的可行性。在此基础上，根据 LD 算法的迭代过程和 GYW 方程，提出了基于共变理论的 GLD 算法，并给出了详细的推导过程。借助 GLD 算法，不仅能较准确地预测 AR 模型的阶数，并能通过迭代实现对各个 AR 系数的估计。

（3）进行了仿真和实验，从多方面验证了混响数据的平稳性。利用高斯和 SαS 两种分布下的 AR 模型对混响进行了白化，实验对比了两种方法下的白化效果。借助柯西检测器和高斯检测器对白化前数据和经过两种方法白化后的数据进行了检测，通过多次实验分析和比较说明了基于 SαS 分布的 AR 白化方法具有更好的白化效果，并能得到更高的检测概率。

第 3 章　非高斯时空二维阵列信号检测

第 2 章详细讨论了浅海混响的形成及统计特性,并利用 SαS 分布建立了浅海混响的冲击模型,在此模型基础上提出了一种混响预白化方法,使冲击混响背景下检测目标信号的有无变成可能。本章将从阵列信号出发,以冲击混响为研究对象,对浅海混响背景下的阵列信号探测及信号参数检测进行研究,提出适合冲击混响噪声的高分辨率阵列信号检测算法。

本章的具体内容如下:3.1 节,介绍基于传统的二阶 DOA 算法及基于 SαS 分布的子空间算法;3.2 节,研究基于 FLOM - MUSIC 的高分辨率二维阵列信号处理算法;3.3 节,研究基于 FLOM - ESPRIT 的增强型二维阵列信号处理算法;3.4 节,对本章内容进行总结。

3.1　基于 SαS 分布的阵列信号算法

3.1.1　传统 DOA 估计算法

阵列信号处理是信号处理的一个重要分支,在通信、雷达、声呐、地震勘探以及医学诊断等领域获得了广泛应用和迅速发展[186]。与传统的单阵元信号处理相比,阵列信号包含有更多有用的目标信息。由于阵列结构在空间分布上的特点,合理利用阵列可以获取目标信号中的空间和时间等参数信息,因此阵列信号检测比单阵元检测具有更好的抗干扰能力及分辨率。本章主要针对信号波达方向(Direction of Arrival,DOA)DOA 估计算法进行探讨和研究。

由于目标信号参数信息的获得在目标探测问题中至关重要,特别是能否准确判断目标特性并对其进行精确定位已经成为水声探测中的一个重要指标,因此 DOA 估计算法在过去的几十年间受到了广泛的重视并进行了大量的研究,特别是近些年来在雷达及声呐的应用上更为突出。最具有代表性的主流 DOA 估计算法有传统估计法[187]、子空间法和最大似然(Maximum Likelihood,ML)法[188]。传统的波束形成方法的分辨率受限于阵列的阵元个数,而像多重信号分类(MUltiple SIgnal Classification,MUSIC)法[189]、ESPRIT[190]法等子空间法有着较好的分辨率,是一种应用普遍的次最优方法。最大似然法是理论上的最优算法,即使在很低的信噪比情况下也能达到最高的分辨率,但其理论假设需要借助正确的噪声模型假设并掌握其先验的概率分布,且其计算上的多元非线性运算带来的开销相当巨大。在发展起来的一系列传统 DOA 估计算法中,随机噪声模型普遍采用高斯分布,其原因有两点:中心极限定理在大多数实际应用中都能满足,且基于二阶矩理论高斯分布的算法较容易实现。

3.1.2 基于 SαS 分布的子空间算法

尽管高斯噪声模型下的子空间估计算法得到成熟发展和广泛应用,但在一些冲击噪声背景下,基于二阶统计量的阵列信号处理算法的性能将严重退化,甚至出现错误的检测结果,严重影响了目标的定位精度。第2章中详细探讨了 SαS 分布的统计特性,其对冲击噪声良好的描述性使其成为非高斯信号处理领域被广泛应用的噪声模型。Tsakalides 和 Nikias 在文献[191]中提出了基于 SαS 分布的 ML 方法,也是冲击噪声下实现 DOA 估计问题的最优方法,然而在求解中存在复杂的多维非线性最优化问题,带来了非常巨大的计算量,在实现上相当困难。为了减小计算上的负担,他们又在文献[185]中提出了增强型的 MUSIC(ROC-MUSIC)估计算法,以次最优方法实现了冲击噪声下的目标方位估计。上述算法具有较强的理论基础,并得到了实验的有效验证,但算法应用的一个最大制约之处是其假设噪声和目标信号均服从 SαS 分布,且多个目标信号之间满足非相干和统计独立的条件,这样的目标假设条件在实际情况下是较难满足的。

Liu 和 Mendel 在文献[192]中提出了基于分数低阶矩的 MUSIC 估计法,算法放宽了对信号的假设限制,使得冲击噪声下的阵列信号处理算法的应用得以扩展,本章提出的算法也将以此算法为基础。下面对算法原理进行介绍。

假设 P 个相互独立的信号被具有 M 个阵元的基阵接收到,使用复包络表达式,则在第 k 个阵元上的输出可表示为

$$x_k(t)=\sum_{m=1}^{P}A_{km}s_m(t)+n_k(t),\quad k=1,2,\cdots,M \tag{3.1}$$

式中:A_{km}表示第 k 个阵元对第 m 个信号产生的响应;$s_m(t)$表示第一个阵元上接收到的第 m 个信号的表达形式;$n_k(t)$是阵元上的噪声。因此阵列输出形式可表示为

$$\boldsymbol{x}(t)=\boldsymbol{A}\boldsymbol{s}(t)+\boldsymbol{n}(t) \tag{3.2}$$

式中:$\boldsymbol{x}(t)=[x_1(t),x_2(t),\cdots,x_M(t)]^{\mathrm{T}}$,$\boldsymbol{A}=\{A_{km}\}$为 $M\times P$ 阶矩阵;$\boldsymbol{s}(t)=[s_1(t),s_2(t),\cdots,s_P(t)]^{\mathrm{T}}$;$\boldsymbol{n}(t)=[n_1(t),n_2(t),\cdots,n_M(t)]^{\mathrm{T}}$。给出以下假设:

(1) A_{km}具有以下展开形式:

$$A_{km}=\mathrm{e}^{-\mathrm{j}2\pi(d_k/\lambda)\sin(\phi_m)} \tag{3.3}$$

式中:d_k表示第 k 个阵元与第 1 个阵元之间的距离;λ 为波长,ϕ_m是信号 $s_m(t)$的 DOA。

(2) $s_m(t)$具有以下形式:

$$s_m(t)=u_m(t)\mathrm{e}^{\mathrm{j}\psi_m(t)} \tag{3.4}$$

式中:$u_m(t)$和 $\psi_m(t)$分别表示信号的幅度和均匀分布在$[0,2\pi)$范围上的随机相位,两者之间相互独立,因此 $s_m(t)$满足 0 均值。

(3) $n_k(t)$是满足 i. i. d. 各向同性的 0 均值复 SαS 随机变量且其特征指数满足 $1<\alpha\leqslant 2$;矩阵 $\boldsymbol{A}$ 为满秩矩阵。

根据以上信号模型,借助分数低阶统计量,我们可以得到一个 $M\times M$ 阶矩阵 $\boldsymbol{C}$,其中的元素 C_{ik}可表示成

$$C_{ik}=\mathrm{E}\{x_i(t)\,|x_k(t)|^{p-2}x_k^*(t)\},\quad 1<p<\alpha\leqslant 2 \tag{3.5}$$

将式(3.1)代入式(3.5)得到

$$C_{ik}=\sum_{m=1}^{P}A_{im}\mathrm{E}\left\{s_m(t)\left|\sum_{q=1}^{P}A_{kq}s_q(t)+n_k(t)\right|^{p-2}\left(\sum_{r=1}^{P}A_{kr}s_r(t)+n_k(t)\right)^*\right\}$$

$$+\mathrm{E}\left\{n_i(t)\left|\sum_{q=1}^{P}A_{kq}s_q(t)+n_k(t)\right|^{p-2}\left(\sum_{r=1}^{P}A_{kr}s_r(t)+n_k(t)\right)^*\right\} \tag{3.6}$$

进一步将 C_{ik}写成以下形式:

$$C_{ik}=\sum_{m=1}^{P}A_{im}\Lambda_{mk}A_{km}^*+\gamma\delta_{ik} \tag{3.7}$$

这里

$$\Lambda_{mk}=\delta_{mk}\mathrm{E}\left\{s_m(t)\left|\sum_{q=1}^{P}s_q(t)+n_m(t)\right|^{p-2}\left(\sum_{r=1}^{P}s_r(t)+n_m(t)\right)^*\right\} \tag{3.8}$$

$$\gamma=\mathrm{E}\left\{n_k(t)\left|\sum_{q=1}^{P}s_q(t)+n_k(t)\right|^{p-2}\left(\sum_{r=1}^{P}s_r(t)+n_k(t)\right)^*\right\} \tag{3.9}$$

δ_{mk}是 Kronecker 增量,因此矩阵 $\boldsymbol{C}$ 可以写成

$$\boldsymbol{C}=\boldsymbol{A\Lambda A}^{\mathrm{H}}+\gamma\boldsymbol{I} \tag{3.10}$$

$\boldsymbol{\Lambda}\neq\boldsymbol{0}$ 是 MUSIC 算法运用的前提,当满足条件时算法可分以下几个步骤进行:

(1) 估计 M×M 阶矩阵$\hat{\boldsymbol{C}}$,其中每个元素的估计式为

$$\hat{C}_{ik}=\frac{1}{N}\sum_{t=1}^{N}x_i(t)\,|x_k(t)|^{p-2}x_k^*(t) \tag{3.11}$$

(2) 对$\hat{\boldsymbol{C}}$进行 SVD 奇异值分解,并构建 $M\times(M-P)$阶矩阵$\boldsymbol{E}_n=[\hat{\boldsymbol{e}}_{P+1},\hat{\boldsymbol{e}}_{P+2},\cdots,\hat{\boldsymbol{e}}_M]$,这里$\{\hat{\boldsymbol{e}}_{P+1},\hat{\boldsymbol{e}}_{P+2},\cdots,\hat{\boldsymbol{e}}_M\}$是矩阵$\hat{\boldsymbol{C}}$最小的 $M-P$ 个奇异值对应的左奇异向量组。

(3) 估计谱

$$S(\phi)=\frac{1}{\boldsymbol{a}^{\mathrm{H}}(\phi)\boldsymbol{E}_n\boldsymbol{E}_n^{\mathrm{H}}\boldsymbol{a}(\phi)},\quad -90\leqslant\phi\leqslant 90 \tag{3.12}$$

这里 $\boldsymbol{a}(\phi)$为 $M\times 1$ 阶转向向量,且

$$\boldsymbol{a}(\phi)=[1\quad \mathrm{e}^{-\mathrm{j}2\pi(d_2/\lambda)\sin\phi}\quad\cdots\quad \mathrm{e}^{-\mathrm{j}2\pi(d_M/\lambda)\sin\phi}] \tag{3.13}$$

(4) 选择 P 个局部最大 $S(\phi)$值,其对应的角度$\{\hat{\phi}_1,\hat{\phi}_2,\cdots,\hat{\phi}_P\}$即为所求的 DOA。

类似于 MUSIC 算法,另一种信号子空间法 ESPRIT 算法也已经从高斯模型发展到了非高斯模型。Hari 和 Lalitha 给出了基于分数低阶矩理论的几种估计 DOA 的非高斯子空间算法[193];Liu 等人利用基于分数低阶互共变谱的子空间法(FLOCCS - ESPRIT)实现了多径环境下的信号时延估计[194]。

3.2 基于 FLOM - MUSIC 的高分辨率二维阵列信号处理算法

3.2.1 基于 MUSIC 的二维阵列信号参数估计算法

基于双参数估计的二维联合算法往往能得到比一维估计算法更多的参数信息量和更直观的信息表达,甚至得到更高的估计精度。在噪声为 SαS 分布的假设下,研究学者们给出了不同参数下的二维联合信号估计算法。Ma 和 Nikias 从信号的时延和频延出发给出了冲击噪声下的联合估计算法[195]。更多文献是将信号的 DOA 估计与多普勒频移估计进行算法结合,如 Tsakalides 和 Nikias 以 ROC - MUSIC 算法为基础,结合多普勒频移参量,提出了冲击噪声下的角度/多普勒联合估计算法[196];Belkacemi 和 Marcos 分别以分数

低阶矩、符号共变矩阵和相位分数低阶矩阵三种方法对冲击噪声下的信号角度/多普勒联合估计算法进行了研究[197]；Sahmoudi 等人在文献[198]中同样给出了几种在非高斯噪声中进行角度和多普勒联合估计的增强型算法。本章亦将以角度/多普勒联合估计算法为研究对象，以 FLOM－MUSIC 算法为基础，对算法进行改进，提出一种具有更高分辨率的二维阵列信号参数估计算法。

3.2.2 2D－EX－FLOM－MUSIC 算法

假设有一阵元特性相等、阵元数为 L 的等间距均匀线阵置于浅水中，连续发射 P 个矩形包络单频脉冲，脉冲发射频率为 $f_r=1/T_r$，线阵接收到移动的 K 个窄带回波信号，在脉冲周期内其与线阵的相对运动速度保持为 v_k，引起的多普勒频移为 f_d，相对入射方位角保持为 ψ_k，各个回波信号的衰减系数为 β_k，这里的 $k=1,\cdots,K$。由于发射声波假设为窄带信号，保证所有阵元几乎同时接收到该信号，阵元间的包络近似无变化。则接收到的信号的表达式为

$$\boldsymbol{X}(t)=\boldsymbol{W}(\boldsymbol{\varphi},\boldsymbol{\omega})\boldsymbol{\beta}\boldsymbol{s}(t)+\boldsymbol{N}(t) \tag{3.14}$$

式中：$\boldsymbol{X}(t)=[x_1(t),\cdots,x_{PL}(t)]^{\mathrm{T}}$ 代表 $PL\times 1$ 阶阵列输出矢量，t 表示接收端的连续处理时间间隔的某时刻。$\boldsymbol{s}(t)=[s_1(t),\cdots,s_K(t)]^{\mathrm{T}}$ 表示 $K\times 1$ 阶目标回波的信号矢量。$\boldsymbol{W}(\boldsymbol{\varphi},\boldsymbol{\omega})=[\boldsymbol{w}(\varphi_1,\omega_1),\cdots,\boldsymbol{w}(\varphi_K,\omega_K)]$表示 $PL\times K$ 阶信号信息的空间－时间联合向量矩阵，其中 $\varphi_k=2\pi(d/\lambda_0)\sin(\psi_k)$ 代表信号的归一化方位角，$\omega_k=2\pi(f_d/f_r)$ 代表归一化多普勒频移。$\boldsymbol{w}(\varphi_k,\omega_k)=\boldsymbol{b}(\omega_k)\otimes\boldsymbol{a}(\varphi_k)$，这里符号$\otimes$表示 Kronecker 矩阵乘积，$\boldsymbol{b}(\omega_k)=[1,\mathrm{e}^{-\mathrm{j}\omega_k},\cdots,\mathrm{e}^{-\mathrm{j}(P-1)\omega_k}]^{\mathrm{T}}$ 为 $P\times 1$ 阶时间指导矢量，$\boldsymbol{a}(\varphi_k)=[1,\mathrm{e}^{-\mathrm{j}\varphi_k},\cdots,\mathrm{e}^{-\mathrm{j}(L-1)\varphi_k}]^{\mathrm{T}}$ 为 $L\times 1$ 阶空间转向矢量。$\boldsymbol{\beta}=\mathrm{diag}\{\beta_k\}$，$\boldsymbol{N}(t)=[n_1(t),\cdots,n_{PL}(t)]^{\mathrm{T}}$ 为一组 $PL\times 1$ 阶噪声矢量。

假设采样点数为 N，则阵列数据可表示为

$$\boldsymbol{X}=\boldsymbol{W}(\boldsymbol{\varphi},\boldsymbol{\omega})\boldsymbol{\beta}\boldsymbol{s}+\boldsymbol{N} \tag{3.15}$$

式中：$\boldsymbol{X}=[\boldsymbol{X}(1),\cdots,\boldsymbol{X}(N)]$和 $\boldsymbol{N}=[\boldsymbol{N}(1),\cdots,\boldsymbol{N}(N)]$是 $PL\times N$ 阶的向量矩阵；$\boldsymbol{s}=[\boldsymbol{s}(1),\cdots,\boldsymbol{s}(N)]$是 $K\times N$ 阶的信号矩阵。由于发射信号为单频信号，因此目标回波信号 $s(t)$为一零均值的周期循环复信号。由于 SαS 随机变量不存在有限的协方差，我们利用共变理论来重新表示阵元间接收数据的 $PL\times PL$ 阶共变矩阵 $\boldsymbol{C}$：

$$\boldsymbol{C}=\mathrm{E}\{\boldsymbol{X}(t)\boldsymbol{X}^{<p-1>}(t)\}=\mathrm{E}\{\boldsymbol{X}(t)\,|\boldsymbol{X}(t)|^{p-2}\boldsymbol{X}^{\mathrm{H}}(t)\} \tag{3.16}$$

定义

$$\widetilde{\boldsymbol{X}}(t)=[\boldsymbol{X}(t),\boldsymbol{X}^{*}(t)]^{\mathrm{T}} \tag{3.17}$$

可以得到关于$\widetilde{\boldsymbol{X}}(t)$的自共变矩阵：

$$\widetilde{\boldsymbol{C}}=\mathrm{E}\{\widetilde{\boldsymbol{X}}(t)\,|\widetilde{\boldsymbol{X}}(t)|^{p-2}\widetilde{\boldsymbol{X}}^{\mathrm{H}}(t)\}=\begin{Bmatrix}\boldsymbol{C} & \boldsymbol{C}' \\ \boldsymbol{C}'^{*} & \boldsymbol{C}^{*}\end{Bmatrix} \tag{3.18}$$

式中

$$\boldsymbol{C}'=\mathrm{E}\{\boldsymbol{X}(t)\,|\boldsymbol{X}(t)|^{p-2}\boldsymbol{X}^{\mathrm{T}}(t)\} \tag{3.19}$$

我们采用式(3.20)估计矩阵$\widetilde{\boldsymbol{C}}$：

$$\hat{\widetilde{\boldsymbol{C}}}=\frac{1}{N}\sum_{t=1}^{N}\widetilde{\boldsymbol{X}}(t)\,|\widetilde{\boldsymbol{X}}(t)|^{p-2}\,\widetilde{\boldsymbol{X}}^{\mathrm{H}}(t),\quad 1<p<\alpha\leqslant 2 \tag{3.20}$$

因此，为了实现对角度/多普勒的估计，通过以下步骤实现2D－EX－FLOM－MUSIC算法：

(1) 根据矩阵输出$\boldsymbol{X}(t)$得到扩展矩阵$\widetilde{\boldsymbol{X}}(t)$；选定合适的$p$值，根据式(3.20)估计矩阵$\hat{\widetilde{\boldsymbol{C}}}$；

(2) 对$\hat{\widetilde{\boldsymbol{C}}}$进行特征值分解，得到最小的特征值对应的子向量$\boldsymbol{U}_s$；

(3) 通过求解函数的空间谱的几个峰值求出估计的DOA－Doppler值：

$$S_{\mathrm{2D-EX-FLOM-MUSIC}}(\psi,\omega)=\frac{1}{(\overline{\boldsymbol{W}}\boldsymbol{U}_s)(\overline{\boldsymbol{W}}\boldsymbol{U}_s)^{\mathrm{H}}} \tag{3.21}$$

其中

$$\overline{\boldsymbol{W}}(\psi,\omega)=(\boldsymbol{w}(\psi,\omega),\boldsymbol{w}^{*}(\psi,\omega))^{\mathrm{T}} \tag{3.22}$$

式中：$\boldsymbol{w}(\psi,\omega)$是时间－空间二维搜索向量。我们注意到当$p=2$时，2D－EX－FLOM－MUSIC退化为高斯背景噪声下的2D－EX－MUSIC算法。算法对输入矩阵的维数进行了扩展，因此增加了计算量。

3.2.3 实验与仿真

仿真3.1 本实验仿真阵列接收到的噪声数据。假设由5个传感阵元组成的均匀线性阵垂直置于20m深的浅海区域中，其中第一阵元的深度为7m，5个阵元之间的间距为半波长，图3.1为阵元放置示意图。信号的发射长度为1kHz，宽度为100ms，发射脉冲数为4，采样频率为5kHz，数据的采样长度为5000点。

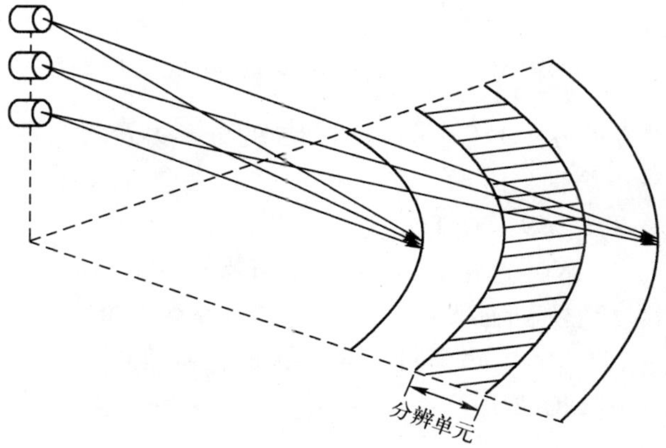

图3.1 阵列放置示意图

图3.2为上述阵列设置下的噪声仿真结果图，这里的噪声包括混响噪声及环境噪声两部分，混响噪声的仿真过程同仿真2.1，环境噪声用高斯白噪声模拟。假设发射信号经3个不同的目标反射后被阵列接收到，回波信号的归一化幅度为[0.9,1,0.9]，俯仰角为

[-40°,20°, -40°],由目标运动引起的归一化多普勒为[0.3,0.4,0.1],入射时信号相位随机且服从在[0,2π)上的均匀分布。这里设定3信号与噪声的GSNR为[12.14dB,14.25dB,12.16dB]。图3.3分别给出了2D - MUSIC、2D - FLOM - MUSIC、2D - EX - MUSIC和2D - EX - FLOM - MUSIC四种算法在仿真噪声下的检测结果。由于信号之间的多普勒差别较大,相关性较小,因此图3.3(c)和图3.3(d)中,均能明显地检测到三个目标的信号,但是在图3.3(a)和图3.3(b)中只能得到两个目标的参数信息,且由于算法的分辨率较低其给出的检测信息也存在一定误差。

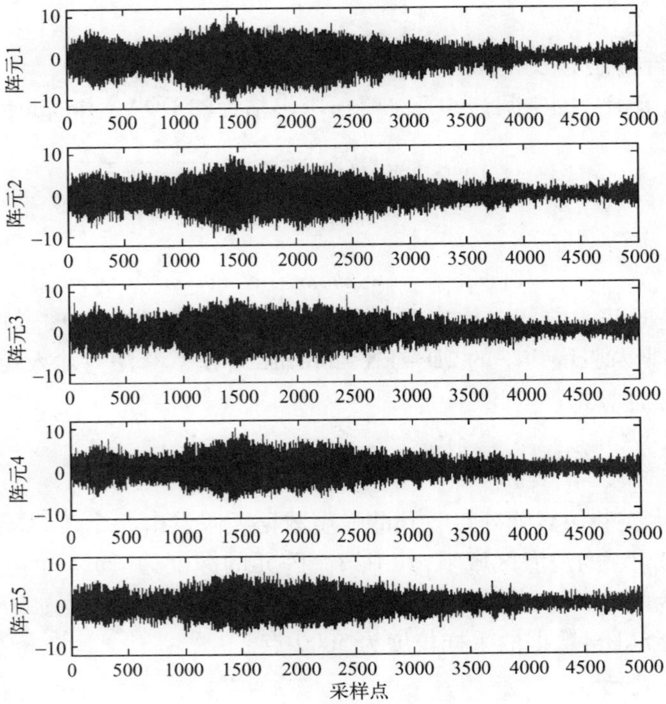

图3.2 阵列噪声仿真图

仿真3.2 本实验对仿真3.1中的四种算法的分辨力及检测性能进行进一步测试。实验的阵列设置与噪声仿真与仿真3.1中相同,并对3个目标回波信号的参数做如下设定:归一化幅度为[0.8,1,0.9],俯仰角为[-40°, -20°,0°],由目标运动引起的归一化多普勒为[0.15,0.2,0.18],这里设定3信号与噪声的GSNR为[14.62dB,19.08dB,16.98dB],入射时信号相位随机且服从在[0,2π)上的均匀分布。由于信号之间的空间 - 时间特性更加接近,因此增大了阵列对信号参数的检测难度。图3.4同样给出了2D - MUSIC、2D - FLOM - MUSIC、2D - EX - MUSIC和2D - EX - FLOM - MUSIC四种算法在仿真噪声下的检测结果。

由于信号参数之间的差异性变小,在图3.4中,2D - MUSIC和2D - FLOM - MUSIC算法只能检测到一个目标,且其误差巨大,以至于无法当作正确的结果。2D - EX - MUSIC算法也只能模糊地检测到两个目标,相比之下2D - EX - FLOM - MUSIC算法性能最好且其检测误差也比其他算法小。

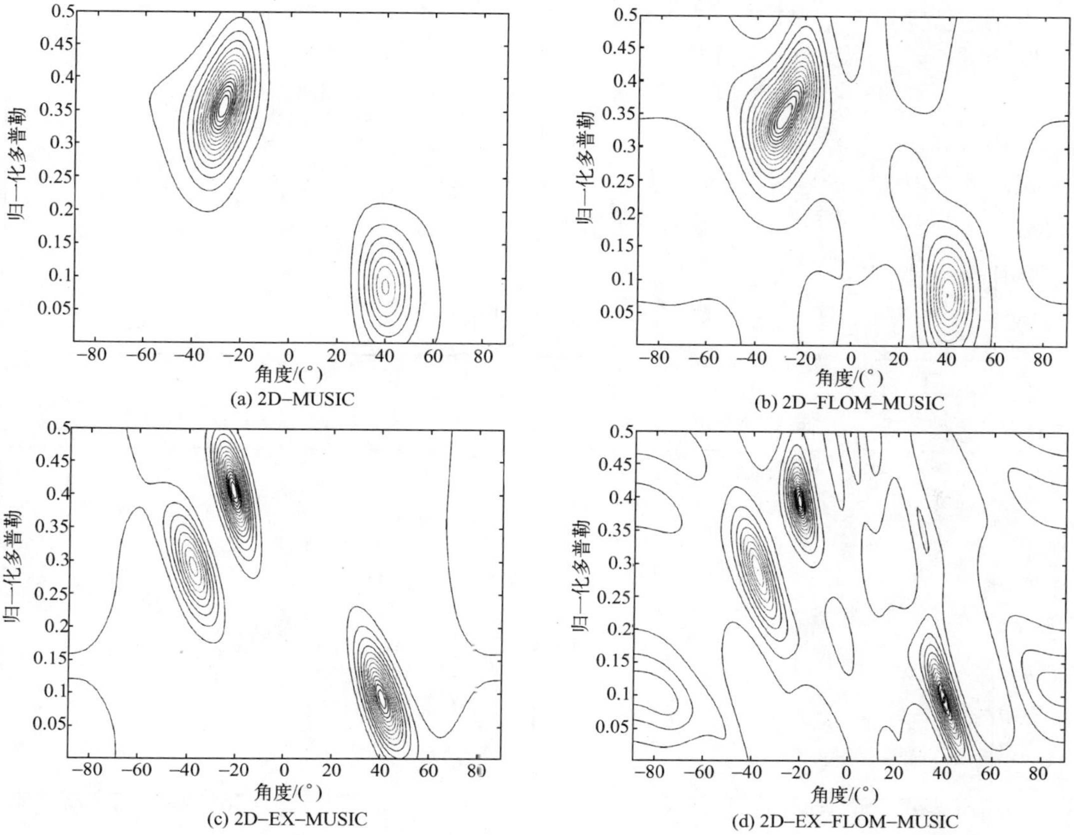

图 3.3　四种算法下的目标参数检测结果

仿真 3.3　本实验主要根据如分数低阶、采样序列值及 GSNR 等条件设定对目标角度和多普勒估计值的均方误差值(MSE)进行分析和比较。实验对每个设定下的算法性能测试进行 500 次的蒙特卡罗仿真。

首先单独测试分数低阶 p 对 2D－FLOM－MUSIC 和 2D－EX－FLOM－MUSIC 算法方位角估计值及多普勒频移估计值的均方误差的影响情况。这里的 MSE 定义为[192]

$$\mathrm{MSE}(\rho)=\frac{1}{KN}\left\{\sum_{n=1}^{N}(\hat{\rho}_1(n)-\rho_1)^2+\cdots+\sum_{n=1}^{N}(\hat{\rho}_K(n)-\rho_K)^2\right\} \tag{3.23}$$

式中:ρ 代表待求的参数;$\hat{\rho}_k(n)$ 是在第 $n(n=1,2,\cdots,N)$ 次仿真中关于第 $k(k=1,2,\cdots,K)$ 个真值 ρ_k 的估计值。在测试分数阶对性能的影响时,除了对阶数进行调整外,其他实验条件与设定与仿真 3.2 中的设置相同。图 3.5 是不同阶数下关于角度和多普勒的 MSE 统计结果图。从图 3.5 可看出,当 $p=1.6$ 时估计性能最佳,这是由本实验仿真的条件设置所决定的。当混响的冲击程度越强,其最佳的分数阶相对也就越低。从图 3.5(a)可以看出,2D－EX－FLOM－MUSIC 算法对角度的估计性能要比 2D－FLOM－ MUSIC 算法好很多,但是在图 3.5(b)中显示的多普勒估计方面表现两者差异较小。

其次测试采样点数对以上四种算法中方位角估计值及多普勒频移估计值的 MSE 大小的影响。在测试采样点长度对性能的影响时,除了对样点数进行调整外,其他实验条件

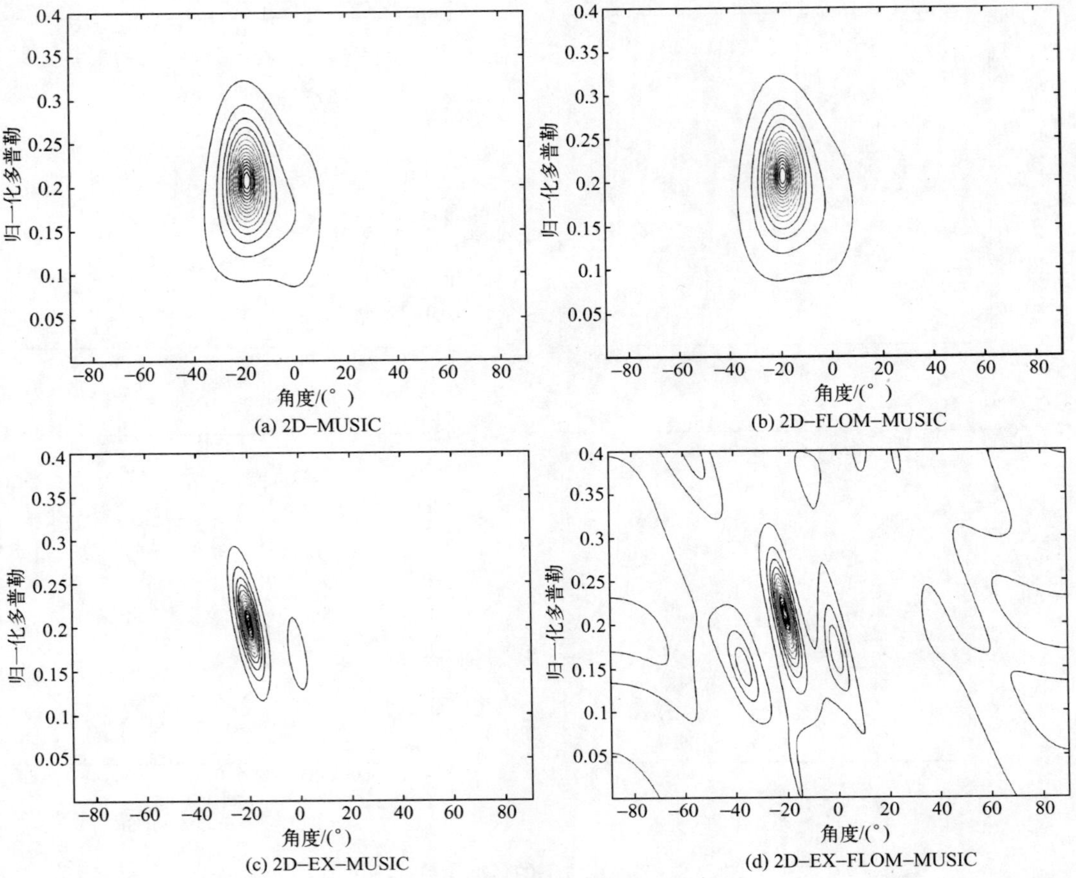

(a) 2D–MUSIC (b) 2D–FLOM–MUSIC (c) 2D–EX–MUSIC (d) 2D–EX–FLOM–MUSIC

图 3.4 四种算法下的目标参数检测结果

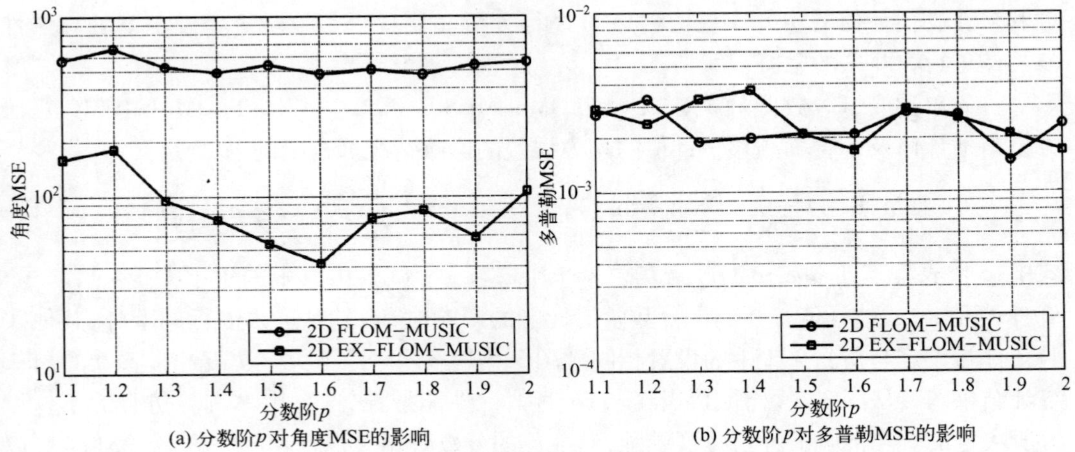

(a) 分数阶p对角度MSE的影响 (b) 分数阶p对多普勒MSE的影响

图 3.5 分数阶对估计参数 MSE 的影响

与设定与仿真 3.2 中的设置相同。图 3.6 是不同采样点长度下关于角度和多普勒的 MSE 统计结果图。

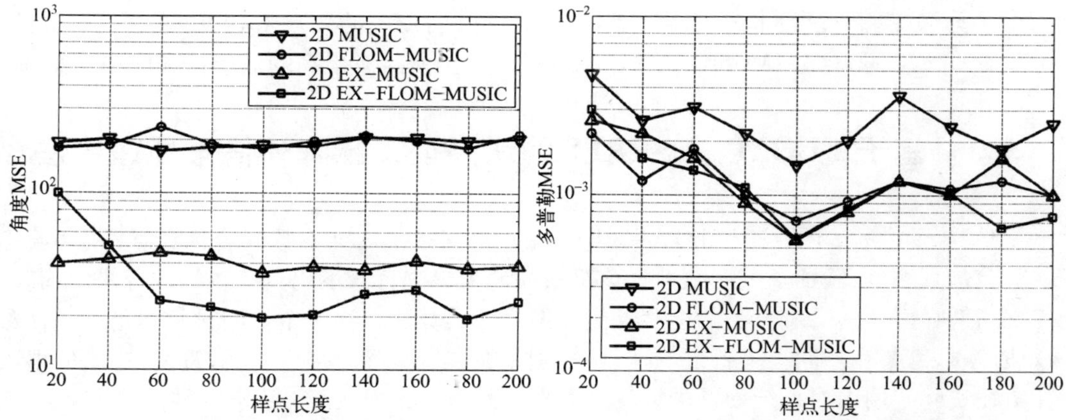

(a) 样点长度对角度MSE的影响　　(b) 样点长度对多普勒MSE的影响

图 3.6　样点长度对估计参数 MSE 的影响

图 3.6(a)可以很明显看到 EX－系列算法比另两种算法的估计误差小很多，其中 2D－EX－FLOM－MUSIC 算法的表现性能最佳。图 3.6(b)中显示 2D－MUSIC 算法对多普勒估计得到的误差是四种算法中最差的，其他三种算法的估计性能相当。

最后测试 GSNR 对以上四种算法中方位角估计值及多普勒频移估计值的 MSE 大小的影响。在测试 GSNR 对性能的影响时，除了对 GSNR 进行调整外，其他实验条件与设定与仿真 3.2 中的设置相同。图 3.7 是不同 GSNR 设定下关于角度和多普勒的 MSE 统计结果图。

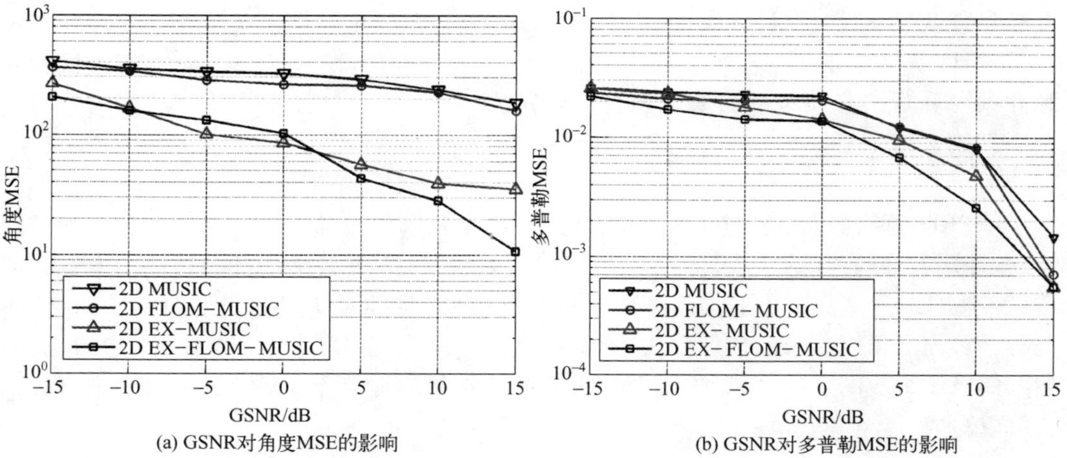

(a) GSNR对角度MSE的影响　　(b) GSNR对多普勒MSE的影响

图 3.7　GSNR 对估计参数 MSE 的影响

图 3.7(a)和图 3.7(b)显示，随着 GSNR 的增加，四种算法对角度与多普勒估计的误差均逐渐降低，然而 2D－EX－FLOM－MUSIC 算法对角度估计的表现性能随着 GSNR 的增加提升最快，且其对多普勒估计的表现也是最佳的。

总结上述三种参数设置下四种算法的估计性能表现，样点长度在一定范围内对角度和多普勒估计的影响不是很大，而分数阶与 GSNR 的设定对角度估计的误差大小有一定影响。相比之下，GSNR 对多普勒估计性能的影响较大。四种算法中，2D－EX－FLOM－

MUSIC 算法在各种设定下的表现性能均达到最好,而传统的 2D - MUSIC 算法表现最差,说明 2D - EX - FLOM - MUSIC 算法在混响噪声下仍然具有很高的适应性和应用性。

3.3 基于 FLOM - ESPRIT 的增强型二维阵列信号处理算法

3.2 节详细介绍了基于 FLOM - MUSIC 的角度/频率二维参数联合估计算法,并给出了实验仿真测试,验证了其有效性。该算法在冲击混响背景下仍具有较好的分辨率,高于传统高斯噪声下的二维算法的检测性能。但是该类算法存在一个较明显的不足就是在参数估计时,需要在空间上进行谱峰搜索,特别是在二维空间上搜索时,计算量巨大,使得该算法在实际应用中对系统硬件的计算速度要求很高。相比之下,基于旋转不变因子技术的 ESPRIT 子空间算法则可以避免计算中的搜索过程,因此能减少大量的计算开销。本节将对冲击混响下的 ESPRIT 子空间算法进行研究,并将其运用到角度/频率二维参数的联合估计算法中。

3.3.1 基于 ESPRIT 的二维阵列信号参数估计算法

类似于 MUSIC 子空间法,在 ESPRIT 基础上产生的二维参数联合估计算法也得到多方面发展和应用。Veen 等人提出了基于 ESPRIT 的方位/时延联合估计算法并将其应用在多径通信环境下[199];在角度/频率估计算法上,Wang 利用 ESPRIT 及多时延输出来估计角度/频率二维参数[200];Lemma 等人也对二阶统计量下的联合估计方法进行了深入分析[201];符渭波等人针对空间色噪声环境提出一种基于时空结构的双基地 MIMO 雷达角度和多普勒频率联合估计方法[202]。在冲击噪声模型下,He 和 Zha 等人结合 FLOM 理论和 ESPRIT 算法实现了水下冲击噪声下的二维角度联合估计[203,204]。宋红军等人同样对脉冲噪声下的二维 DOA 估计算法进行了研究[205]。

3.3.2 2D - FLOM - ESPRIT 算法

ESPRIT 算法的基本思想是根据两个具有相等数量阵元且各自对应元素具有相等特性的子阵列之间存在的相位延迟(也称旋转不变因子)的关系来估计参数的。本算法所选信号模型与 3.2.2 节中的模型相同,且整个阵列信号的表达式同式(3.15),这里不再重写。首先对角度参数的估计方法进行研究。若按阵列的空间结构划分为两个由 m 对相等偶极子组成的子阵,每对阵元之间的位移偏量为 D,则每个子阵列接收到的信号表达式可以写成

$$\boldsymbol{X}_q(t)=\overline{\boldsymbol{W}}(\theta,\omega)\boldsymbol{\beta s}(t)+\boldsymbol{N}_q(t) \tag{3.24}$$

$$\boldsymbol{X}_u(t)=\overline{\boldsymbol{W}}(\theta,\omega)\boldsymbol{\Phi\beta s}(t)+\boldsymbol{N}_u(t) \tag{3.25}$$

式中:$\boldsymbol{X}_q(t)$ 和 $\boldsymbol{X}_u(t)$ 分别为 $Pm\times 1$ 阶子阵的接收信号,下标 q 和 u 代表两个子阵的标识;$\overline{\boldsymbol{W}}(\theta,\omega)=[\overline{\boldsymbol{w}}(\theta_1,\omega_1),\cdots,\overline{\boldsymbol{w}}(\theta_K,\omega_K)]$ 为 $Pm\times K$ 阶时 - 空向量,这里 $\overline{\boldsymbol{w}}_{Pm\times 1}=\boldsymbol{b}_{P\times 1}\otimes\boldsymbol{a}_{m\times 1}$;$\boldsymbol{\Phi}$ 为旋转不变因子且 $\boldsymbol{\Phi}=\mathrm{diag}\{\mathrm{e}^{\mathrm{j}2\pi D/\lambda\sin\theta_1},\cdots,\mathrm{e}^{\mathrm{j}2\pi D/\lambda\sin\theta_K}\}$。定义向量

$$\boldsymbol{Z}(t)=\begin{bmatrix}\boldsymbol{X}_q(t)\\ \boldsymbol{X}_u(t)\end{bmatrix}=\boldsymbol{W}'(\theta,\omega)\boldsymbol{\beta s}(t)+\boldsymbol{N}_z(t) \tag{3.26}$$

$$W'(\theta,\omega)=\begin{bmatrix}\overline{W}\\ \overline{W}\Phi\end{bmatrix} \tag{3.27}$$

$$N_z(t)=\begin{bmatrix}N_q(t)\\ N_u(t)\end{bmatrix} \tag{3.28}$$

由于环境噪声为复 SαS 随机变量,不存在有限的二阶统计量,因此不能求其自相关矩阵。借助分数低阶统计量,我们可以得到一个关于向量 $Z(t)$ 的 $Pm\times Pm$ 阶 FLOM 矩阵 C ,其中的元素 C_{ij} 可表示成如式(3.5)的形式,因而根据式(3.8)至式(3.10)矩阵 C 可以表示成

$$C=(W'\beta)\Lambda(W'\beta)^{\mathrm{H}}+\xi I \tag{3.29}$$

的形式,其中 Λ 为分离出时-空向量后目标信号与接收信号的 FLOM 矩阵,ξ 为分离出时-空向量后噪声与接收信号的 FLOM 值。对 C 进行特征值分解,得到了 K 个最大广义特征值相对应的特征向量 E_s 且满足

$$\mathrm{Range}\{E_s\}=\mathrm{Range}\{W'\beta\} \tag{3.30}$$

式中:Range 表示向量张成的空间。存在唯一的非奇异矩阵 T 满足

$$E_s=W'\beta T \tag{3.31}$$

利用阵列的旋转不变结构特性,E_s 可分解或

$$E_s=\begin{bmatrix}E_q\\ E_u\end{bmatrix}=\begin{bmatrix}\overline{W}\beta T\\ \overline{W}\Phi\beta T\end{bmatrix} \tag{3.32}$$

因此

$$\mathrm{Range}\{E_q\}=\mathrm{Range}\{E_u\}=\mathrm{Range}\{\overline{W}\} \tag{3.33}$$

则存在矩阵 F_q 和 F_u 使得

$$0=E_qF_q+E_uF_u=\overline{W}\beta TF_q+\overline{W}\Phi\beta TF_u \tag{3.34}$$

定义

$$\Psi=-F_qF_u^{-1}=(E_q^{\mathrm{H}}E_q)^{-1}E_q^{\mathrm{H}}E_u \tag{3.35}$$

将式(3.35)代入式(3.34),可得

$$\overline{W}\beta T\Psi=\overline{W}\Phi\beta T \tag{3.36}$$

即

$$\overline{W}\beta T\Psi T^{-1}=\overline{W}\Phi\beta \tag{3.37}$$

由于信号的入射方向不同,则矩阵 $\overline{W}$ 是满秩的,所以

$$\Phi=(\beta T)\Psi(\beta T)^{-1} \tag{3.38}$$

因此 Ψ 的特征值必然等于 Φ 的对角元素,从而可以得到入射角的估计值:

$$\theta_k=\mathrm{a}\cdot\sin\left(\frac{\arg(\Delta_k)}{-2\pi D/\lambda}\right) \tag{3.39}$$

式中:Δ_k 表示第 k 个特征值。

事实上,对于未知参数 f_d,同样可以选择存在旋转不变因子的两个子阵进行估计,子阵的划分不依赖阵元数,而与脉冲数 r 相关,其旋转不变因子为 Ω 且 $\Omega=\mathrm{diag}\{\mathrm{e}^{\mathrm{j}2\pi rf_{d1}/f_r},\cdots,$

$\mathrm{e}^{\mathrm{j}2\pi rf_{dK}/f_r}\}$,得到的子阵信号表达式为

$$\boldsymbol{X}_g(t)=\overline{\overline{\boldsymbol{W}}}(\theta,\omega)\boldsymbol{\beta s}(t)+\boldsymbol{N}_g(t) \tag{3.40}$$

$$\boldsymbol{X}_h(t)=\overline{\overline{\boldsymbol{W}}}(\theta,\omega)\boldsymbol{\Omega\beta s}(t)+\boldsymbol{N}_h(t) \tag{3.41}$$

式中:$\boldsymbol{X}_g(t)$和$\boldsymbol{X}_h(t)$分别为$Lr\times 1$阶信号矢量,g和h为子阵标识,r为子脉冲数;$\overline{\overline{\boldsymbol{W}}}(\theta,\omega)=[\overline{\overline{\boldsymbol{w}}}(\theta_1,\omega_1),\cdots,\overline{\overline{\boldsymbol{w}}}(\theta_K,\omega_K)]$为$Lr\times K$阶时-空向量,这里$\overline{\overline{\boldsymbol{w}}}_{Lr\times 1}=\boldsymbol{b}_{r\times 1}\otimes\boldsymbol{a}_{L\times 1}$。类似于角度估计,最后的多普勒频率估计式为

$$f_{dk}=\frac{\arg(\Delta'_k)}{-2\pi Rf_r} \tag{3.42}$$

式中:R为子阵的脉冲数差,Δ'_k表示第k个特征值。

从上面估计角度/频率时的子阵划分与配对可以看出,在配对子阵中找到合适的旋转不变因子是进行ESPRIT算法的关键。事实上从图3.8所示的划分情况可以看出其规律,即存在两对选择矩阵,并可以得到式(3.43)和式(3.44)的表达式。

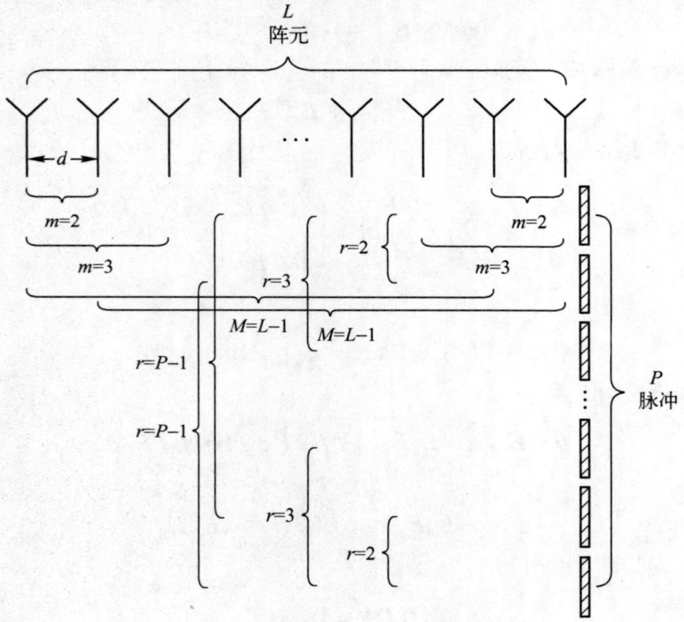

图3.8　子阵划分示意图

$$\begin{cases}\boldsymbol{w}_{qk}=\boldsymbol{I}_P\boldsymbol{b}(\omega_k)\otimes\begin{bmatrix}\boldsymbol{I}_m & \\ & 0_{L-m}\end{bmatrix}\boldsymbol{a}(\theta_k)\\ \boldsymbol{w}_{uk}=\boldsymbol{I}_P\boldsymbol{b}(\omega_k)\otimes\begin{bmatrix}0_{L-m} & \\ & \boldsymbol{I}_m\end{bmatrix}\boldsymbol{a}(\theta_k)\end{cases} \tag{3.43}$$

$$\begin{cases}\boldsymbol{w}_{gk}=\begin{bmatrix}\boldsymbol{I}_r & \\ & 0_{P-r}\end{bmatrix}\boldsymbol{b}(\omega_k)\otimes\boldsymbol{I}_L\boldsymbol{a}(\theta_k)\\ \boldsymbol{w}_{hk}=\begin{bmatrix}0_{P-r} & \\ & \boldsymbol{I}_r\end{bmatrix}\boldsymbol{b}(\omega_k)\otimes\boldsymbol{I}_L\boldsymbol{a}(\theta_k)\end{cases} \tag{3.44}$$

经过划分后,时-空矢量矩阵可写为

$$\begin{cases} \overline{\boldsymbol{W}} = \{\boldsymbol{w}_{q1}, \cdots, \boldsymbol{w}_{qK}\} \\ \overline{\boldsymbol{W}\boldsymbol{Q}} = \{\boldsymbol{w}_{u1}, \cdots, \boldsymbol{w}_{uK}\} \end{cases} \tag{3.45}$$

$$\begin{cases} \overline{\overline{\boldsymbol{W}}} = \{\boldsymbol{w}_{g1}, \cdots, \boldsymbol{w}_{gK}\} \\ \overline{\overline{\boldsymbol{W}\boldsymbol{\Omega}}} = \{\boldsymbol{w}_{h1}, \cdots, \boldsymbol{w}_{hK}\} \end{cases} \tag{3.46}$$

的形式,使得时-空矢量的表达更加清晰。

3.3.3 实验与仿真

仿真 3.4 本实验测试基于二阶矩及基于 FLOM 的两种算法在高斯白噪声下的表现。设均匀线阵的阵元数为 8,发射信号的中心频率为 1kHz,采样频率为 5kHz,发射脉冲数为 $P=6$。阵元子阵数 m 设定为 4,子脉冲数 r 设定为 2。由同一波束激励,经不同目标反射后的 2 个信号被阵列接收,其参数信息设定为:归一化幅度为[0.8,1],俯仰角为[-40°,60°],由目标运动引起的归一化多普勒为[0.1,0.2],入射时信号相位随机且服从在[0,2π)上的均匀分布,SNR 为[-11.41dB, -7.26dB]。对基于二阶矩(自相关阵)及基于分数低阶矩(FLOM 阵)的两种算法的参数估计性能进行对比测试。注意到当分数阶 $p=2$ 时,分数低阶矩变为二阶矩而 FLOM 阵估计就变为自相关阵的估计。本实验中 FLOM 的分数阶取 $p=1$。图 3.9 为 20 次仿真下两种算法的估计结果。图中“·”代表参数真值,“*”代表由 FLOM 估计得到的参数值,“□”代表由二阶矩估计得到的参数值。

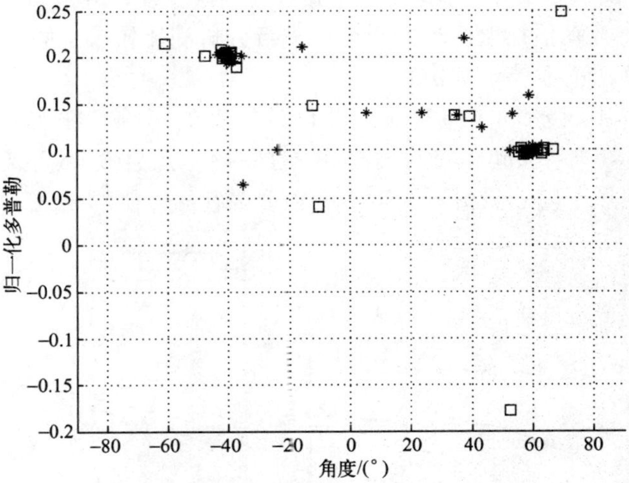

图 3.9 两种算法在高斯白噪声下的参数估计结果

从图 3.9 可以看出,即使在低信噪比情况,两种算法下的估计值绝大部分都能集中分布在真值附近,说明估计产生的误差较小,因此两种算法在高斯白噪声下的可靠性都很高,应用性很强。

仿真 3.5 本实验测试在冲击混响环境下两种算法估计参数的表现性能。噪声由环境噪声和混响噪声组成。其中噪声的生成同仿真 3.1,两个信号的参数设定同仿真 3.4,

这里 GSNR 设定为[1.6dB,6.2dB],分数阶取 $p=1$。图 3.9 为 20 次仿真下两种算法的估计结果。图中"·"代表参数真值,"*"代表由 FLOM 估计得到的参数值,"□"代表由二阶矩估计得到的参数值。

对比图 3.9 和图 3.10 可知,由于受到有色混响的干扰,尽管信噪比有所增加,但两种算法估计得到的参数值分布的发散性增大,因此在冲击混响下两种算法的表现性能均下降,但相比较之下,基于 FLOM 的算法比基于二阶矩的算法的估计误差小。

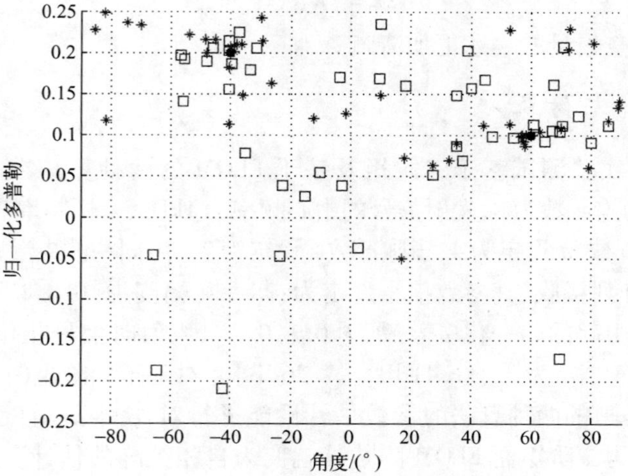

图 3.10 两种算法在混响环境下的参数估计结果

仿真 3.6 本实验主要根据如阵元子阵数 m、子脉冲数 r、分数阶 p 及 GSNR 等条件设定对目标角度和多普勒估计值的均方误差值进行分析和比较。实验对每个设定下的算法性能测试进行 500 次的蒙特卡罗仿真。

首先测试选择不同 m 和 r 值时对算法估计精度的影响。在实验中,当测试变量 m 时,保持脉冲数 $P=6$ 不变,同样在测试变量 r 时保持阵元数 $L=8$ 不变,其余设定同仿真 3.5。图 3.11 给出了不同变量值下关于角度和多普勒估计值的 MSE 结果。

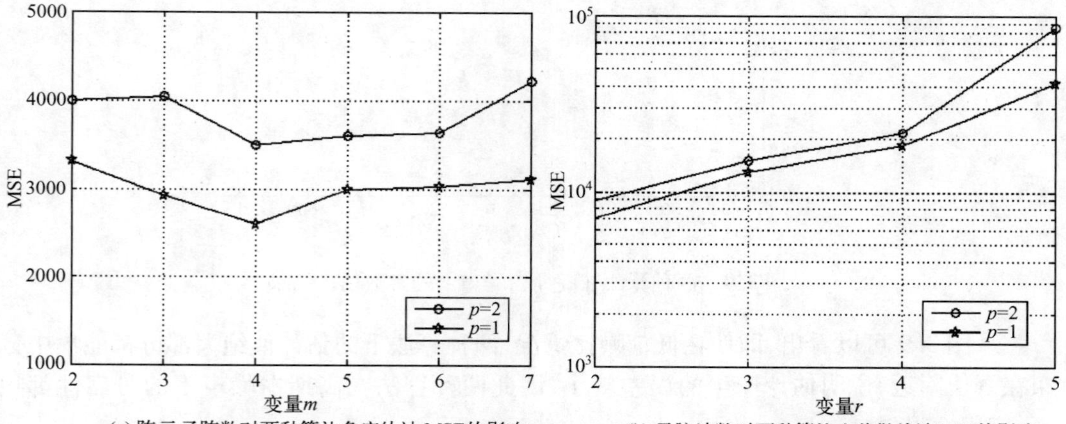

(a) 阵元子阵数对两种算法角度估计 MSE的影响
(b) 子脉冲数对两种算法多普勒估计MSE的影响

图 3.11 不同子阵设定下参数估计的 MSE

图 3.11 中,图 3.11(a)为阵元子阵数 m 变化时对两种算法的角度估计的 MSE 的影响情况,图 3.11(b)为子脉冲数 r 变化时对两种算法的多普勒估计的 MSE 的影响情况。从图 3.11(a)可以看到,当 m 值达到 4 时,两种算法下参数估计的 MSE 均达到最小,而当 m 变大或变小时,算法的性能均有所下降。分析原因,当子阵的阵元数太少时,对角度估计的精度将产生影响,而当子阵元数接近总阵元数时,旋转因子中的相位延迟变小,即两个子阵的空间差异性变小,增加了估计误差。换句话说,阵元子阵数不能取太大或太小值。图 3.11(b)中,随着子脉冲数的增加,多普勒估计的 MSE 逐渐增加,这说明时间旋转因子是影响多普勒分辨率的主要因素。

其次测试分数阶 p 对估计结果的影响。考虑上面的测试结果,在这里设定 $m=4$,$r=2$。除 p 外,其他参数设置同仿真 3.5。图 3.12 给出了不同分数阶下角度和多普勒估计的 MSE。总体来看,随着 p 的增加,角度和多普勒估计的 MSE 呈上升趋势,相比 $p=1$,参数在 $p=2$ 时的 MSE 更大。这说明了基于 FLOM 的算法的性能表现要优于基于二阶矩的算法。

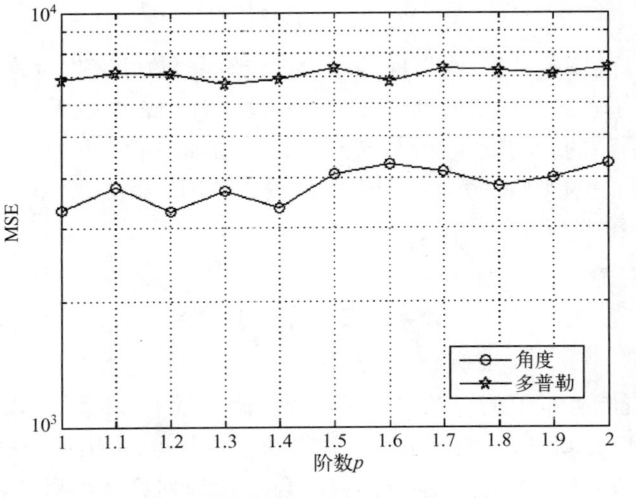

图 3.12　分数阶对参数估计 MSE 的影响

最后测试不同 GSNR 下的算法表现。表 3.1 为实验中 GSNR 的各个设定值。

表 3.1　GSNR 设定

GSNR 值	序号						
	1	2	3	4	5	6	7
GSNR1/dB	-13.1	-11.6	-7.5	-2.9	-0.6	1.4	3.6
GSNR2/dB	-8.6	-7.1	-3.1	1.5	2.6	5.8	8.1

实验中除 GSNR 外,其他参数设置同仿真 3.5。图 3.13 给出了不同 GSNR 下角度和多普勒估计的 MSE。可以看出,在角度估计中,低 GSNR 下二阶矩和 FLOM 的表现较为接近,随着 GSNR 的增加,$p=1$ 下的参数估计表现要比 $p=2$ 好。而对于多普勒估计,二阶矩和 FLOM 的表现性能均比较接近,但 FLOM 要稍好于二阶矩。

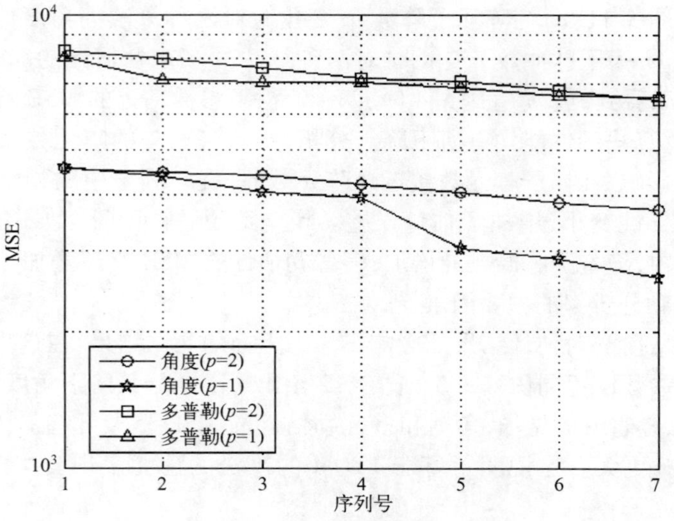

图 3.13　GSNR 对估计参数 MSE 的影响

总结仿真 3.6 的实验结果,在不同的参数设定下,参数的变化对算法检测的性能均存在不同影响,其中子阵元数的空间性和数量对角度估计的影响较大,而子脉冲数的时间性与数量对多普勒估计的影响较大;阶数与 GSNR 的增加对参数估计的影响整体表现为上升趋势。经过多方面的实验证实,基于 FLOM 的 ESPRIT 算法在混响背景下的检测性能要强于基于二阶矩的 ESPRIT 算法。

3.4　本章小结

本章对浅海混响背景下的二维子空间阵列算法进行了分析研究。主要内容如下:

(1) 在 FLOM – MUSIC 算法的基础上对算法进行改进,提出了一种基于 FLOM – MUSIC 的高分辨率的 DOA – Doppler 二维参数联合估计阵列算法。对比传统基于二阶矩的 MUSIC 算法,该算法在冲击混响环境下具有更强的鲁棒性,其检测目标参数的分辨率也比普通的 FLOM – MUSIC 算法更高,仿真和实验比较验证了其有效性。

(2) 提出了一种基于 FLOM – ESPRIT 的增强型二维参数联合估计阵列算法。相比基于 MUSIC 的算法,基于 ESPRIT 的二维子空间算法在计算开销上更有优势,降低了对硬件性能的要求,因此具备更好的应用基础。其次,基于 FLOM – ESPRIT 的二维参数联合估计阵列算法在冲击混响环境下比传统基于二阶矩的 ESPRIT 算法具有更好的检测性能,表现性也更加稳定,实验和仿真验证了方法的有效性。

第4章　基于水平短线列阵的匹配场定位性技术

不同的基阵形式加上不同的阵列信号处理算法，在不同的海域针对不同的目标，将会产生性能各异的定位方法。垂直线列阵是匹配场处理方法理论分析和仿真计算的逻辑起点，采用舰船吊放的布放形式在定点实验中是较容易实施的。然而，垂直线列阵的布放方式也限制了其机动性和使用范围，匹配场处理在实际声呐系统中的应用一般还是使用水平线列阵，而且为保证具有足够的空间处理增益，基阵的长度较长，并通常采用两种布放形式：海底水平线列阵和拖曳水平线列阵。本书所研究的AUV舷侧阵是安装在AUV左、右舷较平直部分的两列水平线阵，受AUV尺寸的限制，基阵的长度很短。

本章首先介绍常用的匹配场处理方法和声场建模方法；然后，根据本书相关内容的研究背景，对水平短线列阵的阵元数、阵元间距与布放深度，海洋环境模型、模型参数和建模方法，以及目标声源的特性进行合理性分析与假设；最后，将具有不同分辨率和稳健性的匹配场处理方法应用于静止的水平短线列阵，研究在二维海洋环境中基于静止水平短线列阵的匹配场定位性能。

4.1　常用的匹配场处理器

匹配场处理作为一种广义的波束形成技术，它利用海洋波导中声场的空间复杂性，在二维海洋环境中实现了对目标声源深度与距离的估计，而不再仅仅是传统平面波假设条件下声源的方位估计。而且，匹配场处理在实验中的定位精度也达到了一个较高的水平，深度上超过了Rayleigh限，距离上超过了Fresnel限[206,207]。匹配场处理的算法和方法通常称为匹配场处理器，一般分为两大类[208]：一类是寻求平均风险最小的贝叶斯型估计器，通常表示为使似然函数最大或使均方误差最小的形式；另一类可以看作是空间匹配滤波器的功率型估计器，标准的二次型和推广的非标准波束形成器都属于这类。

匹配场处理过程是给定观测数据而推导模型数据对其有明显依赖关系时的模型参数的逆问题求解过程[206,209]。它首先从对海洋环境中声场（通常是声压场）数据的采集开始；然后，通过对所需求解的未知参数（目标声源的位置参数）假定取值范围，并利用选定的水声传播模型预测声场（反复地求解前向问题）；最后，确定出使采集的声场数据与预测的声场数据匹配输出可以达到最大的未知参数值。一般来说，逆问题的求解具有其本质上的困难，一个原因是计算误差和实际条件的不确定性总会导致求得的答案仅仅是真实情况的一个近似，而且这些近似有时可以严重影响逆问题求解的质量；另一个原因是通常没有足够多的观测数据来确定待解的所有未知参数，也就是会引发解的唯一性问题。处理上述问题则需要利用较准确的先验信息或较合理的假设条件。

实际上，大多数平面波波束形成技术中的阵列信号处理算法及其变型都可以有效地应用于匹配场处理。而且,按照匹配场处理的权向量是否依赖于观测数据,可以将其分为基于窄带或宽带信号模型的线性匹配场处理(Conventional MFP,CMFP)和自适应匹配场处理(Adaptive MFP,AMFP)两种[206,210]。然而,相比于平面波波束形成,匹配场处理的关注点也存在一些明显的不同,主要体现在:大量涉及平面波波束形成的文献是基于线列阵的非自适应方法波束方向图的设计,文献的主要工作是为提升非自适应方法的估计性能,研究通过计算权向量来控制波束方向图中主瓣宽度并抑制旁瓣的理论和算法;而匹配场处理则更注重研究如何利用自适应方法来提高目标声源的分辨率、降低定位模糊表面中旁瓣的影响,着重应对的是由自适应方法而引起的匹配场失配问题。

4.1.1 线性匹配场处理器

最易被理解并广泛使用的匹配场处理器是线性处理器,也称为常规处理器和 Bartlett 处理器,它采用已知或反演所得的海洋环境参数、基阵阵形和水声传播模型计算得到拷贝场向量,并通过与测量场向量直接求相关的方法来估计目标声源的位置,线性处理器的输出功率 P_{Bartlett} 实质上为相关幅度的平方[210,211]:

$$P_{\text{Bartlett}}(\hat{\boldsymbol{a}}) = \left| \sum_{i=1}^{N} w_i^*(\hat{\boldsymbol{a}}) x_i(\boldsymbol{a}_t) \right|^2 = |\boldsymbol{w}^{\text{H}}(\hat{\boldsymbol{a}})\boldsymbol{x}(\boldsymbol{a}_t)|^2 \tag{4.1}$$

式中:$\boldsymbol{a}$ 代表包含所有声源参数的向量;$\hat{\boldsymbol{a}}$是假定的声源参数向量;$\boldsymbol{a}_t$ 是真实的声源参数向量;N 为接收基阵的阵元个数;上标 * 和 H 分别表示共轭和转置共轭操作符;‖ 为求取向量幅值的操作符;$\boldsymbol{x}(\boldsymbol{a}_t) = [x_1(\boldsymbol{a}_t), x_2(\boldsymbol{a}_t), \cdots, x_N(\boldsymbol{a}_t)]^{\text{T}}$ 是 N 维的测量场向量,其中,上标 T 表示转置操作符;$\boldsymbol{w}(\hat{\boldsymbol{a}}) = [w_1(\hat{\boldsymbol{a}}), w_2(\hat{\boldsymbol{a}}), \cdots, w_N(\hat{\boldsymbol{a}})]^{\text{T}}$ 是 N 维的基阵权向量,它的值由拷贝场向量直接确定:

$$\boldsymbol{w}(\hat{\boldsymbol{a}}) = \boldsymbol{d}(\hat{\boldsymbol{a}}) \tag{4.2}$$

式中,$\boldsymbol{d}(\hat{\boldsymbol{a}}) = [d_1(\hat{\boldsymbol{a}}), d_2(\hat{\boldsymbol{a}}), \cdots, d_N(\hat{\boldsymbol{a}})]^{\text{T}}$ 为 N 维的拷贝场向量,且通常要求 $\|\boldsymbol{d}(\hat{\boldsymbol{a}})\| = 1$,其中,$\|\ \|$ 表示 L_2 范数操作符。

通常对基阵采集的测量场进行估计时,为减少基阵相干扰动的影响(相干扰动是指扰动对基阵中所有阵元的相位影响具有一致性),并有效地压制基阵的非相干噪声,会利用互谱密度矩阵(Cross - Spectral Density Matrix,CSDM)来替代单独的测量场样本:

$$\text{E}\{\boldsymbol{x}(\boldsymbol{a}_t)\boldsymbol{x}^{\text{H}}(\boldsymbol{a}_t)\} = \boldsymbol{R}(\boldsymbol{a}_t) \tag{4.3}$$

式中,$\boldsymbol{R}(\boldsymbol{a}_t)$ 表示 $N \times N$ 维的互谱密度矩阵;$\text{E}\{\cdot\}$ 为求取期望值的操作符。这样,线性处理器的输出功率可重写为

$$P_{\text{Bartlett}}(\hat{\boldsymbol{a}}) = \boldsymbol{w}^{\text{H}}(\hat{\boldsymbol{a}})\boldsymbol{R}(\boldsymbol{a}_t)\boldsymbol{w}(\hat{\boldsymbol{a}}) \tag{4.4}$$

由式(4.4)可以看出,线性处理器的输出功率 $P_{\text{Bartlett}}(\hat{\boldsymbol{a}})$ 与互谱密度矩阵 $\boldsymbol{R}(\boldsymbol{a}_t)$ 是线性的依赖关系。并且需要指出的是,这里所提及的处理器输出功率并不是像电功率一样的具有明确物理意义的量,而仅仅是用于描述和评价处理器输出大小的一个相对值。

线性匹配场处理器的特点是[208,212]:对失配、基阵的幅度和相位误差、距离/深度空间采样的敏感程度比自适应方法弱,稳健性较强(稳健性是指系统性能对失配以及各种扰动的不敏感性);定位的正确率依赖于失配的程度,而且旁瓣较大,分辨率不高,尤其对声源的深度分辨率较低。

4.1.2 最小方差无畸变响应匹配场处理器

为了改善线性匹配场处理器低分辨率的性能，发展了一系列高分辨率的自适应匹配场处理器，最小方差无畸变响应（Minimum Variance Distortionless Response，MVDR）处理器就是其中之一，它也称为最小方差（Minimum Variance，MV）处理器、最大似然方法（Maximum Likelihood Method，MLM）和 Capon 处理器[208,210]。MVDR 处理器的基本原理是在保证信号响应不失真的条件下，使处理器的输出功率最小。基阵的权向量由拷贝场向量和互谱密度矩阵联合估计得到：

$$\min_{\boldsymbol{w}} \boldsymbol{w}^{\mathrm{H}}(\hat{\boldsymbol{a}})\boldsymbol{R}(\boldsymbol{a}_t)\boldsymbol{w}(\hat{\boldsymbol{a}}), \quad 且\ \boldsymbol{w}^{\mathrm{H}}(\hat{\boldsymbol{a}})\boldsymbol{d}(\hat{\boldsymbol{a}})=1 \tag{4.5}$$

对式(4.5)所描述的优化问题采用经典方法进行求解，可得到 MVDR 处理器的权向量为[213,214]

$$\boldsymbol{w}_{\mathrm{MVDR}}(\hat{\boldsymbol{a}})=\frac{\boldsymbol{R}^{-1}(\boldsymbol{a}_t)\boldsymbol{d}(\hat{\boldsymbol{a}})}{\boldsymbol{d}^{\mathrm{H}}(\hat{\boldsymbol{a}})\boldsymbol{R}^{-1}(\boldsymbol{a}_t)\boldsymbol{d}(\hat{\boldsymbol{a}})} \tag{4.6}$$

由式(4.6)便可求得 MVDR 处理器的输出为

$$P_{\mathrm{MVDR}}(\hat{\boldsymbol{a}})=\boldsymbol{w}_{\mathrm{MVDR}}^{\mathrm{H}}(\hat{\boldsymbol{a}})\boldsymbol{R}(\boldsymbol{a}_t)\boldsymbol{w}_{\mathrm{MVDR}}(\hat{\boldsymbol{a}})=\frac{1}{\boldsymbol{d}^{\mathrm{H}}(\hat{\boldsymbol{a}})\boldsymbol{R}^{-1}(\boldsymbol{a}_t)\boldsymbol{d}(\hat{\boldsymbol{a}})} \tag{4.7}$$

从式(4.7)可以看出，MVDR 处理器的输出功率 $P_{\mathrm{MVDR}}(\hat{\boldsymbol{a}})$ 与互谱密度矩阵 $\boldsymbol{R}(\boldsymbol{a}_t)$ 之间的依赖关系是非线性的，而且为实现 MVDR 处理器需要对互谱密度矩阵 $\boldsymbol{R}(\boldsymbol{a}_t)$ 进行求逆操作。然而，当能够使用的阵列数据样本数（快拍数）较少时，估计得到的互谱密度矩阵通常是奇异的，因此无法直接对其进行求逆。上述问题一般是通过在互谱密度矩阵的对角加载一个很小的量而解决的。

与相同条件下的线性处理器相比，MVDR 处理器拥有更高的分辨率和更强的旁瓣抑制能力，定位模糊度表面的主瓣位置聚焦也更好，可以说提供了理论上的最佳阵增益和定位精度，然而在实际使用中，MVDR 处理器的性能优势由于其对失配的过于敏感而难以达到[206,212]。通常由失配而造成的拷贝场与测量场的差异，在自适应处理中会被视为噪声而被抵消，从而减小了信号能量的输出，导致阵增益大大降低，所以使用 MVDR 处理器时要求水声传播模型中的参数必须足够精确。

4.1.3 白噪声抑制最小方差无畸变响应匹配场处理器

为了克服 MVDR 处理器对失配高敏感的缺点，一种 MVDR 处理器的改进型——白噪声增益约束（White Noise Constraint Method，WNCM）处理器被提出，其基本思想是[214]：由失配所引起的基阵阵元间的非相干误差可以被看作是非相干白噪声，这样白噪声的阵增益便成为处理器稳健性的一种度量。相比 MVDR 处理器，WNCM 处理器增加了一个对白噪声阵增益的二次型不等式约束。可以说，WNCM 处理器在失去一部分分辨率的同时增加了一定程度的稳健性。

基于上述的讨论，有必要将互谱密度矩阵分解成信号和噪声两部分。假设所研究的海洋环境中只有一个单频点声源，叠加在基阵上的非均匀非相干噪声，互谱密度矩阵可以表示为

$$\boldsymbol{R}(\boldsymbol{a}_t)=\sigma_s^2\boldsymbol{d}(\hat{\boldsymbol{a}})\boldsymbol{d}^{\mathrm{H}}(\hat{\boldsymbol{a}})+\sigma_n^2\boldsymbol{Q} \tag{4.8}$$

式中，σ_s^2 和 σ_n^2 分别代表信号和噪声的能量；$\boldsymbol{Q}$ 是噪声的互谱密度矩阵；σ_s^2/σ_n^2 代表基阵的输入信噪比(Signal - to - Noise Ratio，SNR)。因此，由匹配场处理而产生的信噪比增强程度——阵增益便可表示为

$$G=\frac{|\boldsymbol{w}^{\mathrm{H}}(\hat{\boldsymbol{a}})\boldsymbol{d}(\hat{\boldsymbol{a}})|^2}{\boldsymbol{w}^{\mathrm{H}}(\hat{\boldsymbol{a}})\boldsymbol{Q}\boldsymbol{w}(\hat{\boldsymbol{a}})} \tag{4.9}$$

如果噪声是均匀的非相干白噪声，$\boldsymbol{Q}$ 就变为单位矩阵 $\boldsymbol{I}$，同时阵增益也就变为白噪声阵增益：

$$G_w=\frac{|\boldsymbol{w}^{\mathrm{H}}(\hat{\boldsymbol{a}})\boldsymbol{d}(\hat{\boldsymbol{a}})|^2}{\boldsymbol{w}^{\mathrm{H}}(\hat{\boldsymbol{a}})\boldsymbol{w}(\hat{\boldsymbol{a}})} \tag{4.10}$$

这样，可将 WNCM 处理器设计的基本思想用公式表示为

$$\max_{\boldsymbol{w}}\frac{|\boldsymbol{w}^{\mathrm{H}}(\hat{\boldsymbol{a}})\boldsymbol{d}(\hat{\boldsymbol{a}})|^2}{\boldsymbol{w}^{\mathrm{H}}(\hat{\boldsymbol{a}})\boldsymbol{Q}\boldsymbol{w}(\hat{\boldsymbol{a}})},\quad \text{且}\frac{|\boldsymbol{w}^{\mathrm{H}}(\hat{\boldsymbol{a}})\boldsymbol{d}(\hat{\boldsymbol{a}})|^2}{\boldsymbol{w}^{\mathrm{H}}(\hat{\boldsymbol{a}})\boldsymbol{w}(\hat{\boldsymbol{a}})}\leqslant\delta^2\ \text{和}\ \boldsymbol{w}^{\mathrm{H}}(\hat{\boldsymbol{a}})\boldsymbol{d}(\hat{\boldsymbol{a}})=1 \tag{4.11}$$

式中，δ^2 代表白噪声阵增益的约束值，它应该小于理论上白噪声阵增益的最大值，一般设定为 $\max[1/(\boldsymbol{w}^{\mathrm{H}}\boldsymbol{w})]=1$。

可以认为使处理器阵增益最大的约束条件与使处理器输出功率最小的约束条件是相当的。因此，式(4.11)便可以写成另外一种形式：

$$\min_{\boldsymbol{w}}\boldsymbol{w}^{\mathrm{H}}(\hat{\boldsymbol{a}})\boldsymbol{R}(\boldsymbol{a}_t)\boldsymbol{w}(\hat{\boldsymbol{a}}),\quad \text{且}\ \boldsymbol{w}^{\mathrm{H}}(\hat{\boldsymbol{a}})\boldsymbol{w}(\hat{\boldsymbol{a}})\geqslant\delta^{-2}\text{和}\ \boldsymbol{w}^{\mathrm{H}}(\hat{\boldsymbol{a}})\boldsymbol{d}(\hat{\boldsymbol{a}})=1 \tag{4.12}$$

与式(4.5)相比，式(4.12)增加了一个$\{\boldsymbol{w}^{\mathrm{H}}(\hat{\boldsymbol{a}})\boldsymbol{w}(\hat{\boldsymbol{a}})\geqslant\delta^{-2}\}$的二次型不等式约束，其解的形式也与式(4.5)有相似之处[213,214]：

$$\boldsymbol{w}_{\mathrm{WNCM}}(\hat{\boldsymbol{a}})=\frac{[\boldsymbol{R}(\boldsymbol{a}_t)+\varepsilon\boldsymbol{I}]^{-1}\boldsymbol{d}(\hat{\boldsymbol{a}})}{\boldsymbol{d}^{\mathrm{H}}(\hat{\boldsymbol{a}})[\boldsymbol{R}(\boldsymbol{a}_t)+\varepsilon\boldsymbol{I}]^{-1}\boldsymbol{d}(\hat{\boldsymbol{a}})} \tag{4.13}$$

式中，ε 为拉格朗日乘子，选取适当的 ε 可以满足 WNCM 处理器对白噪声阵增益约束的要求。然而，δ^2 和 ε 之间并不存在一个明确的关系式，但 ε 在其$[0,+\infty]$的变化区间内提供了一个单调变化的参变量，也就是说，不断增加 ε 的值可以使 WNCM 处理器的分辨率不断降低，同时其稳健性会不断升高。当 $\varepsilon\to0$ 时，WNCM 处理器变为高分辨率的 MVDR 处理器：

$$\boldsymbol{w}_{\mathrm{WNCM}}(\hat{\boldsymbol{a}})=\frac{\boldsymbol{R}^{-1}(\boldsymbol{a}_t)\boldsymbol{d}(\hat{\boldsymbol{a}})}{\boldsymbol{d}^{\mathrm{H}}(\hat{\boldsymbol{a}})\boldsymbol{R}^{-1}(\boldsymbol{a}_t)\boldsymbol{d}(\hat{\boldsymbol{a}})},\quad \varepsilon=0 \tag{4.14}$$

当 $\varepsilon\to+\infty$ 时，WNCM 处理器变成强稳健性的线性处理器：

$$\boldsymbol{w}_{\mathrm{WNCM}}(\hat{\boldsymbol{a}})=\boldsymbol{d}(\hat{\boldsymbol{a}}),\quad \varepsilon=+\infty \tag{4.15}$$

4.1.4 宽带匹配场处理器

在声源被动定位的研究中，由于实际的水声信号往往具有一定的带宽，因此采用宽带处理方法更具有实际意义。而且，匹配场处理结果的好坏也取决于基阵采集的声信号中所包含声源信息的多少。这样，相比于窄带的匹配场处理，宽带匹配场处理更能充分获取声源信息，从而提高匹配场处理的稳定性，改善匹配场处理的性能[210]。大量试验也表明，不同频率的声场和相应的定位模糊表面中包含有关声源的不同信息：较高频率信号的匹配场处理可以提供更高的分辨率，但同时对失配也更敏感，也就要求建立的声场模型有

更高精度；反之，较低频率信号的匹配场处理就具有低分辨率和高稳健性的特点。所以，应该考虑以某种方式综合利用声源不同频率的特性。现阶段，常用宽带匹配场处理方法主要分为两大类[80-82]：非相干宽带处理方法和相干宽带处理方法。

1. 非相干宽带匹配场处理器

称一个宽带处理方法是非相干的，就是说该方法认为在一定的带宽范围内任何一个频率的声场与另外一个不同频率的声场都是不相关的[210,211]。假定 $X_n(f)$ 代表基阵第 n 个阵元在频率 f 处的声场数据：

$$X_n(f) = |X_n(f)| \mathrm{e}^{\mathrm{j}\theta_n(f)} \tag{4.16}$$

式中，$\theta_n(f)$ 表示第 n 个阵元在频率 f 处声场数据的相位。

根据非相干处理的假设条件，如果任意两个频率的差 Δf 不为零，则这两个频率处声场数据的相关 $R_n(\Delta f)$ 为零：

$$R_n(\Delta f) = \frac{1}{\| X_n(f) \|^2} \left| \int_0^B X_n(f) X_n^*(f + \Delta f) \mathrm{d}f \right| = 0 \tag{4.17}$$

式中，B 代表带宽，$\| X_n(f) \|^2$ 为自相关归一化因子：

$$\| X_n(f) \|^2 = \int_0^B | X_n(f) |^2 \mathrm{d}f \tag{4.18}$$

通过式(4.16)和式(4.17)可以得出，如果 $\left| \int_0^B \mathrm{e}^{\mathrm{j}[\theta_n(f) - \theta_n(f+\Delta f)]} \mathrm{d}f \right| = 0$，则 $R_n(\Delta f)$ 为零。也就是说，如果不同频率声场数据的相位是不相关的，则不同频率的声场就是不相关的。

最简单的一类非相干宽带匹配场处理就是直接将各个频率成分的定位模糊表面叠加起来，最终得到一个性能改良的定位模糊表面[210,215]。其基本原理是改良后的定位模糊表面可以使随机出现的旁瓣能量得不到增强，而真实声源处的主瓣能量却能大大提高，从而达到突出主瓣而抑制旁瓣的目的。这样，非相干宽带匹配场处理可以定义为

$$P_{\mathrm{incoh}}(\hat{\boldsymbol{a}}) = E\left\{ \sum_B | \boldsymbol{w}_f^{\mathrm{H}}(\hat{\boldsymbol{a}}) \boldsymbol{x}_f(\boldsymbol{a}_t) |^2 \right\} \tag{4.19}$$

式中：$\boldsymbol{w}_f$ 为基阵在频率 f 处的权向量；$\boldsymbol{x}_f$ 为频率 f 处的测量场向量。如果假设共有 M 个可用的频率成分，式(4.19)可变为

$$P_{\mathrm{incoh}}(\hat{\boldsymbol{a}}) = \sum_{m=1}^{M} \boldsymbol{w}_{f_m}^{\mathrm{H}}(\hat{\boldsymbol{a}}) \boldsymbol{R}_{f_m}(\boldsymbol{a}_t) \boldsymbol{w}_{f_m}(\hat{\boldsymbol{a}}) \tag{4.20}$$

从式(4.19)和式(4.20)可以看出，该方法执行简单、高效。相比于窄带的匹配场处理，其分辨率和稳健性都会有一定程度的提高。但是，非相干宽带匹配场处理仍然只会考虑单个频率声场的空间相干性，而没有考虑各个频率间声场的相干性。所以，大量有用的信息并没有被有效利用。

2. 相干宽带匹配场处理器

如果认为不同频率的声场之间存在相关特性，相应的宽带处理就称为相干宽带处理[210,211]。也就是对 $\Delta f \geqslant 0$，存在有

$$R_n(\Delta f) \neq 0 \tag{4.21}$$

而且，定义当 $R_n(\Delta f)$ 下降到某一指定量级时的 Δf 值为相干带宽。

通过上面的讨论，较容易得知 $R_n(\Delta f)$ 不为零，就需要 $\left| \int_0^B \mathrm{e}^{\mathrm{j}[\theta_n(f) - \theta_n(f+\Delta f)]} \mathrm{d}f \right| \neq 0$。所

以，相位 $\theta_n(f)$ 是表征频率间相干特性的一个重要参数。

在实际使用中，如果没有声源谱的先验信息，想要确定相干宽带匹配场处理所需要的相位关系 $\theta_n(f)-\theta_n(f+\Delta f)$ 是不可能的。为了更清楚地理解这一点，可以将观测的声场表示成信号加噪声的形式：

$$X_n(f)=S_n(f)+N_n(f) \tag{4.22}$$

式中：$S_n(f)$ 代表第 n 个阵元在频率 f 处声场的信号成分；$N_n(f)$ 则表示第 n 个阵元在频率 f 处声场的噪声成分。而且，信号成分 $S_n(f)$ 可进一步分解成声源谱 $O(f)$ 与海洋声信道的传递函数 $H_n(f)$ 乘积的形式：

$$S_n(f)=O(f)H_n(f) \tag{4.23}$$

$H_n(f)$ 表征了在特定的海洋环境中频率为 f 的单个点声源所能引发的声传播特性，而声源本身可能会被看作是一个由多极点源而构成的复杂辐射体，其特性由 $O(f)$ 表征。将式(4.23)所描述的信号成分由频域变换到时域，可得到

$$s_n(t)=o(t)\otimes h_n(t) \tag{4.24}$$

式中：$\otimes$ 表示卷积算子；$o(t)$ 是声源时域上的特征函数，有

$$O(f)=\int o(t)\,\mathrm{e}^{-\mathrm{j}2\pi ft}\mathrm{d}t \tag{4.25}$$

那么，由式(4.23)和式(4.24)容易看出，$H_n(f)$ 是通过水声传播模型估计得到的，$O(f)$ 则需要有关声源特性的额外信息。

与非相干宽带匹配场处理相比，考虑了各频率间声场数据幅度与相位相互关系的相干宽带匹配场处理自然可以获得更高的分辨率，定义为

$$P_{\mathrm{coh}}(\hat{\boldsymbol{a}})=E\left\{\left|\sum_{B}\boldsymbol{w}_f^{\mathrm{H}}(\hat{\boldsymbol{a}})\boldsymbol{x}_f(\boldsymbol{a}_t)\right|^2\right\} \tag{4.26}$$

与式(4.19)所描述的内积绝对值平方和(只包含自频率项)相比，式(4.26)的内积和绝对值平方明显地增加了互频率项。

相干 MP 模型方法是众多相干宽带处理方法中的一种常用方法，而且将它与自适应匹配场处理方法结合，在实际中的表现也令人满意[213]。假定 $x_{f_m}^n(\boldsymbol{a}_t)$ 代表基阵第 n 个阵元在频率 f 处的声场数据，将所有 $x_{f_m}^n(\boldsymbol{a}_t)$ 排列在一起可形成一个长度为 $N\times M$ 的扩展测量场向量 $\tilde{\boldsymbol{x}}(\boldsymbol{a}_t)$，如下所示：

$$\tilde{\boldsymbol{x}}(\boldsymbol{a}_t)=[x_{f_1}^1(\boldsymbol{a}_t),x_{f_1}^2(\boldsymbol{a}_t),\cdots,x_{f_1}^N(\boldsymbol{a}_t),\cdots,x_{f_M}^1(\boldsymbol{a}_t),\cdots,x_{f_M}^N(\boldsymbol{a}_t)]^{\mathrm{T}} \tag{4.27}$$

如果称 $\boldsymbol{x}_{f_m}(\boldsymbol{a}_t)=[x_{f_M}^1(\boldsymbol{a}_t),x_{f_M}^2(\boldsymbol{a}_t),\cdots,x_{f_M}^N(\boldsymbol{a}_t)]^{\mathrm{T}}$ 为单个频率 f_m 的测量场子向量，可将式(4.27)重写为

$$\tilde{\boldsymbol{x}}(\boldsymbol{a}_t)=[\boldsymbol{x}_{f_1}^{\mathrm{T}}(\boldsymbol{a}_t),\boldsymbol{x}_{f_2}^{\mathrm{T}}(\boldsymbol{a}_t),\cdots,\boldsymbol{x}_{f_M}^{\mathrm{T}}(\boldsymbol{a}_t)]^{\mathrm{T}} \tag{4.28}$$

然后，由 $\tilde{\boldsymbol{x}}(\boldsymbol{a}_t)$ 构建扩展的互谱密度矩阵 $\widetilde{\boldsymbol{R}}(\boldsymbol{a}_t)$：

$$\widetilde{\boldsymbol{R}}(\boldsymbol{a}_t)=E\{\tilde{\boldsymbol{x}}(\boldsymbol{a}_t)\tilde{\boldsymbol{x}}^{\mathrm{H}}(\boldsymbol{a}_t)\} \tag{4.29}$$

利用式(4.29)以及所选择的匹配场处理器，计算得到扩展的基阵权向量 $\widetilde{\boldsymbol{w}}(\hat{\boldsymbol{a}})$。最后，通过 $\widetilde{\boldsymbol{R}}(\boldsymbol{a}_t)$ 和 $\widetilde{\boldsymbol{w}}(\hat{\boldsymbol{a}})$ 可将式(4.26)所描述的相干宽带匹配场处理改写成与窄带匹配场处理相似的形式：

$$P_{\mathrm{coh}}(\hat{\boldsymbol{a}}) = \widetilde{\boldsymbol{w}}^{\mathrm{H}}(\hat{\boldsymbol{a}})\widetilde{\boldsymbol{R}}(\boldsymbol{a}_t)\widetilde{\boldsymbol{w}}(\hat{\boldsymbol{a}}) \tag{4.30}$$

实际上,各频率成分间相位的相互关系通常是不可知的。在这种情况下,相干 MP 模型方法将相对于基阵第一个阵元按比例调整每一个测量场子向量 $\boldsymbol{x}_{f_m}(\boldsymbol{a}_t)$ 的相位,并归一化子向量的长度。假设在没有噪声的条件下,基阵的第 n 个阵元在频率 f_m 处接收的声场数据的频域表示为

$$x_{f_m}^n(\boldsymbol{a}_t) = o(f_m)h_{f_m}^n(\boldsymbol{a}_t) \tag{4.31}$$

式(4.31)与式(4.23)表达的意思相同,$o(f_m)$ 表征的是声源在频率 f_m 处的特性,$h_{f_m}^n(\boldsymbol{a}_t)$ 表征的是在特定的海洋环境中声源与基阵的第 n 阵元之间在频率 f_m 处的传递函数。

根据式(4.31),测量场子向量 $\boldsymbol{x}_{f_m}(\boldsymbol{a}_t)$ 可表示为

$$\boldsymbol{x}_{f_m}(\boldsymbol{a}_t) = \begin{bmatrix} |o(f_m)h_{f_m}^1(\boldsymbol{a}_t)|\mathrm{e}^{\mathrm{j}[\theta(o(f_m)) + \theta(h_{f_m}^1(\boldsymbol{a}_t))]} \\ \vdots \\ |o(f_m)h_{f_m}^N(\boldsymbol{a}_t)|\mathrm{e}^{\mathrm{j}[\theta(o(f_m)) + \theta(h_{f_m}^N(\boldsymbol{a}_t))]} \end{bmatrix} \tag{4.32}$$

式中,$\theta(o(f_m))$ 和 $\theta(h_{f_m}^n(\boldsymbol{a}_t))$ 分别表示 $o(f_m)$ 和 $h_{f_m}^n(\boldsymbol{a}_t)$ 的相位。对测量场子向量 $\boldsymbol{x}_{f_m}(\boldsymbol{a}_t)$ 进行相位调整,得到

$$\bar{\boldsymbol{x}}_{f_m}(\boldsymbol{a}_t) = \frac{1}{\lambda}\begin{bmatrix} |h_{f_m}^1(\boldsymbol{a}_t)| \\ \vdots \\ |h_{f_m}^N(\boldsymbol{a}_t)|\mathrm{e}^{\mathrm{j}[\theta(h_{f_m}^N(\boldsymbol{a}_t)) - \theta(h_{f_m}^1(\boldsymbol{a}_t))]} \end{bmatrix} \tag{4.33}$$

其中,$\lambda = \sqrt{|h_{f_m}^1(\boldsymbol{a}_t)|^2 + \cdots + |h_{f_m}^N(\boldsymbol{a}_t)|^2}$。

上述处理方法,在信噪比很高的情况下,可以在一定程度上缓解由于各频率成分间声场数据的幅度和相位关系不可知而引发的失配问题。然而,在低信噪比下,由于噪声成分不能再被忽略,所以,该处理方法无法消除包含在噪声成分中关于声源的不确定性因素的影响,相干 MP 模型宽带匹配场处理方法的性能会出现明显下降。

实际上,相干宽带处理是通过增加数据空间的维数而提高阵增益的,相当于扩展了基阵的孔径,这是一种典型的提高输出信噪比的方法。然而,相干宽带处理同时也会造成失配敏感度以及计算量的大幅度增加[216]。而且,它所面临的最大障碍是通常目标声源谱的获得是非常困难的,这会使得相干宽带处理方法在实际中无法应用。现阶段,仍然在进行中的大量关于宽带匹配场处理的研究工作都在寻求一个最优的解决方案,就是在何种条件下相干宽带处理方法的性能会优于非相干宽带处理方法。

4.2 声场建模方法

声场建模与拷贝场计算是匹配场定位研究的重要内容之一。声场建模是匹配场处理的基础,它描述了声信号在海洋信道中的传播规律,而拷贝场就是在假定的模型参数下运用合适的声场建模方法获得的。从匹配场定位的步骤中可以看出,在目标声源可能出现区域的每一个搜索网格点上都需要计算拷贝场向量,如果搜索网格划分得比较紧密,就会耗费大量的时间,严重影响匹配场定位的实用性,这也是匹配场处理方法在提出之初不能

较好地应用于实际的原因之一。所以,水声传播模型的精确性以及拷贝场计算的精度和速度在一定程度上决定着匹配场定位的精度和速度[207]。可以说,根据具体海区以及声源的特性建立符合于实际的水声传播模型是匹配场定位是否成功的关键。

声波的传播通常被描述为海洋媒介中压力的扰动或者场的传播,它在时域上满足于波动方程,在频域上满足于 Helmholtz 方程。在海洋环境中,声波的传播速度通常会随着深度、距离、方位以及时间而变化,对声场起着非常重要的作用;另外,浅海中声波的衰减以及与海面/海底的交互作用(入射、反射和散射)对声场也有着重要影响[210]。波动方程是构成所有声传播数学模型的理论基础,它是一个二阶偏微分方程,仅在某些特定的边界条件下有解析形式的解。一般情况下,根据不同的几何假设以及解的表达形式,并根据特定的海洋环境,加入海面和海底边界以及其他相关的条件,能够得到波动方程对应于不同信道模型的数值解[212,217]。

求解波动方程有四种常用方法,对应四种经典的水声传播模型,分别用于处理某一类型的问题,它们是射线理论(Ray Theory)模型、简正波(Normal Mode)模型、波数积分(Wavenumber Integration)模型和抛物线方程(Parabolic Equation)模型[212,218]。尽管波动方程的数值解有不同的表达式、特点以及适用范围,但它们都是从某一个侧面反映了同一个问题,所以也存在着密切的相互联系,如图 4.1 所示。

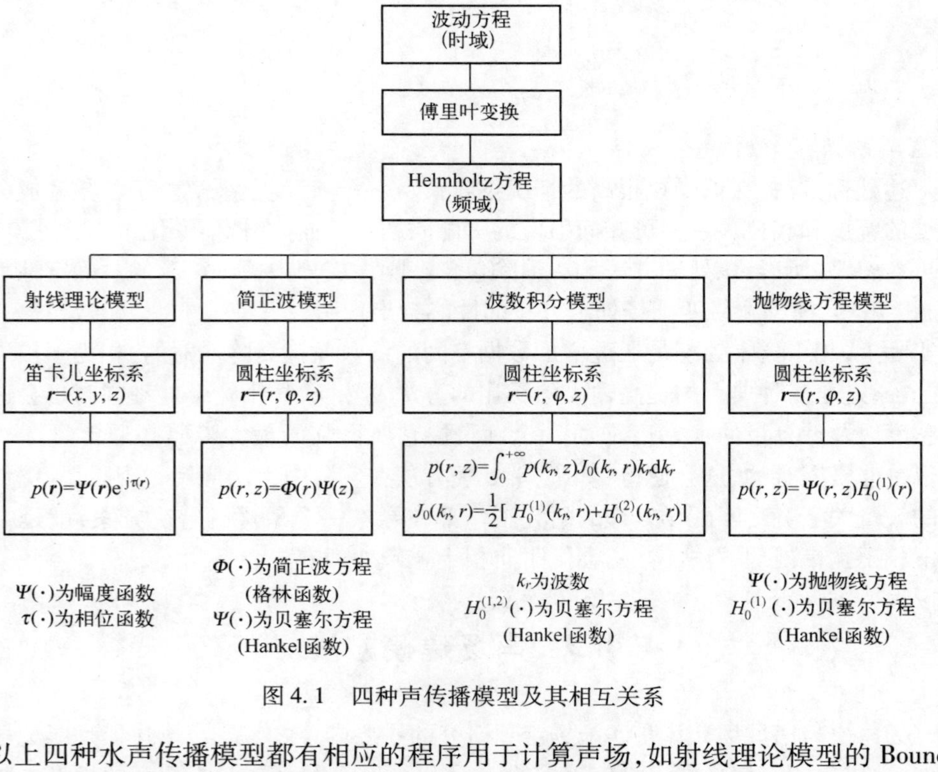

图 4.1 四种声传播模型及其相互关系

以上四种水声传播模型都有相应的程序用于计算声场,如射线理论模型的 Bounce 和 Bellhop、简正波模型的 Kraken 和 KrakenC、波数积分模型的 Scooter 和 Fields 以及抛物线方程模型的 RAM。为了能够有效地使用这四种建模方法,使其更好地应用于所需要的水声信道,则有必要详细地了解它们的基本原理、运行机制以及优缺点,下面就对它们分别做简单的介绍。

4.2.1 波动方程和 Helmholtz 方程

理想流体中的波动方程是通过流体力学以及压力和密度的绝热关系推导而来[217]的，满足三个关系式：①能量守恒方程；②欧拉方程（牛顿第二定律）；③状态绝热方程。

$$①\frac{\partial\rho}{\partial t}=-\nabla\cdot\rho\boldsymbol{v},\quad ②\frac{\partial\boldsymbol{v}}{\partial t}+(\boldsymbol{v}\cdot\nabla)\boldsymbol{v}=-\frac{1}{\rho}\nabla p(\rho)$$

$$③p=p_0+\rho'\left[\frac{\partial p}{\partial\rho}\right]_S+\frac{1}{2}(\rho')^2\left[\frac{\partial^2 p}{\partial\rho^2}\right]_S+\cdots \tag{4.34}$$

式中：ρ 是流体密度；$\boldsymbol{v}$ 是粒子速度；t 代表时间；p 代表声压；下标 S 表示在恒熵条件下求热力学的偏导；下标 0 表示静态媒介的环境量。这样，给声压 p_0 和密度 ρ_0 分别加一个很小的扰动量 p' 和 ρ'，就得到 $p=p_0+p'$ 和 $\rho=\rho_0+\rho'$。而且，为方便起见，定义一个表示理想流体中声速（声波的传播速度）的量：

$$c^2=\left[\frac{\partial p}{\partial\rho}\right]_S \tag{4.35}$$

需要指出的是，因为粒子速度 $\boldsymbol{v}$ 是由压力和密度的扰动而产生的，所以其值是一个很小的量，而且远小于声速 c。

将式(4.34)所包含的三个关系式进行线性化处理：

$$①\frac{\partial\rho'}{\partial t}=-\nabla\cdot(\rho_0\boldsymbol{v}),\quad ②\frac{\partial\boldsymbol{v}}{\partial t}=-\frac{1}{\rho_0}\nabla p'(\rho),\quad ③\frac{\partial\rho'}{\partial t}=c^2\left(\frac{\partial\rho'}{\partial t}+\boldsymbol{v}\cdot\nabla\rho_0\right) \tag{4.36}$$

式中，ρ_0 为常量，式(4.35)也可以简化为

$$p'=\rho'c^2 \tag{4.37}$$

假设海洋环境特性变化的时间尺度要远大于声传播的时间尺度，ρ_0 和 c^2 是与时间无关的量，并且忽略声压的初值以及密度的扰动，通过求解式(4.36)，可以得到关于声压的波动方程：

$$\rho\nabla\left(\frac{1}{\rho}\nabla p\right)-\frac{1}{c^2}\frac{\partial^2 p}{\partial t^2}=0 \tag{4.38}$$

再假设密度 ρ 在空间上是常量，式(4.38)就变成波动方程的标准形式：

$$\nabla^2 p-\frac{1}{c^2}\frac{\partial^2 p}{\partial t^2}=0 \tag{4.39}$$

用同样的推导方式，可以得到关于速度势 ϕ 与位移势 ψ 的波动方程标准形式：

$$\nabla^2\phi-\frac{1}{c^2}\frac{\partial^2\phi}{\partial t^2}=0 \tag{4.40}$$

$$\nabla^2\psi-\frac{1}{c^2}\frac{\partial^2\psi}{\partial t^2}=0 \tag{4.41}$$

式中，速度 $\boldsymbol{v}$ 与速度势 ϕ 的关系为 $\boldsymbol{v}=\nabla\phi$，位移 $\boldsymbol{u}$ 与位移势 ψ 的关系为 $\boldsymbol{u}=\nabla\psi$，以及速度与位移的关系为 $\boldsymbol{v}=\partial\boldsymbol{u}/\partial t$。

声场建模的目的是求解水声信道对声源的响应，即当声源位于海洋环境中某一特定位置时，求解基阵中各阵元位置上的声场。上述推导的结果都是在能量守恒条件下而得到的齐次波动方程，也就是在没有考虑声源作用下的波动方程，如式(4.39)至式(4.41)。

如果将声源对声场的作用考虑进式(4.41),便可得到关于位移势的非齐次波动方程:

$$\nabla^2\psi - \frac{1}{c^2}\frac{\partial^2\psi}{\partial t^2} = f(\boldsymbol{r},t) \tag{4.42}$$

式中,$f(\boldsymbol{r},t)$表示在空间和时间上外力的注入。

因为,式(4.41)和式(4.42)两个微分算子前面的系数与时间无关,所以,通过 Fourier 变换对:

$$f(t) = \frac{1}{2\pi}\int_{-\infty}^{+\infty} f(\omega)\mathrm{e}^{-\mathrm{j}\omega t}\mathrm{d}\omega \tag{4.43}$$

$$f(\omega) = \int_{-\infty}^{+\infty} f(t)\mathrm{e}^{\mathrm{j}\omega t}\mathrm{d}t \tag{4.44}$$

可以将波动方程的维数降低到三维,式(4.41)和式(4.42)也就变换成为频域的波动方程,称为 Helmholtz 方程[217]:

$$[\nabla^2 + k^2(\boldsymbol{r})]\psi(\boldsymbol{r},\omega) = 0 \tag{4.45}$$

$$[\nabla^2 + k^2(\boldsymbol{r})]\psi(\boldsymbol{r},\omega) = f(\boldsymbol{r},\omega) \tag{4.46}$$

式中,$k(\boldsymbol{r})$是角频率 ω 上的介质波数:

$$k(\boldsymbol{r}) = \frac{\omega}{c(\boldsymbol{r})} \tag{4.47}$$

假定在简单均匀媒介中的声传播,求解式(4.45)的 Helmholtz 方程就比较容易,而且还可以处理包含有声源以及媒介边界的情况。

那么,考虑笛卡儿坐标系 $\boldsymbol{r}=(x,y,z)$下的平面波传播,并定义 Laplace 算子为

$$\nabla^2 = \frac{\partial^2}{\partial x^2} + \frac{\partial^2}{\partial y^2} + \frac{\partial^2}{\partial z^2} \tag{4.48}$$

平面波的解将具有如下形式:

$$\psi(x,y,z) = \begin{cases} A\mathrm{e}^{\mathrm{j}\boldsymbol{k}\cdot\boldsymbol{r}} \\ B\mathrm{e}^{-\mathrm{j}\boldsymbol{k}\cdot\boldsymbol{r}} \end{cases} \tag{4.49}$$

式中:$\boldsymbol{k}=(k_x,k_y,k_z)$为波数向量;$A$ 和 B 是幅度值;$\mathrm{e}^{\mathrm{j}\boldsymbol{k}\cdot\boldsymbol{r}}$与 $\mathrm{e}^{-\mathrm{j}\boldsymbol{k}\cdot\boldsymbol{r}}$分别对应平面波两个相反的传播方向。

同样地,考虑圆柱坐标系 $\boldsymbol{r}=(r,\varphi,z)$下包含有一个无限均匀的线声源,而且 z 轴与声源重合条件下式(4.45)的 Helmholtz 方程的解,并定位 Laplace 算子为

$$\nabla^2 = \frac{1}{r}\frac{\partial}{\partial r}r\frac{\partial}{\partial r} + \frac{1}{r^2}\frac{\partial^2}{\partial\varphi^2} + \frac{\partial^2}{\partial z^2} \tag{4.50}$$

根据上述假设,声场将只随距离 r 而变化,式(4.45)就变为 Bessel 方程:

$$\left[\frac{1}{r}\frac{\partial}{\partial r}r\frac{\partial}{\partial r} + k^2\right]\psi(r) = 0 \tag{4.51}$$

式(4.51)的解可用 Hankel 函数表示:

$$\psi(r) = \begin{cases} AH_0^{(1)}(kr) \\ BH_0^{(2)}(kr) \end{cases} \tag{4.52}$$

其中

$$H_0^{(1)}(kr) \simeq \sqrt{\frac{2}{\pi kr}}\mathrm{e}^{\mathrm{j}(kr-\pi/4)} \tag{4.53}$$

$$H_0^{(2)}(kr) \simeq \sqrt{\frac{2}{\pi kr}} \mathrm{e}^{-\mathrm{j}(kr-\pi/4)} \tag{4.54}$$

再则,考虑球坐标系中包含有一个全方向点声源情况下式(4.45)的 Helmholtz 方程的解。根据这个假设条件,容易知道声场的变化只与距离声源的远近有关。这样,式(4.45)变为

$$\left[\frac{1}{r^2}\frac{\partial}{\partial r}r^2\frac{\partial}{\partial r}+k^2\right]\psi(r)=0 \tag{4.55}$$

其解的形式为

$$\psi(r)=\begin{cases}(A/r)\mathrm{e}^{\mathrm{j}kr}\\(B/r)\mathrm{e}^{-\mathrm{j}kr}\end{cases} \tag{4.56}$$

以上两种解的形式分别对应着发散和会聚两种球面波的情况。

进一步假设声场是由一个小的半径为 a 的球状声源在无限均匀介质中产生的,而且球状声源在时域上的表面位移满足

$$u(t,a)=U(t) \tag{4.57}$$

对式(4.57)的边界条件进行傅里叶变换:

$$u(\omega,a)=U(\omega) \tag{4.58}$$

如果只考虑发散球面波的情况,式(4.56)中的参数 $B=0$,得到

$$\psi(r)=A\frac{\mathrm{e}^{\mathrm{j}kr}}{r} \tag{4.59}$$

再根据位移 $u(r)$ 与位移势 $\psi(r)$ 的关系 $u(r)=\partial\psi(r)/\partial r$,通过式(4.59)可得出

$$u(r)=A\mathrm{e}^{\mathrm{j}kr}\left(\frac{\mathrm{j}k}{r}-\frac{1}{r^2}\right) \tag{4.60}$$

用声源的半径 a 替代式(4.60)中代表距离的变量 r,并假设球状声源的半径远小于声波的波长($ka\ll 1$),可以得到

$$u(a)=A\mathrm{e}^{\mathrm{j}ka}\frac{\mathrm{j}ka-1}{a^2}\simeq-\frac{A}{a^2} \tag{4.61}$$

再根据式(4.58)和式(4.61),可得到

$$U(\omega)=-\frac{A}{a^2} \tag{4.62}$$

这样,幅度 $A=-a^2U(\omega)$,再假定声源在频率 ω 处的能量 $S_\omega=4\pi a^2U(\omega)$。那么,式(4.59)可重新写成

$$\psi(r)=-S_\omega\frac{\mathrm{e}^{\mathrm{j}kr}}{4\pi r} \tag{4.63}$$

式(4.63)中的分数部分是声源在位置 $\boldsymbol{r}=0$ 上的 Green 函数:

$$g_\omega(r,0)=\frac{\mathrm{e}^{\mathrm{j}kr}}{4\pi r} \tag{4.64}$$

进一步分析声源在位置 $\boldsymbol{r}=\boldsymbol{r}_0$ 上的 Green 函数,可得出

$$g_\omega(\boldsymbol{r},\boldsymbol{r}_0)=\frac{\mathrm{e}^{\mathrm{j}k|\boldsymbol{r}-\boldsymbol{r}_0|}}{4\pi|\boldsymbol{r}-\boldsymbol{r}_0|} \tag{4.65}$$

Green 函数满足式(4.46)的非齐次 Helmholtz 方程:

$$[\nabla^2 + k^2]g_\omega(\boldsymbol{r},\boldsymbol{r}_0) = -\delta(\boldsymbol{r}-\boldsymbol{r}_0) \tag{4.66}$$

再根据式(4.63)和式(4.66),最终可求出在一个无限均匀的媒介中,包含有一个在位置$\boldsymbol{r}=\boldsymbol{r}_0$、能量为$S_\omega$的简单点声源的非齐次 Helmholtz 方程:

$$[\nabla^2 + k^2]\psi(\omega,\boldsymbol{r}) = S_\omega\delta(\boldsymbol{r}-\boldsymbol{r}_0) \tag{4.67}$$

根据上述分析,需要指出的是相比于时域的波动方程,频域的 Helmholtz 方程则更容易求解,但它同时也增加了傅里叶变换的计算步骤。然而,许多海洋声学的研究都是以窄带为起点的,因此傅里叶变换的计算量并不大。所以,四种常用的声传播模型(射线理论模型、简正波模型、波数积分模型以及抛物线方程模型)都以 Helmholtz 方程作为理论基础。

4.2.2 射线理论模型

射线理论是发展最早、数学上最简单以及物理上最直观的声场分析方法。虽然,它本质上采用的高频近似计算方法,会导致其结果的精确度有一定程度的衰减,但它可以作为了解浅海声波物理特性的一个非常有用的工具,而且也可以用来解释其它建模方法的结果,其地位仍然很重要[208,218]。射线理论通过声线对声场进行描述,是一个点对点的信道模型,改变声源或接收点的位置均会引起声线分布的改变,其基本假定是声能沿着一定的方向线(称为声线)传递,声线与等相位面(称为波阵面)相垂直,声线不能穿过由声线所围成的管状空间(称为声线束管)。按照射线理论,声源辐射出的总声能沿着声线向四周传播,每条声线都承载着一部分声能,并具有一定的传播路径、到达时间以及到达相位,如果不考虑声能被海水吸收,声线束管所携带的能量守恒,这样,接收点处的声场将由通过该点的所有声线构成,声场强度由声线束管的截面积确定。

考虑笛卡儿坐标系$\boldsymbol{r}=(x,y,z)$下声源位于$\boldsymbol{r}=\boldsymbol{r}_0$上的 Helmholtz 方程[217]:

$$\nabla^2 p + \frac{\omega^2}{c^2(\boldsymbol{r})}p = -\delta(\boldsymbol{r}-\boldsymbol{r}_0) \tag{4.68}$$

为了获得射线方程,假定 Helmholtz 方程的解具有如下形式:

$$p(\boldsymbol{r}) = \mathrm{e}^{\mathrm{j}\omega\tau(\boldsymbol{r})}\sum_{i=0}^{\infty}\frac{A_i(\boldsymbol{r})}{(\mathrm{j}\omega)^i} \tag{4.69}$$

式(4.69)解的形式称为射线级数,而且一般是发散的。然而,在某些特定情况下,它可以渐进地逼近于 Helmholtz 方程的精确解。对式(4.69)的射线级数进行微分,得到

$$p_x = \mathrm{e}^{\mathrm{j}\omega\tau}\left[\mathrm{j}\omega\tau_x\sum_{i=0}^{\infty}\frac{A_i}{(\mathrm{j}\omega)^i} + \sum_{i=0}^{\infty}\frac{A_{i,x}}{(\mathrm{j}\omega)^i}\right] \tag{4.70}$$

进一步对式(4.70)进行微分,得到

$$p_{xx} = \mathrm{e}^{\mathrm{j}\omega\tau}\left\{[-\omega^2(\tau_x)^2 + \mathrm{j}\omega\tau_{xx}]\sum_{i=0}^{\infty}\frac{A_i}{(\mathrm{j}\omega)^i} + 2\mathrm{j}\omega\tau_x\sum_{i=0}^{\infty}\frac{A_{i,x}}{(\mathrm{j}\omega)^i} + \sum_{i=0}^{\infty}\frac{A_{i,xx}}{(\mathrm{j}\omega)^i}\right\} \tag{4.71}$$

这样,根据式(4.71)的式样,可以得出

$$\nabla^2 p = \mathrm{e}^{\mathrm{j}\omega\tau}\left\{[-\omega^2|\nabla\tau|^2 + \mathrm{j}\omega\nabla^2\tau]\sum_{i=0}^{\infty}\frac{A_i}{(\mathrm{j}\omega)^i} + 2\mathrm{j}\omega\nabla\tau\cdot\sum_{i=0}^{\infty}\frac{\nabla A_i}{(\mathrm{j}\omega)^i} + \sum_{i=0}^{\infty}\frac{\nabla^2 A_i}{(\mathrm{j}\omega)^i}\right\} \tag{4.72}$$

然后,将式(4.72)的$\nabla^2 p$代入式(4.68)的 Helmholtz 方程。并且,使得具有相同ω级数的项相等,便得到了函数$\tau(\boldsymbol{r})$和$A_j(\boldsymbol{r})$的无限方程序列:

$$
\begin{aligned}
&O(\omega^2):|\nabla\tau|^2=c^{-2}(\boldsymbol{r}),\\
&O(\omega):2\nabla\tau\cdot\nabla A_0+(\nabla^2\tau)A_0=0,\\
&O(\omega^{1-i}):2\nabla\tau\cdot\nabla A_i+(\nabla^2\tau)A_i=-\nabla^2A_{i-1},\quad i=1,2,\cdots
\end{aligned}
\tag{4.73}
$$

其中,关于 $\tau(\boldsymbol{r})$ 的 $O(\omega^2)$ 方程是短时距方程(Eikonal Equation),其他关于 $A_j(\boldsymbol{r})$ 的方程是迁移方程(Transport Equation)。而且,为了使得式(4.73)的短时距方程和迁移方程都较容易求解,通常需要对式(4.69)的射线级数进行仅留下第一项的简化,这显然是一种高频假设。

射线理论是对流体媒介中声传播波动理论的一种近似描述。在许多情况下,利用射线理论都能有效和清晰地分析出海洋中的声场问题,它适用于声波的传播与球面波和平面波的传播规律相差不大的情况,或者声场的空间变化不是很剧烈的区域以及高频声场[207,208]。其突出特点是运行速度快、在概念上简洁直观和不需要很大的额外计算量就可以扩展到宽带中,不足是射线理论假设声场中某一点声波的振幅变化远比声波的相位变化缓慢,也就是说,在一个波长范围内声波的振幅不能有太大的变化,然而对于低频声源,由于其波长较长,所以很难满足以上的假设条件,因此适用性较差。

4.2.3 简正波模型

简正波模型是最早在水声领域得到应用的另外一种方法。实际海洋环境中介质的声速和密度不仅在垂直方向上随水深变化,而且也存在水深、声速以及密度在水平面上随距离和方位的变化,但一般情况下介质水平特性的变化梯度要比垂直方向的变化梯度小得多。因而,如果声波的传播距离不太远或海底地形变化较为平缓时可以将海洋环境近似成水平分层介质。在这种水平分层介质的假设前提下,考虑单频的简谐过程,波动方程将简化为 Helmholtz 方程,这样便可以用分离变量法求解[207,210]。

简正波解是波动方程的一种精确积分解,早期的简正波理论研究还主要针对简单的双层海洋介质,现在借助于数值方法,已经可以处理包含任意分层流体和黏弹性介质在内的问题了。简正波理论认为在媒介中的声波可以分解为许多不同阶次的简正波,这些简正波在水中以各自的速度相互独立的传播,互不影响,每阶简正波也都独立地满足波动方程和边界条件,而且对于一个特定的信道,仅有有限阶次的简正波可以在信道中传播,这样,在接收点处的声场就是由这些简正波经信道传播后而相互迭加的结果[217]。

根据简正波模型的基本原理,考虑二维声场环境 $\boldsymbol{r}=(r,z)$ 下的 Helmholtz 方程,并假设声速和密度只与深度 z 有关:

$$
\frac{1}{r}\frac{\partial}{\partial r}\left(r\frac{\partial p}{\partial r}\right)+\rho(z)\frac{\partial}{\partial z}\left(\frac{1}{\rho(z)}\frac{\partial p}{\partial z}\right)+\frac{\omega^2}{c^2(z)}p=-\frac{\delta(r)\delta(z-z_s)}{2\pi r}\tag{4.74}
$$

采用分离变量法,并假定式(4.74)的解具有如下形式:

$$
p(r,z)=\Phi(r)\Psi(z)\tag{4.75}
$$

将式(4.75)代入式(4.74),得到

$$
\underbrace{\frac{1}{\Phi}\left[\frac{1}{r}\frac{\mathrm{d}}{\mathrm{d}r}\left(r\frac{\mathrm{d}\Phi}{\mathrm{d}r}\right)\right]}_{\mathrm{A}}+\underbrace{\frac{1}{\Psi}\left[\rho(z)\frac{\mathrm{d}}{\mathrm{d}z}\left(\frac{1}{\rho(z)}\frac{\mathrm{d}\Psi}{\mathrm{d}z}\right)+\frac{\omega^2}{c^2(z)}\Psi\right]}_{\mathrm{B}}=0\tag{4.76}
$$

式中,A 指示的内容是 r 的函数,B 指示的内容是 z 的函数。容易知道,使式(4.76)成立

的唯一条件是 A 和 B 的值都要等于常数。这样，假定 k_{rm}^2 为分离常数，便得到了模式方程：

$$\rho(z)\frac{\mathrm{d}}{\mathrm{d}z}\left[\frac{1}{\rho(z)}\frac{\mathrm{d}\Psi_m(z)}{\mathrm{d}z}\right]+\left[\frac{\omega^2}{c^2(z)}-k_{rm}^2\right]\Psi_m(z)=0 \tag{4.77}$$

式中，$\rho(z)$ 和 $c(z)$ 是实函数。

$\Psi_m(z)$ 是根据分离常数 k_{rm}^2 而求得的 $\Psi(z)$ 的特征函数。假设海面满足软边界条件（海面的压力为零），海底是理想的刚性底，并设定水深为 D，便可得到两个边界条件的表达式：

$$\text{海面：}\Psi(0)=0$$

$$\text{海底：}\left.\frac{\mathrm{d}\Psi}{\mathrm{d}z}\right|_{z=D}=0 \tag{4.78}$$

模式方程有无穷多个解，每一个解对应于一个阶次的简正波，每一个阶次的简正波用特征值 k_{rm} 或 k_{rm}^2 和特征函数（形状函数）$\Psi_m(z)$ 来表征，特征值 k_{rm}^2 都为实数，可从大到小排列成 $k_{r1}^2>k_{r2}^2>1\cdots$，每一个特征函数 $\Psi_m(z)$ 在 $[0,D]$ 的取值范围内都有 m 个零点，而且各个阶次的简正波之间存在正交关系：

$$\int_0^D\frac{\Psi_m(z)\Psi_n(z)}{\rho(z)}\mathrm{d}z=0\quad(m\neq n) \tag{4.79}$$

为了方便计算，对每个阶次的简正波进行归一化限制：

$$\int_0^D\frac{\Psi_m^2(z)}{\rho(z)}\mathrm{d}z=1 \tag{4.80}$$

所有阶次的简正波构成了一个完备的集合，声压函数 $p(r,z)$ 可以表示成简正波和的形式：

$$p(r,z)=\sum_{m=1}^{+\infty}\Phi_m(r)\Psi_m(z) \tag{4.81}$$

将式(4.81)的 $p(r,z)$ 代入式(4.74)，得到

$$\sum_{m=1}^{+\infty}\left\{\frac{1}{r}\frac{\mathrm{d}}{\mathrm{d}r}\left(r\frac{\mathrm{d}\Phi_m(r)}{\mathrm{d}r}\right)\Psi_m(z)+\Phi_m(r)\cdot\underbrace{\left[\rho(z)\frac{\mathrm{d}}{\mathrm{d}z}\left(\frac{1}{\rho(z)}\frac{\mathrm{d}\Psi_m(z)}{\mathrm{d}z}\right)+\frac{\omega^2}{c^2(z)}\Psi_m(z)\right]\right\}}_{\mathrm{C}}=-\frac{\delta(r)\delta(z-z_s)}{2\pi r} \tag{4.82}$$

式中，C 可用式(4.77)的模式方程进行简化，得到

$$\sum_{m=1}^{+\infty}\left\{\frac{1}{r}\frac{\mathrm{d}}{\mathrm{d}r}\left(r\frac{\mathrm{d}\Phi_m(r)}{\mathrm{d}r}\right)\Psi_m(z)+k_{rm}^2\Phi_m(r)\Psi_m(z)\right\}=-\frac{\delta(r)\delta(z-z_s)}{2\pi r} \tag{4.83}$$

进一步应用算子：

$$\int_0^D(\cdot)\frac{\Psi_n(z)}{\rho(z)}\mathrm{d}z \tag{4.84}$$

到式(4.83)。而且，根据式(4.79)所描述的简正波正交特性，求和算子 $\sum_{m=1}^{+\infty}\{\}$ 中只有第 n 项能够得到保留：

$$\frac{1}{r}\frac{\mathrm{d}}{\mathrm{d}r}\left[r\frac{\mathrm{d}\Phi_n(r)}{\mathrm{d}r}\right]+k_{rn}^2\Phi_n(r)=-\frac{\delta(r)\Psi_n(z_s)}{2\pi r\rho(z_s)} \tag{4.85}$$

式(4.85)的解可用 Hankel 函数表示：

$$\boldsymbol{\Phi}_n(r)=\frac{\mathrm{j}}{4\rho(z_s)}\boldsymbol{\Psi}_n(z_s)\mathrm{H}_0^{(1,2)}(k_{rn}r) \tag{4.86}$$

如果只考虑声波的能量是由声源向外辐射的情况，可以选择 $\mathrm{H}_0^{(1)}(k_{rn}r)$ 作为式(4.86)中的 Hankel 函数：

$$p(r,z)=\frac{\mathrm{j}}{4\rho(z_s)}\sum_{m=1}^{+\infty}\boldsymbol{\Psi}_m(z_s)\boldsymbol{\Psi}_m(z)\mathrm{H}_0^{(1)}(k_{rm}r) \tag{4.87}$$

利用式(4.53)中关于 $\mathrm{H}_0^{(1)}(k_{rn}r)$ 的约等式对式(4.87)进行近似，得到

$$p(r,z)\approx\frac{\mathrm{j}\mathrm{e}^{-\mathrm{j}\pi/4}}{\rho(z_s)\sqrt{8\pi r}}\sum_{m=1}^{+\infty}\boldsymbol{\Psi}_m(z_s)\boldsymbol{\Psi}_m(z)\frac{\mathrm{e}^{\mathrm{j}k_{rm}r}}{\sqrt{k_{rm}}} \tag{4.88}$$

通过对特征值 k_{rm} 和特征函数 $\boldsymbol{\Psi}_m(z)$ 的分析，存在阶次为 M 的简正波，当 $m>M$ 时，特征值 k_{rm} 的虚部较大。这样，由第 m 阶简正波所贡献的声压 $p_m(r,z)$ 将随着距离 r 的增加而成指数急剧衰减，对声波的远距离传播将不会起到主要作用，所以，第 M 阶次的简正波将成为对总声场起作用的最大阶次的简正波。这样，式(4.88)就可以简化为有限阶次简正波和的形式[211]：

$$p(r,z)\approx\frac{\mathrm{j}\mathrm{e}^{-\mathrm{j}\pi/4}}{\rho(z_s)\sqrt{8\pi r}}\sum_{m=1}^{M}\boldsymbol{\Psi}_m(z_s)\boldsymbol{\Psi}_m(z)\frac{\mathrm{e}^{\mathrm{j}k_{rm}r}}{\sqrt{k_{rm}}} \tag{4.89}$$

由于简正波理论是波动方程的严格解，它对声场中每一个点都适用，不存在理论上的盲区，没有近似条件的限制，计算精度高，特别是低频时的优点更为明显，而且各个阶次简正波的计算对整个声场而言也不必重复进行，具有计算量较小的优势[208]。因此，简正波模型在匹配场处理中被广泛采用。然而，对于海洋环境参数随距离或方位有显著变化的信道，由于介质不满足水平分层的情况，所以简正波模型较难处理。

近年来，将简正波理论推广应用到求解水平变化的声场问题，形成了耦合简正波理论和绝热简正波理论[207,218]。在大多数情况下，耦合简正波理论能够给出本征函数的解析形式，但耦合项不易计算，存在不可忽视的计算量大的问题。而绝热简正波理论中假定声场结构还具有一些简正波的形式，且不同阶次的简正波沿不同的路径传播，彼此间无能量交换，这样就避开了耦合项的计算，在海区的性质水平变化足够缓慢的条件下，所考虑的传播距离也不太远时，绝热简正波能够获得较好的计算精度。

4.2.4 波数积分模型

波数积分方法在本质上也是对水平分层介质中积分变换技术的一种数值实现，声场的解被表示成在深度上可分离的 Helmholtz 方程解的波数积分(也称为谱积分)形式。简正波方法与波数积分方法有相同的数学基础，但在计算积分时使用了不同的方法，简正波方法使用复 Contour 积分来将积分表示为留数的和，而波数积分方法则直接通过数值积分来计算积分值。在水声学中，波数积分的计算通常称作快速场程序(Fast Field Programs, FFP)，FFP 是 Helmholtz 方程用格林函数的一个直接数值积分，它对所有频率都是一个潜在的精确解，并且在积分过程中用到了傅里叶变换。而且 FFP 的许多数值问题都可以直接从标准的滤波理论得到回答，时间对应着距离，频率对应着波数，长距离的计算需要精细的采样，而距离上的精细采样可以通过增加积分上限中的波数得到[211,217]。

积分变换技术是一种经典的处理边界问题的方法,其中认为 Helmholtz 方程的系数以及边界条件都与空间坐标系的选择无关。在这种情况下,波动方程以及边界条件的维数都会因为使用积分变换而降低,相当于分离变量方法。在水声学中,应用积分变换技术最有效的环境就是水平分层的海洋环境。

水平分层海洋环境的特性只与深度 z 有关,各媒介层是平面的而且是相互平行的。对于这种与距离无关的问题,Helmholtz 方程具有如下形式:

$$[\nabla^2 + k^2(z)]\psi(\boldsymbol{r}) = f(\boldsymbol{r}) \tag{4.90}$$

同时考虑各媒介层的边界条件具有如下形式:

$$B[\psi(\boldsymbol{r})]\big|_{z=z_n} = 0, \quad n = 1\cdots N \tag{4.91}$$

式中,z_n表示第 n 个分界面的深度。

进一步,考虑圆柱坐标系 $\boldsymbol{r}=(r,\varphi,z)$ 下的水平分层海洋环境,其中包含有一个点声源,而且其位置与坐标系的 z 轴重合。这样,声源所产生的声场将与坐标系的方位角 φ 无关。那么,在这种各向同性的媒介中,每一层的声场将满足于 Helmholtz 方程,如下所示:

$$[\nabla^2 + k_m^2(z)]\Psi_m(r,z) = f_s(z,\omega)\frac{\delta(r)}{2\pi r} \tag{4.92}$$

式中:$\psi_m(r,z)$为第 m 层的位移势函数;$k_m(z)$则为第 m 层的媒介波数,有

$$k_m(z) = \frac{\omega}{c(z)} \tag{4.93}$$

当然,对于没有包含声源的媒介层的声场将满足于齐次的 Helmholtz 方程,所以$f_s(z,\omega)=0$。

结合式(4.92),并且使用式(4.50)的 Laplace 算子,同时应用 Hankel 变换:

$$f(k_r,z) = \int_0^{+\infty} f(r,z)J_0(k_r r)r\mathrm{d}r \tag{4.94}$$

其中

$$J_0(k_r r) = \frac{1}{2}[\mathrm{H}_0^{(1)}(k_r r) + \mathrm{H}_0^{(2)}(k_r r)] \tag{4.95}$$

可以获得深度分离的波动方程为

$$\left[\frac{\mathrm{d}^2}{\mathrm{d}z^2} - [k_r^2 - k_m^2(z)]\right]\psi_m(k_r,z) = \frac{f_s(z)}{2\pi} \tag{4.96}$$

可以看出,式(4.96)是一个一般的关于深度微分的方程。该方程的解是式(4.92)的特征解$\hat{\psi}_m(k_r,z)$以及齐次 Helmholtz 方程的两个不相关的解 $\psi_m^+(k_r,z)$和 $\psi_m^-(k_r,z)$的线性组合的和,如下所示:

$$\psi_m(k_r,z) = \hat{\psi}_m(k_r,z) + A_m^+(k_r)\psi_m^+(k_r,z) + A_m^-(k_r)\psi_m^-(k_r,z) \tag{4.97}$$

式(4.97)是与深度相关的 Green 函数,$A_m^+(k_r)$和 $A_m^-(k_r)$是用于满足各媒介层边界条件的系数,$\hat{\psi}_m(k_r,z)$表征了在无边界条件下由声源所产生的声场。当求出式(4.97)的未知系数后,就可利用 Hankel 反变换:

$$f(r,z) = \int_0^{+\infty} f(k_r,z)J_0(k_r,r)k_r\mathrm{d}k_r \tag{4.98}$$

获得在角频率 ω 上的任意距离的声场。

波数积分方法的重要特征是[210,211]:①精确的近场描述;②比其他建模方法能够更有效地处理横波以及粗糙边界的问题。不足之处主要有:①由于使用了 Hankel 函数的远场近似,所以从本质上不太适合处理水声信道的特性与距离有关的情况;②计算速度比较慢;③需要有使用经验。波数积分模型与简正波模型密切相关,两种模型都假设了水平分层的声传播环境,而且它们之间还存在互补性。在远距离上,因为只需要包含较少阶次的简正波,所以简正波模型的计算要简单些,说明其较适用于远场的计算。而如果使用波数积分模型处理远距离的情况,则必须在谱中更多的点上计算积分以得到远距离的声场,因此波数积分模型通常在近场计算中更受欢迎。

4.2.5 抛物线方程模型

抛物线方程模型最早用来处理空气中无线电波的传播问题,现被广泛应用于光学、等离子物理、地震学以及水声学等领域。在能量的传播速度与横波或纵波声速相近的情况下,可用抛物线方程代替原始的波动方程。抛物线方程可以用递推法求解,首先用简正波模型求解出初始位置的声场,对于其后续位置的声场则通过顺次递推法求解。所以,抛物线方程非常适合于处理介质存在水平梯度变化条件下的低频声波传播情况,以至于成为求解海洋声学中与距离相关传播问题时最常用的处理方法[210,217]。

考虑圆柱坐标系 $\boldsymbol{r}=(r,\varphi,z)$ 下媒介密度为常量的三维 Helmholtz 方程,根据式(4.46)和式(4.50),可以得出

$$\frac{1}{r}\frac{\partial}{\partial r}\left(r\frac{\partial p}{\partial r}\right)+\frac{1}{r^2}\frac{\partial^2 p}{\partial\varphi^2}+\frac{\partial^2 p}{\partial z^2}+\frac{\omega^2}{c^2(c,\varphi,z)}p=0 \tag{4.99}$$

假设声场具有方位角对称的结构,也就是声场的特性与方位角 φ 无关。这样,式(4.99)的三维 Helmholtz 方程将降为二维:

$$\frac{\partial^2 p}{\partial r^2}+\frac{1}{r}\frac{\partial p}{\partial r}+\frac{\partial^2 p}{\partial z^2}+k_0^2n^2p=0 \tag{4.100}$$

式中:$k_0=\omega/c_0$ 为参考波数,$n=c_0/c(r,z)$ 是折射系数。

二维 Helmholtz 方程抛物线形式的解有很多种,这里根据 Tappert 的抛物线近似法[219],指定式(4.100)的解具有如下形式:

$$p(r,z)=\psi(r,z)\mathrm{H}_0^{(1)}(k_0r) \tag{4.101}$$

式中,假设包络 $\psi(r,z)$ 是随距离缓慢变化的,而 Hankel 函数 $\mathrm{H}_0^{(1)}(k_0r)$ 满足 Bessel 微分方程:

$$\frac{\partial^2\mathrm{H}_0^{(1)}(k_0r)}{\partial r^2}+\frac{1}{r}\frac{\partial\mathrm{H}_0^{(1)}(k_0r)}{\partial r}+k_0^2\mathrm{H}_0^{(1)}(k_0r)=0 \tag{4.102}$$

根据式(4.52),Hankel 函数 $\mathrm{H}_0^{(1)}(k_0r)$ 在 $k_0r\gg1$ 的远场条件下,通常可以采用如下的渐进形式:

$$\mathrm{H}_0^{(1)}(k_0r)\simeq\sqrt{\frac{2}{\pi k_0r}}\mathrm{e}^{\mathrm{j}\left(k_0r-\frac{\pi}{4}\right)} \tag{4.103}$$

那么,将式(4.101)的 $p(r,z)$ 代入式(4.100)的二维 Helmholtz 方程中,并利用式(4.102)中 Hankel 函数的特性,可以得到

$$\frac{\partial^2\psi}{\partial r^2}+\left(\frac{2}{\mathrm{H}_0^{(1)}(k_0r)}\frac{\partial\mathrm{H}_0^{(1)}(k_0r)}{\partial r}+\frac{1}{r}\right)\frac{\partial\psi}{\partial r}+\frac{\partial^2\psi}{\partial z^2}+k_0^2(n^2-1)\psi=0 \tag{4.104}$$

进一步利用 $k_0r \gg 1$ 的远场近似条件，将式(4.103)的 $H_0^{(1)}(k_0r)$ 渐进形式代入式(4.104)，可以得到简化的椭圆波动方程，如下所示：

$$\frac{\partial^2\psi}{\partial r^2}+2\mathrm{j}k_0\frac{\partial\psi}{\partial r}+\frac{\partial^2\psi}{\partial z^2}+k_0^2(n^2-1)\psi=0 \tag{4.105}$$

利用近轴近似法求解式(4.105)，可得到标准的抛物线方程，但需要进行小角度的假设，如下所示：

$$\frac{\partial^2\psi}{\partial r^2}\ll 2\mathrm{j}k_0\frac{\partial\psi}{\partial r} \tag{4.106}$$

式(4.106)的小角度假设条件具有其合理性。因为声场的主要辐射能量是通过 $\exp(\mathrm{j}k_0r)$ 而包含于 Hankel 函数中，而且包络 $\psi(r,z)$ 在一个波长内是随距离缓慢变化的，以上描述的数学表达式为

$$\frac{\partial\psi}{\partial r}\ll\frac{\psi}{\lambda}\sim \mathrm{j}k_0\psi \tag{4.107}$$

这样，式(4.107)便解释了式(4.106)中假设的合理性。最后，采用近轴近似法得到的标准抛物线方程为

$$2\mathrm{j}k_0\frac{\partial\psi}{\partial r}+\frac{\partial^2\psi}{\partial z^2}+k_0^2(n^2-1)\psi=0 \tag{4.108}$$

抛物线方程模型存在的主要不足是相位误差问题，而且该误差会随着声波的出射角度变大而增大，同时也会随距离的增加而累积。因此，起初在使用抛物线方程分析声场时，必须特别注意对相位的处理问题。然而，经过多年的研究工作，构造了大角度的抛物线方程模型，以计算时间的增加为代价而寻求精度上的提高，目前，对声波出射角度的限制已经有了明显的缓解[211,217]。可以说，抛物线方程模型可能是现阶段使用的最广泛的水声传播模型。

上述介绍的四种声场建模方法及其适用条件总结于表 4.1。实际上，因为每种建模方法都有其优缺点，所以各个方法都在不断地发展，以求得计算精度和速度的提高或应用范围的扩大。当然，利用各种建模方法的优点而将它们综合使用的方法也被广泛地采纳和研究。

表 4.1　声场模型及其适用条件

声场模型	适用条件
射线理论模型	高频声场，更适合于近场，可以处理水声信道的参数与距离有关的情况
简正波模型	各种频率的声场，更适合于远场，通常处理水声信道的参数与距离无关的情况
波数积分模型	各种频率的声场，更适合于近场，通常处理水声信道的参数与距离无关的情况
抛物线方程模型	低频声场，更适合于远场，方便处理水声信道的参数与距离有关的情况

4.2.6　三维声场建模

海洋声场的三维建模一直是水声学领域的研究热点。一个简单的办法是对一系列水平面上的方位角运行二维(深度和距离)的声场模型，这种方法有时被称为 $N\times 2D$ 或 $2.5D$ 的声场建模。然而，根据射线理论，上述方法忽略了射线路径在水平面上的弯曲，尽

管这些效应通常是可以忽略的。当然,将简正波方法(负责垂直方向的声场)与射线理论或抛物线方程方法(负责水平方向的声场)结合使用,而实现全三维的声场建模也是有可能的[211,218]。但是,即便是现阶段的处理器运算能力有了大幅度的提高,如果不做一些简单假设,全三维声场的计算在实际中的应用仍然存在挑战。

4.3 基于静止水平短线列阵的匹配场定位

根据第 1 章中关于 AUV 及其舷侧阵的介绍,AUV 通常会以低速直线巡航的方式执行水下目标的定位任务,它的左右舷侧阵分别负责其左右两侧的水下目标。如果忽略 AUV 在水中的运动状态,可以将其舷侧阵简单地看作是两列平行分布的水平短线阵。这样,根据以往的研究经验,本节首先分析基于静止水平短线列阵(简称为水平短线列阵)的匹配场定位性能。在展开分析与讨论之前,需要明确影响匹配场定位效果的三大要素,包括水平线列阵的物理参数、海洋的声传播信道以及目标声源的特性。

1. 水平线列阵的物理参数

匹配场处理使用全声场模型计算拷贝场向量并与测量场向量求相关,它的阵列信号处理是以提取声场中所包含的声传播特性为目的而进行的。所以,通常用于匹配场处理的基阵也就需要使用全声场传播的知识进行设计。根据简正波理论,声源在海洋波导中会激发一定数目的简正波,如果基阵的几何结构使得每一个阶次的简正波都可以得到唯一性的表征,那么就能够很好地激发基于该基阵的匹配场处理性能[210]。以上论述可以用简正波的互相关矩阵解释:

$$\{\boldsymbol{R}_{M\times M}\}_{m,n}=\frac{\sum\limits_{a=1}^{A}\psi_{m,a}\mathrm{e}^{\mathrm{j}k_{rm}r_a}\psi_{n,a}\mathrm{e}^{-\mathrm{j}k_{rn}r_a}}{\sqrt{\sum\limits_{a=1}^{A}\psi_{m,a}\mathrm{e}^{\mathrm{j}k_{rm}r_a}}\cdot\sqrt{\sum\limits_{a=1}^{A}\psi_{n,a}\mathrm{e}^{\mathrm{j}k_{rn}r_a}}} \tag{4.109}$$

式中:M 为简正波的个数;$\boldsymbol{R}$ 表示 $M\times M$ 维的简正波互相关矩阵;A 是基阵的阵元个数;$\{\boldsymbol{R}_{M\times M}\}_{m,n}$代表第 m 与第 n 阶简正波的相关;$\psi_{m,a}$和 $\psi_{n,a}$分别表示在基阵的第 a 个阵元上第 m 与第 n 阶简正波特征函数的幅值;k_{rm}和 k_{rn}则分别表示第 m 与第 n 阶简正波的特征值;r_a 是声源与基阵第 a 个阵元间的水平距离。根据式(4.109)的分析可以得出,让每一个阶次的简正波都可以得到唯一性的表征,就是需要简正波的互相关矩阵 $\boldsymbol{R}$ 的秩与简正波的个数 M 相同,也就意味着式(4.109)中代表水平波数的部分不能包含有较大的虚部成分。

对于水平均匀的线列阵,其物理参数通常包括基阵的长度 L、阵元的个数 A(阵元间距 $\Delta=L/(A-1)$)以及它的布放深度 H。

首先分析线列阵所需要的最短阵长度。考虑一个任意的连续线列阵,它的第 m 与第 n 阶简正波的相关表示为

$$\{\boldsymbol{R}_{M\times M}\}_{m,n}=\int_{-L/2}^{L/2}\psi_m(z(l))\mathrm{e}^{\mathrm{j}k_{rm}r(l)}\psi_n(z(l))\mathrm{e}^{-\mathrm{j}k_{rn}r(l)}\mathrm{d}l \tag{4.110}$$

式中:$r(l)$ 表示声源与连续线列阵中某一点的水平距离;$z(l)$ 表示连续线列阵中某一点的深度。

如果连续线列阵为连续的垂直线列阵，$r(l)$ 成为常数（$r(l)=r_{\mathrm{const}}$），式(4.110)就变为

$$\{\boldsymbol{R}_{M\times M}\}_{m,n}=\mathrm{e}^{\mathrm{j}(k_{rm}-k_{rn})r_{\mathrm{const}}}\int_{-L/2}^{L/2}\psi_m(z(l))\psi_n(z(l))\,\mathrm{d}l \tag{4.111}$$

再根据式(4.79)与式(4.80)中关于各个阶次的简正波之间的正交关系，可知

$$\int_0^D\psi_m(z(l))\psi_n(z(l))\,\mathrm{d}z=\begin{cases}0 & (m\neq n)\\1 & (m=n)\end{cases} \tag{4.112}$$

进一步根据式(4.111)与式(4.112)可以得出，如果垂直线列阵可以跨越整个海洋波导，简正波的互相关矩阵 $\boldsymbol{R}$ 将成为单位矩阵，此时的基阵长度就是垂直线列阵所需要的最短阵长度。

然而，对于水平线列阵，由于它并没有像垂直线列阵那样的简单表达式以求其所需的最短阵长度，所以在不影响最终问题求解的前提下，这里根据射线理论[220]，只从直观上进行分析。如图 4.2 所示，在水平分层的海洋波导中，声源处于水平线列阵的端射方向上，有一条从声源发出的射线由于折射效应经过水平线列阵的第 6 个阵元（此阵元离声源最远），而且从图中可以清楚地看出，该声线也经过了水平线列阵的第 1 个阵元（此阵元离声源最近）正下方的位置 c，由此可以推导出，在这个波导环境中有一个等效的垂直线列阵具有与水平线列阵相同的性能，而且其长度比水平线列阵短。也就是说，一般情况下如果水平线列阵想要达到与垂直线列阵相同的性能，其基阵的长度要更长。

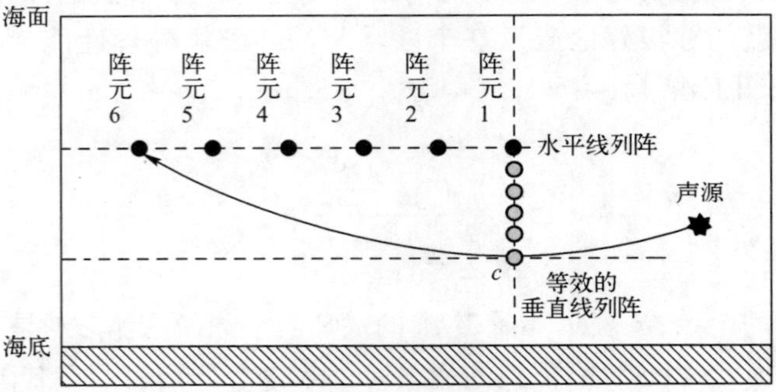

图 4.2　海洋波导中声源（处于水平线列阵的端射方向）发出的声线到达水平线列阵及其等效的垂直线列阵示意图

阵元数是水平线列阵的第二个重要参数，根据式(4.109)可以分析得出，在满足所需的最短阵长度的前提下，阵元数要至少等于简正波的个数，才能使简正波的互相关矩阵的秩与简正波的个数相同。而关于水平线列阵的布放深度对匹配场定位影响的分析则更复杂一些，因为水平线列阵在本质上没有垂直线列阵的那种可以直接对声场垂直方向进行采样的优势，所以其深度的分辨率较差。而且，根据上述的讨论，水平线列阵可以以增加基阵的长度为代价，使其等效的垂直线列阵跨越整个或大部分海洋波导来提高其深度的分辨率。然而，这种做法很显然在实际应用中会有一定的难度。所以，应控制水平线列阵的布放深度使其能够较好地发挥匹配场定位的性能，理论上，水平线列阵的布放深度要尽可能地避开简正波的特征函数为零的深度[220]，而实际上，水平线列阵应该布放在海洋波导中声速最小的深度上[210]。

2. 海洋的声传播信道

海洋可以被看作是一个被海面和海底限制于中间的声波导。海洋学中的声速担任着与光学中的折射指数相同的作用[217,221]。一般来说,声速与传播媒介的密度和压缩率有关,而海水介质的密度与静压力、盐度和温度有关。所以,海水中的声速是一个关于温度、盐度以及压力的单调递增函数,较高的温度和压力造成了较高的声速,而且声速受温度的影响更为明显。需要指出的是,压力通常还是关于深度的单调递增函数。另外,海洋学的参数也会受到昼夜以及季节变化的影响,并且所有的参数还与地理位置有关。

图 4.3 显示了一个典型的深海声速剖面(声速剖面是指声速随深度的变化)。从图中可以观察到,在极地以外的地区并接近于海面的水层中,海洋的环境参数会受到风或海浪活动(搅拌作用)的影响,形成混合层,导致接近于海面的混合层中温度是恒定不变的。这样,恒温混合层的声速就会受到压力的作用随着深度增加而变大,成为具有正梯度声速剖面的表面声信道。表面声信道的存在严重地依赖于海面附近的环境条件,海面的情况越活跃(如暴风雨掠过的海区),混合层就会越深,它的正梯度声速剖面就会越明显。混合层下面是温跃层,温跃层的温度会随着深度增加而逐渐降低,导致声速随着深度的增加而减小。温跃层以下的水层由于受到高压下盐水的热力学特性的影响,其温度是恒定的,所以声速会随着深度的增加、压力的增大而逐渐变大。这样,在深海等温层与表面混合层之间就会存在一个声速的最小点,通常被称为深海声轴。按照射线理论,声线会向声速较小的区域弯曲。所以,深海声轴附近会形成声能的会聚区,就是深海声信道。另外,由于极地海面区域的温度很低,所以其声速的最小点通常会出现在海面附近。

大陆架边缘的浅水区,由于受到水深的限制,通常只与图 4.3 所示的最上层的声速剖面有关联,所以会呈现出负梯度的趋势。而且,浅海媒介及其边界特性更易随着时间和空间(距离、深度以及方位)的变化而变化,同时也就意味着浅海的声速也易随着时间和空间的变化而变化。另外,一个实际的声传播过程还受到很多环境因素的共同影响,包括声源的频率、海水的吸收率以及与海面/海底的入射、反射以及散射作用。

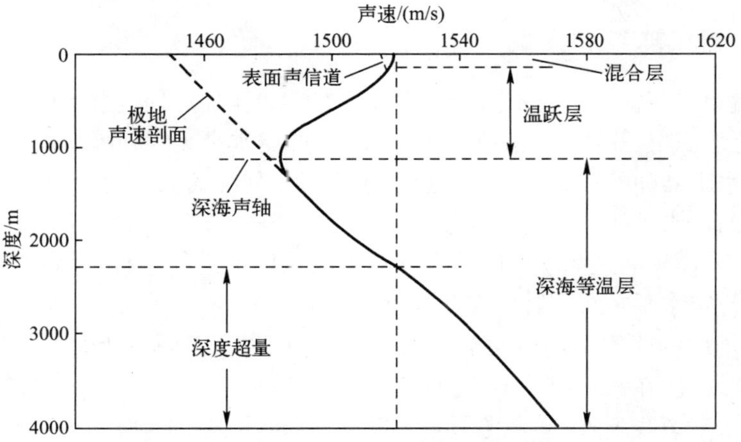

图 4.3　典型的声速剖面示意图

3. 目标声源的特性

水下物体的辐射噪声是被动声呐的目标声源。水面舰艇、潜艇、AUV 等的辐射噪声大致分为机械噪声、螺旋桨噪声以及水动力噪声三类[208,222]:

（1）机械噪声一般是由不平衡旋转部件和往复部件产生的强线谱以及管道中流体和轴承机械摩擦产生的弱连续谱构成的；

（2）螺旋桨噪声包含螺旋桨空化噪声的连续谱、由涡流扩散激励螺旋桨共振而产生的螺旋桨唱音的低频强线谱和叶片速率的线谱等；

（3）水动力噪声包括湍流附面层产生的流噪声和水流作用下运动体的某些结构发生共振而产生的噪声。

通常情况下，机械噪声和螺旋桨噪声是水下目标的主要辐射噪声。而且，根据以上的描述，辐射噪声也可以分为宽带噪声和窄带噪声两种类型。宽带噪声覆盖了较宽的频带范围，窄带噪声则是由一些离散的线谱构成的。图 4.4 显示了一个典型的舰船辐射噪声的功率谱示意图，从图中可以清晰的看出，整个噪声谱是由低频强线谱和连续谱迭加构成的。尽管用于检测宽带噪声与窄带噪声的信号处理算法存在巨大差异，但对它们的区分并没有非常严格的界限。现阶段的被动声呐已经越来越趋向于低频处理，以便能够利用噪声源的低频线谱分量进行检测、识别和定位目标。

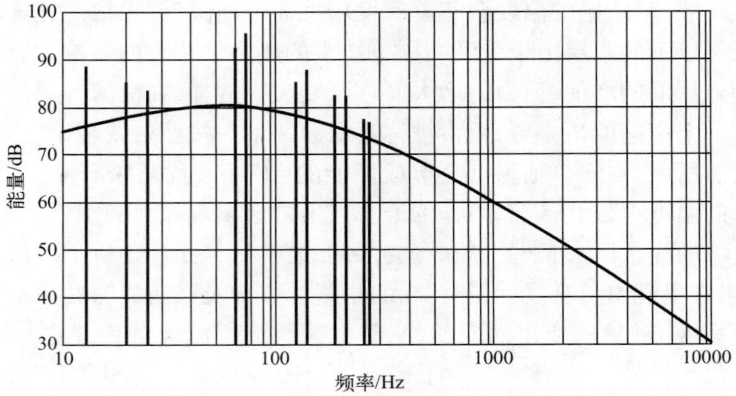

图 4.4　典型的舰船辐射噪声功率谱示意图

4.3.1　测试环境和方案

测试环境用来评估将具有不同分辨率和稳健性的匹配场处理方法应用于水平短线列阵时的定位性能。根据 AUV 舷侧阵的物理特征，假定水平短线列阵是由 6 个等间隔水听器构成，相邻水听器间的距离为 1m。这样，水平短线列阵的长度就为 5m。这里需要指出的是，通过上面对水平线列阵物理参数的分析，该基阵的长度远远短于所需要的最短阵长度。而且，因为 AUV 的舷侧阵可以在水下的不同深度上进行采样，所以在不影响结果分析的前提下，暂定水平短线列阵的布放深度为 50m。另外，本章分析的是在二维（深度和距离）海洋环境中的匹配场定位性能。因而，进一步假定声源位于水平短线列阵的端射方向上。也就是说，在水平面上声源相对于水平短线列阵的方位角 $\phi=0$，如图 4.5 所示。这时，声源与水平短线列阵（离声源最近的阵元）间的距离与声源在水平短线列阵端射方向上的距离相等 $D_s=x_s$。

测试环境中使用的是水平分层的海洋环境模型[223]，而且模型参数与距离无关，如图 4.6 所示。而且，为了后续可以方便地处理模型参数与距离有关的情况，这里采用抛物线方程方法（RAM 程序）进行声传播的建模[224]。坐标系的横轴 r 表示距离、纵轴 z 表示深度；模型的最上层是深度为 D 的水层，水层下方是深度为 h 的沉积层，沉积层下方是基底半空间；水层中的声速剖面呈负梯度趋势，由参数 c_{w1} 和 c_{w2} 表征；沉积层中的地声学参数包括声速 c_{1T} 和 c_{1B}（沉积层中的声速随着深度增加而线性变大，而且由于水层与沉积层是两种不同的介质，所以它们分界面两边的声速 c_{w2} 与 c_{1T} 存在突变）、密度 ρ_1（沉积层的密度通常比水层大）以及吸收率 α_1；对于基底这种半空间结构，RAM 程序利用一个很大的吸收率值 α_2 进行模拟，用来表示声能被这个未知的半空间所吸收，而且假设基底的声速 c_2 恒定不变，并与沉积层的声速 c_{1B} 相同。以上提及的所有模型参数的具体数值如图 4.6 所示，并假定这些参量在对声源进行定位期间不发生变化。而且，为保证计算精度又不耗费大量的计算时间，RAM 程序中重要参数的设定如表 4.2 所列。

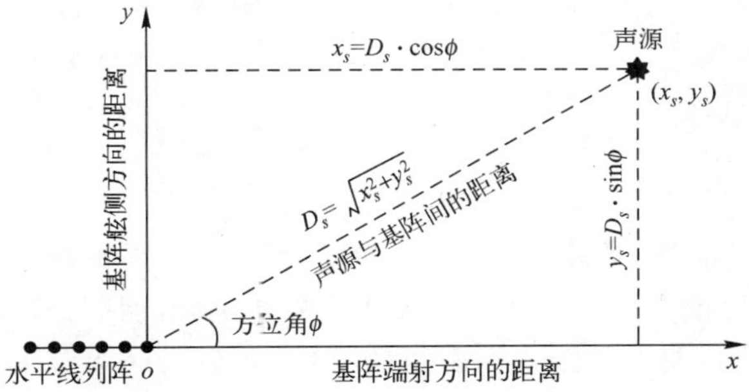

图 4.5　水平线列阵与声源在水平面上的位置关系

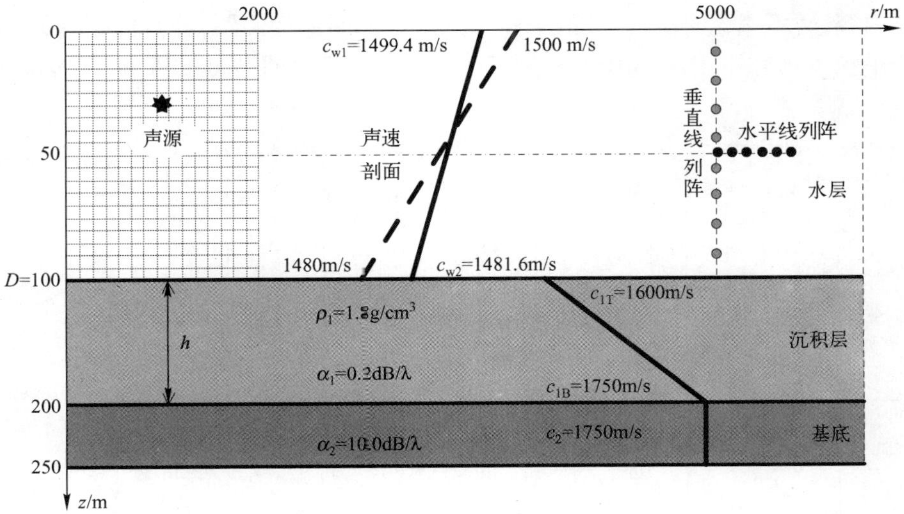

图 4.6　声源与接收基阵的相对位置关系及海洋信道模型

表 4.2　RAM 程序的重要参数

距离计算步长	最大计算深度	深度计算步长	参考声速（平均声速）	水深	沉积层密度
50m	250m	0.2m	1500m/s	100m	1.8g/cm^3
水层声速		沉积层声速		海底吸收率	
1499.4 ~ 1481.6m/s		1600 ~ 1750m/s		0.2 ~ 10dB/λ	

测试场景的描述如下：海洋环境中存在一个多频率（75Hz，100Hz，150Hz，250Hz）静止点声源，声源的深度为30m，声源与水平线列阵的水平距离为4000m，水平线列阵的搜索区域为水深0～100m（涵盖了整个水层的深度），搜索间隔为2m，距离3～5km（相对于水平线列阵），搜索间隔为50m。图4.6显示了在方便计算的情况下声源与水平线列阵的相对位置关系（在模型参数与距离无关的假设前提下，声源与水平线列阵的位置互换对结果无影响）。另外，在相同的测试条件下，选择了一个贯穿于水层的垂直线列阵，其定位结果将与水平线列阵的结果进行对比分析。而且，根据简正波方法（Kraken 程序）的分析结果，250Hz 声源在图4.6所示的海洋环境模型中可以激发26个阶次的简正波，图4.7所示为前14个阶次的简正波。因为声源的频率越高激发的简正波就越多，所以设定垂直线列阵含有26个等间隔的水听器，相邻水听器间的距离为4m。

图4.8所示为匹配场处理的流程。其中，虚框的部分关系到互谱密度矩阵（采样协方差矩阵）$\boldsymbol{R}$ 的估计问题：

$$\boldsymbol{R} = \boldsymbol{R}_s + \boldsymbol{R}_n = E\{\boldsymbol{x} \cdot \boldsymbol{x}^{\mathrm{H}}\} = \sum_{l=1}^{L} \boldsymbol{x}_l \cdot \boldsymbol{x}_l^{\mathrm{H}} \tag{4.113}$$

式中：$\boldsymbol{R}_s$ 和 $\boldsymbol{R}_n$ 分别是信号和噪声的采样协方差矩阵；L 是快拍数。由式（4.113）可以看出，$\boldsymbol{R}$ 的估计是通过快拍平均而得到的。采样协方差矩阵的估计通常会涉及由声源或者接收基阵的运动以及其他干扰因素而引发的补偿问题，是一个重要而独立的研究课题。然而，本书研究的重点是如何利用匹配场空域处理的特点而实现 AUV 舷侧阵在浅海环境中的被动定位能力。所以，在可以满足研究目的的情况下，并参考涉及此领域大多数文献的研究内容，暂不考虑时域、频域的采样协方差矩阵的估计问题，并且假定阵元间的噪声为非相干噪声。另外，图4.8中的检测算法采用的是简单的 Peak－Picker 方法。

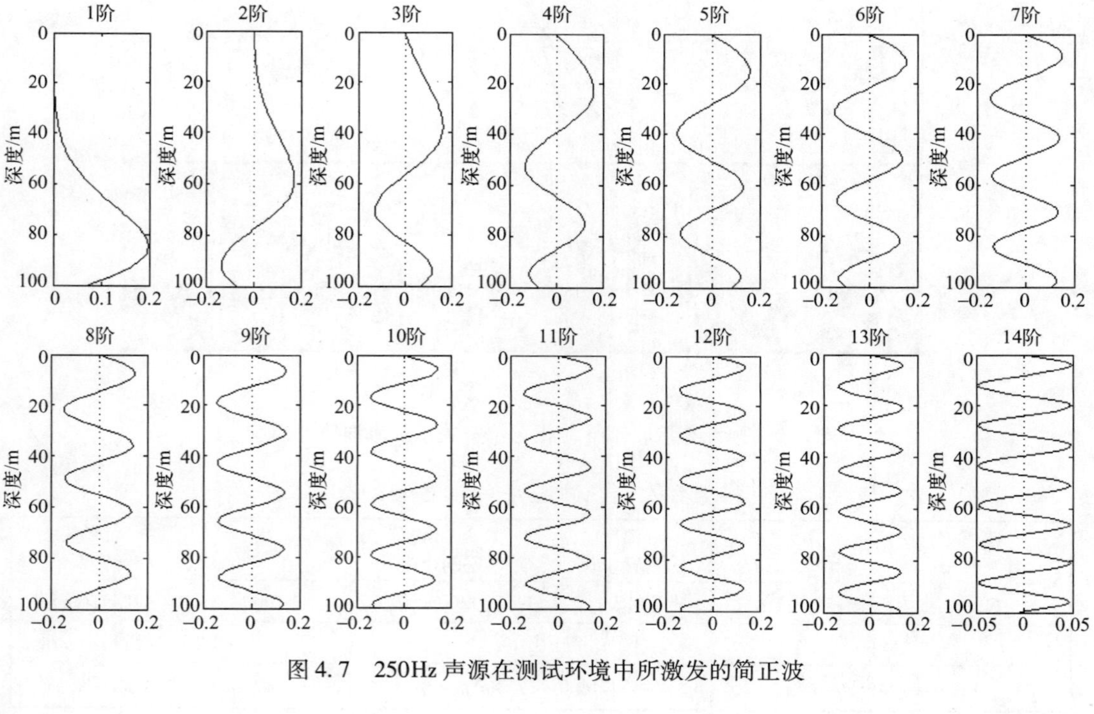

图4.7　250Hz 声源在测试环境中所激发的简正波

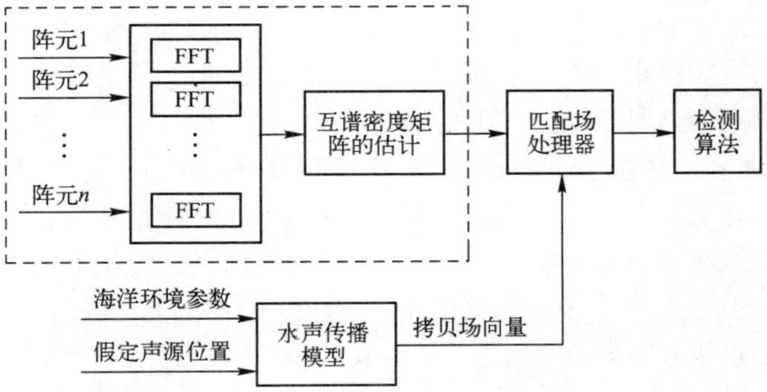

图 4.8 匹配场处理的结构框图

4.3.2 测试结果及分析

整个测试进程都在高信噪比(SNR = 40dB)下进行。图 4.9 至图 4.12 显示了将 Bartlett 处理器、MVDR 处理器以及 WNCM 处理器应用于 4.3.1 节中所介绍的测试环境而生成的深度 - 距离定位模糊表面。每幅图中包含有六幅小图,其中分图(a)、(b)和(c)是用于对比分析的垂直线列阵的输出结果,分图(d)、(e)和(f)是所研究的水平短线列阵的输出结果,图中的黑圈指示了真实的目标声源位置。测试过程针对不同的目标声源而进行,并以图 4.9 中的声源(频率为 75Hz,所处的深度为 30m,相对于水平短线列阵的距离为 4km)为基准,图 4.10 中的声源深度变为 70m,图 4.11 中的声源与水平短线列阵的距离变为 9km(相应的水平短线列阵的搜索距离变为 8 ~ 10km,搜索间隔为 50m),图 4.12 中的声源频率则变为 250Hz。

从图 4.9 至图 4.12 中可以看出,垂直线列阵的定位效果均较好,Bartlett 处理器的分辨率较低,所以其定位模糊表面的旁瓣就较高,而 MVDR 处理器分辨率较高的特点,使得其定位模糊表面上的旁瓣基本上被完全抑制,WNCM 处理器($G_w = 0.2$)的分辨率介于 Bartlett 与 MVDR 处理器之间,因此其旁瓣的抑制能力也处于它们中间,而且也可以观察到,目标声源深度与距离的变化对定位性能的影响不大,高频情况下的定位效果显然要高于低频情况。然而,对于水平短线列线,由于其空间处理增益过低的缺点,其所有情况下的定位效果都不如垂直线列阵,而在 MVDR 处理器高分辨率的作用下,水平短线列阵也在一定程度上具备了定位声源的能力,而且高频条件会使其定位性能增强,也就是说,基于水平短线列阵的定位需要使用高分辨率的匹配场处理器。

图 4.13 显示了当声源没有处于水平短线列阵端射方向上时的深度 - 距离定位模糊表面,其中图 4.13(a)、图 4.13(b)和图 4.13(c)是声源处于基阵 45°方向上时的输出结果,而图 4.13(d)、图 4.13(e)和图 4.13(f)是声源处于基阵 90°方向(舷侧方向)上时的输出结果,声源与基阵的相对位置关系如图 4.14 所示。可以明显地看出,随着声源与基阵的夹角逐渐增大,水平短线列的有效长度将逐渐变短,其阵元间距也会相应的逐渐变小,这就导致其定位效果逐渐降低以至失效。

图 4.15 和图 4.16 分别显示了非相干与相干宽带匹配场处理的深度 - 距离定位模糊表面,每幅图中也包含了六幅小图,其配置情况与图 4.9 至图 4.12 相同。从图中可以看出,无论是对于垂直线列阵还是水平短线列阵,其定位性能都有所提高。通过 4.1.4 节中

关于宽带匹配场处理的讨论可知，相干处理相当于增加了基阵的长度，提高了匹配场处理的分辨率，所以其定位性能的改善程度要好于非相干处理。

图 4.17 和图 4.18 则显示了分别在图 4.15 和图 4.16 的基础上增加水层中声速剖面失配的深度－距离定位模糊表面，失配的具体情况如图 4.6 所示。失配在匹配处理过程中是不可避免的，它主要包括三种情况，即环境失配、统计失配和系统失配[206,210]：①环境失配是由水声传播模型的不准确而造成的，如声速剖面误差等；②统计失配与采样协方差矩阵的估计有关，由于本书中不涉及采样协方差矩阵的估计问题，所以此种情况不作考虑；③系统失配是指接收基阵存在误差，如基阵的位置有偏差等。水层中声速剖面的失配是公认的影响匹配场处理性能最大的因素，尤其是对于高分辨率的匹配场处理器，从图中也可以看出，由于相干处理提高定位性能的同时，也增加了其对失配的敏感性，所以相干宽带 MVDR 处理器定位性能的衰减最大，也就是说，成功使用匹配场处理技术的关键是要在高分辨率与高稳健性中间寻求处理性能的折中。

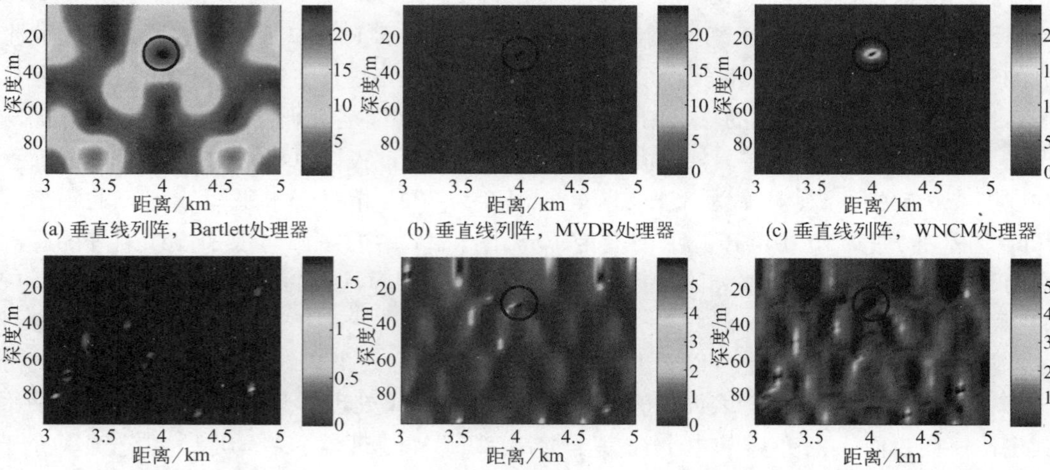

(a) 垂直线列阵，Bartlett处理器　(b) 垂直线列阵，MVDR处理器　(c) 垂直线列阵，WNCM处理器

(d) 水平线列阵，Bartlett处理器　(e) 水平线列阵，MVDR处理器　(f) 水平线列阵，WNCM处理器

图 4.9　深度－距离定位模糊表面（声源频率 75Hz，深度 30m，距离 4km）

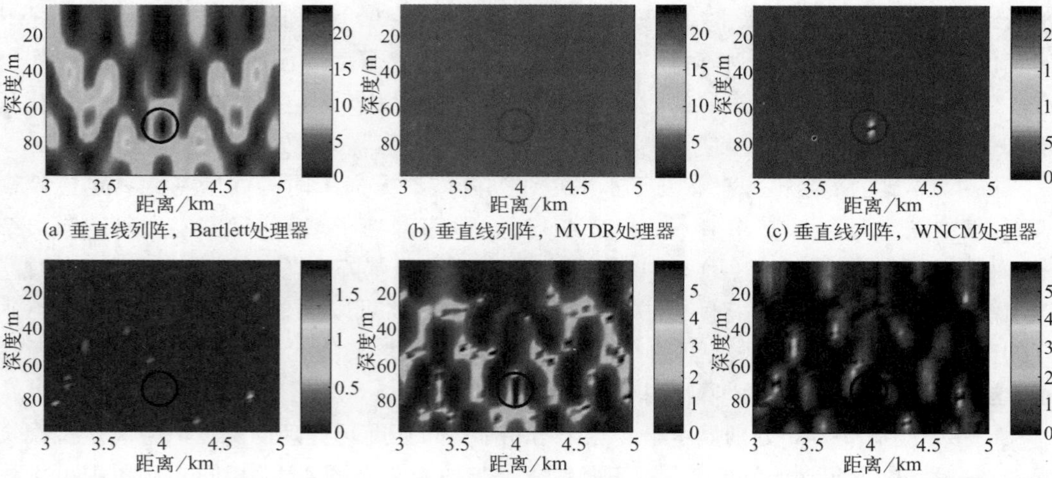

(a) 垂直线列阵，Bartlett处理器　(b) 垂直线列阵，MVDR处理器　(c) 垂直线列阵，WNCM处理器

(d) 水平线列阵，Bartlett处理器　(e) 水平线列阵，MVDR处理器　(f) 水平线列阵，WNCM处理器

图 4.10　深度－距离定位模糊表面（声源频率 75Hz，深度 70m，距离 4km）

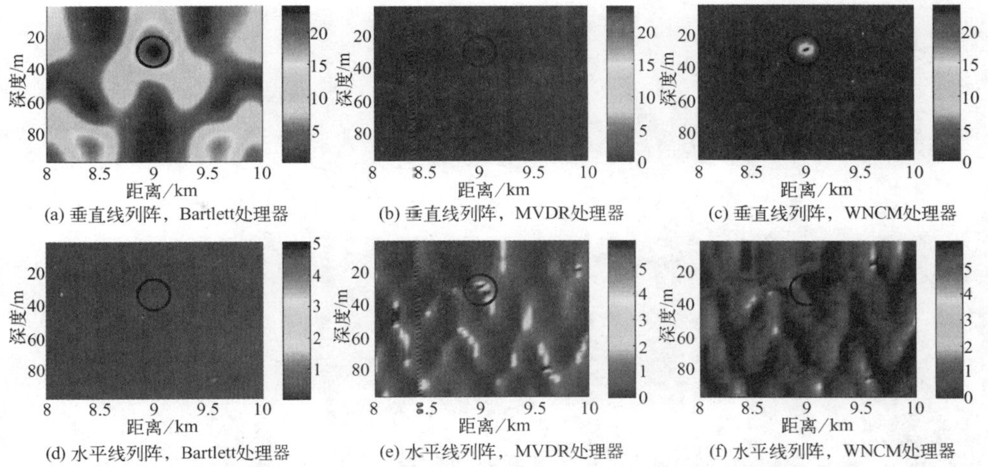

图 4.11　深度 - 距离定位模糊表面(声源频率 75Hz,深度 30m,距离 9km)

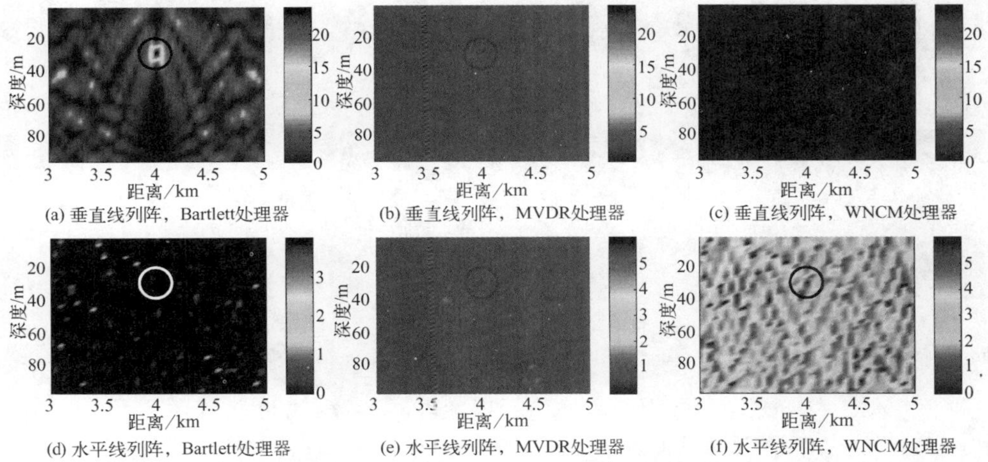

图 4.12　深度 - 距离定位模糊表面(声源频率 250Hz,深度 30m,距离 4km)

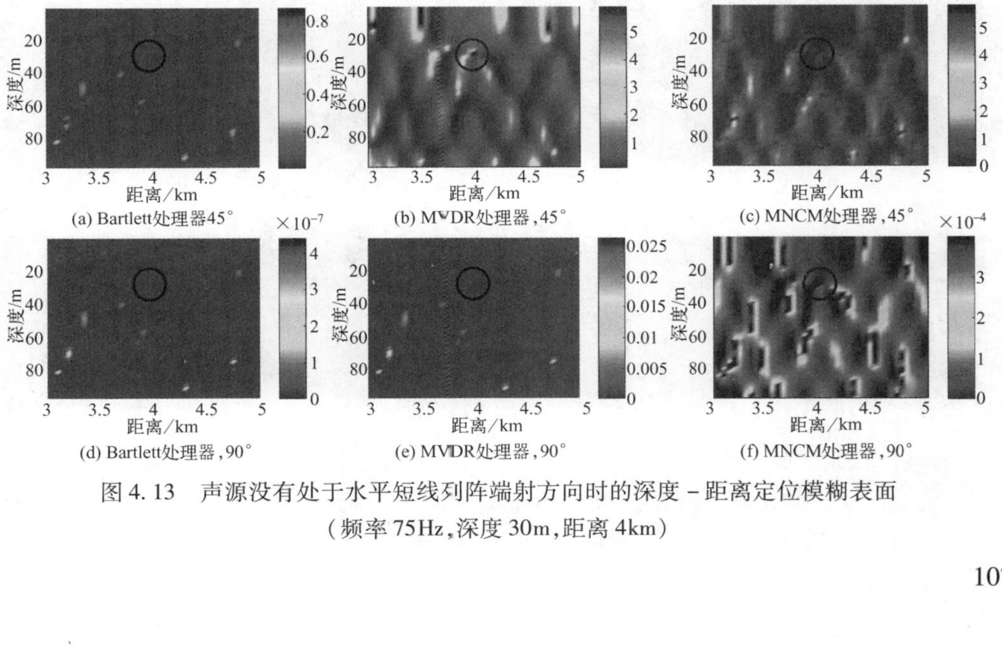

图 4.13　声源没有处于水平短线列阵端射方向时的深度 - 距离定位模糊表面
(频率 75Hz,深度 30m,距离 4km)

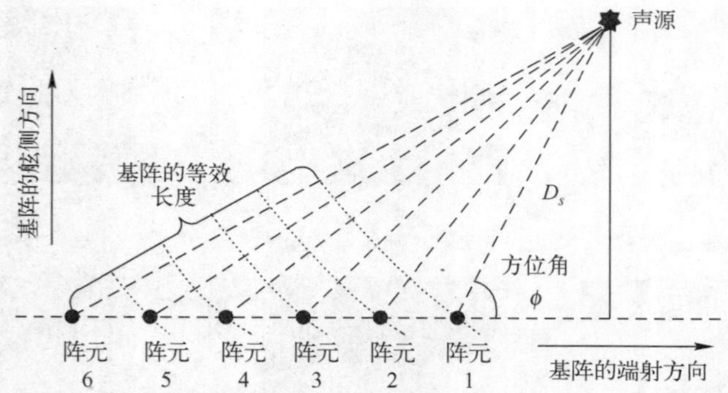

图 4.14　声源没有处于基阵端射方向时的基阵等效长度示意图

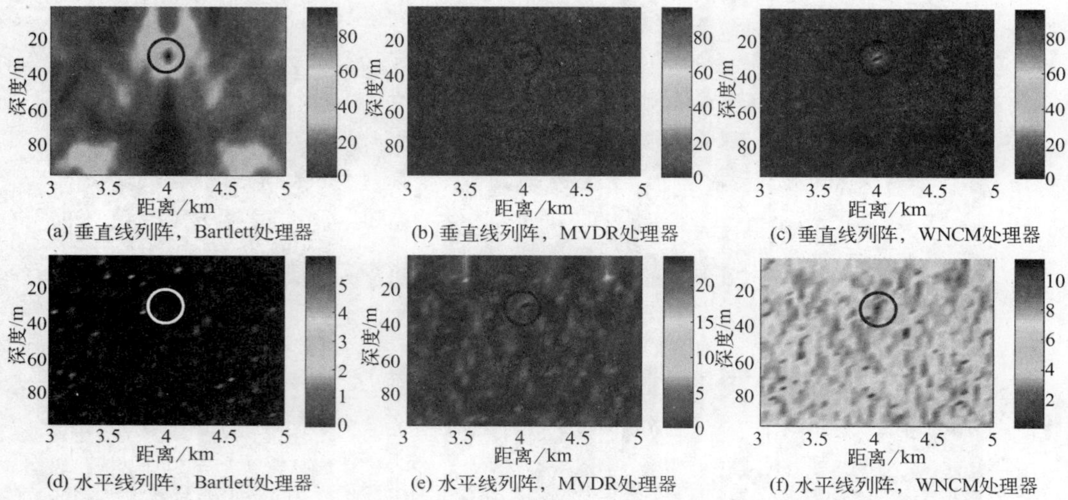

图 4.15　非相干宽带匹配场处理的深度－距离定位模糊表面
（声源频率 75Hz、100Hz、150Hz 和 250Hz，深度 30m，距离 4km）

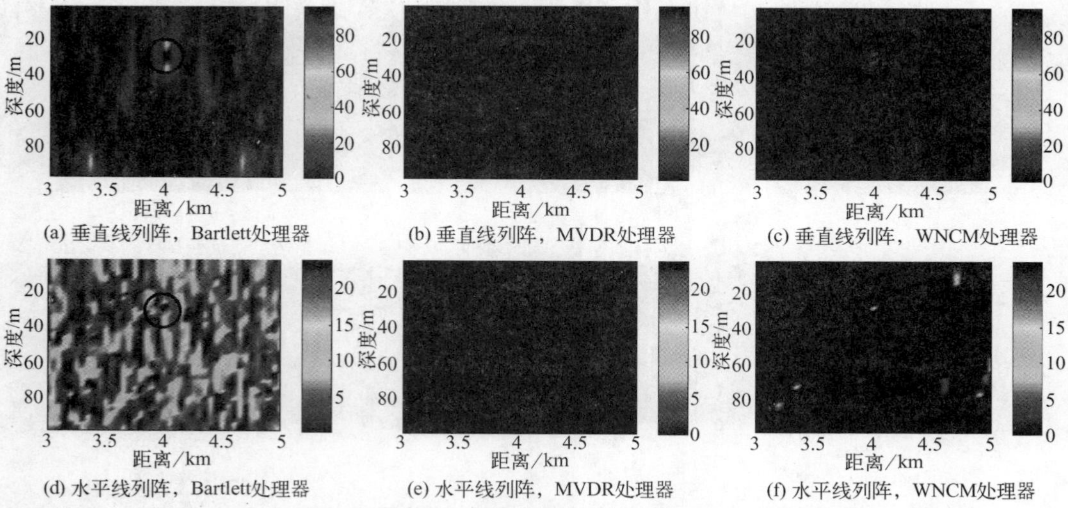

图 4.16　相干宽带匹配场处理的深度－距离定位模糊表面
（声源频率 75Hz、100Hz、150Hz 和 250Hz，深度 30m，距离 4km）

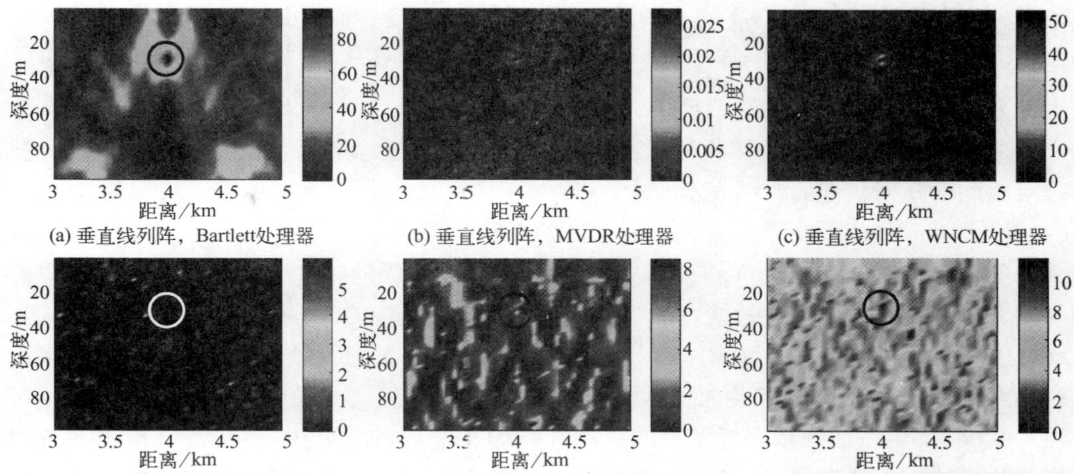

(a) 垂直线列阵，Bartlett处理器　(b) 垂直线列阵，MVDR处理器　(c) 垂直线列阵，WNCM处理器
(d) 水平线列阵，Bartlett处理器　(e) 水平线列阵，MVDR处理器　(f) 水平线列阵，WNCM处理器

图 4.17　存在声速剖面失配的情况下，非相干宽带匹配场处理的深度－距离定位模糊表面
（声源频率 75Hz、100Hz、150Hz 和 250Hz，深度 30m，距离 4km）

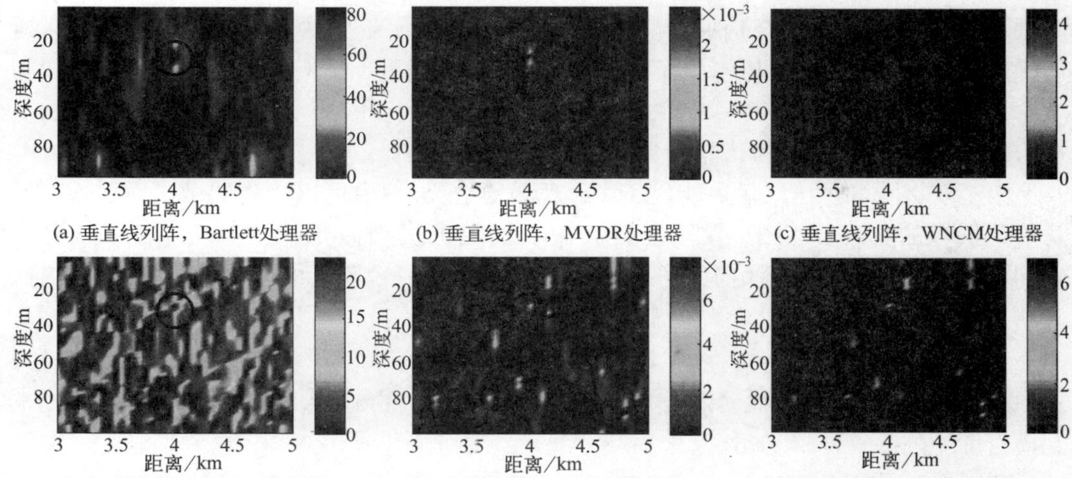

(a) 垂直线列阵，Bartlett处理器　(b) 垂直线列阵，MVDR处理器　(c) 垂直线列阵，WNCM处理器
(d) 水平线列阵，Bartlett处理器　(e) 水平线列阵，MVDR处理器　(f) 水平线列阵，WNCM处理器

图 4.18　存在声速剖面失配的情况下，相干宽带匹配场处理的深度－距离定位模糊表面
（声源频率 75Hz、100Hz、150Hz 和 250Hz，深度 30m，距离 4km）

4.4　运动水平短线列阵数据模型

使用匹配场处理技术进行目标声源的定位，有时会因为所选择的匹配场处理方法和接收基阵的配合使用并不足以消除生成的定位模糊表面中的旁瓣，尤其是在低信噪比的情况下，而导致无法较准确地确定目标声源的位置。通过调整基阵的物理结构以提供最佳的匹配场处理性能，并增加额外的约束条件而进一步优化处理结果，以尽可能地抑制旁瓣、消除非实际存在的假目标。假定运动水平短线列阵作定深匀速直线运动，这样，它便

可以在海洋空间的不同位置进行声场的采样，相比于静止的水平短线列阵，掌握了更多关于目标声源所产生声场的空间特性。理论上，可以一定程度地弥补由于自身小孔径的缺点而导致的空间处理增益的不足。

考虑具有 N 个阵元的接收基阵，以及处于远场的 M 个点声源发射窄带信号，这样，基阵接收到的阵列数据的时域表示为

$$\boldsymbol{x}(t)=\boldsymbol{C}(\boldsymbol{\theta})\boldsymbol{s}(t)+\boldsymbol{u}(t) \tag{4.114}$$

式中：$\boldsymbol{x}(t)$为基阵接收到的 N 维声压向量；$\boldsymbol{C}(\boldsymbol{\theta})$是 $N\times M$ 维的导向矩阵，其中 $\boldsymbol{\theta}$ 代表声源的 M 维方位角向量，这样，$\boldsymbol{C}(\boldsymbol{\theta})$就表示具有不同方位角的声源与基阵各个阵元间的时间延迟；$\boldsymbol{s}(t)$是声源的 M 维信号向量；$\boldsymbol{u}(t)$是 N 维的加性噪声。一般假设噪声 $\boldsymbol{u}(t)$是零均值的高斯白噪声，并与信号 $\boldsymbol{s}(t)$不相关，而且 $\boldsymbol{s}(t)$自身也是零均值、互不相关的随机过程。

式(4.114)可以表示声源发出的声波在均匀无边界的媒介中传播，最终被水平线列阵接收的情况。然而，当处理浅海的声传播问题时，式(4.114)需要引入实际的声传播模型进行修正。假定浅海中具有一个未知参数为 $\boldsymbol{a}_t$ 的点声源，观测噪声为零均值的加性白噪声。这样，基阵接收到的频率为 f 的阵列数据可以表示为

$$\boldsymbol{x}(\boldsymbol{a}_t)=\boldsymbol{H}(\boldsymbol{a}_t)s+\boldsymbol{u} \tag{4.115}$$

式中：$\boldsymbol{H}(\boldsymbol{a}_t)$为 N 维的海洋信道脉冲响应向量；s 为在频率 f 处的声源信号的谱；$\boldsymbol{u}$ 是 N 维的噪声向量，而且其方差为 σ_u^2。如果考虑 M 个声源的情况，式(4.115)的信号成分变为 $N\times M$ 维的矩阵 $\boldsymbol{H}(\boldsymbol{a}_t)\boldsymbol{s}$，其中 $\boldsymbol{s}$ 为 M 维的信号向量。由于多声源的情况较容易扩展，所以为了推导方便，下面只考虑单声源的情况。

为了使接收的声压向量更能代表实际观测的情况，一个可以接受的做法是引入一些扰动到信号的物理模型中。那么，引入一个复随机扰动因子 $\varepsilon=|\varepsilon|\exp(\mathrm{j}\phi)$ 进入式(4.115)中，并假定传播信道的随机变化对基阵中每一个阵元的影响是一致的。这样，式(4.115)变为

$$\boldsymbol{x}(\boldsymbol{a}_t)=s\boldsymbol{H}(\boldsymbol{a}_t)\varepsilon+\boldsymbol{u} \tag{4.116}$$

式中：假定噪声向量 $\boldsymbol{u}$ 与扰动因子 ε 是不相关的。这样，由式(4.116)生成的接收数据的互谱密度矩阵为

$$\begin{aligned}\boldsymbol{R}_{xx}(\boldsymbol{a}_t)&=E\{\boldsymbol{x}(\boldsymbol{a}_t)\cdot\boldsymbol{x}^{\mathrm{H}}(\boldsymbol{a}_t)\}\\ &|s|^2\boldsymbol{H}(\boldsymbol{a}_t)\boldsymbol{H}^{\mathrm{H}}(\boldsymbol{a}_t)E\{|\varepsilon|^2\}+\sigma_u^2\boldsymbol{I}\end{aligned} \tag{4.117}$$

式中：上标 H 表示共轭转置操作符。

式(4.116)描述了静止水平线列阵接收数据的基本情况。如果水平线列阵在低速运动，那么，它就可以在海洋空间的不同位置进行声场的采样了，如图 3.1 所示。从图中可以看出，在二维的海洋环境中，水平线列阵朝向声源做定深直线运动，声源处于水平线列阵的端射方向上，L 表示基阵的长度，D 表示相邻两个采样位置间的距离，通常 $D\gg L$。

为了能够综合利用运动水平线列阵在不同采样位置上接收到的声压场向量，定义一个扩展的数据向量：

$$\tilde{\boldsymbol{x}}(\boldsymbol{a}_t)=[\boldsymbol{x}_1^{\mathrm{T}}(\boldsymbol{a}_t),\boldsymbol{x}_2^{\mathrm{T}}(\boldsymbol{a}_t),\cdots,\boldsymbol{x}_V^{\mathrm{T}}(\boldsymbol{a}_t)]^{\mathrm{T}} \tag{4.118}$$

式中：$\boldsymbol{x}_V(\boldsymbol{a}_t)$表示在第 v 采样位置上接收到的声压场向量，V 代表采样位置的个数；上标 T 代表转置操作符。根据式(4.116)，扩展的数据向量可以表示为

$$\widetilde{\boldsymbol{x}}(\boldsymbol{a}_t) = s\,\widetilde{\boldsymbol{H}}(\boldsymbol{a}_t)\boldsymbol{\varepsilon} + \widetilde{\boldsymbol{u}} \tag{4.119}$$

式中:$\boldsymbol{\varepsilon} = [\varepsilon_1, \varepsilon_2, \cdots, \varepsilon_V]$为 V 维的扰动因子;$\widetilde{\boldsymbol{u}} = [\boldsymbol{u}_1^{\mathrm{T}}, \boldsymbol{u}_2^{\mathrm{T}}, \cdots, \boldsymbol{u}_V^{\mathrm{T}}]^{\mathrm{T}}$ 为扩展的噪声向量。并且,进一步假定不同采样位置上的噪声向量是不相关的:

$$E\{\boldsymbol{u}_i \cdot \boldsymbol{u}_j^{\mathrm{H}}\} = \sigma_u^2 \boldsymbol{I} \cdot \delta_{ij}, \quad i,j \in [1,2,\cdots,V] \tag{4.120}$$

扩展的脉冲响应向量$\widetilde{\boldsymbol{H}}(\boldsymbol{a}_t)$可以表示为

$$\widetilde{\boldsymbol{H}}(\boldsymbol{a}_t) = \begin{bmatrix} \boldsymbol{H}_1(\boldsymbol{a}_t) & 0 & \cdots & 0 \\ 0 & \boldsymbol{H}_2(\boldsymbol{a}_t) & \cdots & 0 \\ \vdots & \vdots & & \vdots \\ 0 & 0 & \cdots & \boldsymbol{H}_V(\boldsymbol{a}_t) \end{bmatrix} \tag{4.121}$$

式中:$\boldsymbol{H}_V(\boldsymbol{a}_t)$表示第 V 个采样位置的脉冲响应向量。这样,便可得到式(4.119)所示的扩展数据向量$\widetilde{\boldsymbol{x}}(\boldsymbol{a}_t)$的互谱密度矩阵:

$$\boldsymbol{R}_{\tilde{x}\tilde{x}}(\boldsymbol{a}_t) = E\{\widetilde{\boldsymbol{x}}(\boldsymbol{a}_t) \cdot \widetilde{\boldsymbol{x}}^{\mathrm{H}}(\boldsymbol{a}_t)\} \tag{4.122}$$

$\boldsymbol{R}_{\tilde{x}\tilde{x}}$是扩展的互谱密度矩阵,可将其分解成 $V \times V$ 个 $N \times N$ 维的子矩阵:

$$\boldsymbol{R}_{\tilde{x}\tilde{x}}(\boldsymbol{a}_t) = \underbrace{\begin{bmatrix} \boldsymbol{R}_{11}(\boldsymbol{a}_t) & \boldsymbol{R}_{12}(\boldsymbol{a}_t) & \cdots & \boldsymbol{R}_{1V}(\boldsymbol{a}_t) \\ \boldsymbol{R}_{21}(\boldsymbol{a}_t) & \boldsymbol{R}_{22}(\boldsymbol{a}_t) & \cdots & \boldsymbol{R}_{2V}(\boldsymbol{a}_t) \\ \vdots & \vdots & & \vdots \\ \boldsymbol{R}_{V1}(\boldsymbol{a}_t) & \boldsymbol{R}_{V2}(\boldsymbol{a}_t) & \cdots & \boldsymbol{R}_{VV}(\boldsymbol{a}_t) \end{bmatrix}}_{N \times V} \tag{4.123}$$

其中,第(i,j)项的子矩阵为

$$\boldsymbol{R}_{ij}(\boldsymbol{a}_t) = \begin{cases} |s|^2 \boldsymbol{H}_i(\boldsymbol{a}_t)\boldsymbol{H}_i^{\mathrm{H}}(\boldsymbol{a}_t) E\{|\varepsilon_i|^2\} + \sigma_u^2 \boldsymbol{I} & (i=j) \\ |s|^2 \boldsymbol{H}_i(\boldsymbol{a}_t)\boldsymbol{H}_j^{\mathrm{H}}(\boldsymbol{a}_t) E\{\varepsilon_i \cdot \varepsilon_j^*\} & (i \neq j) \end{cases}, \quad i,j \in [1,2,\cdots,V] \tag{4.124}$$

式中:$E\{|\varepsilon_i|^2\}$表示采样位置 i 的扰动因子的自相关,通常可设定 $E\{|\varepsilon_i|^2\} = \sigma_\varepsilon^2$;$E\{\varepsilon_i \cdot \varepsilon_j^*\}$表示采样位置 i 与 j 的扰动因子的互相关。

从式(4.123)和式(4.124)可以看出,对于大多数的声传播信道,对角线上$(i=j)$的子矩阵承载着声波的主要能量,但同时也携带了大部分的噪声,然而,由于时间平稳随机过程的属性,非对角线上$(i \neq j)$的子矩阵是没有噪声项的,这样的情况在实际中可近似成立。那么,进行如下定义:如果只利用对角线上的子矩阵进行目标声源的定位,就称为采样位置间的非相干处理;而如果同时利用对角线与非对角线上的子矩阵进行目标声源的定位,就称为采样位置间的相干处理。下面,就对上述两种处理方法分别进行讨论。

4.5 采样位置处理

4.5.1 采样位置间的非相干处理

因为采样位置间的非相干处理并不涉及式(4.123)中非对角线上的子矩阵,所以假定扰动因子满足

$$E\{\varepsilon_i \cdot \varepsilon_j^*\} = \sigma_\varepsilon^2 \delta_{ij}, \quad i,j \in [1,2,\cdots,V] \tag{4.125}$$

根据前文中关于匹配场处理的介绍,可得到扩展的拷贝场向量为

$$\tilde{\boldsymbol{d}}(\hat{\boldsymbol{a}}) = [\boldsymbol{H}_1^{\mathrm{T}}(\hat{\boldsymbol{a}}), \boldsymbol{H}_2^{\mathrm{T}}(\hat{\boldsymbol{a}}), \cdots, \boldsymbol{H}_V^{\mathrm{T}}(\hat{\boldsymbol{a}})]^{\mathrm{T}} \tag{4.126}$$

再根据所选择的匹配场处理器,如式(4.2)的 Bartlett 处理器、式(4.6)的 MVDR 处理器或者式(4.13)的 WNCM 处理器等,可得到扩展的基阵权向量为

$$\tilde{\boldsymbol{w}}(\hat{\boldsymbol{a}}) = [\boldsymbol{w}_1^{\mathrm{T}}(\hat{\boldsymbol{a}}), \boldsymbol{w}_2^{\mathrm{T}}(\hat{\boldsymbol{a}}), \cdots, \boldsymbol{w}_V^{\mathrm{T}}(\hat{\boldsymbol{a}})]^{\mathrm{T}} \tag{4.127}$$

式中:$\hat{\boldsymbol{a}}$是假定的声源参数向量;$\boldsymbol{w}_V(\hat{\boldsymbol{a}})$代表第 V 个采样位置的基阵权向量。这样,可得到采样位置间的非相干匹配场处理的输出为

$$P_{\text{incoh-sp}}(\hat{\boldsymbol{a}}) = \sum_{v=1}^{V} \boldsymbol{w}_V^{\mathrm{H}}(\hat{\boldsymbol{a}}) \boldsymbol{R}_{VV}(\boldsymbol{a}_t) \boldsymbol{w}_V(\hat{\boldsymbol{a}}) \tag{4.128}$$

通过对式(4.128)的分析,可以得知:它首先是将式(4.123)中对角线上的子矩阵进行匹配场处理,然后再求 V 个匹配场输出的加权和,其加权系数是由声源与基阵各个采样位置的相对关系决定的,然而,当事先不能准确地确定哪一个采样位置的匹配场输出权重较大时,通常采用平均加权法。

下面,使用图 4.6 中包含有水层声速剖面失配的海洋环境模型和图 4.19 中声源与运动水平短线列阵的相对位置关系进行采样位置非相干处理方法的测试,同时设定声源的频率为 75Hz,所处深度为 30m,与水平短线列阵第 1 个采样位置间的距离为 4km,水平短线列阵共经过了 30 个采样位置,而且相邻采样位置间的距离为 100m。需要指出的是,整个测试过程仍然在高信噪比(SNR = 40dB)下进行,所有的测试结果都是在处理完第 30 个采样位置的阵列数据后的输出结果,而且为了方便与前文中的定位模糊表面进行对比分析,目标声源的距离估计是相对于水平短线列阵第 1 个采样位置而言的,也就是以 4km 为标准。

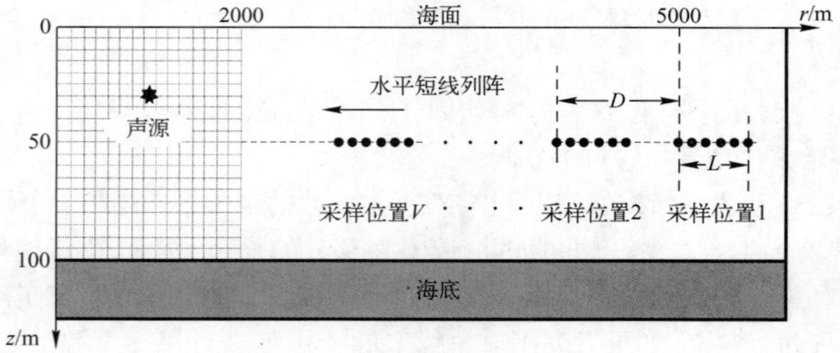

图 4.19　声源与运动水平线列阵的相对位置关系示意图

图 4.20 至图 4.22 分别显示了基于采样位置非相干处理的 Bartlett 处理器、MVDR 处理器以及 WNCM 处理器(G_w = 0.2)输出的深度 - 距离定位模糊表面,图中圆圈指示了声源的真实位置。从图中可以明显地看出,MVDR 处理器的输出结果是最好的,其定位模糊表面中的旁瓣能够被很好地抑制,这说明 MVDR 处理器对失配高敏感的缺点被采样位置非相干处理所补偿。图 4.23 至图 4.25 则分别显示了使用采样位置非相干 MVDR 处理器而得到的目标声源的深度与距离估计随着海面声速 c_{w1} 变化的情况、随着水平短线列阵的采样位置深度和距离误差变化的情况,图中圆圈指示了声源坐标的真实值,而星号指示了坐标的估计值,虚线间的区域是所能接受的估计范围(距离与深度的估计误差分别小于

600m 和 6m)[225],从图中可以看出,随着各种失配的逐渐增大,估计值也会逐渐超出所能承受的最低标准,定位性能会受水平短线列阵采样位置误差的影响,而且对深度误差的影响比距离误差还要大一些。

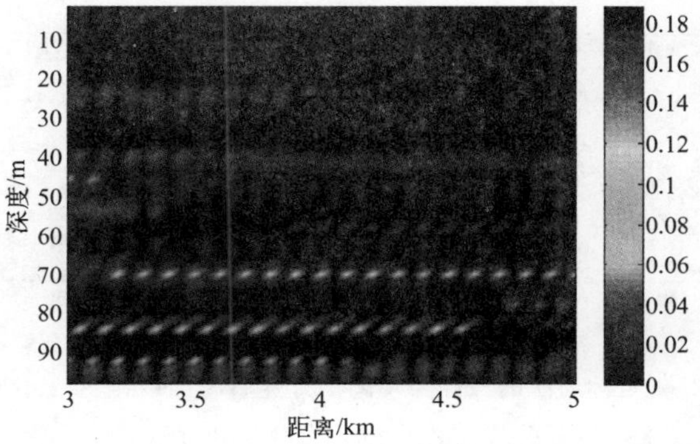

图 4.20　采样位置非相干 Bartlett 处理器的深度 - 距离定位模糊表面

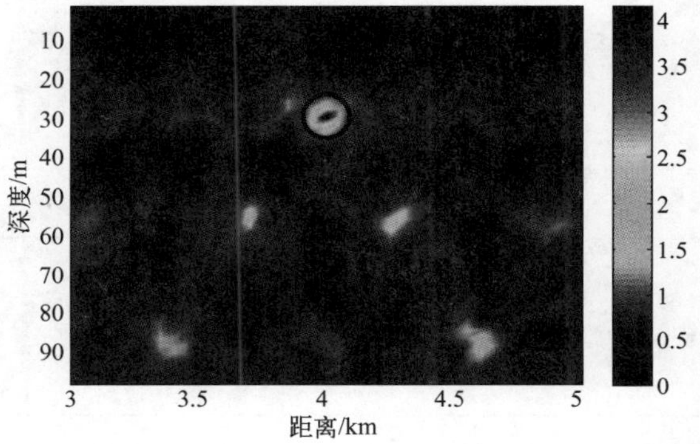

图 4.21　采样位置非相干 MVDR 处理器的深度 - 距离定位模糊表面

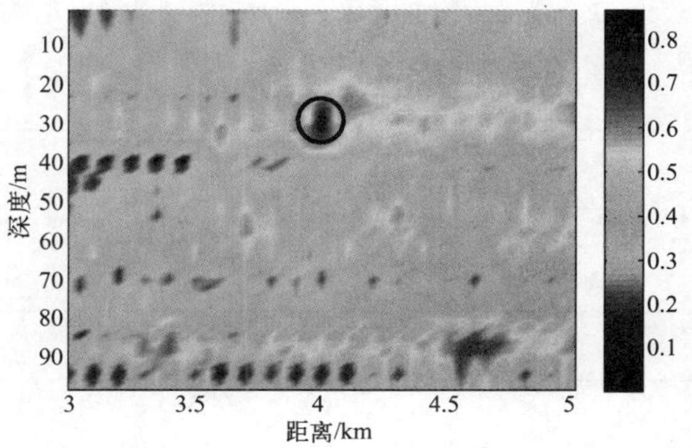

图 4.22　采样位置非相干 WNCM 处理器的深度 - 距离定位模糊表面

4.5.2　采样位置间的相干处理

采样位置间的相干处理需要使用式(4.123)中非对角线上的子矩阵,根据式(4.124)中关于非对角线上的子矩阵的表达式可知,采样位置 i 与 j 的扰动因子的互相关 $E\{\varepsilon_i \cdot \varepsilon_j^*\}$ 为不可预知项,其相位为

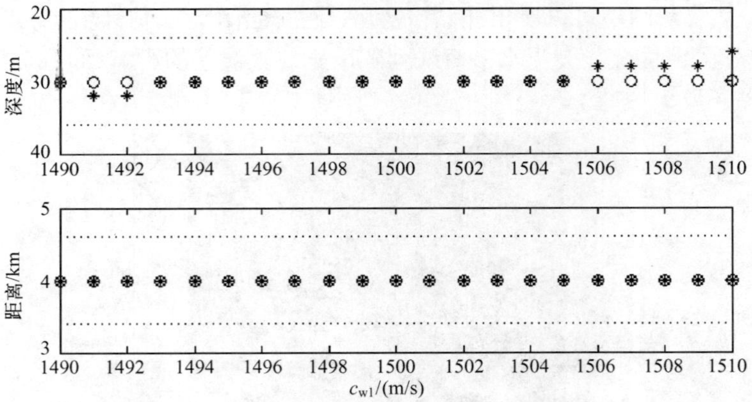

图 4.23　目标声源的深度与距离估计随着海面声速 c_{w1} 变化的情况
（采样位置非相干 MVDR 处理器）

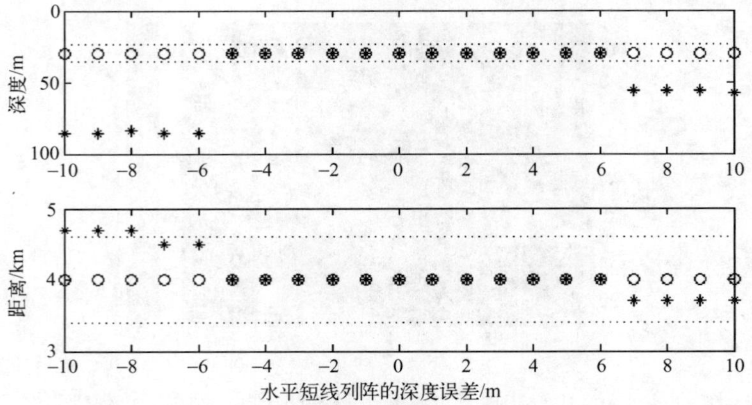

图 4.24　目标声源的深度与距离估计随着水平短线列阵的采样位置深度误差变化的情况
（采样位置非相干 MVDR 处理器）

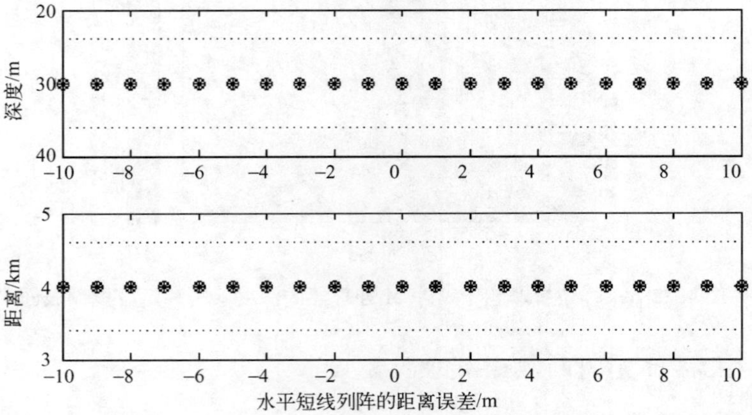

图 4.25　目标声源的深度与距离估计随着水平短线列阵的采样位置距离误差变化的情况
（采样位置非相干 MVDR 处理器）

$$\angle E\{\varepsilon_i \cdot \varepsilon_j^*\} = \phi_i - \phi_j \tag{4.129}$$

式中：∠表示求相位的操作符。由于存在式(4.129)所示的未知相位，所以，在构建扩展的拷贝场向量时加入了相位补偿项，如下所示：

$$\tilde{\boldsymbol{d}}(\hat{\boldsymbol{a}}) = [\boldsymbol{H}_1^{\mathrm{T}}(\hat{\boldsymbol{a}})\mathrm{e}^{\mathrm{j}\varphi_1}, \boldsymbol{H}_2^{\mathrm{T}}(\hat{\boldsymbol{a}})\mathrm{e}^{\mathrm{j}\varphi_2}, \cdots, \boldsymbol{H}_V^{\mathrm{T}}(\hat{\boldsymbol{a}})\mathrm{e}^{\mathrm{j}\varphi_V}]^{\mathrm{T}} \tag{4.130}$$

式中：$\mathrm{e}^{\mathrm{j}\varphi_V}$代表第 V 个采样位置的相位补偿。

这样，再根据所选择的匹配场处理器，如式(2.2)的 Bartlett 处理器、式(4.6)的 MVDR 处理器或者式(4.13)的 WNCM 处理器等，得到扩展的基阵权向量$\tilde{\boldsymbol{w}}(\hat{\boldsymbol{a}})$，最终，便可得到采样位置间的相干匹配场处理的输出为

$$P_{\mathrm{coh-sp}}(\hat{\boldsymbol{a}}) = \tilde{\boldsymbol{w}}^{\mathrm{H}}(\hat{\boldsymbol{a}})\boldsymbol{R}_{\tilde{x}\tilde{x}}(\boldsymbol{a}_t)\tilde{\boldsymbol{w}}(\hat{\boldsymbol{a}}) \tag{4.131}$$

与采样位置间的非相干处理相比，相干处理需要增加额外的相位搜索步骤，也就是用穷举法在[0,2π]的范围内搜索每一个采样位置的补偿相位的最佳值，以求匹配场输出可以达到最大。如果实际应用中需要水平线列阵的采样位置较多，而且水平线列阵在水中运动的扰动较大，设相位搜索的间隔为ζ，水平线列阵的深度、距离以及方位搜索间隔分别为α、β和γ，那么搜索的总量将为$\zeta^V \cdot \alpha \cdot \beta \cdot \gamma$，这就使得采样位置间的相干处理面临着计算量非常大的问题，其应用将严重受限，所以，其应用的要求就是采样位置的数目不能太多。

下面，使用与采样位置的非相干处理相同的测试环境对相干处理进行测试。从图4.26至图4.31中发现，采样位置相干处理的情况与基于水平长线列阵的匹配场处理情况相当，需要使用 WNCM 处理器以减弱部分的分辨率而达到好的定位效果。

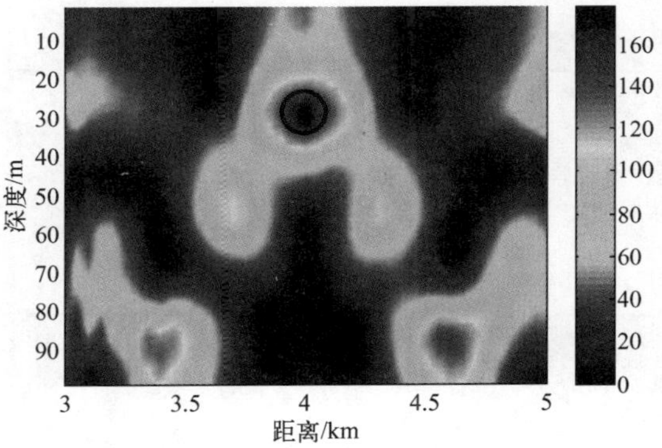

图4.26　采样位置相干 Bartlett 处理器的深度－距离定位模糊表面

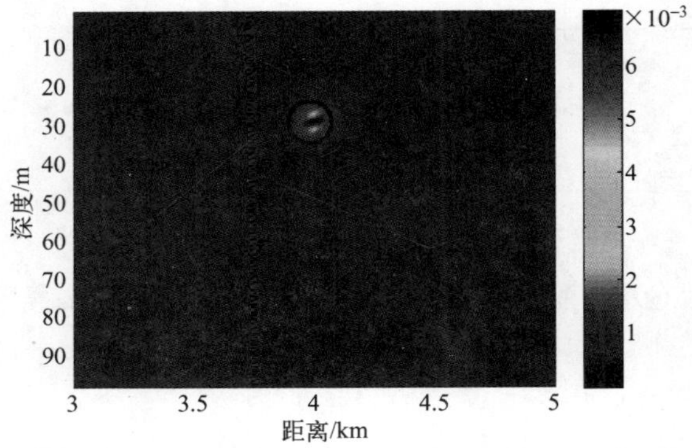

图4.27　采样位置相干 MVDR 处理器的深度－距离定位模糊表面

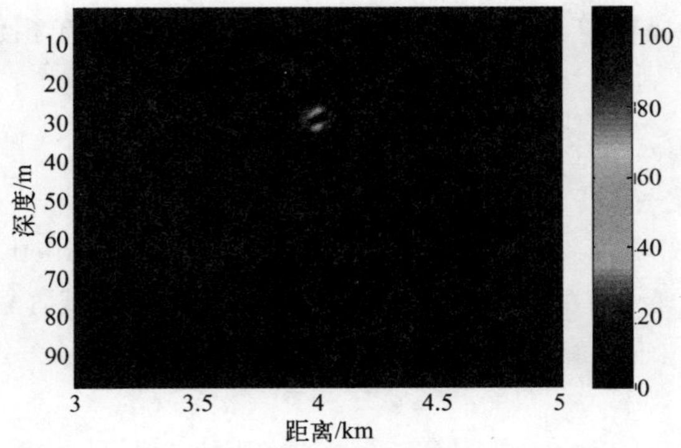

图 4.28　采样位置相干 WNCM 处理器的深度－距离定位模糊表面

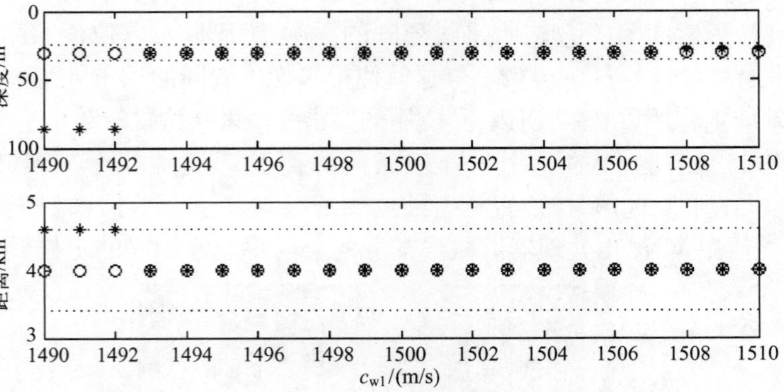

图 4.29　目标声源的深度与距离估计随着海面声速 c_{w1} 变化的情况

（采样位置相干 WNCM 处理器）

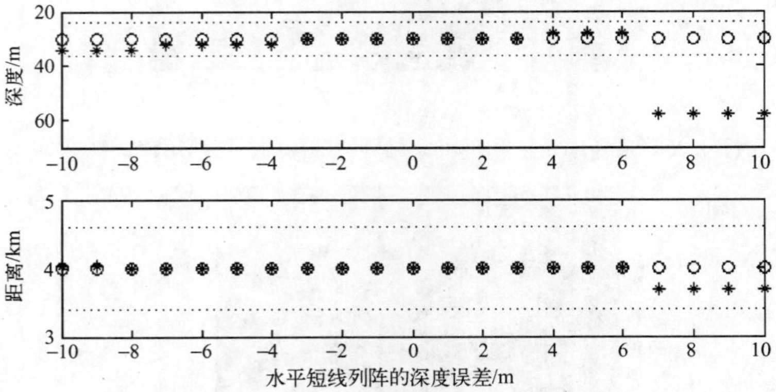

图 4.30　目标声源的深度与距离估计随着水平短线列阵的采样位置深度误差变化的情况

（采样位置相干 WNCM 处理器）

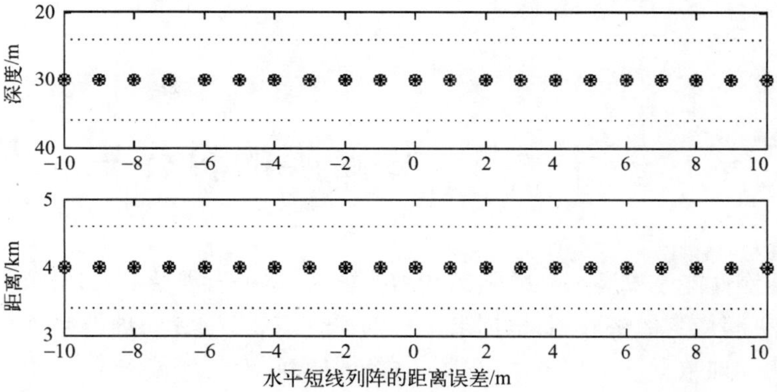

图 4.31　目标声源的深度与距离估计随着水平短线列阵的采样位置距离误差变化的情况（采样位置相干 WNCM 处理器）

4.6　本章小结

本章介绍了常用的匹配场处理方法和声场建模方法，并将具有不同分辨率和稳健性的匹配场处理器应用于 AUV 舷侧阵水平短线列阵上，研究了在二维海洋环境中基于静止水平短线列阵的匹配场定位性能。结果表明，水平短线列阵由于其空间处理增益过低的缺点，所以需要使用高分辨率的匹配场处理器来挖掘更多关于目标声源的信息，从而实现对声源的定位，但同时也必须注意考虑失配问题对其定位性能的影响。

基于静止水平短线列阵的匹配场定位分析结果，研究了处理运动水平短线列阵在各个采样位置上收集的阵列数据的两种方式，并根据这两种方式，提出了两种基于运动水平短线列阵的匹配场定位方法。同时，通过理论分析和仿真试验，对两种定位方法的使用条件、分辨率以及抗海洋环境参数失配和水平短线列阵采样位置误差的性能进行了评估。

第 5 章　基于 AUV 舷侧阵的目标定位技术

声呐的探测性能受安装平台的限制和影响很大,本书所涉及的舷侧阵以 AUV 为安装平台,其所占空间受到严格限制,根据第 4 章的研究成果,融合处理舷侧阵在各个采样位置上收集到的阵列数据,可以在一定程度上弥补其空间处理增益的不足,但同时处理的实用性和有效性也受到舷侧阵运动状态的影响,也就是受到了 AUV 运动状态的影响。AUV 的体积相对较小、质量相对较轻,不可避免地会受到复杂多变的海洋环境的影响而导致其运动状态的波动,偏离预定航线,从而引起舷侧阵的采样位置产生偏差,而且对于长时间进行水下作业的 AUV,这种偏差通常会随着时间消逝而累积。

本章首先将简单介绍关于 AUV 的定位问题,分析现阶段被广泛应用于 AUV 自主定位的卡尔曼滤波算法以及粒子滤波算法,并为服务于本书所研究的基于 AUV 舷侧阵的目标定位方法,以提高机动情况下 AUV 的自主定位精度、减小其舷侧阵的采样位置偏差为目的,在研究 AUV 的运动状态特性的基础上,提出一种基于小波变换的灰粒子滤波算法;然后,详细介绍所提出滤波算法的推导过程、用于对比分析的多模型粒子滤波算法以及自适应扩展卡尔曼滤波算法;最后通过试验数据的对比分析,详细评估基于所提出滤波算法的 AUV 自主定位的精度,验证该算法的有效性。

本章结合以上各章的研究成果,首先提出一种基于 AUV 舷侧阵的浅海远程目标三维被动定位方法,并对该方法的使用条件进行说明;然后,通过大量仿真实验对该方法在不同信噪比下的分辨率、定位目标所需要的采样位置的数目以及抗海洋环境参数失配与舷侧阵采样位置误差的性能进行评估,详细分析和论证所提出定位方法的优缺点。

5.1　AUV 的定位问题分析

AUV 的定位与导航是 AUV 技术及其应用领域所研究的一项重要内容,其实导航问题的核心就是定位问题,AUV 在水下航行时必须时时知道自身的位置,以便能够根据需要进行机动从而到达目的地[1,226,227]。声波是公认的海水介质中最有效的信息传递载体,所以水下目标及载体的定位和导航任务不可避免地会用到水声技术,因而出现了长基线、短基线以及超短基线等水下定位系统[228]。这些系统可以在局部海域对水下目标及载体进行高精度的定位,可用于 AUV 的位置、速度以及航向等多种运动参数的测量。然而,由于水下定位系统需要预先布放水下的水听器阵,这显然不适合在一些敏感的海区进行大规模的使用。当然,AUV 也可使用北斗定位与导航系统或全球定位系统进行自身的定位或定位误差的修正,但需要浮出水面,如果定位的时间较长或者定位误差修正的次数过于频繁,不仅会影响其水下任务的执行,也存在暴露自身的危险,从而失去隐蔽性[229]。而且,AUV 的水下隐蔽性,是其发挥作战效能的可贵因素,所以为保证其可长时间在水下隐蔽航行，稳定可靠且精度较高的自主定位能力是必不可少的。

现阶段的 AUV 仍然主要采用惯性导航系统而实现其自主定位[229-231]。惯性导航使用 AUV 的内部传感器，实时观测并记录航行深度、速度以及姿态角等信息，通过解算 AUV 的运动方程而获得自身的位置，这种多传感器信息融合的方式可以在一定程度上减小定位误差，但由于惯性导航本质上并没有参考外部信息，所以 AUV 在长时间航行后的定位误差累积会较大。这样，一种称为同步定位与地图构建法（Simultaneous Localization and Mapping，SLAM）的自主定位方法被提出[1,230,231]。相比于惯性导航法，该方法在使用内部传感器估计自身运动状态的同时，也使用外部传感器感知周围环境，然后对获取的环境信息进行分析并提取环境特征，再通过对环境特征的比较而进行自身位置的校正。可以看出，SLAM 定位方法与环境建模紧密相关，环境模型的准确性依赖于定位精度，而定位的实现又离不开环境模型。因此，AUV 在完全未知的环境中和没有什么参照物的情况下，只依靠其自身的传感器来获取外界信息而实现自主定位是比较困难的，还需要对 SLAM 进行大量的研究工作来解决地图表示、不确定性信息处理以及数据关联等问题。但无论如何，研究如何利用现有的 AUV 内部传感器来提高其自主定位的精度仍然是十分必要的，而且它也是使用外界信息修正定位误差的基础。

根据上述的讨论可知，使用现有的 AUV 内部传感器而进行自主定位，运动方程的解算方法就影响着 AUV 的位置估计精度。现阶段，常用的运动方程解算方法包括卡尔曼滤波算法、粒子滤波算法以及 $H\infty$ 滤波算法。其中，$H\infty$ 滤波算法被广泛地应用于噪声能量有限的不确定系统，而且该算法假设被估计系统是完全不确定的。然而，这样的假设对于 AUV 的自主定位问题略显保守，这也是 $H\infty$ 滤波算法在实际应用中普遍存在的问题[232]。所以，下面将主要介绍前两种滤波算法。

1. 卡尔曼滤波算法

AUV 在水中航行时的运动模型通常是非线性的。对于非线性的滤波问题，首先的解决办法就是利用线性化技术将其转化为近似的线性滤波问题，然后再根据线性滤波理论进行求解，最终得到问题的次优解。最常用的线性化方法是利用一阶的 Taylor 级数展开，而衍生出来的滤波算法即扩展卡尔曼滤波（Extended Kalman Filter，EKF）算法[233]。随后，又有学者将无先导变换方法应用于卡尔曼滤波中，从而产生了无先导卡尔曼滤波（Unscented Kalman Filter，UKF）算法[234]。基于卡尔曼滤波的 EKF 与 UKF 对于处理一些非线性滤波问题具有较好的性能，已成为非线性估计领域中较为流行的方法。然而，对于任意一个非线性系统，由于 UKF 是通过俘获先验均值以及协方差矩阵的办法，使得解算可以精确到 Taylor 级数展开的二阶项，而 EKF 却仅能精确到一阶项，所以当被估计系统具有较强的非线性或噪声服从非高斯分布时，EKF 和 UKF 都可能导致滤波发散，这也是卡尔曼滤波算法及其变型都会遇到问题[235-237]。另外，针对运动模型不确定时的状态估计问题，国内外学者提出了很多自适应的卡尔曼滤波算法[238-240]，如自适应二级卡尔曼滤波（Adaptive Two - Stage Kalman Filter，ATKF）算法和自适应扩展卡尔曼滤波（Adaptive Extended Kalman Filter，AEKF）算法。

2. 粒子滤波算法

近些年，一种称为粒子滤波（Particle Filter，PF）的非线性方法也得到了广泛关注和研究，逐渐应用于自主定位领域，尤其是针对动态的非线性运动过程[241-245]。粒子滤波算法在处理非线性非高斯滤波问题时,是通过非参数化的蒙特卡罗模拟方法而实现递推的贝叶斯滤波的,首先使用样本形式对系统状态的先验和后验信息进行描述,然后利用状态空间中的一组随机自适应演化粒子探索系统状态的发展变化,由于每个粒子都代表着系统状态变化的一条可能轨迹,所以具有较好的鲁棒性。另外,针对机动情况下的自主定位问题,也有多种粒子滤波的改进算法被提出。其中,多模型粒子滤波(Multiple Model Particle Filter,MMPF)算法的应用最为普遍[242-244,246]。MMPF 将粒子滤波与多模型(Multiple Model,MM)相结合,使其不受运动模型和噪声模型的约束,也不需要对合并后的模型后验概率分布进行高斯近似,它的基本思想是使用多个模型来近似被估计系统的运动特性(多个模型用于表示被估计系统运动模型的不确定性),然后使用多个并行工作的滤波器来计算这些模型的有效概率,再根据计算得出的有效概率对每个滤波器的估计值进行加权,从而得到系统状态的最终估计。当建立的运动模型与真实的运动状态相匹配时,MMPF 能够取得较好的估计精度[246,247]。然而,实际中 AUV 的运动方式不确定、运动方式改变的时刻不确定以及对于系统先验信息的匮乏,总是会导致很难设计出较好的运动模型,这种情况不仅会增加 MMPF 计算的复杂度,而且各个滤波器还需要为不存在的运动模型保留相当数量的粒子,从而降低了粒子的利用效率,引起粒子的贫化问题,最终导致滤波算法的失效。另外,AUV 在航行过程中,由于海洋环境的复杂性,其内置的各种传感器都不可避免地受到外界干扰,从而会导致观测噪声发生变化[248],而不准确观测噪声的统计特性描述往往会导致各粒子的似然函数或重要性权值的计算错误,这同样会引起粒子的贫化问题[249,250],如基于灰预测的粒子滤波[247,251]与基于模糊控制的粒子滤波[252],它们都在一定程度上克服了由于运动模型的不准确而引发的粒子贫化问题,但如果忽略了观测噪声的不确定性因素,粒子的贫化问题仍然会存在。

因此,针对上述滤波算法中存在的问题,为提高机动情况下 AUV 的自主定位精度,从而减少舷侧阵的采样位置误差对定位目标的影响,提出了一种基于小波变换的灰粒子滤波(Wavelet - Based Grey Particle Filter,WG - PF)算法。灰预测是一种可以对含有不确定性因素的系统进行预测的方法,使用该方法不需要知道具体的系统模型及其参数,只利用少量的观测数据就可以对系统的未来状态做出预测。所以,将灰预测与基于状态模型的预测相结合来产生粒子[251],综合了与模型相关和与模型无关两种方法的优势,克服了 MMPF 中运动模型与真实的系统运动状态不相匹配的问题,能够较有效地修正粒子的先验分布。另外,运用小波变换来实现观测噪声方差的实时估计[250],跟踪粒子似然函数的变化,避免了粒子重要性权值的分配出现较大误差。综上所述,MMPF 是通过修正粒子的先验分布和似然函数,从而获得较准确的粒子后验分布,以解决粒子的贫化问题的。

5.2 粒子滤波

粒子滤波是基于蒙特卡罗模拟的非线性滤波方法[241,253,254],它通过一组具有重要性权值的粒子来表示被估计系统状态的后验概率,并基于序贯重要性采样(Sequential Importance Sampling,SIS)技术[254],利用每一个时刻获得的观测信息递推地进行计算和估计,不断地预测并更新粒子状态,使之能够有效地描述后验概率。尽管 SIS 早在 20 世纪

70 年代就被提出，但由于受到当时计算机处理能力的限制，以及算法本身的不足，并没有得到广泛的应用，直到 90 年代 Gordon 等人将重采样算法引入到 SIS 中，提出序贯重要性重采样（Sequential Importance Resampling，SIR）方法[241,254]，这一技术真正走向实用，SIR 算法也成为了粒子滤波算法及其各种变型的基础。相比传统的卡尔曼滤波及其改进算法，粒子滤波在非线性非高斯的条件下也可以获得良好的性能，当粒子数足够多时，其估计值可逼近于最优解[255]。本节将对粒子滤波的基础理论进行介绍。

5.2.1 状态空间模型与递推贝叶斯估计

考虑一般的非线性非高斯随机离散状态空间模型[254]：

$$\boldsymbol{x}_k = f(\boldsymbol{x}_{k-1}, \boldsymbol{u}_k) \tag{5.1}$$

$$\boldsymbol{z}_z = h(\boldsymbol{x}_k, \boldsymbol{w}_k) \tag{5.2}$$

式中：$\boldsymbol{x}_k \in \mathbf{R}^n$ 表示第 k 时刻的系统状态向量；$f(\cdot)$ 和 $h(\cdot)$ 分别为状态方程和观测方程；$\boldsymbol{u}_k$ 和 $\boldsymbol{w}_k$ 则分别代表过程噪声和观测噪声。从概率空间模型的角度可以把该模型进一步细分为状态传递模型 $p(\boldsymbol{x}_k \mid \boldsymbol{x}_{k-1})$ 和状态观测模型 $p(z_k \mid \boldsymbol{x}_k)$。

根据贝叶斯的观点，在观测数据序列的基础上递推地估计出系统状态的后验概率分布 $p(\boldsymbol{x}_{1:k} \mid z_{1:k})$，其中，$\boldsymbol{x}_{1:k} = \{\boldsymbol{x}_1, \boldsymbol{x}_2, \cdots, \boldsymbol{x}_k\}$，$z_{1:k} = \{z_1, z_2, \cdots, z_k\}$，就能对系统的状态进行优化估计，例如最大后验概率估计和后验均值估计等[254]。然而，在许多实际应用中，如处理定位问题时，通常只会关心滤波概率分布 $p(\boldsymbol{x}_k \mid z_{1:k})$（边缘概率分布）的估计。而且，从存储的角度上看，因为滤波概率分布只与现在的状态有关，所以它比后验概率分布更加经济，并且通过滤波概率分布也更容易对系统的状态进行估计。

递推贝叶斯估计是一种递推估计滤波概率分布的方法[253]，该方法假定系统状态为一阶马尔可夫过程，而且在系统状态给定的情况下，观测值相互独立，如下所示：

$$\begin{cases} p(\boldsymbol{x}_{1:k}) = p(x_1) \prod_{i=1}^{k} p(\boldsymbol{x}_i \mid z_{i-1}) \\ p(\boldsymbol{z}_{1:k} \mid \boldsymbol{x}_{1:k}) = \prod_{i=1}^{k} p(z_i \mid \boldsymbol{x}_i) \end{cases} \tag{5.3}$$

递推贝叶斯估计可分为预测阶段和修正阶段[255]：

(1) 预测阶段：

$$p(\boldsymbol{x}_k \mid \boldsymbol{z}_{1:k-1}) = \int p(\boldsymbol{x}_k \mid \boldsymbol{x}_{k-1}) p(\boldsymbol{x}_{k-1} \mid \boldsymbol{z}_{1:k-1}) \mathrm{d}\boldsymbol{x}_{k-1} \tag{5.4}$$

式中：$p(\boldsymbol{x}_k \mid \boldsymbol{x}_{k-1})$ 为式(5.1)中状态模型的转移概率分布，它由过程噪声 $\boldsymbol{u}_k$ 的统计特性确定。

再由条件概率的定义，可得

$$\begin{aligned} p(\boldsymbol{x}_k \mid \boldsymbol{z}_{1:k}) &= \frac{p(\boldsymbol{z}_{1:k} \mid \boldsymbol{x}_k) p(\boldsymbol{x}_k)}{p(\boldsymbol{z}_k, \boldsymbol{z}_{1:k-1})} \\ &= \frac{p(\boldsymbol{z}_k \mid \boldsymbol{x}_k) p(\boldsymbol{z}_{1:k-1}) p(\boldsymbol{x}_k) / p(\boldsymbol{z}_{1:k-1})}{p(\boldsymbol{z}_k, \boldsymbol{z}_{1:k-1}) / p(\boldsymbol{z}_{1:k-1})} \\ &= \frac{p(\boldsymbol{z}_k \mid \boldsymbol{x}_k) p(\boldsymbol{x}_k \mid \boldsymbol{z}_{1:k-1})}{p(\boldsymbol{z}_k \mid \boldsymbol{z}_{1:k-1})} \end{aligned} \tag{5.5}$$

（2）修正阶段：

$$p(\boldsymbol{x}_k \mid \boldsymbol{z}_{1:k}) = \frac{p(\boldsymbol{z}_k \mid \boldsymbol{x}_k)p(\boldsymbol{x}_k \mid \boldsymbol{z}_{1:k-1})}{p(\boldsymbol{z}_k \mid \boldsymbol{z}_{1:k-1})} \tag{5.6}$$

式中：$p(\boldsymbol{z}_k \mid \boldsymbol{x}_k)$为式(5.2)中观测模型的似然函数，它由观测噪声 $\boldsymbol{w}_k$ 的统计特性确定，而归一化的常量为

$$p(\boldsymbol{z}_k \mid \boldsymbol{z}_{1:k-1}) = \int p(\boldsymbol{z}_k \mid \boldsymbol{x}_k)p(\boldsymbol{x}_k \mid \boldsymbol{z}_{1:k-1})\mathrm{d}\boldsymbol{x}_k \tag{5.7}$$

在修正阶段，通过观测值 $\boldsymbol{z}_k$ 修正预测分布 $p(\boldsymbol{x}_k \mid \boldsymbol{z}_{1:k-1})$，可得到当前系统状态的滤波概率分布。

5.2.2 序贯蒙特卡罗方法

蒙特卡罗积分是粒子滤波的基础，其基本观点是：近似非线性函数的概率分布比近似非线性函数本身更容易[253,254]。因此，使用对其采样得到的样本可以求解一些非常复杂的高维而且没有解析解的数值积分问题。该方法把递推贝叶斯估计中较难计算的积分运算转化为容易计算的抽样点求和运算，抽样点是从滤波概率分布 $p(\boldsymbol{x}_k \mid \boldsymbol{z}_{1:k})$ 中抽样而得到的。

假定独立地从滤波概率分布中抽取 N 个样本点 $\{\boldsymbol{x}_k^j, j=1,2,\cdots,N\}$，则滤波概率分布便可由如下的经验概率分布得出：

$$p(\boldsymbol{x}_k \mid \boldsymbol{z}_{1:k}) = \frac{1}{N}\sum_{j=1}^{N}\delta(\boldsymbol{x}_k - \boldsymbol{x}_k^j) \tag{5.8}$$

式中，$\delta(\cdot)$为 Dirac 函数。因此，函数 $f(\boldsymbol{x}_k)$ 的期望估计为

$$\mathrm{E}[f(\boldsymbol{x}_k)] = \int f(\boldsymbol{x}_k)p(\boldsymbol{x}_k \mid \boldsymbol{z}_{1:k})\mathrm{d}\boldsymbol{x}_k \tag{5.9}$$

式(5.9)可用如下形式的估计来逼近：

$$\hat{\mathrm{E}}[f(\boldsymbol{x}_k)] = \frac{1}{N}\sum_{j=1}^{N} f(\boldsymbol{x}_k^j) \tag{5.10}$$

由大数定理保证 $\hat{\mathrm{E}}[f(\boldsymbol{x}_k)]$ 几乎处处收敛于 $\mathrm{E}[f(\boldsymbol{x}_k)]$，同时当 $f(\boldsymbol{x}_k)$ 的后验方差有界时，即 $\mathrm{Var}_{p(\boldsymbol{x}_k \mid \boldsymbol{z}_{1:k})}(f(\boldsymbol{x}_k)) < \infty$，中心极限定理成立：

$$\sqrt{N}(\hat{\mathrm{E}}[f(\boldsymbol{x}_k)] - \mathrm{E}[f(\boldsymbol{x}_k)]) \xrightarrow[N\to\infty]{p} N(0, \mathrm{Var}_{p(\boldsymbol{x}_k \mid \boldsymbol{z}_{1:k})}(f(\boldsymbol{x}_k))) \tag{5.11}$$

5.2.3 粒子滤波算法

粒子滤波算法是一种利用重要性权值进行抽样的序贯蒙特卡罗方法[255]，它避开了直接从滤波概率分布抽样的困难性，而采用易抽样的建议性分布来得到一组带权样本，并用这组带权样本来近似滤波概率分布的样本。其中，带权样本主要通过序贯重要性抽样获得，但以这种方式获得的重要性权值的方差会随时间的流逝而增大，导致从建议性分布抽取的样本与直接从滤波概率分布抽取的样本间的偏差增大，因此必须再对样本点进行重抽样，下面就简要介绍这一过程。

通过对序贯蒙特卡罗方法的描述可知，概率密度分布能够近似地表示为有限离散点和的形式。而且，根据大数定理，随着 N 的增大，期望值也能近似地表示为有限离散点和

的形式。然而，由于一般情况下很难从滤波概率分布中直接进行抽样。因此，选择一个易抽样的建议性分布 $q(\boldsymbol{x}_k \mid \boldsymbol{z}_{1:k})$ 来替代滤波概率分布。这样，式(5.9)可表示为

$$\mathrm{E}[f(\boldsymbol{x}_k)] = \int f(\boldsymbol{x}_k) \frac{p(\boldsymbol{x}_k \mid \boldsymbol{z}_{1:k})}{q(\boldsymbol{x}_k \mid \boldsymbol{z}_{1:k})} q(\boldsymbol{x}_k \mid \boldsymbol{z}_{1:k}) \mathrm{d}\boldsymbol{x}_k \tag{5.12}$$

令重要性权值为

$$w_k(\boldsymbol{x}_k) = \frac{p(\boldsymbol{z}_{1:k} \mid \boldsymbol{x}_k) p(\boldsymbol{x}_k)}{q(\boldsymbol{x}_k \mid \boldsymbol{z}_{1:k})} \tag{5.13}$$

将式(5.13)代入式(5.12)，可得到

$$\begin{aligned} \mathrm{E}[f(\boldsymbol{x}_k)] &= \int f(\boldsymbol{x}_k) \frac{w_k(\boldsymbol{x}_k)}{p(\boldsymbol{z}_{1:k})} q(\boldsymbol{x}_k \mid \boldsymbol{z}_{1:k}) \mathrm{d}\boldsymbol{x}_k \\ &= \int \frac{f(\boldsymbol{x}_k) w_k(\boldsymbol{x}_k) q(\boldsymbol{x}_k \mid \boldsymbol{z}_{1:k})}{p(\boldsymbol{z}_{1:k} \mid \boldsymbol{x}_k) p(\boldsymbol{x}_k) \dfrac{q(\boldsymbol{x}_k \mid \boldsymbol{z}_{1:k})}{q(\boldsymbol{x}_k \mid \boldsymbol{z}_{1:k})}} \mathrm{d}\boldsymbol{x}_k \\ &= \int \frac{f(\boldsymbol{x}_k) w_k(\boldsymbol{x}_k) q(\boldsymbol{x}_k \mid \boldsymbol{z}_{1:k})}{w_k(\boldsymbol{x}_k) q(\boldsymbol{x}_k \mid \boldsymbol{z}_{1:k})} \mathrm{d}\boldsymbol{x}_k \end{aligned} \tag{5.14}$$

即

$$\mathrm{E}[f(\boldsymbol{x}_k)] = \frac{\mathrm{E}_{q(\boldsymbol{x}_k \mid \boldsymbol{z}_{1:k})}[w_k(\boldsymbol{x}_k) f(\boldsymbol{x}_k)]}{\mathrm{E}_{q(\boldsymbol{x}_k \mid \boldsymbol{z}_{1:k})}[w_k(\boldsymbol{x}_k)]} \tag{5.15}$$

式中：$\mathrm{E}_{q(\boldsymbol{x}_k \mid \boldsymbol{z}_{1:k})}[\cdot]$ 表示由建议性分布 $q(\boldsymbol{x}_k \mid \boldsymbol{z}_{1:k})$ 计算得到的期望值。

仿照式(5.10)对建议性分布进行抽样，式(5.15)便可近似表示为

$$\hat{\mathrm{E}}[f(\boldsymbol{x}_k)] = \frac{1/N \sum_{j=1}^{N} w_k^j f(\boldsymbol{x}_k^j)}{1/N \sum_{j=1}^{N} w_k^j} = \sum_{j=1}^{N} f(\boldsymbol{x}_k^j) \, \overline{w}_k^j \tag{5.16}$$

其中，归一化重要性权值为

$$\overline{w}_k^j = \frac{w_k^j}{\sum_{j=1}^{N} \overline{w}_k^j} \tag{5.17}$$

建议性分布的选取是序贯重要性抽样的关键内容之一。一般选取的建议性分布为系统状态变量的转移概率密度函数 $p(\boldsymbol{x}_k \mid \boldsymbol{x}_{k-1})$。如果假定系统状态为一阶马尔可夫过程，在系统状态给定的情况下，观测值相互独立，那么由式(5.3)和式(5.13)的方程组，可得出重要性权值的递推表达式，为

$$w_k^j = w_{k-1}^j \frac{p(\boldsymbol{z}_k \mid \boldsymbol{x}_k) p(\boldsymbol{x}_k \mid \boldsymbol{x}_{k-1})}{q(\boldsymbol{x}_k \mid \boldsymbol{x}_{1:k-1}, \boldsymbol{z}_{1:k})} = w_{k-1}^j p(\boldsymbol{z}_k \mid \boldsymbol{x}_k) \tag{5.18}$$

但是，通常由式(5.18)获得的重要性权值的方差会随着时间的流逝而增大，造成从建议性分布抽样的样本与直接从滤波概率分布抽样的样本间的偏差增大。因此，必须根据每个归一化重要性权值对样本进行重拍样，保留和复制重要性权值较大的样本点，而丢弃重要性权值较小的样本点，从而使得重要性权值的方差达到极小。

图5.1所示为粒子滤波算法执行的基本流程，概括如下。

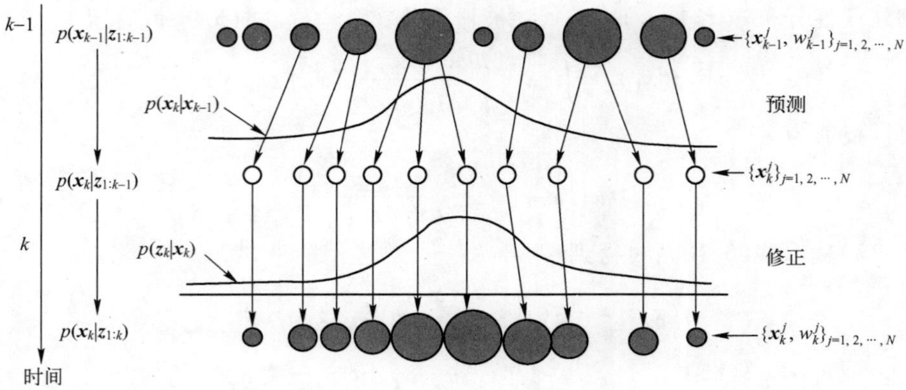

图 5.1　粒子滤波算法执行流程的示意图

(1) 采样(预测)。

从建议性分布 $p(\boldsymbol{x}_k \mid \boldsymbol{x}_{k-1})$ 中抽取出 N 个样本点 $\boldsymbol{x}_k^j \sim p(\boldsymbol{x}_k \mid \boldsymbol{x}_{k-1}), j=1,\cdots,N$,得到粒子的预测分布 $p(\boldsymbol{x}_k \mid z_{1:k-1})$。

(2) 计算粒子重要性权值(修正)。

计算各粒子的权重,如下所示:

$$w_k^j = w_{k-1}^j p(z_k \mid \boldsymbol{x}_k) \tag{5.19}$$

再进行归一化处理,得到

$$\overline{w}_k^j = \frac{w_k^j}{\sum_{j=1}^{N} w_k^j} \tag{5.20}$$

(3) 估计后验状态:

$$\hat{\boldsymbol{x}}_k = \mathrm{E}[\boldsymbol{x}_k \mid \boldsymbol{z}_{1:k}] = \sum_{j=1}^{N} \overline{w}_k^j \boldsymbol{x}_k^j \tag{5.21}$$

(4) 重采样。

根据重采样算法对粒子进行重采样,即根据粒子的重要性权值从粒子集 $\{\boldsymbol{x}_k^j, j=1,2,\cdots,N\}$ 中获得新的粒子集 $\{\tilde{\boldsymbol{x}}_k^j, j=1,2,\cdots,N\}$。

(5) 迭代。

令 $k=k+1$,重新从步骤(1)开始执行。

5.2.4　粒子滤波算法中的粒子贫化问题

由粒子滤波算法的执行流程可知,其包含两个基本过程:预测和修正。预测,即采样,是根据建议性分布进行采样得到当前时刻的粒子集合。修正就是利用测量值进行重要性权值计算,然后再进行重采样。在采样过程中,建议性分布的选择具有关键作用,通常一个好的建议性分布需具备以下特性[247,255]:①建议性分布较广,可以覆盖后验密度;②使得采样易于实现,复杂度低;③考虑到先验和似然的信息,以充分利用最近的观测值;④具有较小的方差;⑤与真实后验尽可能一致等。然而,在实际应用中想要达到其中任何一点都不容易,最优建议性分布的形式为 $p(\boldsymbol{x}_k \mid \boldsymbol{x}_{k-1}, z_k)$,但由于其难以实现,通常使用式(5.1)中状态模型所对应的状态传递模型 $p(\boldsymbol{x}_k \mid \boldsymbol{x}_{k-1})$(先验)作为建议性分布,而其对应的重要性权值就是似然。简而言之,先验分布密度由式(5.1)表示的状态方程决定,似然则由式(5.2)所表示的观测方程决定。

虽然以先验为建议性分布易于实现,但它没有利用当前时刻的测量信息,而且具有较大的方差,因此往往难以获得令人满意的性能。另外,对于观测噪声不准确的假设也将导致似然具有较大的误差。图5.1给出了一个较好的先验和似然分布,两者之间存在有较大部分的重合,在这种情况下通过先验采样得到的大多数粒子的重要性权值都是有意义的,即具有较多有效的粒子,可以较好地描述后验。然而,对于图5.2所描述的情况,由于其存在不准确的状态模型和观测噪声,似然便位于先验的尾部,两者重叠的部分很少,导致采样得到的粒子只有较少的部分具有较大的权重,而大多数粒子的重要性权值几乎为零,这就会引起粒子的贫化问题[247]。

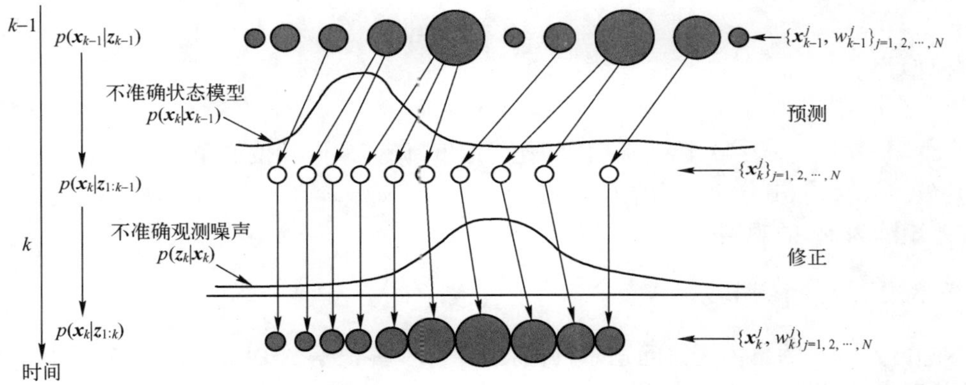

图5.2 不准确的观测噪声统计特性导致粒子贫化的示意图

如果将粒子滤波应用于AUV的自主定位,那么粒子的先验分布便依赖于AUV的运动状态模型,而粒子重要性权值的计算则是基于观测噪声的统计特性进行的。然而,由于AUV运动模型的不确定性以及海洋环境的复杂性,AUV的运动状态和观测噪声方差都是很难精确设定的,因此粒子的先验分布和似然函数便较难获得,这就将引起如图5.2所示的粒子贫化问题[253]。粒子贫化意味着大量的计算工作都被用来更新对 $p(\boldsymbol{x}_k \mid \boldsymbol{z}_{1:k})$ 的估计几乎没有任何作用的粒子上,这就表示能够代表AUV真实运动状态的粒子数非常的少,从而将导致粒子滤波失效。

5.3 基于小波变换的灰粒子滤波算法

5.3.1 AUV的系统建模

几乎所有的自主定位算法都是基于某些已知的数学模型而进行的[256]。机动AUV的自主定位可以利用的传感器观测量通常为AUV的航行深度、速度以及姿态角,系统的状态模型如下所示:

$$
\begin{cases}
x_k = x_{k-1} + (v_{k-1} + u_k^v)\cos(\varphi_{k-1} + u_k^\varphi)\cos(\theta_{k-1} + u_k^\theta)T + u_k^x \\
y_k = y_{k-1} + (v_{k-1} + u_k^v)\cos(\varphi_{k-1} + u_k^\varphi)\sin(\theta_{k-1} + u_k^\theta)T + u_k^y \\
z_k = z_{k-1} + (v_{k-1} + u_k^v)\sin(\varphi_{k-1} + u_k^\varphi)T + u_k^z \\
v_k = v_{k-1} + u_k^v \\
\varphi_k = \varphi_{k-1} + u_k^\varphi \\
\theta_k = \theta_{k-1} + u_k^\theta
\end{cases} \tag{5.22}
$$

式中：k 为离散时间；T 为离散时间的间隔；(x_k, y_k, z_k) 表示 AUV 在以大地为基准的笛卡儿坐标系下 k 时刻的坐标（x 和 y 代表水平面上两个相互垂直的方向，z 则代表垂直方向，而且方向向下）；v_k 为 k 时刻的速度；φ_k 和 θ_k 则分别表示 k 时刻的俯仰角和偏航角；$\boldsymbol{u}_k = [u_k^x \quad u_k^y \quad u_k^z \quad u_k^v \quad u_k^\varphi \quad u_k^\theta]^{\mathrm{T}}$ 代表 k 时刻的均值为零、协方差矩阵为 $\boldsymbol{Q}_k$ 的过程噪声。假设 $\boldsymbol{x}_k = [x_k \quad y_k \quad z_k \quad v_k \quad \varphi_k \quad \theta_k]^{\mathrm{T}}$ 为系统的状态向量，则系统方程可简写为

$$\boldsymbol{x}_k = f(\boldsymbol{x}_{k-1}, \boldsymbol{u}_k) \tag{5.23}$$

观测模型为

$$\boldsymbol{z}_k = \boldsymbol{H}\boldsymbol{x}_k + \boldsymbol{w}_k \tag{5.24}$$

式中：$\boldsymbol{z}_k = [z_k \quad v_k \quad \varphi_k \quad \theta_k]^{\mathrm{T}}$ 为 k 时刻深度、速度、俯仰角以及偏航角的观测值；观测矩阵 $\boldsymbol{H}$ 为 $[\boldsymbol{0}_{4\times2} \quad \boldsymbol{I}_{4\times4}]$，其中 $\boldsymbol{I}_{4\times4}$ 为单位矩阵；$\boldsymbol{w}_k = [w_k^z \quad w_k^v \quad w_k^\varphi \quad w_k^\theta]^{\mathrm{T}}$ 代表 k 时刻均值为零、协方差矩阵为 $\boldsymbol{R}_k$ 的观测噪声。

5.3.2 灰预测算法

在处理 AUV 的自主定位问题时，目前已经有多种根据 AUV 的内部传感器观测值而推导其深度、速度以及姿态的算法，但这些算法几乎都是基于运动模型进行的，即假定 AUV 的运动方式可以由某一个或一些数学模型来表示。这样，AUV 的自主定位性能便与所选取的运动模型有直接关系。然而，在机动 AUV 自主定位的实际应用中，往往由于其机动情况的未知、海洋环境的复杂性以及采集信息的不确定性，而不能得到较精确的 AUV 的运动模型，导致传统的基于运动模型的自主定位算法不仅不能体现出优势，反而会使定位性能恶化。灰预测是一种可以对含有不确定性因素的系统进行预测的方法[257]，即在系统的结构、参数以及观测系统的特性都未知的情况下，用观测到的反映预测对象特征的时间序列构造灰预测模型，进而预测出系统在未来某一时刻的特征量[258]。与平滑和滤波领域广泛应用的样条拟合相比，灰预测与样条拟合中的指数拟合具有一定的相似性，但灰预测算法的计算较简单，而且不需要考虑边界条件是否连续这一限制。简而言之，灰预测的优势是能利用较少的观测数据（最少 4 个观测数据）和较小的计算量来预测机动 AUV 的运动状态。

灰预测理论中的 GM(n,m) 表示 n 阶 m 变量的灰模型，其中应用最广泛的是一阶单变量灰模型，即 GM(1,1)[251,259]。GM(1,1) 建模过程中的参数估计和预测均采用离散形式的方程，而且模型方程的系数可以根据原始的观测值实时地进行调整，而基于 GM(1,1) 模型的灰预测过程主要包括原始数据累加生成操作（Accumulated Generating Operation，AGO）、平均操作、灰差分方程的建立、白化、逆累加生成操作（Inversing Accumulated Generating Operation，IAGO）等步骤，具体如下[247]。

(1) 构造原始的观测数据序列 $z^{(0)}$:

$$
\begin{aligned}
z^{(0)} &= \{z^{(0)}(0), z^{(0)}(1), \cdots, z^{(0)}(n)\} \\
&= \{z^{(0)}(k), k=0,1,\cdots,n\}
\end{aligned} \tag{5.25}
$$

式中:$z^{(0)}(k)$ 为 k 时刻传感器的观测值;n 为数据长度。

(2) 对原始数据的序列 $z^{(0)}$ 进行处理,以便使数据体现出更加明显的变化规律,用一阶 AGO 进行数据处理后,可得到

$$
z^{(1)}(k) = \mathrm{AGO}(z^{(0)}) \equiv \sum_{i=0}^{k} z^{(0)}(i), k = 0,1,\cdots,n \tag{5.26}
$$

进而生成的序列 $z^{(1)}$:

$$
\begin{aligned}
z^{(1)} &= \{z^{(1)}(0), z^{(1)}(1), \cdots, z^{(1)}(n)\} \\
&= \{z^{(1)}(k); k=0,1,\cdots,n\}
\end{aligned} \tag{5.27}
$$

(3) 对序列 $z^{(1)}$ 进行均值操作,得到背景值 $Z^{(1)}$:

$$
Z^{(1)}(k) = \mathrm{MEAN}(z^{(1)}) \equiv \frac{1}{2}[z^{(1)}(k) + z^{(1)}(k-1)], \quad k=1,2,\cdots,n \tag{5.28}
$$

(4) 建立一阶的灰差分方程:

$$
\frac{\mathrm{d}z^{(1)}}{\mathrm{d}k} + az^{(1)} = b \quad 或 \quad z^{(1)}(k) - z^{(1)}(k-1) + az^{(1)}(k) = b \tag{5.29}
$$

式中:a 为发展系数;b 为灰作用量。需要指出的是,微分方程:

$$
\frac{\mathrm{d}z^{(1)}}{\mathrm{d}t} + az^{(1)} = b \tag{5.30}
$$

为式(5.29)的白化方程。若要求解式(5.29),其中的系数 a 和 b 应先确定,而 a 和 b 可用最小二乘法求得:

$$
\hat{\boldsymbol{a}} = \begin{bmatrix} a \\ b \end{bmatrix} = (\boldsymbol{B}^{\mathrm{T}}\boldsymbol{B})^{-1}\boldsymbol{B}^{\mathrm{T}}\boldsymbol{Y}_N \tag{5.31}
$$

式中:$\boldsymbol{B} = \begin{bmatrix} -Z^{(1)}(1) & 1 \\ -Z^{(1)}(2) & 1 \\ \cdots & \cdots \\ -Z^{(1)}(n) & 1 \end{bmatrix}$,$\boldsymbol{Y}_N = \begin{bmatrix} z^{(0)}(1) \\ z^{(0)}(2) \\ \cdots \\ z^{(0)}(n) \end{bmatrix}$。这样,可最终求得

$$
a = \frac{\sum_{k=1}^{n} Z^{(1)}(k) \sum_{k=1}^{n} z^{(0)}(k) - (n-1)\sum_{k=1}^{n} Z^{(1)}(k) z^{(0)}(k)}{(n-1)\sum_{k=1}^{n}[Z^{(1)}(k)]^2 - [\sum_{k=1}^{n} Z^{(1)}(k)]^2} \tag{5.32}
$$

$$
b = \frac{\sum_{k=1}^{n}[Z^{(1)}(k)]^2 \sum_{k=1}^{n} z^{(0)}(k) - \sum_{k=1}^{n} Z^{(1)}(k) \sum_{k=1}^{n} Z^{(1)}(k) z^{(0)}(k)}{(n-1)\sum_{k=1}^{n}[Z^{(1)}(k)]^2 - [\sum_{k=1}^{n} Z^{(1)}(k)]^2} \tag{5.33}
$$

(5) 得到白化方程的响应式。

当初值为 $z^{(1)}(0)$ 时,白化方程式(5.30)的解为

$$
z^{(1)}(t) = \left[z^{(1)}(0) - \frac{b}{a}\right]\mathrm{e}^{-at} + \frac{b}{a} \tag{5.34}
$$

对应的灰差分方程的解便为

$$\hat{z}^{(1)}(k)=\left[z^{(0)}(0)-\frac{b}{a}\right]e^{-ak}+\frac{b}{a} \tag{5.35}$$

（6）通过 IAGO 得到 k 时刻状态 $\hat{z}^{(1)}$ 的预测值为

$$\begin{aligned}\hat{z}^{(0)}(k)&=\mathrm{IAGO}(\hat{z}^{(1)})=\hat{z}^{(1)}(k)-\hat{z}^{(1)}(k-1)\\&=(1-e^{a})\left[z^{(0)}(1)-\frac{b}{a}\right]e^{-ak}\qquad k=1,2,\cdots,n\end{aligned} \tag{5.36}$$

5.3.3 基于小波变换的观测噪声统计特性估计

粒子滤波的成功应用需要事先准确知道观测噪声的统计特性，5.2.4 节中简要分析了不准确的观测噪声统计特性对粒子滤波性能的影响。众所周知，小波变换可以实时分离信号和噪声，跟踪观测噪声的变化，实现对观测噪声方差的实时估计[250]。这样，根据估计出的观测噪声方差，便可以实时修正粒子的似然函数，从而解决在未知观测噪声条件下的粒子贫化问题。

根据 Weierstrass 逼近定理[260]，任意一个有界闭区间的连续函数都可以用该区间内的多项式以任意精度一致逼近。以 AUV 的航行深度 z_k 观测量为例，在一个观测区间内总可以由一个低阶或分段低阶的多项式来逼近到任意精度。假定该多项式为

$$z_k=a_0+a_1k+\cdots+a_Mk^M \tag{5.37}$$

设 $\varphi(k)$ 为小波函数，而且其尺度变换和时间的平移为

$$\varphi_{s,\tau}(k)=\frac{1}{\sqrt{s}}\varphi\left(\frac{k-\tau}{s}\right) \tag{5.38}$$

则含有噪声的观测信号 z_k 的小波变换为

$$W_{z_k}(s,\tau)=z_k*\varphi_{s,\tau}(k)=W(s,\tau)+W_w(s,\tau) \tag{5.39}$$

式中：$*$ 表示卷积操作；$W(s,\tau)$ 为小波系数的近似部分；$W_w(s,\tau)$ 则为小波系数的细节部分。如果 $\varphi(k)$ 的消失矩为 $a(a>M)$，其中 M 为多项式(5.37)的阶数，则 z_k 的小波变换就抑制了信号而保留了噪声分量 w，即 $W(s,\tau)=0$。为简化计算，假设多项式的阶数不随时间而变化，并选择消失矩 $a=M+1$ 的 Daubechies 小波[261]。这样，式(5.39)可以表示为

$$W_{z_k}(s,\tau)=|W_w(s,\tau)| \tag{5.40}$$

那么，噪声的标准差 σ 便可以通过小波系数最细节部分的绝对值的中值估计出来，为

$$\sigma\approx\frac{1}{0.6745}\mathrm{Med}(|W_w(s,t_h)|) \tag{5.41}$$

式中：尺度 s 为 0.5；t_h 为 τ 在最细节尺度的离散表示，其中 $0\leqslant h\leqslant K/2$；$W_w(s,t_h)$ 为 $\{z_k, k=0,1,\cdots,K\}$ 的 $K/2$ 小波系数；Med 表示序列 $\{W_w(s,t_h)\}$ 的中间值。然后，观测噪声方差就可以通过计算噪声标准差的平方得到。显然，该噪声方差是随时间而变化的。因此，在观测噪声未知的情况下，首先可以选择长度为 L 的一段信号，即相当于在一个观测区间的序列上加上一个长度为 L 的滑窗，L 的选择可以参考文献[250]。在窗内对观测序列进行小波变换，再根据式(5.41)估计出噪声的标准差 $\sigma(k)$，就可以根据 $\sigma(k)$ 计算出观测噪声的协方差矩阵 $\boldsymbol{R}_k$：

$$
\boldsymbol{R}_k=\begin{bmatrix}\sigma_{z_k}^2 & 0 & 0 & 0\\ 0 & \sigma_{v_k}^2 & 0 & 0\\ 0 & 0 & \sigma_{\varphi_k}^2 & 0\\ 0 & 0 & 0 & \sigma_{\theta_k}^2\end{bmatrix} \tag{5.42}
$$

进一步,可根据式(5.24)的观测方程得到粒子的似然函数:

$$
p(\boldsymbol{z}_k \mid \boldsymbol{x}_k) \propto \exp\left\{-\frac{1}{2}(\boldsymbol{z}_k-\boldsymbol{H}\boldsymbol{x}_k)^{\mathrm{T}}\boldsymbol{R}_k^{-1}(\boldsymbol{z}_k-\boldsymbol{H}\boldsymbol{x}_k)\right\} \tag{5.43}
$$

5.3.4 WG－PF 算法的执行步骤

为了减轻粒子的贫化问题,WG－PF 算法是利用灰预测方法来采样一部分的粒子,而另一部分的粒子则仍然利用标准的基于状态模型的采样方法获得。该算法也通过小波变换实时估计观测噪声方差,修正粒子的似然函数和重要性权值。WG－PF 算法执行的主要流程如下。

1. 初始化

从系统状态的初始分布 $p(\boldsymbol{x}_0)$ 抽取粒子 $\{\boldsymbol{x}_0^j, j=1,2,\cdots,N\}$,而且粒子集中的每个粒子具有相同的重要性权值 $w^j=\frac{1}{N}$。

2. 粒子采样

该步骤可分为基于灰预测理论的粒子采样和标准的粒子采样两个部分:

(1) 基于灰预测理论的粒子采样。

取 $k=1,2,\cdots$,根据式(5.44)进行灰预测。当 $k<L$ 时,其中 L 为用于灰预测的观测数据长度,则假定 $z(k-L), z(k-L+1),\cdots,z(-1)$ 的值与 $z(0)$ 相同。对于速度 v、俯仰角 φ 和偏航角 θ 也采用同样的处理方式。

$$
\begin{cases}
z_k^{\mathrm{grey}}=\mathrm{grey\_prediction}(z_{(k-L):(k-1)})\\
v_k^{\mathrm{grey}}=\mathrm{grey\_prediction}(v_{(k-L):(k-1)})\\
\varphi_k^{\mathrm{grey}}=\mathrm{grey\_prediction}(\varphi_{(k-L):(k-1)})\\
\theta_k^{\mathrm{grey}}=\mathrm{grey\_prediction}(\theta_{(k-L):(k-1)})\\
x_k^{\mathrm{grey}}=x_{k-1}^{\mathrm{grey}}+v_k^{\mathrm{grey}}\cos(\varphi_k^{\mathrm{grey}})\cos(\theta_k^{\mathrm{grey}})\cdot T\\
y_k^{\mathrm{grey}}=y_{k-1}^{\mathrm{grey}}+v_k^{\mathrm{grey}}\cos(\varphi_k^{\mathrm{grey}})\sin(\theta_k^{\mathrm{grey}})\cdot T
\end{cases}
\quad k=1,2,\cdots \tag{5.44}
$$

式中:grey_prediction 为 5.3.3 节给出的灰预测算法。

灰预测是基于实际的观测数据进行的,由于水平面上的两个位置分量 x 和 y 不能利用 AUV 的内部传感器直接测量得到。因此,式(5.44)中的 x^{grey} 和 y^{grey} 是根据 v^{grey}、φ^{grey}、θ^{grey} 以及运动模型计算得到的。这样,当 $j=1:N_{\mathrm{grey}}$,产生的灰粒子为

$$
\boldsymbol{x}_k^j=[x_k^{\mathrm{grey}}\quad y_k^{\mathrm{grey}}\quad z_k^{\mathrm{grey}}\quad v_k^{\mathrm{grey}}\quad \varphi_k^{\mathrm{grey}}\quad \theta_k^{\mathrm{grey}}]^{\mathrm{T}}+\boldsymbol{u}_k^j \tag{5.45}
$$

式中:$\boldsymbol{u}_k^j=[(u_k^x)^j\quad (u_k^y)^j\quad (u_k^z)^j\quad (u_k^v)^j\quad (u_k^\varphi)^j\quad (u_k^\theta)^j]^{\mathrm{T}}\sim N(0,\boldsymbol{Q}_k)$ 为过程噪声,N_{grey} 是灰粒子的数量。

(2) 标准的粒子采样。

当 $j=N_{\mathrm{grey}}+1:N$,则通过下式产生粒子:

$$\boldsymbol{x}_k^j = f(\boldsymbol{x}_{k-1}^j, \boldsymbol{u}_k^j) \tag{5.46}$$

式中：$\boldsymbol{u}_k^j \sim N(0, \boldsymbol{Q}_k)$。

3. 计算粒子的重要性权值

对于 $k=1,2,\cdots$，通过5.3.3节介绍的小波变换估计观测噪声的方差。采用具有6阶消失矩的Daubechies小波，实时估计观测噪声方差 $\boldsymbol{R}_k$，然后由下式计算各粒子的重要性权值，为

$$\begin{aligned} w_k^j &= w_{k-1}^j p(z_k \mid \boldsymbol{x}_k^j) \\ &\propto w_{k-1}^j \exp\left\{-\frac{1}{2}(z_k - \boldsymbol{H}\boldsymbol{x}_k^j)^{\mathrm{T}} \boldsymbol{R}_k^{-1} (z_k - \boldsymbol{H}\boldsymbol{x}_k^j)\right\} \quad j=1:N \end{aligned} \tag{5.47}$$

对权值进行归一化处理，得到

$$\bar{w}_k^j = \frac{w_k^j}{\sum_{k=1}^{N} w_k^j} \tag{5.48}$$

4. 估计后验状态

估计后验状态，有

$$\hat{\boldsymbol{x}}_k = E[\boldsymbol{x}_k \mid z_{1:k}] = \sum_{k=1}^{N} \bar{w}_k^j \boldsymbol{x}_k^j \tag{5.49}$$

5. 重采样

根据粒子的重要性权值，按比例复制权值高的粒子，舍去权值低的粒子，从粒子集 $\{\boldsymbol{x}_k^j, j=1,2,\cdots,N\}$ 中获得新的粒子集 $\{\hat{\boldsymbol{x}}_k^j, j=1,2,\cdots,N\}$，然后更新各粒子的重要性权值为 $\frac{1}{N}$。

6. 迭代

令 $k=k+1$，再以步骤2为起点顺序执行上述步骤。

5.4 基于多模型的粒子滤波算法

对于机动情况下的自主定位，一个显著的特点是运动模型的不确定性，因此传统的单模型方法便很难获得很好的定位性能。为此，一些学者将粒子滤波与多模型方法相结合，来解决机动情况下的自主定位问题，而且取得了不错的结果[246]。为了对比所提出滤波算法WG-PF与MMPF的性能，本节将简要介绍基于MMPF算法的AUV自主定位。

MMPF结合了粒子滤波以及Blom和Bar-Shalom提出的服从马尔可夫转移概率的多模型方法[242]，其中所有的模型都是平行计算的，并且模型间的转换由模型转移概率决定。这样，假定共有 M 个模型，$m(k) \in \{1,2,\cdots,M\}$ 为模型变量，它表示 k 时刻机动AUV的运动模式，而且 $m(k)$ 是服从转移概率 p_{ij} 的一阶马尔可夫过程：

$$p_{ij} = p(m(k)=j \mid m(k-1)=i) \quad \forall i,j \in M \tag{5.50}$$

其基本思想为：若AUV的运动状态在 $k-1$ 时刻符合于模型 $i(m(k-1)=i)$，则运动状态在 k 时刻符合于模型 $j(m(k)=j)$ 的概率为 p_{ij}。

假定在每个模型 $j \in M$ 中，状态的估计量为 $\hat{\boldsymbol{x}}_{k-1|k-1}^j$，$k-1$ 时刻的模型概率为 μ_{k-1}^j，每

个模型中的粒子数为 N,则 MMPF 执行的四个步骤如下所示。

1. 初始化模型概率

计算模型的初始概率：

$$\mu_{k-1|k-1}^{i|j} = \frac{1}{c} p_{ij} \mu_{k-1}^{j} \tag{5.51}$$

式中,归一化因子 $c_j = \sum_{i \in M} p_{ij} \mu_{k-1}^{i}$ 。

模型 j 的初始状态为

$$\hat{\boldsymbol{x}}_{k-1|k-1}^{0j} = \sum_{i \in M} \hat{\boldsymbol{x}}_{k-1|k-1}^{j} \mu_{k-1|k-1}^{i|j} \tag{5.52}$$

模型 j 的先验概率为

$$\hat{p}_{oj}(\hat{\boldsymbol{x}}_{k-1}^{0j} \mid \boldsymbol{z}_{k-1}) = \sum_{i \in M} \hat{p}_{i}(\hat{\boldsymbol{x}}_{k-1}^{i} \mid \boldsymbol{z}_{k-1}) \mu_{k-1|k-1}^{i|j} \tag{5.53}$$

2. 基于模型的粒子滤波

对每一个模型 $j \in M$,利用粒子滤波的估计状态 $\hat{\boldsymbol{x}}_k^j$,得到新息 $\hat{\boldsymbol{r}}_k^j$ 和对应的协方差矩阵 $\hat{\boldsymbol{S}}_k^j$。

3. 更新各模型的概率

根据 $\hat{\boldsymbol{r}}_k^j$ 和 $\hat{\boldsymbol{S}}_k^j$ 更新模型概率,模型的似然函数为

$$L_k^j = N(\hat{\boldsymbol{r}}_k^j; 0, \hat{\boldsymbol{S}}_k^j) \tag{5.54}$$

从而得到的模型概率为

$$\mu_k^j = \frac{1}{c} L_k^j c_j \tag{5.55}$$

式中, $c = \sum_{j \in M} L_k^j c_j$ 。

4. 状态估计

状态估计是各个模型滤波器的输出以模型概率为权值的加权和：

$$\hat{\boldsymbol{x}}_k = \sum_{j \in M} \hat{\boldsymbol{x}}_k^j \mu_k^j \tag{5.56}$$

用 MMPF 进行自主定位的系统模型如下：

$$\begin{cases} x_k = x_{k-1} + \left(v_{k-1} + \frac{1}{2} a_k \cdot T + u_k^v\right) \cos\left(\varphi_{k-1} + \frac{1}{2}\phi_k \cdot T + u_k^{\varphi}\right) \cos\left(\theta_{k-1} + \frac{1}{2}\omega_k \cdot T + u_k^{\theta}\right) \cdot T + u_k^x \\ y_k = y_{k-1} + \left(v_{k-1} + \frac{1}{2} a_k \cdot T + u_k^v\right) \cos\left(\varphi_{k-1} + \frac{1}{2}\phi_k \cdot T + u_k^{\varphi}\right) \sin\left(\theta_{k-1} + \frac{1}{2}\omega_k \cdot T + u_k^{\theta}\right) \cdot T + u_k^y \\ z_k = z_{k-1} + \left(v_{k-1} + \frac{1}{2} a_k \cdot T + u_k^v\right) \sin\left(\varphi_{k-1} + \frac{1}{2}\phi_k \cdot T + u_k^{\varphi}\right) \cdot T + u_k^z \\ v_k = v_{k-1} + \frac{1}{2} a_k \cdot T + u_k^v \\ \varphi_k = \varphi_{k-1} + \frac{1}{2}\phi_k \cdot T + u_k^{\varphi} \\ \theta_k = \theta_{k-1} + \frac{1}{2}\omega_k \cdot T + u_k^{\theta} \end{cases} \tag{5.57}$$

式中，$\boldsymbol{a}_k=[a_k \quad \phi_k \quad \varpi_k]^{\mathrm{T}}$ 为输入向量，其中 a_k、ϕ_k 和 ϖ_k 分别表示加速度、俯仰角加速度以及偏航角加速度；$\boldsymbol{u}_k=[u_k^x \quad u_k^y \quad u_k^z \quad u_k^v \quad u_k^{\varphi} \quad u_k^{\theta}]^{\mathrm{T}}$ 代表均值为零、协方差为 $\boldsymbol{Q}_k$ 的过程噪声。

假设 $\boldsymbol{x}_k=[x_k \quad y_k \quad z_k \quad v_k \quad \varphi_k \quad \theta_k]^{\mathrm{T}}$ 为状态向量，则系统方程可简写为

$$\boldsymbol{x}_k=g(\boldsymbol{x}_{k-1},\boldsymbol{a}_k,\boldsymbol{u}_k) \tag{5.58}$$

式中，$\boldsymbol{a}_k$ 为一阶马尔可夫过程[247]，取值自 $\{(a^1,\phi^1,\varpi^1),(a^2,\phi^2,\varpi^2),\cdots,(a^M,\phi^M,\varpi^M)\}$，转移概率分别为 $p_{ij}=p(a_k=m_j^a \mid a_{k-1}=m_i^a)$，$p_{ij}=p(\phi_k=m_j^{\phi} \mid \phi_{k-1}=m_i^{\phi})$，$p_{ij}=p(\varpi_k=m_j^{\varpi} \mid \varpi_{k-1}=m_i^{\varpi})$，$i,j=1,2,\cdots,M$。而且，根据 AUV 的运动特性，$a$ 可以取值自集合 $\{-5,-4,-3,\cdots,3,4,5\}$，$\phi$ 和 ϖ 可以取值自集合 $\{-0.5,-0.4,-0.3,\cdots,0.3,0.4,0.5\}$，设定模型数为 $M=11$，转移概率为 $p_{ii}=0.7$ 和 $p_{ij}=0.0025(i\neq j)$。需要指出的是，不同的 $\boldsymbol{a}_k$ 代表着 AUV 不同的机动情况，即不同的运动模型。

5.5 自适应扩展卡尔曼滤波算法

自适应扩展卡尔曼滤波算法（AEKF）是一种常用的解决非线性估计问题的算法[262]，它基于式（5.23）和式（5.24）中的系统模型和观测模型而设计，在进行状态估计的同时，可对过程噪声的协方差和观测噪声的协方差进行自适应调整，从而改善滤波性能。

5.5.1 标准的 EKF 算法

将式（5.23）的非线性系统模型进行线性化，即对状态滤波的值 $\boldsymbol{x}_{k-1}$ 做 Taylor 级数展开，可得到系统方程为

$$\boldsymbol{x}_k=\boldsymbol{F}_{k|k-1}\boldsymbol{x}_{k-1}+\boldsymbol{u}_k' \tag{5.59}$$

式中，$\boldsymbol{F}_{k|k-1}$ 和 $\boldsymbol{u}_k'$ 分别定义如下：

$$\boldsymbol{F}_{k|k-1}=\left.\frac{\partial f(\boldsymbol{x}_{k-1},\boldsymbol{u}_k)}{\partial \boldsymbol{x}_{k-1}}\right|_{\boldsymbol{x}_{k-1}} \tag{5.60}$$

$$u_k'=f(\boldsymbol{x}_{k-1},\boldsymbol{u}_k)-\boldsymbol{F}_{k|k-1}\boldsymbol{x}_{k-1} \tag{5.61}$$

假设线性化后的过程噪声 $\boldsymbol{u}_k'$ 均值为 $\boldsymbol{b}_k$，其对应的协方差矩阵为 $\boldsymbol{Q}_k'$。这样，标准的 EKF 滤波公式可以表示如下：

预测：

$$\hat{\boldsymbol{x}}_{k|k-1}=\boldsymbol{F}_{k|k-1}\hat{\boldsymbol{x}}_{k-1|k-1}+\boldsymbol{b}_k \tag{5.62}$$

预测误差的协方差：

$$\boldsymbol{P}_{k|k-1}=\boldsymbol{F}_{k|k-1}\boldsymbol{P}_{k-1|k-1}\boldsymbol{F}_{k|k-1}^{\mathrm{T}}+\boldsymbol{Q}_k' \tag{5.63}$$

滤波增益：

$$\boldsymbol{K}_k=\boldsymbol{P}_{k|k-1}\boldsymbol{H}(\boldsymbol{H}\boldsymbol{P}_{k|k-1}\boldsymbol{H}^{\mathrm{T}}+\boldsymbol{R}_k)^{-1} \tag{5.64}$$

滤波误差的协方差：

$$\boldsymbol{P}_{k|k}=(\boldsymbol{I}-\boldsymbol{K}_k\boldsymbol{H})\boldsymbol{P}_{k|k-1} \tag{5.65}$$

新息：

$$\boldsymbol{v}_k=z_k-\boldsymbol{H}\hat{\boldsymbol{x}}_{k|k-1} \tag{5.66}$$

修正：

$$\hat{\boldsymbol{x}}_{k|k}=\hat{\boldsymbol{x}}_{k|k-1}+\boldsymbol{K}_k\boldsymbol{v}_k \tag{5.67}$$

5.5.2 系统观测噪声的自适应

假定每一采样时刻的系统新息 $\boldsymbol{v}_k$ 是可以观测的物理量，且服从高斯分布，其协方差矩阵为[263]

$$\boldsymbol{D}(\boldsymbol{v}_k)=\boldsymbol{H}\boldsymbol{P}_{k|k-1}\boldsymbol{H}^{\mathrm{T}}+\boldsymbol{R}_k \tag{5.68}$$

由 $\boldsymbol{v}_k$ 的统计特性可得到其协方差矩阵 $\boldsymbol{D}$ 的估计值$\hat{\boldsymbol{D}}$：

$$\hat{\boldsymbol{D}}=\frac{1}{k}\sum_{i=1}^{k}\boldsymbol{v}_i\boldsymbol{v}_i^{\mathrm{T}}=\frac{1}{k}\sum_{i=1}^{k}\boldsymbol{H}\boldsymbol{P}_{i|i-1}\boldsymbol{H}^{\mathrm{T}}+\boldsymbol{R}_i \tag{5.69}$$

由此，可以得到 $\boldsymbol{R}$ 的估计值$\hat{\boldsymbol{R}}$：

$$\hat{\boldsymbol{R}}_k=\frac{1}{k}\sum_{i=1}^{k}\boldsymbol{v}_i\boldsymbol{v}_i^{\mathrm{T}}-\boldsymbol{H}\boldsymbol{P}_{i|i-1}\boldsymbol{H}^{\mathrm{T}} \tag{5.70}$$

5.5.3 系统过程噪声的自适应

假设系统噪声 $\boldsymbol{u}'_k$服从高斯分布 $N(\boldsymbol{b},\sqrt{\boldsymbol{Q}'})$，并根据系统状态方程得到的 EKF 输出为系统状态的无偏估计，则可得到 $\boldsymbol{b}$ 的无偏估计值$\hat{\boldsymbol{b}}$：

$$\hat{\boldsymbol{b}}_k=\frac{1}{k}\sum_{i=1}^{k}(\hat{\boldsymbol{x}}_{k|k}-\hat{\boldsymbol{x}}_{k|k-1})=\frac{1}{k}\sum_{i=1}^{k}\Delta\hat{\boldsymbol{x}}_k \tag{5.71}$$

与得到$\hat{\boldsymbol{R}}$的过程类似，由 $\boldsymbol{K}_k\boldsymbol{v}_k$ 服从高斯分布并根据其统计特性，便可得到 $\boldsymbol{Q}'$ 的估计值$\hat{\boldsymbol{Q}}'$[264]：

$$\begin{aligned}\frac{1}{k}\sum_{i=1}^{k}\Delta\boldsymbol{x}_i\Delta\boldsymbol{x}_i^{\mathrm{T}}&=\frac{1}{k}\sum_{i=1}^{k}\boldsymbol{P}_{i|i-1}\boldsymbol{H}\boldsymbol{K}_i^{\mathrm{T}}-\frac{1}{k}\sum_{i=1}^{k}(\boldsymbol{P}_{i|i-1}-\boldsymbol{P}_{i|i})\\&=\frac{1}{k}\sum_{i=1}^{k}(\boldsymbol{F}_{i|i-1}\boldsymbol{P}_{i-1|i-1}\boldsymbol{F}_{i|i-1}^{\mathrm{T}}-\boldsymbol{P}_{i|i})+\boldsymbol{Q}'\end{aligned} \tag{5.72}$$

$$\hat{\boldsymbol{Q}}'_k=\frac{1}{k}\sum_{i=1}^{k}(\Delta\boldsymbol{x}_i\Delta\boldsymbol{x}_i^{\mathrm{T}}+\boldsymbol{P}_{i|i}-\boldsymbol{F}_{i|i-1}\boldsymbol{P}_{i-1|i-1}\boldsymbol{F}_{i|i-1}^{\mathrm{T}}) \tag{5.73}$$

在每个 EKF 滤波周期之后，用式(5.70)、式(5.71)和式(5.73)的计算结果作为下一个滤波周期所需参数，便构成非线性系统的 AEKF 算法。

5.6 试验描述与结果分析

为了验证所提出的 WG－PF 算法的性能，本节通过对试验数据进行处理，并采用对比分析的方式，将对 WG－PF、MMPF、AEKF、PF 以及基于灰预测的粒子滤波(Grey Particle Filter，G－PF)和基于小波变换的粒子滤波(Wavelet－Based Particle Filter，W－PF)所能达到的定位精度进行评估。

5.6.1 试验描述

试验用的 AUV 重量约为 900kg，长度约为 6m，直径约为 0.5m，最高时速与最大航深分别为50kn和100m。AUV上装配有用于测航速、姿态角以及深度的多普勒测速仪(Doppler Velocity Log,DVL)、磁罗盘和压力传感器。试验中数据采集的时长为75s,各传感器采样的时间间隔为0.05s,即刷新率为20Hz。试验湖区的平均水深大约为80m,试验条件良好,设定浪高为0.1m。湖底安装有长基线(Long BaseLine,LBL)水声定位系统,能够提供较高精度的AUV位置信息,其将作为AUV自主定位结果的参考。试验中,认为AUV的真实航速是由LBL记录的某一段很短的时间间隔内AUV的航行距离与时间的比值,而且忽略AUV在航行时所存在的攻角,这样AUV的真实偏航角和俯仰角就可以由速度矢量的方向来确定。试验中使用的各种传感器的性能参数如表5.1所列。

表5.1 传感器的性能参数

传感器	观测量	刷新率	测量范围
DVL	速度	20Hz	5~50m/s
磁罗盘	俯仰角 偏航角	20Hz	±45° ±180°
压力传感器	深度	20Hz	-90~0m
LBL	绝对位置	10Hz	10km

WG-PF算法中参数设置如下:

$$T=0.05\text{s},\boldsymbol{Q}_0=\begin{bmatrix}5^2 & 0 & 0 & 2^2 & 0.8^2 & 0.8^2\\ 0 & 5^2 & 0 & 2^2 & 0.8^2 & 0.6^2\\ 0 & 0 & 0.2^2 & 1^2 & 0.3^2 & 0\\ 2^2 & 0.8^2 & 0.8^2 & 1^2 & 0 & 0\\ 2^2 & 0.8^2 & 0.6^2 & 0 & 0.5^2 & 0\\ 1^2 & 0.3^2 & 0 & 0 & 0 & 2^2\end{bmatrix},L=30,N=1000,\boldsymbol{N}_{\text{grey}}=200$$

MMPF算法中参数设置如下:

$$T=0.05\text{s},\boldsymbol{Q}_k=\begin{bmatrix}5^2 & 0 & 0 & 2^2 & 0.8^2 & 0.8^2\\ 0 & 5^2 & 0 & 2^2 & 0.8^2 & 0.6^2\\ 0 & 0 & 0.2^2 & 1^2 & 0.3^2 & 0\\ 2^2 & 0.8^2 & 0.8^2 & 2^2 & 0 & 0\\ 2^2 & 0.8^2 & 0.6^2 & 0 & 0.5^2 & 0\\ 1^2 & 0.3^2 & 0 & 0 & 0 & 2^2\end{bmatrix},\boldsymbol{R}_k=\begin{bmatrix}0.2^2 & 0 & 0 & 0\\ 0 & 5^2 & 0 & 0\\ 0 & 0 & 0.5^2 & 0\\ 0 & 0 & 0 & 2^2\end{bmatrix},$$

$N=1000$

5.6.2 试验结果及分析

本节首先通过估计观测噪声的标准差来验证小波变换的有效性。图5.3(a)至图5.3(d)分别给出了基于小波变换的速度、俯仰角、偏航角以及深度的观测噪声的方差估计,图中所示的真实噪声方差是通过LBL所得到的各观测量的真实值与各传感器的测量值计算得出,从结果中可以较明显地看出小波变换能够较有效地跟踪各传感器观测噪声的方差随时间变化的情况。

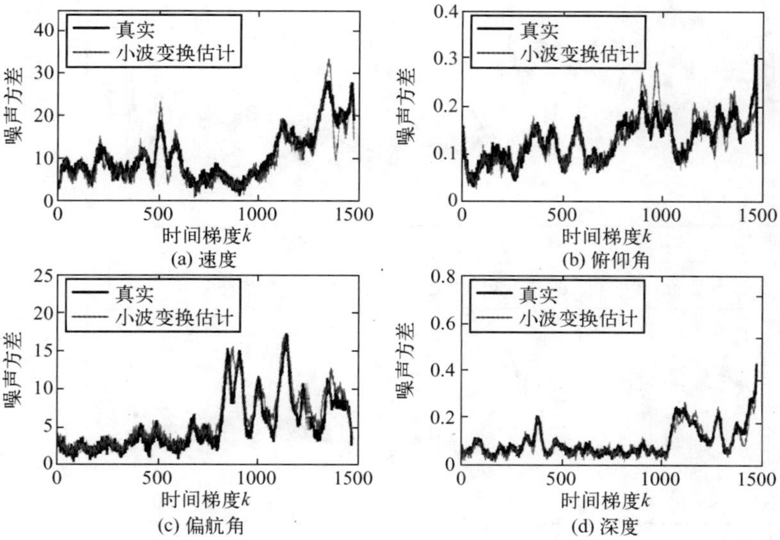

图 5.3　基于小波变换的观测噪声方差估计

图 5.4(a)和图 5.5(a)显示了使用 PF、G－PF(只利用灰预测对粒子滤波进行修正)、W－PF(只利用小波变换对粒子滤波进行修正)和 WG－PF 估计出的 AUV 的速度以及相应的估计均方根误差。同样地,图 5.6(a)、图 5.7(a)、图 5.8(a)和图 5.9(a)则显示了使用 PF、G－PF、W－PF 和 WG－PF 估计出的 AUV 的俯仰角、偏航角以及相应的估计均方根误差。从这些图中可以看出,G－PF 和 W－PF 的估计性能要优于 PF,WG－PF 的估计性能比 G－PF 和 W－PF 好,这说明 WG－PF 中的小波变换和灰预测都为改进粒子滤波算法起到了积极的作用。

图 5.4(b)、图 5.5(b)、图 5.6(b)、图 5.7(b)、图 5.8(b)和图 5.9(b)显示了使用 AEKF、MMPF 和 WG－PF 估计出的 AUV 的速度、俯仰角和偏航角以及相应的估计均方根误差,表 5.2 则描述了 AUV 的机动情况。结合上述各图和表 5.2 可以看出,小机动情况下的 WG－PF 性能会略优于 AEKF 和 MMPF,这是由于 AEKF 和 MMPF 在小机动情况下都能采取相应的自适应措施来描述运动状态,而导致 AEKF 和 MMPF 性能略差的原因,则仅仅是时变的观测环境使观测噪声的特性发生了变化,从而引起了观测模型的失真。然

表 5.2　AUV 机动情况描述

时间梯度 k	机动情况		
	速　度	俯　仰	偏　航
0 ~ 300	小机动	小机动	小机动
300 ~ 500	大机动	大机动	大机动
500 ~ 700	大机动	小机动	小机动
700 ~ 800	大机动	小机动	大机动
800 ~ 1000	小机动	大机动	小机动
1000 ~ 1300	大机动	小机动	小机动
1300 ~ 1500	小机动	大机动	小机动

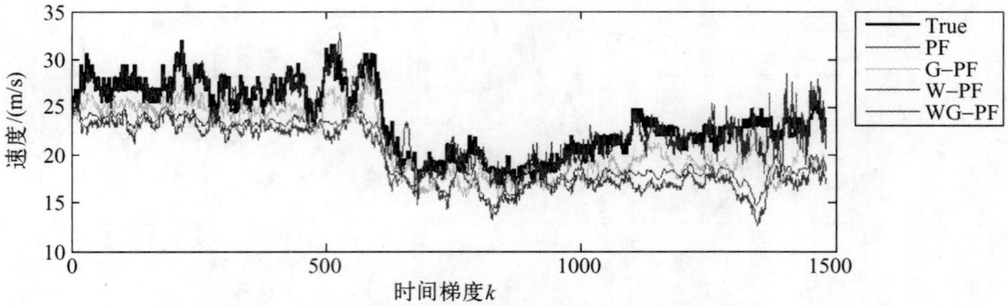

(a) 基于PF、G-PF、W-PF和WG-PF的AUV速度估计

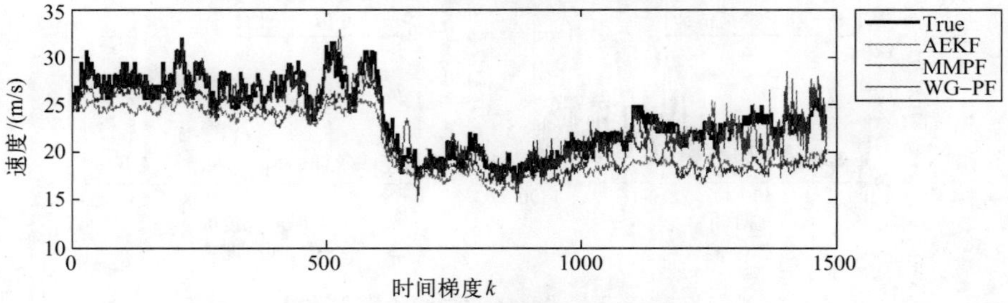

(b) 基于AEKF、MMPF和WG-PF的AUV速度估计

图 5.4　AUV 的速度估计

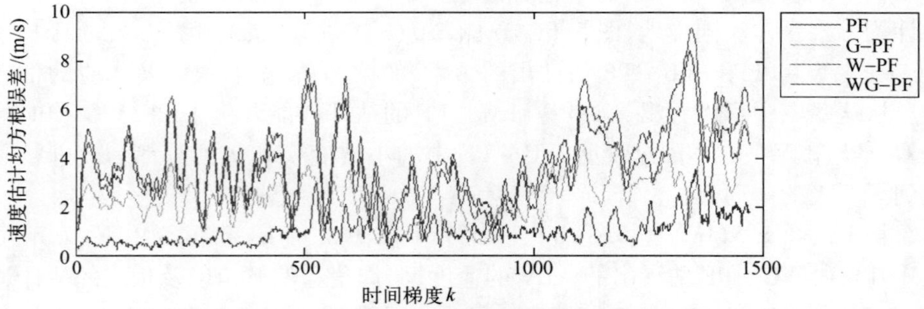

(a) 基于PF、G-PF、W-PF和WG-PF的AUV速度估计均方根误差

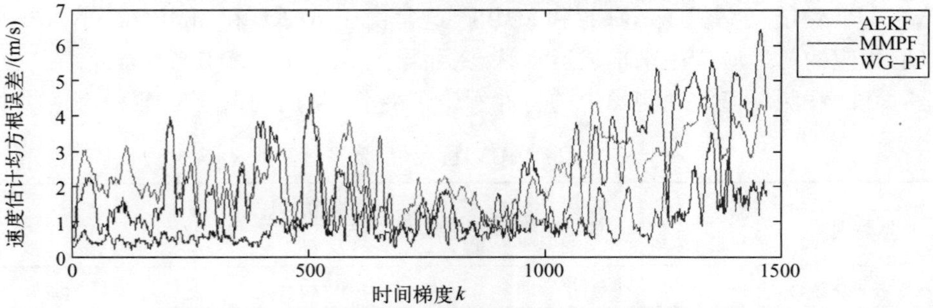

(b) 基于AEKF、MMPF和WG-PF的AUV速度估计均方根误差

图 5.5　AUV 的速度估计均方根误差

而,大机动情况下的 WG - PF 性能优势就比较明显,这是因为 MMPF 中使用多个模型来描述 AUV 的机动,而当机动的情况未知时,模型便不能较好地符合真实的运动状态,从而引起算法的性能受损,而且多模型也引入了模型竞争,使得 MMPF 需要更多的计算量,并

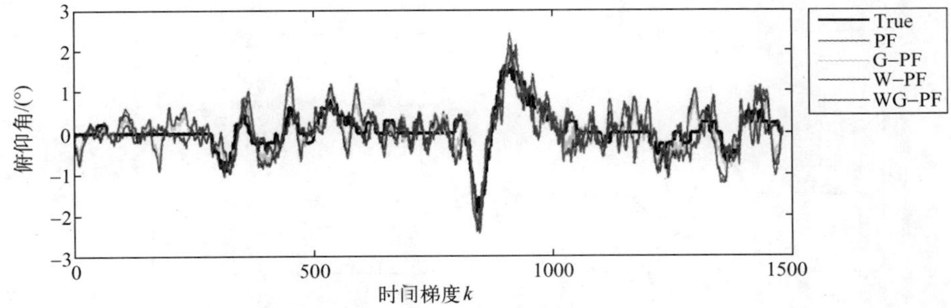

(a) 基于PF、G–PF、W–PF和WG–PF的AUV俯仰角估计

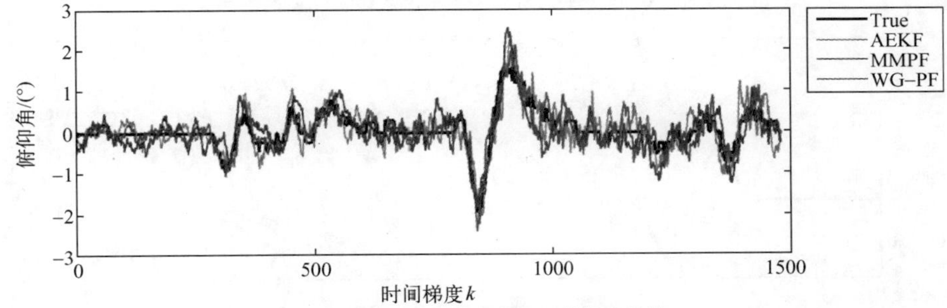

(b) 基于AEKF、MMPF和WG–PF的AUV俯仰角估计

图 5.6　AUV 的俯仰角估计

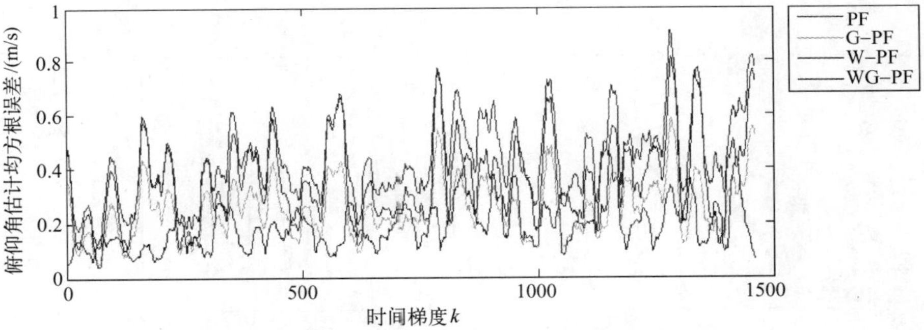

(a) 基于PF、G–PF、W–PF和WG–PF的AUV俯仰角估计均方根误差

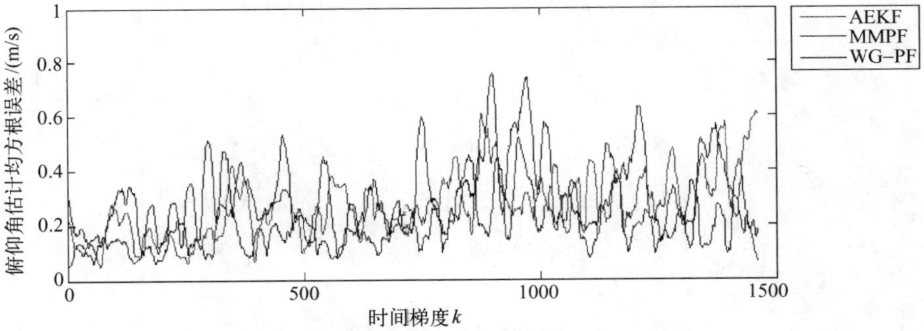

(b) 基于AEKF、MMPF和WG–PF的AUV俯仰角估计均方根误差

图 5.7　AUV 的俯仰角估计均方根误差

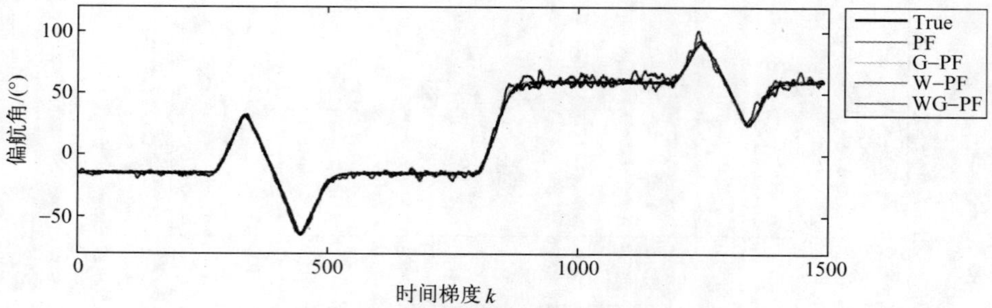

(a) 基于PF、G−PF、W−PF和WG−PF的AUV偏航角估计

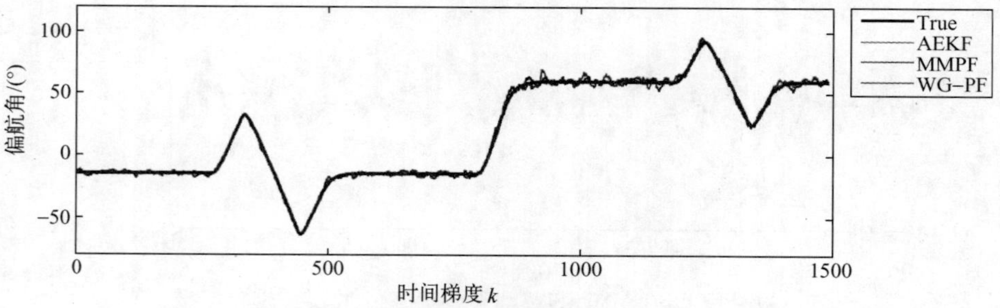

(b) 基于AEKF、MMPF和WG−PF的AUV偏航角估计

图 5.8 AUV 的偏航角估计

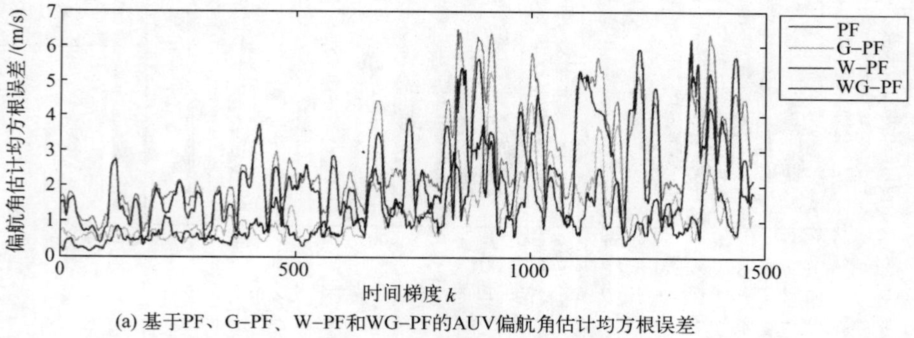

(a) 基于PF、G−PF、W−PF和WG−PF的AUV偏航角估计均方根误差

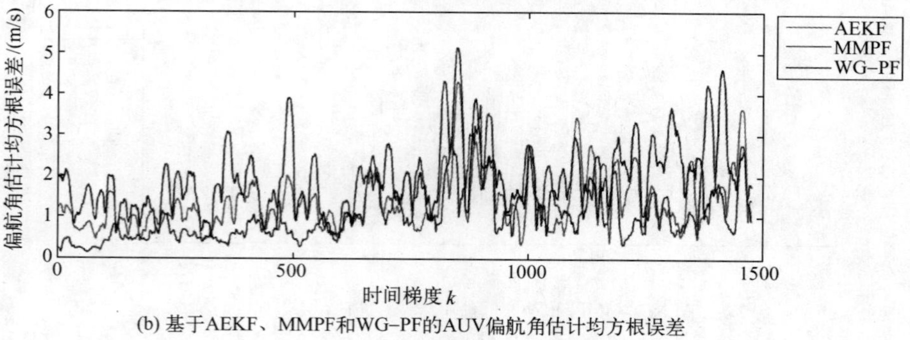

(b) 基于AEKF、MMPF和WG−PF的AUV偏航角估计均方根误差

图 5.9 AUV 的偏航角估计均方根误差

且观测噪声特性的变化同样也影响了MMPF的性能,而对于AEKF算法,由于它是将强非线性的运动状态线性化,这就导致了估计精度的大幅度降低。WG-PF能够具有更好的估计性能,是因为灰预测是基于实际的观测值序列进行的,这就使得采样得到的灰粒子包含了AUV的真实运动状态信息。所以,即使状态模型与真实的运动状态存在失配,仍然会有足够多的有效的灰粒子不至于使滤波算法失效。而且,WG-PF也不需要预设机动模型信息,因此计算量较小。另外,WG-PF可以实时地跟踪观测噪声统计特性的变化,提高粒子重要性权值分配的准确性。可以说,运动状态模型和观测噪声统计特性的信息越缺乏,WG-PF算法的优势就会越明显,定位的精度也就越高。

图5.10显示了使用PF、G-PF、W-PF、AEKF,MMPF和WG-PF的AUV在 $x-y$ 平面上的位置估计,从图中可以明显地看出WG-PF的估计性能是最好的。表5.3给出了各滤波算法的平均估计误差和算法执行时间。结合图5.4至图5.9和表5.3可知,G-PF、MMPF和AEKF在估计俯仰角和偏航角时也都具有较高的估计精度。因此,AUV自主定位误差的主要来源应该是速度的估计误差,这是因为速度的变化更频繁、更剧烈。而且需要指出的是,由于自主定位时不能直接测得AUV在 $x-y$ 平面上的绝对位置,所以各种滤波算法的位置估计误差是随时间而累积的,长时间后需要通过北斗导航与定位系统、GPS或SLAM方法进行位置的校正。但无论如何,WG-PF自主定位误差累积的速率是最小的。图5.11显示了使用PF、G-PF、W-PF、AEKF、MMPF和WG-PF估计出的AUV的深度,由于深度可直接通过压力传感器测得,因此其估计误差不会随着时间而累积,所以估计的精度较高。根据以上的分析可以总结出,实际应用中AUV自主定位的重点应该在 $x-y$ 平面上。为了更清晰地对比各滤波算法的自主定位性能,图5.12和5.13显示了使用PF、G-PF、W-PF、AEKF、MMPF和WG-PF的AUV在三维空间中的位置估计以及相应的均方根误差。

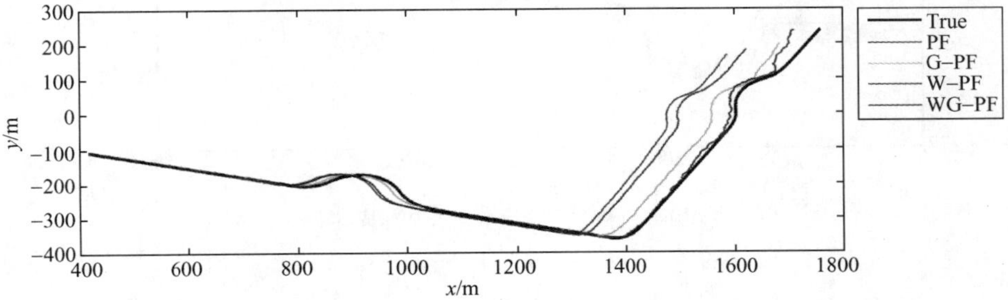

(a) 基于PF、G−PF、W−PF和WG−PF的AUV在x−y平面上的位置估计

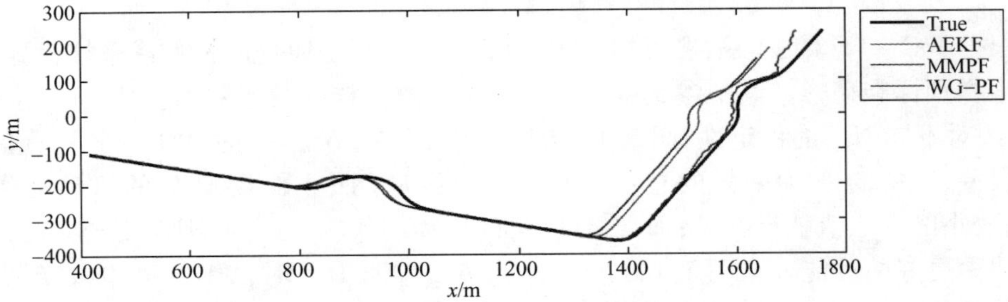

(b) 基于AEKF、MMPF和WG−PF的AUV在x−y平面上的位置估计

图5.10 AUV在 $x-y$ 平面上的位置估计

表 5.3　各种滤波算法的平均估计误差以及执行时间的对比

参数估计及执行时间	滤波算法					
	WG - PF	MMPF	AEKF	PF	G - PF	W - PF
速度/(m/s)	1.0262	2.4761	2.3940	3.6713	2.3540	3.4330
俯仰角/(°)	0.2230	0.3334	0.2925	0.4861	0.2748	0.4039
偏航角/(°)	1.2442	1.8730	1.3797	2.6179	1.2671	2.1545
深度/m	0.1609	0.2636	0.1969	0.2907	0.1933	0.2765
位置/m	8.8745	44.6776	38.0346	58.8068	24.2444	55.2761
计算时间/s	34.0129	38.5867	35.4452	31.8412	29.1687	35.4831

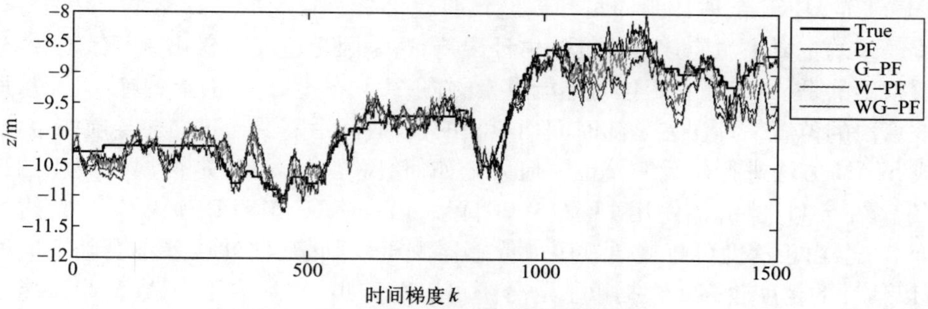

(a) 基于PF、G–PF、W–PF和　G–PF的AUV深度估计

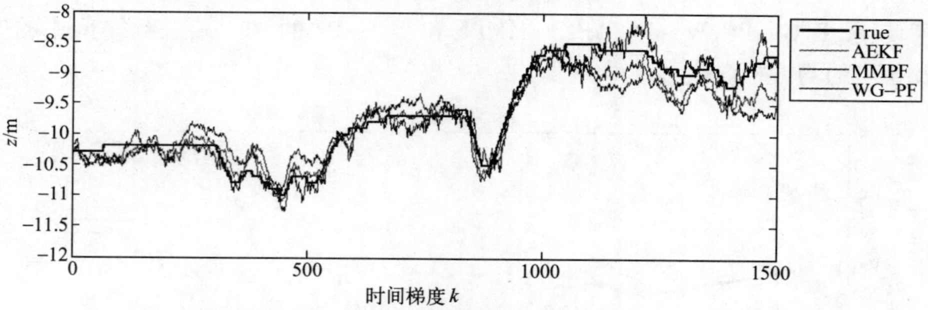

(b) 基于AEKF、MMPF和WG–PF的AUV深度估计

图 5.11　AUV 的深度估计

根据 WG - PF 算法的描述可知，WG - PF 中的粒子是通过两种方式采样得到的：灰预测采样和标准采样。其中参量 N_{grey} 为用于灰预测采样的粒子数目。为了分析 WG - PF 算法对不同 N_{grey} 的稳定性，图 5.14 给出了基于不同 $N_{grey}:N$ 的 WG - PF 位置估计均方根误差，其中的 N 为采样的总粒子数。在实际应用中：如果 AUV 的机动动作较平和，则较小的 N_{grey} 值就足够了；而如果 AUV 的机动动作较为剧烈，则需要较大的 N_{grey} 值才能获得更好的性能。从图 5.14 中可知，当 $N_{grey}:N = 1:5$ 时，WG - PF 能表现出最佳的估计性能。

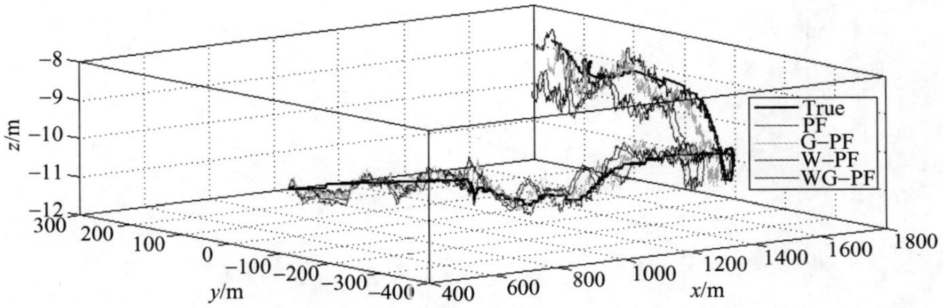

(a) 基于PF、G-PF、W-PF和WG-PF的AUV在三维空间中的位置估计

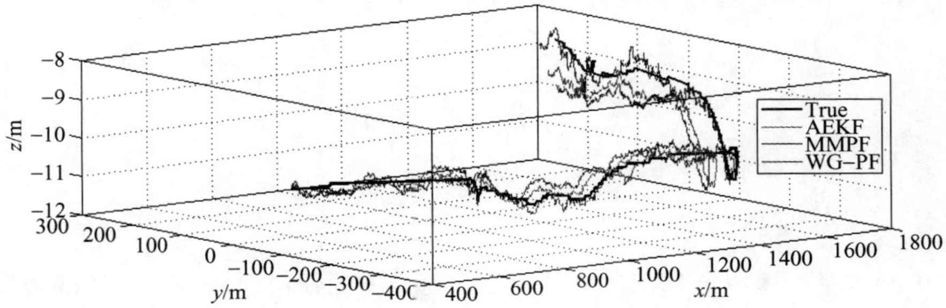

(b) 基于AEKF、MMPF和WG-PF的AUV在三维空间中的位置估计

图 5.12　AUV 在三维空间中的位置估计

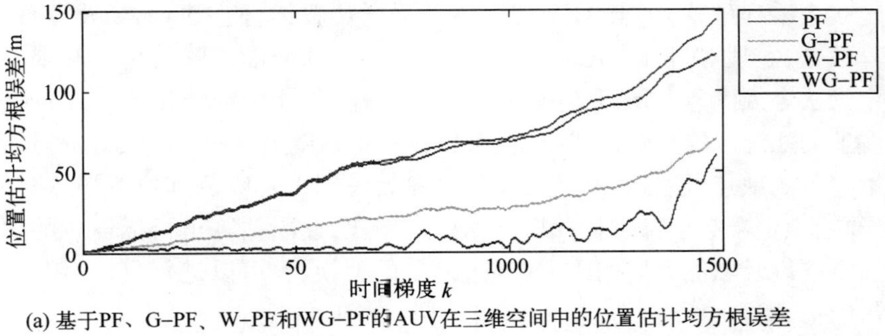

(a) 基于PF、G-PF、W-PF和WG-PF的AUV在三维空间中的位置估计均方根误差

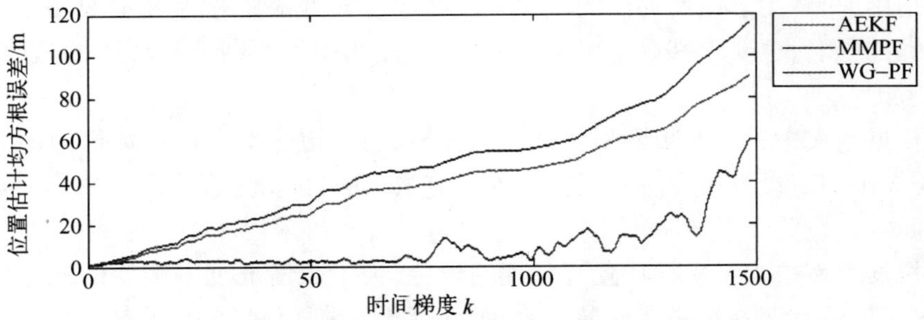

(b) 基于AEKF、MMPF和WG-PF的AUV在三维空间中的位置估计均方根误差

图 5.13　AUV 的位置估计均方根误差

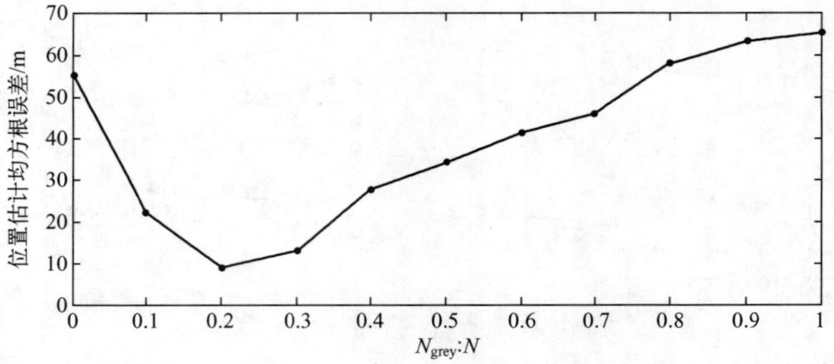

图 5.14　基于不同 $N_{grey}:N$ 的 WG－PF 位置估计均方根误差

5.7　定位测试

5.7.1　定位方法描述

定位方法的基本思想：理论上，AUV 可以在海洋中的任何地点进行声场的采样，这样就可以尽可能多地挖掘由目标声源所产生声场的空间特性，逐渐改善使用匹配场处理方法在采样位置上处理舷侧阵数据后所达到的定位效果，从而随着时间的推移以较高的概率和精度估算出目标声源的三维坐标。

根据所提出定位方法的基本思想，AUV 在浅海预先设定好的航线上巡航时，需要在航线上设定多个采样位置，每当 AUV 经过一个采样位置，就使用匹配场处理器处理采集到的舷侧阵数据，实现对目标声源的初步定位。由于 AUV 舷侧阵的长度有限，初步定位的效果一定无法令人满意。所以，需要进一步融合处理（相干或非相干方式）所经过的所有采样位置上的匹配场定位输出，这样便可以在一定程度上克服 AUV 舷侧阵这种小孔径声呐空间增益低的缺点，还可以降低海洋环境参数失配以及舷侧阵位置误差对匹配场定位输出的影响，稳定参数估计过程并提高输出信噪比，逐渐估算出目标声源的深度、在舷侧阵的端射方向以及舷侧方向的距离（通过简单的变换，也可以进行目标声源的深度、距离以及方位的估计）。

需要指出的是，为了使所提出的定位方法更贴近于实际使用，要求其具备较好的分辨率与稳健性的同时，也要求其尽量减少计算量，增强使用的便利性和环境的适应性，这样做出如下考虑：

（1）根据前文中关于宽带匹配场处理的分析，为了更好地利用目标声源的时频域特性，所以在提出的定位方法中融入了宽带处理方法。而且，由于在实际应用中目标声源各频率成分间的相位关系一般是不可知的，因此宽带处理将采用非相干方式；

（2）根据前文中关于采样位置互处理的讨论，为了在情况复杂多变的浅海环境中避免 AUV 舷侧阵运动误差补偿计算量过大，所以对各个采样位置的匹配场定位输出采用非相干处理方式，同时为满足定位方法分辨率的要求，因此在每一个采样位置上使用高分辨率的匹配场处理器；

（3）根据前文中关于 AUV 舷侧阵运动状态的研究，将使用基于小波变换的灰粒子滤波方法减少 AUV 在机动或非机动情况下对其自身位置估计的误差,从而降低舷侧阵采样位置误差对匹配场定位的影响,也有助于延长 AUV 的位置修正的时间间隔。

考虑 AUV 的舷侧阵声呐装配有 N 个等间隔的水听器,舷侧阵接收到的带有噪声的测量场向量的第 i 个频率成分为

$$\boldsymbol{x}_{f_i}=\boldsymbol{s}_{f_i}+\boldsymbol{n} \tag{5.74}$$

式中:信号向量 $\boldsymbol{s}_{f_i}$以及拷贝场向量 $\boldsymbol{d}_{f_i}$都是由基于抛物线方程理论的 RAM 程序计算得到的,并且都进行了归一化的处理,使得 $\|\boldsymbol{s}_{f_i}\|=1$ 和 $\|\boldsymbol{d}_{f_i}\|=1$。其中,$\|\cdot\|$表示 L_2 范数操作符。而且,通常会假设接收到的加性噪声向量 $\boldsymbol{n}$ 为零均值高斯白噪声,并且与信号向量 $\boldsymbol{s}_{f_i}$不相关。这样,噪声向量 $\boldsymbol{n}$ 中的单元 n_i 就应该是零均值复高斯随机变量,其满足

$$f(n_i)=\frac{1}{\sqrt{2\pi}\sigma_n}\mathrm{e}^{-\frac{n_i^2}{2\sigma_n^2}} \tag{5.75}$$

式中:噪声能量 $\sigma_n^2=1/(Nr)$,其中,r 代表基阵的平均输入信噪比。因为每个水听器上的信号幅度都有所不同,所以每个水听器上的信噪比也不一样。从计算的角度看,噪声向量 $\boldsymbol{n}$ 中的单元 n_i 可用 Box - Muller 公式计算得到:

$$n_i=\sigma_n\sqrt{-\log X_i}\,\mathrm{e}^{i2\pi Y_i} \tag{5.76}$$

式中:X_i 和 Y_i 是服从(0,1]平均分布的随机变量。这样,用 $\boldsymbol{x}_{f_i}$构建第 i 个频率成分的互谱密度矩阵:

$$\boldsymbol{R}_{f_i}=E\{\boldsymbol{x}_{f_i}\boldsymbol{x}_{f_i}^{\mathrm{H}}\}=\sum_{l=1}^{L}(\boldsymbol{x}_{f_i}^{l})(\boldsymbol{x}_{f_i}^{l})^{\mathrm{H}} \tag{5.77}$$

式中:L 表示数据的快拍数;上标 H 是转置共轭操作符。这样,第 v 个采样位置上第 i 个频率成分的归一化互谱密度矩阵可表示为

$$\boldsymbol{K}_{f_i}^{v}=\frac{N\boldsymbol{R}_{f_i}^{v}}{(1+\sigma_n^2)L} \tag{5.78}$$

定位方法中将使用高分辨率的 MVDR 处理器,其权向量 $\boldsymbol{w}$ 是由互谱密度矩阵 $\boldsymbol{R}$ 与拷贝场向量 $\boldsymbol{d}$ 联合估计得到的:

$$\boldsymbol{w}=\frac{\boldsymbol{R}^{-1}\boldsymbol{d}}{\boldsymbol{d}^{H}\boldsymbol{R}^{-1}\boldsymbol{d}} \tag{5.79}$$

这样,根据式(5.78)和式(5.79),便可以得到第 v 个采样位置上第 i 个频率成分的匹配场定位输出:

$$P_{f_i}^{v}=\boldsymbol{w}_{f_i}^{v*}\boldsymbol{K}_{f_i}^{v}\boldsymbol{w}_{f_i}^{v} \tag{5.80}$$

假定共有 M 个有效的频率成分,最终得到第 v 个采样位置上的定位输出为

$$P_{\text{output}}=\frac{P_{f_1}^{1}+P_{f_2}^{1}+\cdots+P_{f_M}^{1}+\cdots+P_{f_1}^{v}+P_{f_2}^{v}+\cdots+P_{f_M}^{v}}{v} \tag{5.81}$$

如果考虑三维海洋环境下的目标定位,这时的定位输出是由定位模糊表面(深度和距离)叠加而成的“定位模糊立方体”,如图 5.15 所示。同样以“定位模糊立方体”中峰值点所对应的参变量(深度、舷侧阵舷侧方向与端射方向的距离)作为目标三维坐标的估计值。

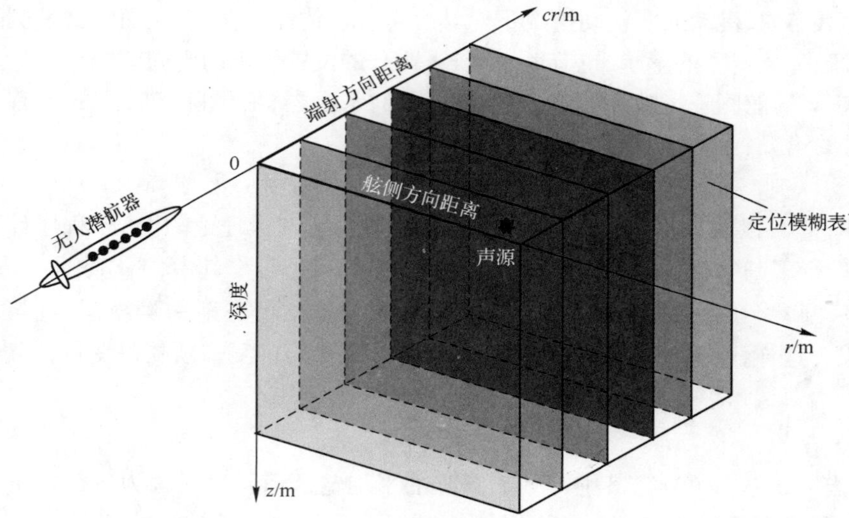

图 5.15　定位模糊立方体示意图

5.7.2　二维被动定位

1. 测试环境描述

测试环境用来评估所提出定位方法的定位性能，测试场景如图 5.16 所示。在一个二维的海洋环境中，存在一个多频（75Hz，100Hz，150Hz，250Hz）静止点声源，AUV 的舷侧阵装配有 6 个等间隔的水听器，相邻水听器间的距离为 1m。声源位于 AUV 舷侧阵的端射方向上，AUV 则定深于水下 50m 以低速沿直线航行，并逐渐地接近于目标声源。无人舷侧阵的搜索区域为水深 0～100m（几乎涵盖了整个水层的深度），搜索间隔为 2m，距离为 5～10km（相对于 AUV 舷侧阵的初始位置），搜索间隔为 50m。在 AUV 的航线上，其舷侧阵将进行等间隔的声场采样，而且相邻采样位置间的距离为 100m。

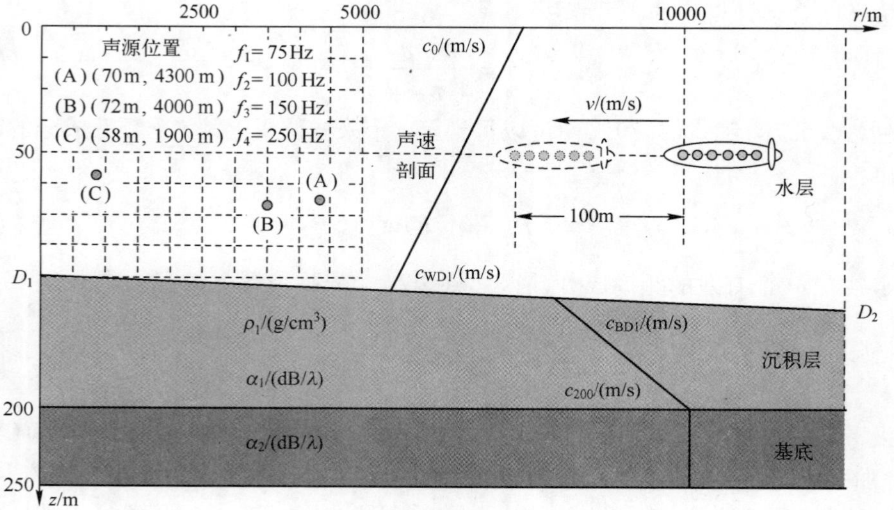

图 5.16　目标声源与 AUV 舷侧阵的相对位置关系及海洋环境模型

测试环境中使用的是模型参数与距离有关的海洋环境模型[223]，如图 5.16 所示。坐标系的横轴 r 表示距离、纵轴 z 表示深度；模型的最上层是水层，因为海洋环境模型具有一个倾斜的海底，所以水层的深度用参数 D_1 和 D_2 来表征；水层的下方是沉积层，其深度的最低点距离海面为 200m；沉积层的下方便是基底半空间；水层中的声速剖面呈负梯度趋势，由参数 c_0 和 c_{WD1} 表征；沉积层中的地声学参数包括声速 c_{BD1} 和 c_{200}（呈正梯度趋势）、密度 ρ_1 以及吸收率 α_1；基底的声速是恒定的，并与 c_{200} 相同，吸收率 α_2 为 10dB/λ。

测试中将使用不同的环境参数组合来分别计算测量场向量和拷贝场向量，用于模拟海洋环境参数的失配，如表 5.4 所列，其中囊括了水层中声速剖面的失配、水深的失配以及沉积层和基底中各环境参数的失配。另外，由于设定的是 AUV 在做定深低速直线运动，根据前文中关于 AUV 舷侧阵运动状态的分析，这种条件下的 AUV 自主定位精度是较高的，然而实际中 AUV 的运动扰动仍然是不可回避的，所以假定测试中 AUV 舷侧阵的采样位置（深度与距离）误差满足于[−2m, 2m]的平均分布。

表 5.4　海洋环境参数

参　　数	c_0/(m/s)	c_{WD1}/(m/s)	c_{BD1}/(m/s)	c_{200}/(m/s)	α_1/(dB/λ)	ρ_1/(g/cm^3)	D_1/m	D_2/m
测量场向量	1497.9	1478.3	1604.0	1798.0	0.11	1.65	101.2	104.6
拷贝场向量	1500.0	1480.0	1600.0	1750.0	0.35	1.75	102.5	102.5

下面，就在所设计的二维测试环境中，分别针对如图 5.16 所示的三个声源（声源(A)、(B)和(C)相对于 AUV 舷侧阵起始位置的坐标分别为(70m, 5.7km)、(72m, 6.0km)和(58m, 8.1km))，评估所提出的定位方法在不同的信噪比(40dB、10dB 和 −5dB) 下的定位性能。测试的重点在于观察估计出的目标声源位置如何随着时间的推移而收敛于声源的真实位置，以及所提出的定位方法抗海洋环境参数失配与舷侧阵采样位置误差的性能如何。

2. 测试结果及分析

测试过程固定 AUV 舷侧阵的采样位置误差，如表 5.5 所列，而且为便于做对比，在对声源(A)、(B)和(C)的测试中，采用相同的误差设定值。图 5.17 显示了在高信噪比(SNR =40dB)的情况下，声源 A 的深度 − 距离定位模糊表面；图 5.18 显示了当声源与噪声能量(SNR = 10dB)相同的情况下，声源 B 的深度 − 距离定位模糊表面；图 5.19 则显示了当声源淹没于噪声(SNR =−5dB)背景中时，声源 C 的深度 − 距离定位模糊表面。每幅图中包含有 6 幅分图，它们是 30 个采样位置上输出的 30 个定位模糊表面中的 6 个，图中圆圈指示了目标声源的真实位置。从图中可以看出，在高信噪比的情况下，随着时间的推移，估计出的目标声源位置会逐渐地收敛于声源的真实位置，定位模糊表面中的声源能够明显地被发现，旁瓣抑制的效果也较好，这说明高分辨率的 MVDR 处理器较好地挖掘了由目标声源所产生声场的特性，而且其对失配高敏感的缺点也会随着时间推移而逐渐地被抑制。然而，随着信噪比的进一步降低，定位的效果也随之下降，信噪比为 10dB 时，目标声源在定位模糊表面中仍能较容易地被发现，但这时的旁瓣较高，当信噪比为 − 5dB 时，虽然真实声源位置附近仍存在较高的峰值点，但这时的目标声源已经不再容易被发现。原因在于，低信噪比下的 MVDR 处理器已经不容易分辨出目标声源与噪声，所以需要分辨率更高的处理器。

表 5.5　AUV 舷侧阵采样位置的误差

采样位置	1	2	3	4	5	6	7	8	9	10
深度误差/m	1.2	1.6	-1.6	1.6	0.4	-1.6	-0.8	0	2.0	2.0
距离误差/m	0.8	-1.9	-0.9	-1.8	-1.6	1.3	0.8	-0.7	1.8	-1.9
采样位置	11	12	13	14	15	16	17	18	19	20
深度误差/m	-1.2	2.0	2.0	0	1.2	-1.6	-0.4	1.6	1.2	2.0
距离误差/m	-0.2	-0.5	1.1	1.2	-1.3	0	-0.2	0.5	0.8	1.0
采样位置	21	22	23	24	25	26	27	28	29	30
深度误差/m	0.8	-2.0	1.2	1.6	0.8	1.2	0.8	-0.4	0.8	-1.2
距离误差/m	-0.8	0.7	0.6	-1.3	-1.5	0	1.8	-0.6	0.3	-1.1

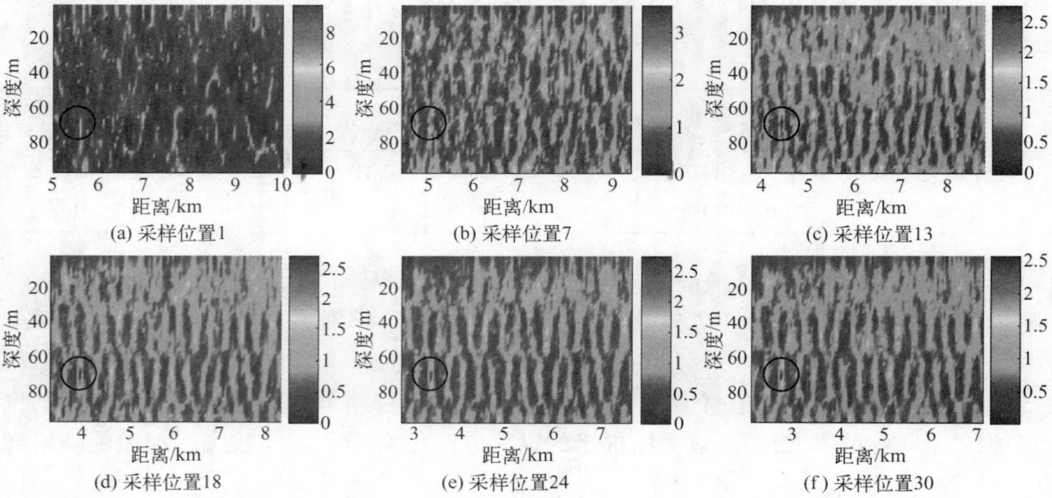

图 5.17　信噪比为 40dB 时,声源 A 的深度 - 距离定位模糊表面

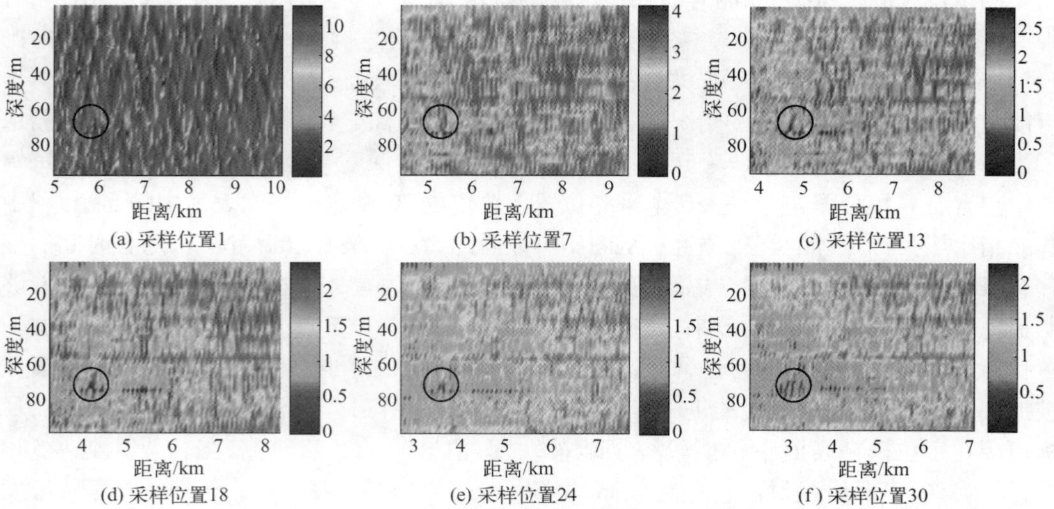

图 5.18　信噪比为 10dB 时,声源 B 的深度 - 距离定位模糊表面

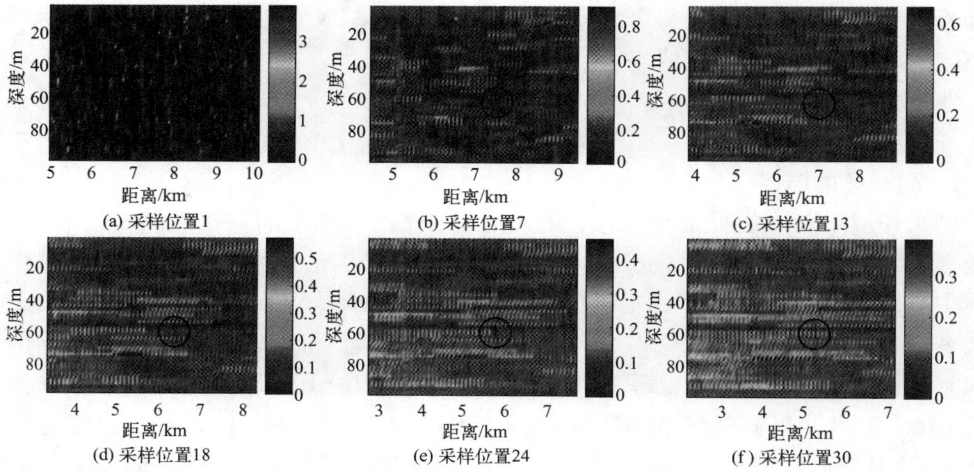

图 5.19　信噪比为 -5dB 时,声源 C 的深度 - 距离定位模糊表面

图 5.20 显示了目标声源深度与距离的估计值随采样位置变化的情况,图中星号指示了声源坐标的估计值,圆圈指示了声源坐标的真实值,假定声源的深度估计误差在 6m 以内同时距离估计误差在 600m 以内是可以接受的[225],那么图中显示的声源坐标的估计值

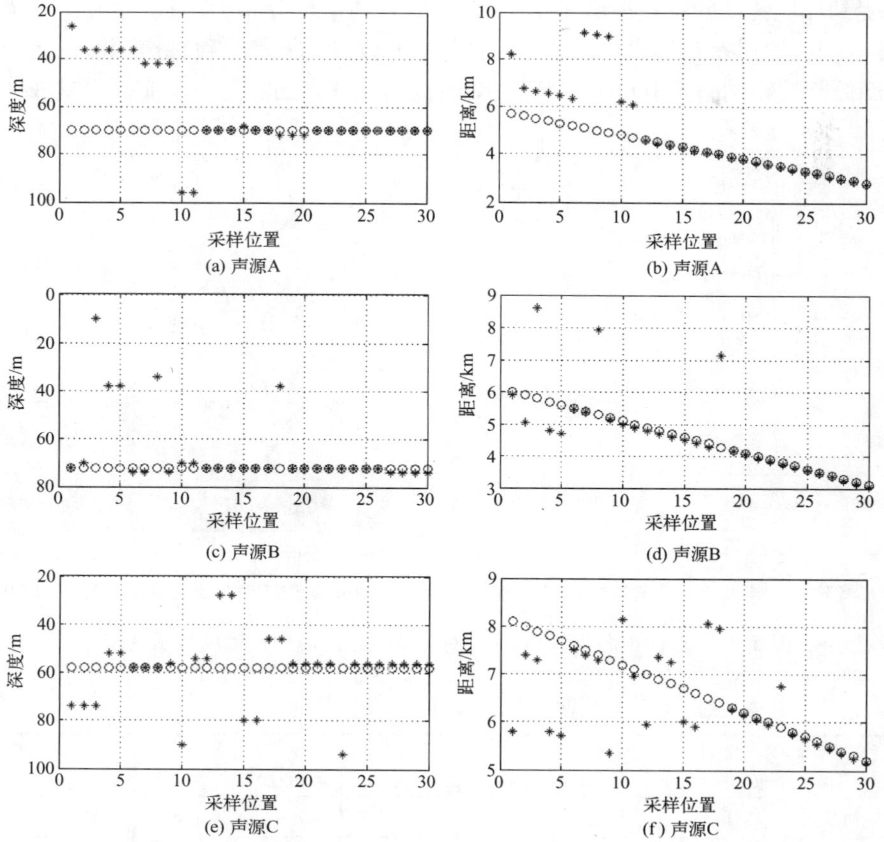

图 5.20　目标声源的深度与距离估计随采样位置变化的情况

会随着时间的推移而逐渐获得令人满意的结果。假定 AUV 的航行速度为 2m/s，那么，大约 20min 后所有情况的估计值均能满足设定的要求。

5.7.3 三维被动定位

1. 测试环境描述

测试环境用来评估所提出的定位方法在三维海洋环境下的定位性能。以 AUV 右边的舷侧阵为例，坐标系的制定如图 5.21(a)和图 5.21(b)所示，舷侧阵的位置为水平面的坐标中心，坐标系的 z 轴表示水面下的深度，r 轴表示目标声源在舷侧阵舷侧方向的距离，cr 轴表示目标声源在舷侧阵端射方向的距离。AUV 的舷侧阵装配有 6 个等间隔水听器，相邻水听器间的距离为 1m。浅海中存在一个多频(75Hz, 100Hz, 150Hz, 250Hz)静止点声源，相对于 AUV 舷侧阵起始位置的坐标为(26m, 4502m, 2498m)。AUV 以接近目标的形式航行，其舷侧阵的搜索区域为水深 0～100m，搜索间隔为 5m，舷侧方向 4～5km，搜索间隔为 50m，端射方向 4～5km(相对于 AUV 舷侧阵的起始位置)，搜索间隔为 100m。另外，AUV 舷侧阵的采样位置间隔被设定为 100m。

图 5.21(b)描绘了测试中所使用的模型参数与距离无关的海洋环境模型[225]，其形式与图 4.6 相同，表 5.6 列出了模型中所有参数的参数值，其中的不同参数组合分别用于计算真实场向量和拷贝场向量。另外，测试中假定 AUV 舷侧阵采样位置(深度、舷侧方向与端射方向距离)受到环境扰动的误差都满足于[－2m, 2m]的平均分布。而且，除海洋环境参数失配与舷侧阵的位置误差被包含于测试中外，根据测试环境的设定，目标声源的位置也没有处于 AUV 舷侧阵搜索网络的节点上，这也会对所提出定位方法的定位性能提出挑战。

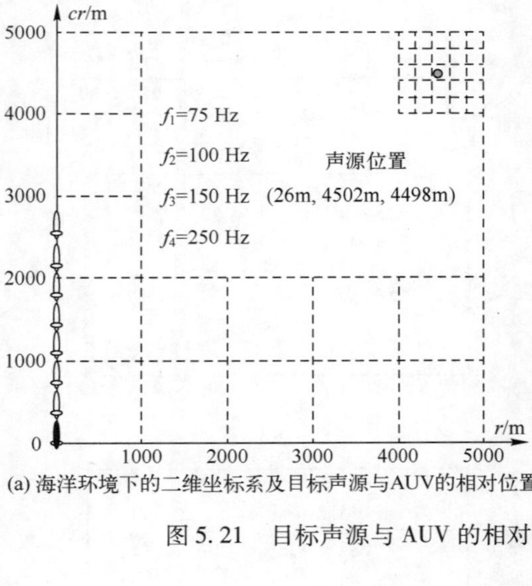

(a) 海洋环境下的二维坐标系及目标声源与AUV的相对位置

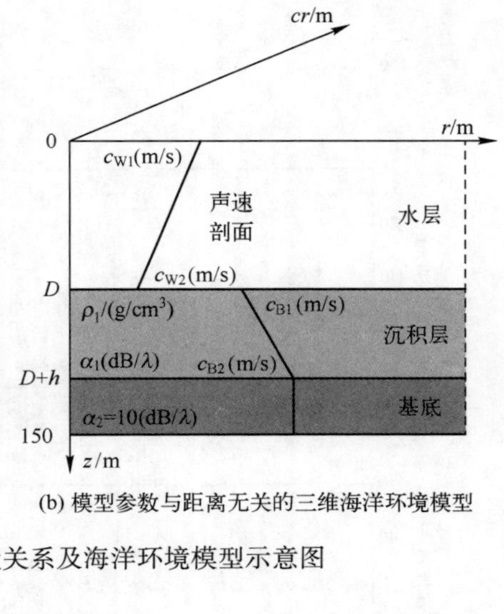

(b) 模型参数与距离无关的三维海洋环境模型

图 5.21 目标声源与 AUV 的相对位置关系及海洋环境模型示意图

表 5.6 海洋环境参数

参数	c_{w1}/(m/s)	c_{w2}/(m/s)	c_{B1}/(m/s)	c_{B2}/(m/s)	α_1/(dB/λ)	ρ_1/(g/cm^3)	D/m	h/m
测量场向量	1475	1471	1512	1573	0.30	1.64	115.5	13
拷贝场向量	1469	1465	1494	1547	0.14	1.36	114.5	11

测试分两种情况进行，一种是 AUV 做水下 50m 定深变速航行，另一种是无人潜航器做变深变速航行。根据 5.7.2 节中关于二维海洋环境下定位性能的分析结果，AUV 的低匀速直线运动虽然有利于避免其舷侧阵的采样位置出现较大的偏差，但这种情况下定位目标所需要的时间也较长（信噪比为 -5dB 时，需要 20min），这显然与实际应用要求有较大的差距，因为目标几乎不可能 20min 内原地不动，所以必须缩短定位所需要的时间。这样，AUV 被选择做变速运动，也就是在两个采样位置间做加速 - 减速运动，以减少其在去“目的地”的路上所耗费的时间。另外，由于测试工作一直在假定 AUV 做定深航行，所以下面也将对 AUV 在不同水深上进行声场采样时的定位性能展开测试。

1）AUV 水下 50m 定深变速航行

预想中的 AUV 是以 2m/s 的速度航行 5s 经过一个采样位置，而为了能够快速到达下一个采样位置，将以 4m/s^2 的加速度加速 3s，航速达到 14m/s 后继续航行 3s，然后再以 4m/s^2 的加速度减速 3s，从而完成一个采样周期，准备继续下一个采样周期。这样，完成 30 个采样位置上的数据收集，无人潜航器共航行了 2.9km，所需要的时间不超过 7min。然而，定深的变加减速运动也一定会增加采样位置的端射方向距离的偏差。

AUV 定深航行时的状态模型为

$$\begin{cases} x_k = x_{k-1} + (v_{k-1} + u_k^v) \cdot T + u_k^x \\ v_k = v_{k-1} + u_k^v \end{cases} \tag{5.82}$$

式中：x_k 为航行距离；v_k 为航行速度；u_k^x 和 u_k^v 为过程噪声；k 是离散时间；T 为离散时间的间隔；过程噪声协方差设为 $\boldsymbol{Q}_k = \begin{bmatrix} 0.5^2 & 0.6^2 \\ 0.6^2 & 1^2 \end{bmatrix}$。

AUV 定深航行时的观测模型为

$$\boldsymbol{v}_k = v_k + w_k^v \tag{5.83}$$

式中：$\boldsymbol{v}_k$ 为速度观测值；w_k^v 为速度观测噪声，假定匀速航行阶段观测噪声方差 R_k 为 0.2^2，变速航行阶段观测噪声方差为 0.8^2。这样，AUV 定深变速航行情况下，其舷侧阵采样位置端射方向的距离误差如图 5.22 所示。从图中可以看出，距离误差随着时间的消逝而累积，最终达到了 25m 左右。

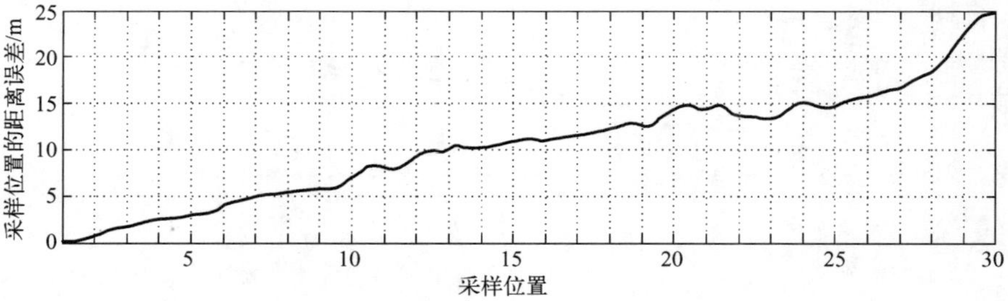

图 5.22 在 AUV 定深航行情况下，其舷侧阵采样位置端射方向的距离误差

2）AUV 变深变速航行

预想中 AUV 舷侧阵的第一个采样位置处于水下 5m，其速度的变化与定深情况基本

相同,只是俯仰角变为 -1.7°。这样,AUV 在每一个采样周期将下降 3m,完成 30 个采样位置上的数据收集,其在水平方向上航行了 2.9km,深度方向上下降了 87m,这时的 AUV 处于水下 92m,所需要的时间大约为 7min。

AUV 变深航行时的状态模型为:

$$
\begin{cases}
x_k = x_{k-1} + (v_{k-1} + u_k^v) \cdot \cos(1.7°) \cdot T + u_k^x \\
z_k = z_{k-1} + (v_{k-1} + u_k^v) \cdot \sin(1.7°) \cdot T + u_k^z \\
v_k = v_{k-1} + u_k^v
\end{cases}
\tag{5.84}
$$

式中:z_k 为航深;u_k^z 为过程噪声;过程噪声协方差设为 $\boldsymbol{Q}_k = \begin{bmatrix} 0.5^2 & 0 & 0.6^2 \\ 0 & 0.2^2 & 0.3^2 \\ 0.6^2 & 0.3^2 & 1^2 \end{bmatrix}$。

AUV 变深航行时的观测模型为

$$
\begin{cases}
\boldsymbol{v}_k = v_k + w_k^v \\
h_k = z_k + w_k^z
\end{cases}
\tag{5.85}
$$

式中:h_k 为航深观测值;w_k^z 为航深观测噪声;假定匀速航行阶段的观测噪声协方差 R_k 为 $\begin{bmatrix} 0.2^2 & 0.1^2 \\ 0.1^2 & 0.1^2 \end{bmatrix}$;变速航行阶段观测噪声协方差为 $\begin{bmatrix} 0.8^2 & 0.3^2 \\ 0.3^2 & 0.2^2 \end{bmatrix}$。这样,AUV 变深变速航行情况下,其舷侧阵采样位置的深度与端射方向距离的误差如图 5.23 所示。从图中可以看出,由于受到 AUV 内部的深度传感器作用,所以深度误差不是很大,而距离误差同样随着时间的消逝而累积,最终达到了近 40m。

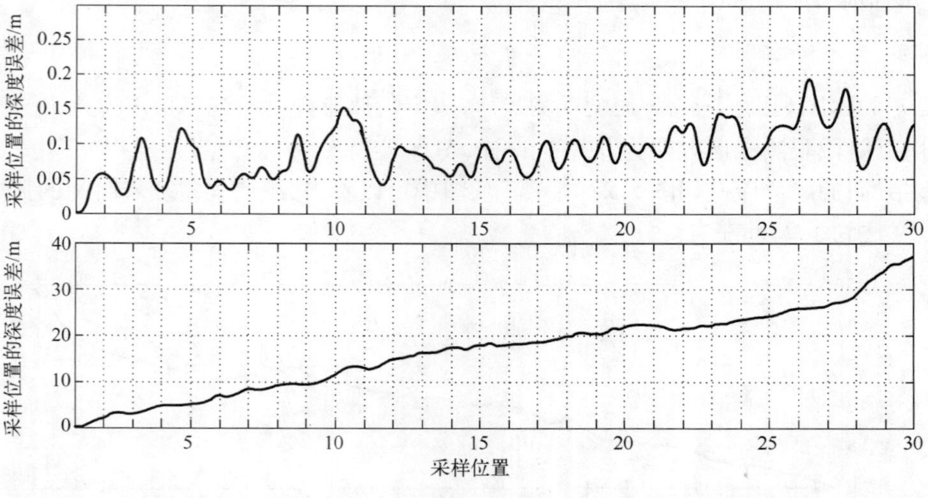

图 5.23　在 AUV 变深航行情况下,其舷侧阵采样位置深度与端射方向距离的误差

2. 测试结果及分析

图 5.24 至图 5.27 显示了 AUV 舷侧阵定深采样情况下的包含有定位模糊立方体峰值点的定位模糊表面以及目标声源的估计值随采样位置变化的情况。从图中可以看出,

定位的效果与二维的情况类似。然后,根据舷侧阵的采样位置(深度、舷侧方向与端射方向距离)受到环境扰动的误差都满足于[-2m, 2m]平均分布的设定,在信噪比为 40dB、10dB 以及 -5dB 的情况下,分别进行仿真测试 100 次,用于观察在不同信噪比下,声源定位情况的统计规律。图 5.28 至图 5.30 分别显示了信噪比为 40dB、10dB 以及 -5dB 情况下的统计结果,图中虚线指示了可接受估计值的上下边界。从图中可以看出,在三种信噪比下,目标声源在舷侧方向与端射方向的距离估计值都可以较好地集中于真实值附近,然而随着信噪比的下降,深度估计性能有所降低,信噪比为 -5dB 时的有效定位概率为 86%,再次验证了使用水平短线列阵定位水中声源时,由于其对垂直方向声场的采样不足,所以对声源深度的估计一直是一个比较难解决的问题。

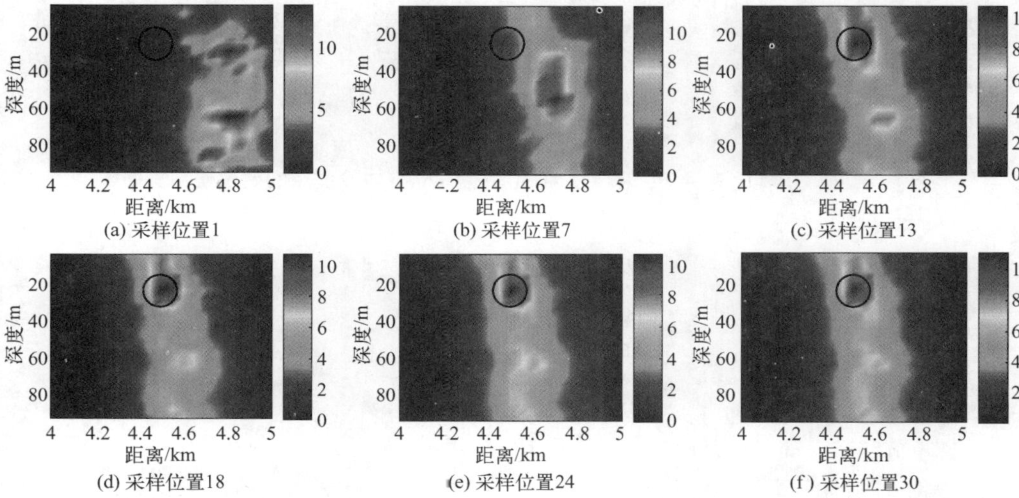

图 5.24 信噪比为 40dB 时,包含有定位模糊立方体峰值点的定位模糊表面

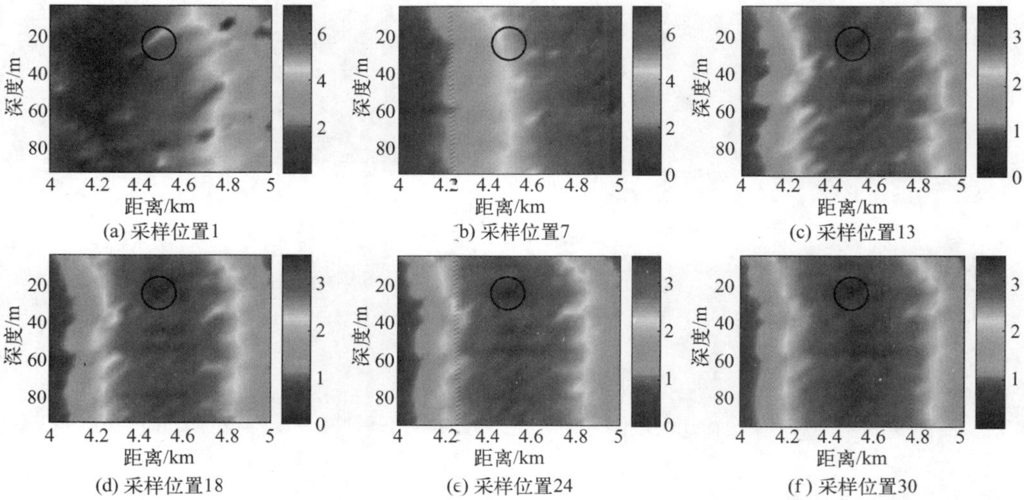

图 5.25 信噪比为 10dB 时,包含有定位模糊立方体峰值点的定位模糊表面

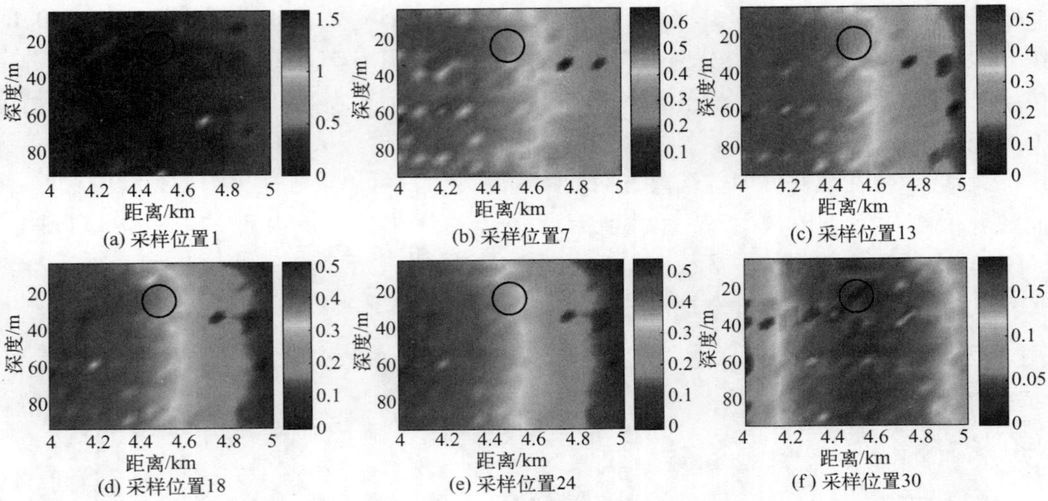

图 5.26 信噪比为 -5dB 时,包含有定位模糊立方体峰值点的定位模糊表面

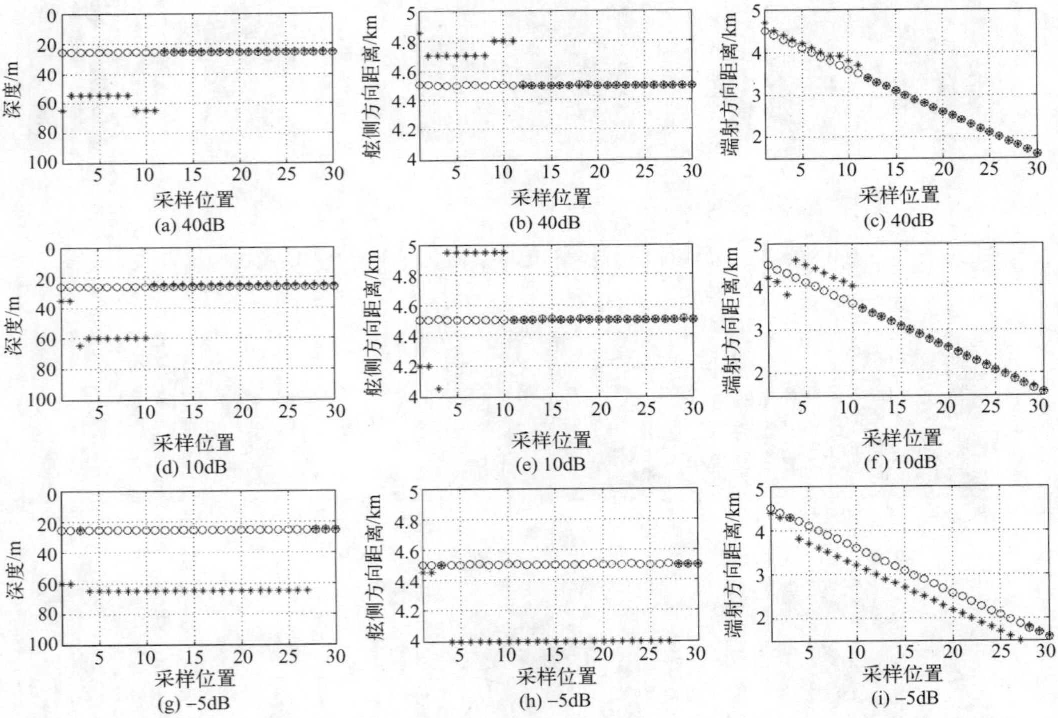

图 5.27 目标声源的深度、舷侧方向与端射方向距离估计随着采样位置变化的情况

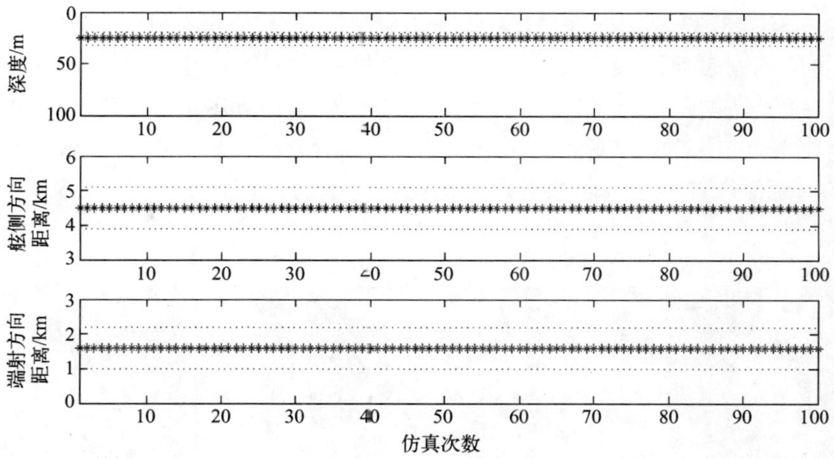

图 5.28　信噪比为 40dB 时，目标声源深度、舷侧方向与端射方向距离估计的概率分布情况

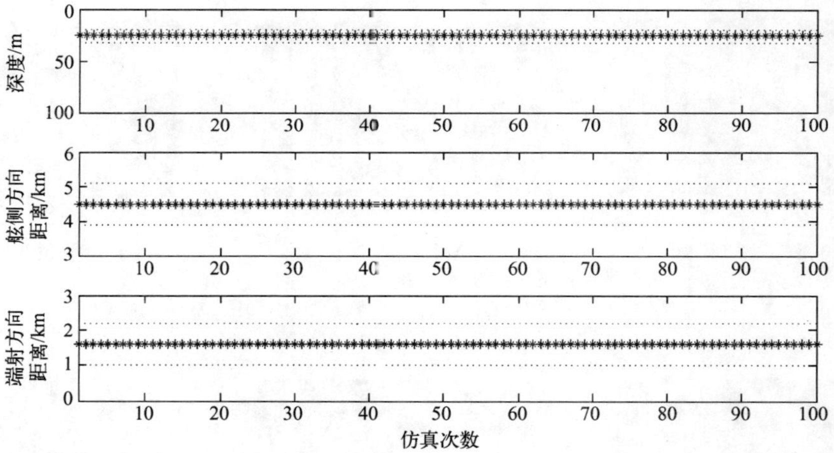

图 5.29　信噪比为 10dB 时，目标声源深度、舷侧方向与端射方向距离估计的概率分布情况

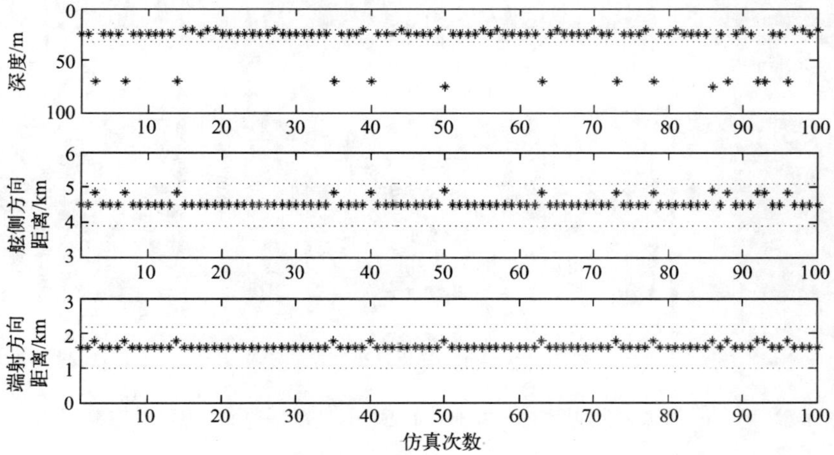

图 5.30　信噪比为 -5dB 时，目标声源深度、舷侧方向与端射方向距离估计的概率分布情况

图 5.31 至图 5.33 则显示了 AUV 舷侧阵变深采样情况下的包含有定位模糊立方体峰值点的定位模糊表面以及目标声源的估计值随采样位置变化的情况。从图中可以看出，相比于 AUV 舷侧阵定深采样的情况，其定位性能有所降低。分析其原因，主要是因为舷侧阵采样位置的误差由于受到变深机动的影响而不断增大，以至于影响了声源的定位效果。其实，变深采样本身并不会对定位造成负面影响，从图中也可以发现，采样位置 18 比采样位置 30 上的定位输出结果要好。

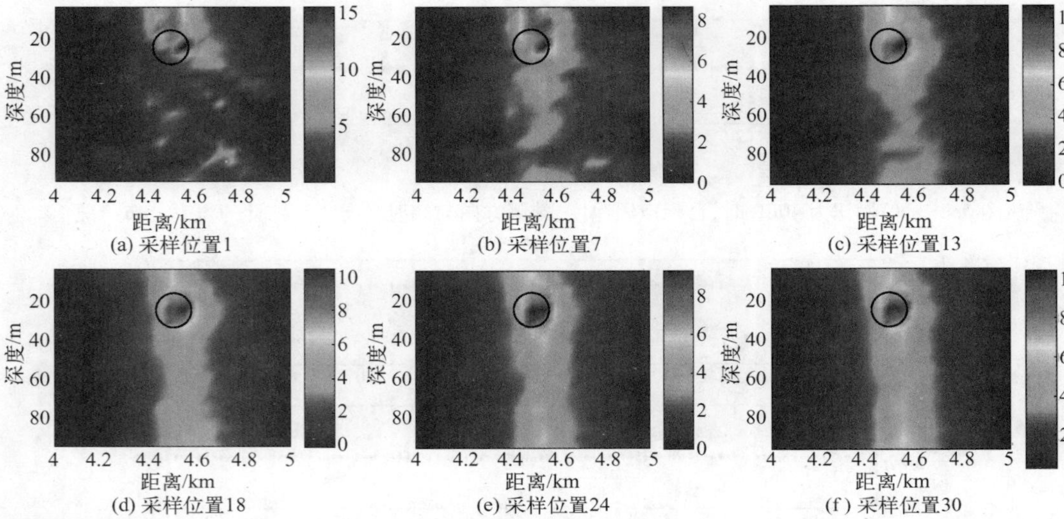

图 5.31　信噪比为 40dB 时，包含有定位模糊立方体峰值点的定位模糊表面

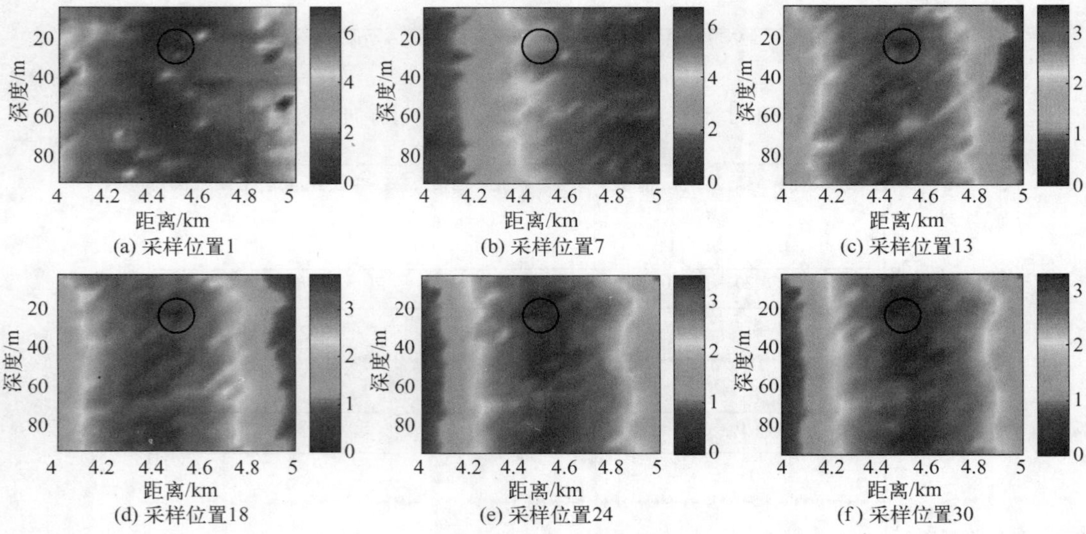

图 5.32　信噪比为 10dB 时，包含有定位模糊立方体峰值点的定位模糊表面

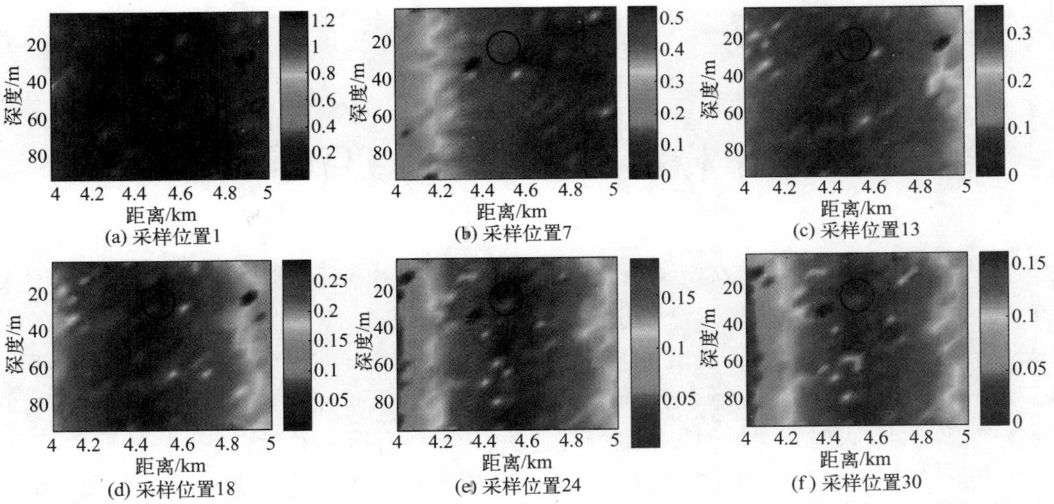

图 5.33　信噪比为 -5dB 时,包含有定位模糊立方体峰值点的定位模糊表面

5.8　本章小结

本章提出了一种基于小波变换的灰粒子滤波算法,并将其应用于观测噪声统计特性未知情况下的 AUV 自主定位。该算法在粒子采样过程中结合了灰预测与基于状态模型预测两种方法的优势,使得粒子的先验分布能够有效地覆盖 AUV 的真实运动状态。该算法同时利用小波变换跟踪观测噪声统计特性的变化,修正粒子重要性权值的分配,提高粒子后验分布的正确性,有效地解决了粒子滤波算法在解决动态和不确定性问题时所常出现的粒子贫化问题。所提出的滤波算法还通过了试验数据的评估,结果表明该算法在 AUV 自主定位的精度和稳健性上都有较明显的优势,它的有效应用在减小 AUV 舷侧阵采样位置的偏差方面将具有较大的作用。

为了使 AUV 在复杂的浅海环境中具备对远程声源被动定位的能力,提出了一种将 AUV 舷侧阵声呐与匹配场处理算法相结合的被动定位方法。该方法用于 AUV 定深低速直线巡航时,定点数据采集过程中。仿真测试结果表明,在各个采样位置上使用高分辨率的 MVDR 处理器可以较好地发掘由目标声源产生的声场特征,而 MVDR 处理器对海洋环境参数失配和舷侧阵位置误差高敏感性的缺点,会在该定位方法的执行过程中随着时间的推移而逐渐被抑制,稳定了参数估计过程,克服了 AUV 舷侧阵声呐空间增益低的缺点,在不同的输入信噪比下能够以较高的概率和精度估算出目标声源的三维坐标。

第6章　小子样静态模型可信度测试评估方法

由于试验条件的制约,在对 AUV 模型进行可信度测试评估或在现场试验时,都不太可能实现试验数据的中大样本量(几百甚至上千上万),小子样是大多数 AUV 试验的样本容量基本特性。在对小子样试验进行鉴定、评估时,传统的基于经典频率学的统计方法因其局限性,已无法合理解释小子样的试验结果。大多数研究都是在样本容量无法满足具体应用精度需求时才会使用贝叶斯统计方法,却都没有给出确切的小子样的概念定义。

小子样试验鉴定技术方法,大多是基于贝叶斯基本原理实现的,贝叶斯统计理论是基于总体信息、样本信息、先验信息(验前信息)全部三种信息的统计推断方法。由于先验信息的引入,较之经典频率统计,贝叶斯理论支持下的数据统计推断可以在更小的样本容量下实现同等甚至更高的估计精度或同样的样本容量下实现更高的估计精度。所以常见的小子样试验评估分析应用一般都关注于贝叶斯基本方法的这种优点,关注于贝叶斯方法在点估计、区间估计上精度的改善或者序贯检验中对样本的需求预测上。而大多数的文献[91,265,266]在获取先验信息的先验密度分布时,都会用到 Bootstrap 重抽样方法。其实 Bootstrap 是现代频率学派(区别于 Bootstrap 方法出现之前的经典频率学派)的重要方法体系而非贝叶斯统计学派的理论体系组成部分,贝叶斯统计学派实现重抽样的方法是马尔可夫链蒙特卡罗方法。作为工程应用,这无可厚非,只要满足应用条件即可。但是在进行区间估计时,虽然贝叶斯基于最大后验密度的区间估计 HPD 区间估计已经较传统频率学派的估计有相当改善,但 Bootstrap 方法理论中的 BCa 区间估计不仅具有较好的二阶精确性和不变性,且可以提供更短的区间估计区间长度[99,267]。在进行小子样的序贯假设检验时,贝叶斯序贯检验提供了序贯验后加权检验(Sequential Posterior Odd Test, SPOT)在节约试验样本量上表现优越,而基于序贯概率比检验(Sequential Probability Ratio Test, SPRT)插入检验点的序贯网图检验(Sequential Mess Test, SMT)在简单假设对简单假设的情况下也可大幅减少试验样本量,本章将对这两种方法的有效结合进行探讨。

本章内容安排如下:6.1 节在对比经典频率学派与贝叶斯学派的区别与联系的基础上,基于测试精度的需求给出试验子样容量等级的定义;6.2 节系统地研究贝叶斯理论基础在小子样模型测试评估中的方法体系;6.3 节从静态模型可信度的测试评估出发,探讨两种最常用两类分布的性能参数——最大航程和命中概率的小子样试验数据测试评估方案,首先对几种区间估计在一定精度下的试验样本量进行对比,然后就 AUV 静态模型测试评估中用到的序贯检验的改进方法及性能表现进行深入研究,探讨两类风险与试验样本量的关系,并为两类常用分布的序贯检验试验样本量提供试验样本需求量参考表;6.4 节对贝叶斯统计学方法与基于 Bootstrap 的现代频率统计学方法的对立与统一进行初步研究;6.5 节总结本章的主要工作内容及研究成果的意义。

6.1　经典频率统计、贝叶斯统计及小子样方法

6.1.1　经典频率统计方法及与贝叶斯统计的区别与联系

基于总体信息和样本信息进行的统计推断称为经典频率统计学，其基本观点是将数据（样本）视为来自具有一定概率分布的总体，研究的对象也是这个总体而不局限于数据本身。基于抽样的统计方法一般称为经典学派，也称为频率学派。从 19 世纪末期到 20 世纪上半叶，由于 K. Pearson、R. A. Fisher、J. Nayman 的杰出工作，经典学派已形成一套系统的理论体系，其体系以点估计、区间估计、假设检验、最大似然估计（Maximum Likelihood Estimate，MLE）、两类风险概率等方法理论为代表。

1. 概率及置信区间的内涵

经典频率统计的概率概念是用频率确定的，在大量重复的试验中获得的。而贝叶斯学派最基本的观点是把任一个未知量 θ 看作一个随机变量，应用一个概率分布去描述对 θ 的未知状况。例如，在贝叶斯学派意义下，我们可以将未知量 θ 位于某区间的概率表示成 $P(A_1 \leqslant \theta \leqslant A_2) = A_3, A_i(i=1,2,3) \in \mathbf{R}, A_3 \in [0,1]$，但是这个陈述在经典频率统计学中是不允许的。因为经典频率统计意义下，θ 是一个常量，它要么在区间 $[A_1, A_2]$ 之内，要么在 $[A_1, A_2]$ 之外，不应有 A_3 的概率。

经典频率统计的置信区间概念也常受到批评，同样以 $P(A_1 \leqslant \theta \leqslant A_2 \mid x) = A_3$ 为例，在贝叶斯统计看来，它表达的是：随机变量 θ 可信水平（区别于经典频率统计的置信度）为 A_3 的可信区间（区别于经典频率统计的置信区间）$[A_1, A_2]$。但是对于经典频率统计，这个表达也是不可能的，因为经典频率统计认为 θ 是常量，不能使用上述概率的概念，因此它表达的是：在 100 次使用这个置信区间时，大约有 $A_3 \times 100$ 次可以盖住 θ。我们一般对置信（可信）区间的期待是"θ 以 A_3 概率落在 $[A_1, A_2]$ 之中"，而经典频率统计学对于置信区间的解释实质上是有一定难度的。另外，在使用经典频率统计理论进行置信区间的求解时，需要构造一个枢轴量（含被估参数的随机变量），使它的分布不含有未知变量，若不熟悉"抽样分布"是很难实现的，而可信区间的求取则较为简便，只需验后分布即可。

2. 主观与客观的界限

经典频率统计认为其概率是用大量重复试验的频率来确定的，是"客观的"，而贝叶斯统计所引入的先验信息大多是"主观的"，因而至多对个人决策有适用性，这也是当前对贝叶斯统计的主要批评。贝叶斯统计认为引入主观概率及由此确定的先验分布至少把概率与统计的研究与应用范围扩大到不能大量重复的随机现象中来，其次，主观概念的确定也不是随意的，而是要求当事人对所考察的事件有较透彻的了解和丰富的经验积累，甚至是这一行的专家，在这个基础上引入的主观概率才能符合实际。关于经典频率统计与贝叶斯统计在此方面的争执，I. J. Good[258] 曾如此评判"主观主义者直述他的判断，而客观主义者以假设来掩盖其判断，并以此享受科学客观性的荣耀"。

3. 充分统计量的充要条件

充分统计量是简化统计问题时非常重要的概念，也是经典频率统计与贝叶斯统计相一致的少数几个论点之一。在经典频率统计中充分统计量的定义为：设 $\boldsymbol{x} = (x_1, \cdots, x_n)$

是来自分布函数 $F(x \mid \theta)$ 的一个样本，$T=T(\boldsymbol{x})$ 是统计量，假如在给定条件 $T(\boldsymbol{x})=t$ 的条件下，$\boldsymbol{x}$ 的条件分布与 θ 无关，则称该统计量为 θ 的充分统计量。用于判别充分统计量的充要条件是因子分解定理，即一个统计量 $T(\boldsymbol{x})$ 对于 θ 是充分统计量的充要条件是存在一个 t 与 θ 的函数 $g(t,\theta)$ 和一个样本 $\boldsymbol{x}$ 的函数 $h(\boldsymbol{x})$，使得对任一样本 $\boldsymbol{x}$ 和任意 θ，样本的联合密度函数 $p(\boldsymbol{x} \mid \theta)$ 可表示为它们的乘积，即

$$p(\boldsymbol{x} \mid \theta)=g(T(\boldsymbol{x}),\theta)h(\boldsymbol{x}) \tag{6.1}$$

在贝叶斯统计中，充分统计量也有一个充要条件，在这里不加证明的给出。

定理 6.1 设 $\boldsymbol{x}=(x_1,\cdots,x_n)$ 是来自密度函数 $p(x \mid \theta)$ 的一个样本，$T=T(\boldsymbol{x})$ 是统计量，它的密度函数为 $p(t \mid \theta)$，又设 $\mathfrak{A}=\{\pi(\theta)\}$ 是 θ 的某个先验分布族，则 $T(\boldsymbol{x})$ 为 θ 的充分统计量的充要条件是：对任一先验分布 $\pi(\theta) \in \mathfrak{A}$ 有

$$\pi(\theta \mid T(\boldsymbol{x}))=\pi(\theta \mid \boldsymbol{x}) \tag{6.2}$$

即用样本分布 $p(\boldsymbol{x} \mid \theta)$ 算得的后验分布与统计量 $T(\boldsymbol{x})$ 算得的后验分布是相同的。

4. 似然原理

似然原理的核心就是似然函数，经典频率统计和贝叶斯统计对于似然函数的理解是一致的，若 $\boldsymbol{x}=(x_1,\cdots,x_2)$ 是来自密度函数 $p(x \mid \theta)$ 的一个样本，则其乘积

$$p(\boldsymbol{x} \mid \theta)=\prod_{i=1}^{n} p(x_i \mid \theta) \tag{6.3}$$

有两种解释：当 θ 给定时，$p(\boldsymbol{x} \mid \theta)$ 是样本 $\boldsymbol{x}$ 的联合密度函数；当样本 $\boldsymbol{x}$ 的观察值给定时，$p(\boldsymbol{x} \mid \theta)$ 是关于未知参数 θ 的函数，并称为似然函数，记为 $L(\theta)$。贝叶斯统计对似然原理的认识包含两点：有了观测值 $\boldsymbol{x}$ 之后，在做关于 θ 的推断和决策时，所有与试验有关的 θ 信息均被包含在似然函数 $L(\theta)$ 中；如果有两个似然函数是成比例的，比例常数与 θ 无关，则它们含有关于 θ 相同的信息。经典频率统计在寻求最大似然估计前是承认上述观点的，但是在得到最大似然估计后，经典频率统计抛弃了上述原则，又把似然函数看作样本的函数，从而用联合密度函数 $p(\boldsymbol{x} \mid \theta)$ 估计它的期望、方差，研究它的大样本特性等。这违背了似然原理，也在一些问题的估计上得到了无法解释的结果。

综上所述，经典频率统计有其操作简便、易于接受等优点，但也存在几点不足：没有充分的应用先验信息；在进行推断或检验决策时所需试验样本数量较大；在一些问题如最大似然估计、置信区间、概率等方面上的解释与人们的直觉有较大的偏差及在误用时导致完全错误的结论等。

6.1.2 试验子样容量等级界定

在经典频率统计理论与贝叶斯统计理论的分歧中，诞生了小子样统计推断相关理论及技术。伴随着贝叶斯统计理论的建立及完善，对小子样技术的研究也在各种应用（尤其是武器系统技术鉴定）中逐渐深入[106,107,268]。但是不同领域的学者对于小子样的界定却相差颇大，国内较早提及小子样统计推断是在进行总体分布为 χ^2 分布、student t 分布及 F 分布时均值方差及均方差的估计时[110]，文献建议以 50 为界作为大小子样的分割线，值得注意的是文章还没有涉及小子样的贝叶斯统计方法；不管总体分布为何，一般样本容量在 100 以下的统计推断问题被认为是小子样问题是得到大多数人认可的。在对 ATR 算法识别率进行估计时，几百的数据量在经典频率统计理论下依然无法满足精度的需求，而

只能被称为“中样本”[113]。很显然，在经典方法无法满足精度需求时，子样容量的性状问题才会被纳入研究范围，而子样容量的大小制约着统计推断的精度及可信度。在应用经典频率统计无法实现统计推断所需精度时，将研究的侧重点偏向使用小子样方法，而并未对小子样的定义予以明确，这是现有的小子样方法的应用现状。依据样本数据在不同方面统计推断的应用，本节将给出样本试验容量的定义，为小子样容量的判断提供参考。

1. 样本容量等级的定义

基于统计推断在不同背景中的应用，可以推断子样的大小是基于应用而判断的，鉴于经典频率统计与贝叶斯统计的差异，使用经典频率统计中的点估计、区间估计及假设检验的相关概念引入样本容量大小的定义。

定义 6.1 某随机变量具有密度分布函数$f(X)$，设其方差为σ，应用需要的精度要求为δ_0，其某数字特征参数的点估计为$\hat{\theta}$，则此估计的精度为$\sigma(\hat{\theta})=\dfrac{\sigma}{\sqrt{n}}$，$n$为子样容量，则

(1) 满足$n>(1/\lambda)\mathrm{ceil}(\sigma^2/\delta_0^2)$，$0<\lambda<1$的$n$为该分布下该数字特征参数点估计时显著度为$1/\lambda$的大子样容量；

(2) 满足$n<(1/\eta)\mathrm{ceil}(\sigma^2/\delta_0^2)$，$1<\eta$的$n$为该分布下该数字特征参数点估计时显著度为$\eta$的小子样容量。

定义 6.2 某随机变量具有密度分布函数$f(X)$，在置信水平为$1-\alpha$时，其某数字特征参数的区间估计为$[\hat{\theta}(X)-\delta,\hat{\theta}(X)+\delta]$，而应用需要的精度要求为$\delta_0$，易知$\delta=g(f(X),n)$，其中$n$为子样容量，则

(1) 满足$\delta<\lambda\delta_0$，$0<\lambda<1$的n为该分布下该数字特征参数区间估计时显著度为$1/\lambda$的大子样容量；

(2) 满足$\delta>\eta\delta_0$，$\eta>1$的n为该分布下该数字特征参数区间估计时显著度为η的小子样容量。

定义 6.3 某随机变量具有密度分布函数$f(X)$，方差为σ（或其估计为$\hat{\sigma}$），设假设检验两类风险上界的大小分别为α,β，检验精度为δ，经典假设检验时所需试验样本量下界为$N_t=g(\alpha,\beta,\delta,\sigma)$，则

(1) 满足$N>N_t/\lambda$，$0<\lambda<1$的N为该总体分布下假设检验时显著度为$1/\lambda$的大子样容量；

(2) 满足$N<\eta N_t$，$0<\eta<1$的N为该总体分布下假设检验时显著度为$1/\eta$的小子样容量。

2. 典型分布下样本容量大小的判据

在进行 AUV 的有关模型测试评估时，最常用到的分布就是正态分布和二项分布。设随机变量X服从正态分布$N(\mu,\sigma^2)$，试验获得的子样为$X_1,\cdots,X_n$，σ^2已知时，对于给定的置信水平$1-\alpha$，有数学期望μ的区间估计为$\left[\overline{X}-u_{1-\alpha/2}\dfrac{\sigma}{\sqrt{n}},\overline{X}+u_{1-\alpha/2}\dfrac{\sigma}{\sqrt{n}}\right]$。若给定的精度为$\delta_0$，给定的大子样显著度为$1/\lambda$，小子样显著度为$\eta$，则有满足$n>\mathrm{ceil}\left(\dfrac{\sigma u_{1-\alpha/2}}{\lambda\delta_0}\right)$的$n$为显著度为$1/\lambda$的大子样容量；而满足$n>\mathrm{ceil}\left(\dfrac{\sigma u_{1-\alpha/2}}{\eta\delta_0}\right)$的$n$为显著度$\eta$的小子样容量，

其中 ceil(·)表示的是右边界取整。其他总体分布下的定义类似,这里不再赘述。

6.2 模型测试评估中的贝叶斯统计基础

6.2.1 贝叶斯统计基础

统计推断涉及三种信息:总体信息、样本信息和先验信息。总体信息即总体分布或总体所属分布族所包含的信息;样本信息即从总体抽取的样本所包含的信息;先验信息则是在抽样之前有关统计问题的信息,一般来说,先验信息主要来源于经验和历史资料。贝叶斯统计包含以下几个基本观点:

(1) 任何一个总体分布的未知参数 θ 都可看作一个随机变量,应该用一个概率分布去描述对 θ 的未知状况;

(2) 分布参数 θ 具有先验分布 $\pi(\theta)$,即在进行抽样试验之前就有关于 θ 的先验信息的概率分布;

(3) 对于分布参数 θ 的任何统计推断,必须依据 θ 的验后分布来进行,因为在获得样本观察值之后,验后分布包含了对分布参数 θ 的全部信息。

$$\pi(\theta \mid \boldsymbol{x}) = \frac{h(\boldsymbol{x},\theta)}{m(\boldsymbol{x})} = \frac{p(\boldsymbol{x} \mid \theta)\pi(\theta)}{\int_{\Theta} p(\boldsymbol{x} \mid \theta)\pi(\theta)} \tag{6.4}$$

式(6.4)是贝叶斯公式的密度函数形式。其中:$\pi(\theta \mid \boldsymbol{x})$是验后分布;$h(\boldsymbol{x},\theta)$是联合分布;$m(\boldsymbol{x})$是 $\boldsymbol{x}$ 的边缘密度函数;$p(\boldsymbol{x} \mid \theta)$是似然函数;$\Theta$ 是 θ 的值域空间。

1. 贝叶斯点估计

1) 损失函数与贝叶斯点估计

设未知参数 θ 的估计值为$\hat{\theta}$,$\hat{\theta}$为样本 $\boldsymbol{x}=(x_1,\cdots,x_n)$ 的函数,即

$$\hat{\theta} = \hat{\theta}(\boldsymbol{x}) = \hat{\theta}(x_1,\cdots,x_n) \tag{6.5}$$

令 $L(\theta,\hat{\theta})$ 为真值为 θ 而估计值为$\hat{\theta}$所造成的损失,它为非负实值函数,在给定 $\boldsymbol{x}$ 下的平均损失为

$$\mathrm{E}(L(\theta,\hat{\theta}) \mid \boldsymbol{x}) = \int_{\Theta} L(\theta,\hat{\theta})\pi(\theta \mid \boldsymbol{x})\mathrm{d}\theta \tag{6.6}$$

则 θ 的贝叶斯估计$\hat{\theta}^*$是指使得 $\mathrm{E}(L(\theta,\hat{\theta}^*) \mid \boldsymbol{X}) = \min$ 的$\hat{\theta}^*$,它与先验密度函数 $\pi(\theta)$ 以及损失函数 $L(\theta,\hat{\theta})$ 的选取密切相关。在实际工作中,常选取平方误差损失函数,即

$$L(\theta,\hat{\theta}) = (\theta - \hat{\theta})^2 \tag{6.7}$$

此时 θ 的贝叶斯估计即为其验后分布 $\pi(\theta \mid \boldsymbol{x})$ 的数学期望,即

$$\hat{\theta}(\boldsymbol{x}) = \mathrm{E}(\theta \mid \boldsymbol{x}) = \int_{\Theta} \theta\pi(\theta \mid \boldsymbol{x})\mathrm{d}\theta \tag{6.8}$$

记作$\hat{\theta}_E$,称为验后期望估计。

2) 极值分布分位点估计

小子样条件下,总体分布未知时,可以根据样本 $\boldsymbol{x}=(x_1,\cdots,x_n)$ 计算其经验分布函

数，如下所示：

$$P_n(x)=\begin{cases}0 & x\leqslant x_1^{(n)}\\ \dfrac{m}{n} & x_m^{(n)}\leqslant x\leqslant x_{m+1}^{(n)}\\ 1 & x>x_n^{(n)}\end{cases}\tag{6.9}$$

随着样本量的减小，在 $x_m^{(n)}\leqslant x\leqslant x_{m+1}^{(n)}$ 区间非单值性增大，此时需引入样本分布展开法，展开的是相应的分位点函数。经验分布展开的分位点函数为

$$x_p=\sum_{k=0}^{n-1}C_k p^k\tag{6.10}$$

式(6.10)中的系数 C_k 应当满足以下不等式组：

$$\begin{cases}x_k^{(n)}\leqslant C_0+\sum\limits_{i=1}^{n-1}C_i\left(\dfrac{k}{n}\right)^i, k=1,\cdots,n-1\\ C_0+\sum\limits_{i=1}^{n-1}C_i\left(\dfrac{k}{n}\right)^i\leqslant x_{k+1}^{(n)}, k=1,\cdots,n-1\\ x_n^{(n)}\leqslant C_0+\sum\limits_{i=1}^{n-1}C_i\end{cases}\tag{6.11}$$

式(6.11)系数的唯一性可以借助不确定性极大值原理获得，一般采用香农熵作为不确定度，即

$$H_\Sigma=-\int_{-\infty}^{\infty}p(x)\ln p(x)\,\mathrm{d}x\tag{6.12}$$

可得到需解的极值问题：

$$H_\Sigma=\int_0^1\ln\left(\sum_{k=0}^{n-1}kC_kp^{k-1}\right)\mathrm{d}p\tag{6.13}$$

针对式(6.11)的三组方程建立可能极值曲线的熵值式，再从三组方案中选取熵值最大的作为系数的估计，然后对分位点函数进行积分，则可得到数学期望的估计：

$$\mathrm{E}[x]=\int_0^1\sum_{k=0}^{n-1}C_kp^k\mathrm{d}p=\sum_{k=0}^{k-1}\frac{C_k}{k+1}\tag{6.14}$$

2. 贝叶斯区间估计

1）总体分布已知时的贝叶斯区间估计

参数 θ 的后验密度函数 $\pi(\theta\mid\boldsymbol{x})$，在给定的样本 $\boldsymbol{x}$ 和概率 $1-\alpha(0<\alpha<1)$，若存在这样的两个统计量 $\hat\theta_L=\hat\theta_L(\boldsymbol{x})$ 和 $\hat\theta_U=\hat\theta_U(\boldsymbol{x})$，使得

$$P(\hat\theta_L\leqslant\hat\theta\leqslant\hat\theta_U\mid\boldsymbol{x})\geqslant1-\alpha\tag{6.15}$$

则称区间 $[\hat\theta_L,\hat\theta_U]$ 为参数 θ 的可信水平为 $1-\alpha$ 的贝叶斯可信区间。常用 $\alpha/2$ 和 $1-\alpha/2$ 的分位数来获取 θ 的可信区间，最理想的可信区间不一定是等尾的，而一定是区间长度最短的，这样的可信区间称为最大后验密度（Highest Posterior Density，HPD）区间。它的定义如下：

参数 θ 的后验密度函数 $\pi(\theta\mid\boldsymbol{x})$，在给定的样本 $\boldsymbol{x}$ 和概率 $1-\alpha(0<\alpha<1)$，若在直线上存在这样一个子集 C 满足以下条件：

(1) $P(C|\boldsymbol{x})=1-\alpha$;

(2) 对任一 $\theta_1 \in C$ 和 $\theta_2 \notin C$,总有 $\pi(\theta_1|\boldsymbol{x}) \geqslant \pi(\theta_2|\boldsymbol{x})$,则称 C 为 θ 的可信水平为 $1-\alpha$ 的 HPD 可信集,若 C 为一个区间,则亦可称为可信区间。

当 $\pi(\theta|\boldsymbol{x})$ 为单峰函时,一般总可找到其 HPD 可信区间,当 $\pi(\theta|\boldsymbol{x})$ 为多峰时,可得到几个互不连接的区间组成的 HPD 可信集。HPD 区间常用于总体分布已知的可信区间估计。

2) 总体分布未知时的小子样区间估计

当总体分布未知时,构造统计量的可信区间时,可使用经验特征函数法。设 $\boldsymbol{x}=(x_1,\cdots,x_n)$ 为随机变量 $\boldsymbol{X}$ 的独立观测值,则随机变量 $\boldsymbol{X}$ 的经验特征分布函数为

$$\varphi_x(t)=E[e^{itx}] \tag{6.16}$$

则其数学期望的特征分布函数为

$$y_x(t)=\left(\frac{1}{n}\sum_{k=1}^{n}\mathrm{e}^{\mathrm{i}\frac{t}{n}x_k}\right)^n \tag{6.17}$$

这种方法基本上取决于样本容量,随着样本容量的增大,跃值急剧减小,当 $n=5$ 或更大时,得到的结果越接近传统方法得到的结果。

3. 贝叶斯假设检验

假设检验问题是统计推断中的一类重要问题,其基本推断依据为:小概率事件在一次试验中几乎是不可能发生的。经典假设检验步骤如下:①由实际问题提出原假设 H_0(及备选假设 H_1);②选取适当的统计量,并在 H_0 为真的条件下确定该统计量的分布;③根据问题的要求确定显著性水平 α,从而得到拒绝域;④由样本观测值计算统计量的观测值,看是否属于拒绝域,从而对 H_0 作出判断。贝叶斯假设检验处理问题则更为直接:在获得后验分布 $\pi(\theta|\boldsymbol{x})$ 后,计算两个假设(原假设 H_0 及备选假设 H_1)的后验概率比 α_0/α_1,若其大于1,接受原假设 H_0,若其小于1,拒绝原假设,若其约等于1 时,不宜作判决,需要进一步抽样或进一步搜集先验信息。

6.2.2 先验信息的量化

1. 先验信息的获取

一般先验信息的获取,主要有以下几个途径:

(1) 从历史资料中获取 θ 的信息,这是先验信息获取的最主要途径。一般来说,某种新产品的生产过程一定具有一定的继承性,“继承”的内涵,就是新产品可用以参考的历史信息。

(2) 理论分析或者仿真以获取先验信息。这是在工程实践中常用的方法,当然,这种先验信息的可利用度取决于仿真模型或仿真系统的可信度水平。

(3) 凭借经验的“主观概率”法,最典型的就是专家打分法,前文中也有提到,这也是贝叶斯方法为经典频率统计所诟病的主要原因之一,故在对专家的经验知识进行收集和应用时要注意运用合理方法。

2. 先验信息的相容性检验

先验信息的应用是贝叶斯统计最突出的特色,先验信息的不同来源决定了在使用先验信息进行贝叶斯统计推断之前需要对先验信息和现场试验信息是否一致或相容进行验

证。较简单的定性相容性检验方法有图比较说明法、TIC 不等式法、时间序列的趋势比较法等，而在一定的可信水平下，定量的分析方法不仅有利于规范的相容性检验，更能给多源先验信息融合时可信度的权值分配提供参考依据。相容性问题的样本一般可分为两种：①静态子样，即样本是随机变量的观测值；②动态子样，此时样本是随机过程的观测值。

1）静态数据的相容性检验

对于小子样静态数据相容性检验，一般采用非参数假设检验，常用的有 Wilcoxon－Mann－Whitney 秩和检验法，对于样本容量（先验、现场）在 10 以内的工程应用较为方便。当先验样本 $\boldsymbol{X}=(x_1,\cdots,x_{n_1})$ 和现场试验样本 $\boldsymbol{Y}=(y_1,\cdots,y_{n_2})$ 容量差别较大时，使用 Bootstrap 方法（总体分布已知或部分已知时使用）或随机加权法（总体分布完全未知时使用）扩展样本容量，此时在互相竞择假设 H_0：$\boldsymbol{X}$ 和 $\boldsymbol{Y}$ 属于同一分布；H_1：$\boldsymbol{X}$ 和 $\boldsymbol{Y}$ 不属于同一分布的 H_0 下，有

$$T=\sum_{k=1}^{n_1} r_k(\boldsymbol{X}) \sim N\left(\frac{n_1(n_1+n_2+1)}{2},\frac{n_1 n_2(n_1+n_2+1)}{12}\right) \tag{6.18}$$

式中：$r_k(\boldsymbol{X})$ 为 $\boldsymbol{X}$ 的第 k 个元素在混合序列中的排序，可建立检验关系：

$$P\left(\left|\frac{T-\dfrac{n_1(n_1+n_2+1)}{2}}{\sqrt{\dfrac{n_1 n_2(n_1+n_2+1)}{12}}}\right|<u_{\alpha/2}\mid H_0\right)=1-\alpha \tag{6.19}$$

当

$$\left|\frac{T-\dfrac{n_1(n_1+n_2+1)}{2}}{\sqrt{\dfrac{n_1 n_2(n_1+n_2+1)}{12}}}\right|\geqslant u_{\alpha/2} \tag{6.20}$$

时，认为 H_1 成立，否则，认为 H_0 成立，即两子样属于同一总体。

2）动态数据的相容性检验

设有广义平稳时间序列 $x(n)\ (n=1,\cdots,N)$，其功率谱 $S_x(w)$ 定义为自相关函数 $R(m)$ 的傅里叶变换，若 w 为采样角频率，则有

$$S_x(w)=\sum_{m=-\infty}^{\infty} R(m)\mathrm{e}^{-\mathrm{j}mw} \tag{6.21}$$

式中

$$R(m)=E[x^*(n+m)x(n)] \tag{6.22}$$

通常假设 $\boldsymbol{x}(n)$ 具有零均值。在最大熵意义下，估计 $\hat{S}_x(w)$ 可表征为

$$\hat{S}_x(w)=\frac{\sigma^2}{\left|1+\sum_{k=1}^{P} a_k \mathrm{e}^{-\mathrm{j}wk}\right|} \tag{6.23}$$

式中：a_k 为自回归序列 AR 模型的系数；P 为 AR 模型的阶数；σ^2 是模型中白噪声的方差。使用神经网络进行熵谱估计的主要步骤如下：

（1）利用 $\boldsymbol{x}(n)$ 的 N 个样本值 $x(k)$ 估计 $p+1$ 阶自相关函数：

$$\hat{R}(k)=\frac{1}{N}\sum_{n=0}^{N-k-1} x^*(n+k)x(n),k=0,1,\cdots,P_{\max} \tag{6.24}$$

（2）利用$\hat{R}(k)$构成样本的 Yule－Walker 方程：

$$\sum_{k=1}^{P} \hat{a}_k \hat{R}(m-k) = -\hat{R}(m),m=1,\cdots,P \tag{6.25}$$

其对应的矩阵形式为

$$\begin{bmatrix} \hat{R}(0) & \hat{R}(-1) & \cdots & \hat{R}(1-P) \\ \hat{R}(1) & \hat{R}(0) & \cdots & \hat{R}(2-P) \\ \vdots & \vdots & & \vdots \\ \hat{R}(P-1) & \hat{R}(P) & \cdots & \hat{R}(0) \end{bmatrix} \begin{bmatrix} \hat{a}_1 \\ \hat{a}_2 \\ \vdots \\ \hat{a}_P \end{bmatrix} = -\begin{bmatrix} \hat{R}(1) \\ \hat{R}(2) \\ \vdots \\ \hat{R}(P) \end{bmatrix} \tag{6.26}$$

（3）将式(6.24)代入式(6.26)，则有

$$\boldsymbol{X}^{\mathrm{H}}\boldsymbol{X}\boldsymbol{A}=\boldsymbol{X}^{\mathrm{H}}\boldsymbol{X}_1 \tag{6.27}$$

式中

$$\boldsymbol{X}=\begin{bmatrix} x(0) & \cdots & 0 \\ \vdots & & \vdots \\ x(P) & \cdots & x(0) \\ \vdots & & \vdots \\ x(N-1) & \cdots & x(N-1-P) \\ \vdots & & \vdots \\ 0 & & x(0) \end{bmatrix}_{(N+P)\times(P+1)},\boldsymbol{A}=\begin{bmatrix} \hat{a}_1 \\ \hat{a}_2 \\ \vdots \\ \hat{a}_P \end{bmatrix}_{P\times 1},\boldsymbol{X}_1=\begin{bmatrix} x(0) \\ \vdots \\ x(P) \\ \vdots \\ x(N-1) \\ \vdots \\ 0 \end{bmatrix}_{(N+P)\times 1}$$

由式(6.27)可知

$$\boldsymbol{A}=(\boldsymbol{X}^{\mathrm{H}}\boldsymbol{X})^{-1}\boldsymbol{X}^{\mathrm{H}}\boldsymbol{X}_1 \tag{6.28}$$

由线性规划理论可知，此网络稳定，且稳定时有

$$\boldsymbol{V}_f=\left(\boldsymbol{X}^{\mathrm{H}}\boldsymbol{X}+\frac{1}{RK_1K_2}\right)^{-1}\boldsymbol{X}^{\mathrm{H}}\boldsymbol{X}_1 \tag{6.29}$$

若选择足够大的 R、K_1、K_2，则有 $\boldsymbol{V}_f=\boldsymbol{A}$。

设现场试验数据及待进行相容性检验的先验数据的最大熵谱密度分别为$\hat{S}_x(w)$和$\hat{S}_y(w)$，由熵谱估计的极限分布性质可知

$$\sqrt{\frac{N}{P}}[\hat{S}(w)-S(w)] \sim N(0,2[1+\delta(w)+\delta(w-\pi)]S^2(w)) \tag{6.30}$$

式中，δ 的定义为

$$\delta(t)=\begin{cases}1, & t=0 \\ 0, & t\neq 0\end{cases}$$

N 为样本长度，P 为 AR 模型的阶数。令

$$V(w)=\sqrt{\frac{2[1+\delta(w)+\delta(w-\pi)]}{N/P}} \tag{6.31}$$

则式(6.30)可改写成

$$\hat{S}(w)/S(w) \sim N(1,V^2(w)) \tag{6.32}$$

若$\hat{S}_x(w)$和$\hat{S}_y(w)$满足具有相同的 N 和 P，即

$$\begin{cases}\xi = \hat{S}_x(w)/S_x(w) \sim N(1,V^2) \\ \eta = \hat{S}_y(w)/S_y(w) \sim N(1,V^2)\end{cases} \tag{6.33}$$

设随机变量的概率函数为

$$p_\xi(x) = p_\eta(x) = \frac{1}{\sqrt{2\pi V}} \mathrm{e}^{-\frac{(x-1)2}{2V}} \tag{6.34}$$

取 $\zeta = \dfrac{\xi}{\eta}$，则有

$$p_\zeta(x) = \frac{1}{\sqrt{2\pi}V^2}\int_{-\infty}^{\infty} |z| \mathrm{e}^{-\frac{(z-1)2+(zx-1)2}{2V}} \mathrm{d}z \tag{6.35}$$

根据式(6.35)可求出可信度为 $100(1-\alpha)\%$ 的可信区间 Θ，满足

$$P(\zeta \in \Theta) = \int_\Theta p_\zeta(x)\mathrm{d}x = 1 - \alpha \tag{6.36}$$

则可得动态数据的相容性检验的构造过程如下：

(1) 确定观测数据（含现场试验数据及先验数据）对应的 AR 模型阶数，根据式(6.28)基于神经网络求解 AR 模型系数 a_k；

(2) 根据式(6.31)计算 $V(w_i)$，$i=0,1,\cdots,P$；

(3) 取定检验的显著性水平 α，按式(6.36)求解 Θ_i，$i=0,1,\cdots,P$；

(4) 若 $S_x(w_i)/S_y(w_i) \in \Theta_i$，则判定 $S_y(w)$ 与 $S_x(w)$ 在频率 w_i 处相容；否则，判定 $S_y(w)$ 与 $S_x(w)$ 在频率 w_i 处不相容。

(5) 若在所有的频率点 w_i，$i=0,1,\cdots,P$，$S_y(w_i)$ 和 $S_x(w_i)$ 都相容，则判定 $S_y(w)$ 与 $S_x(w)$ 相容；否则，则判定 $S_y(w)$ 与 $S_x(w)$ 不相容。

3. 先验信息的可信度度量

各种来源的先验信息的应用使得在现场试验中所需的试验样本数不断降低，然而，各种来源的先验试验样本与现场试验样本未必属于同一总体，相对于小子样的现场试验，样本容量较大的先验信息甚至会淹没现场试验信息[269,270]，另外，当先验信息失真或者与现场试验存在显著差别时会使融合后的推断或决策结果出现较大偏差。基于数据来源的 CLIMB 数据等级规范为数据的相容性检验提供了参考标准体系[271]，等效试验与现场试验之间的折合效应研究也为先验信息的可信性度量提供了一定的研究思路[272]。

1) 基于相容性检验的可信度度量

基于相容性检验的可信度度量是最常用的可信度度量方法，以静态数据的相容性检验为例，对于互相竞择假设，即 H_0: $\boldsymbol{X}$ 和 $\boldsymbol{Y}$ 属于同一分布，H_1: $\boldsymbol{X}$ 和 $\boldsymbol{Y}$ 不属于同一分布，记事件 $A \triangleq$ 采纳 H_0，$\bar{A} \triangleq$ 拒绝 H_0，α 为检验显著性水平（弃真概率），则有 $P(A \mid H_0) = 1-\alpha$，$P(\bar{A} \mid H_0) = \alpha$，则先验子样的可信度则定义为：当采纳 H_0 时，H_0 成立的概率，即 $P(H_0 \mid A)$，由贝叶斯公式可知可信度为

$$p_c = P(H_0 \mid A) = \frac{(1-\alpha)P(H_0)}{(1-\alpha)P(H_0) + (1-P(H_0))\beta} = \frac{1}{1 + \dfrac{(1-P(H_0))}{P(H_0)} \cdot \dfrac{\beta}{1-\alpha}} \tag{6.37}$$

式中：β 为采伪概率 $P(A \mid H_1)$；$P(H_0)$ 为先验概率，若无先验信息可用时，可取 $P(H_0)=1/2$，此时可信度可简化为

$$p_{\text{data}}=\frac{1-\alpha}{1-\alpha+\beta} \tag{6.38}$$

2）基于信息散度的可信度度量

本质上讲，基于相容性检验的可信度定义是基于数据的分布差异构造的，信息散度则更适合描述两个分布之间的结构差异。设 f,g 为一维密度函数，则 f 对 g 的相对熵为

$$\mathrm{d}(f \parallel g)=\int_{-\infty}^{\infty} g(x)\log\frac{f(x)}{g(x)}\mathrm{d}x \tag{6.39}$$

信息散度指标定义为

$$Q(f,g)=\left|\mathrm{d}(f \parallel g)\right|+\left|\mathrm{d}(g \parallel f)\right| \tag{6.40}$$

基于信息散度的可信度定义为

$$p_{\text{in}}=\frac{1}{1+Q(f_1,f_2)} \tag{6.41}$$

3）基于数据物理来源的可信度度量

上述的两种方法基本上都是基于数据的分布差异构建的可信度度量，而在小子样条件下，由于抽样的随机性，抽样分布与总体分布可能存在较大的差异，源于同一分布的不同抽样样本描述的分布也可能相差很大，因此在已获知数据物理来源的前提下，仍只进行数据层面度量可信度会使结论过于片面。

替代等效试验所依据的是两种试验之间的相似性，若在两种试验状态下（记为 A、B）所有的影响因素与指标之间的关系分别为

$$\begin{aligned} y^A &= g_1(z_1^A,\cdots,z_k^A)+\delta(\beta_1^A,\cdots,\beta_m^A)+\varepsilon_A \\ y^B &= g_2(z_1^B,\cdots,z_k^B)+\delta(\beta_1^B,\cdots,\beta_m^B)+\varepsilon_B \end{aligned} \tag{6.42}$$

由于系统的复杂性，只定量描述部分因素的影响，记这些参数为 $z_1,\cdots,z_k$，其他的次要因素记为 $\beta_1,\cdots,\beta_m$，实际应用中，认为等式右侧的后两项均为随机影响项，可将式(6.42)简记为

$$\begin{aligned} y^A &= g_1(z_1^A,\cdots,z_k^A)+\delta_A+\varepsilon_A \\ y^B &= g_2(z_1^B,\cdots,z_k^B)+\delta_B+\varepsilon_B \end{aligned} \tag{6.43}$$

等效折合或者等效推算是基于两种试验状态下的相似性，可简化为

$$\frac{\boldsymbol{\Phi}[g_1(z_1^A,\cdots,z_k^A)]}{\boldsymbol{\Phi}[g_2(z_1^B,\cdots,z_k^B)]}=\boldsymbol{C} \tag{6.44}$$

式中：$\boldsymbol{\Phi}$ 为一组映射；$\boldsymbol{C}$ 为常向量。式(6.44)所表征的等效折合的误差主要来源是：①折合过程中无法量化的误差；②折合模型推算的误差。可将式(6.44)表述成映射：

$$\tilde{y}^B=F(z_1^A,\cdots,z_s^A;z_1^B,\cdots,z_s^B;\tilde{y}^A),s\leqslant k \tag{6.45}$$

式中：$\tilde{y}^A=y^A-(\delta_A+\varepsilon_A)$，$\tilde{y}^B=y^B-(\delta_B+\varepsilon_B)$。则有

$$\begin{aligned} y^B &= F[z_1^A,\cdots,z_s^A;z_1^B,\cdots,z_s^B;y^A-(\delta_A+\varepsilon_A)]+(\delta_B+\varepsilon_B) \\ &= F[z_1^A,\cdots,z_s^A;z_1^B,\cdots,z_s^B;y^A]+\varepsilon_{\text{process}} \end{aligned} \tag{6.46}$$

可认为，$\varepsilon_{\text{process}} \sim N(0,\sigma_{\text{process}}^2)$，它表征整个折合过程中无法量化的误差。另外，由于构建

模型的各种因素也都存在误差，这一部分误差记作 $\varepsilon_{\text{model}} \sim N(0,\sigma_{\text{model}}^2)$，它是可以量化的，由误差传播公式依据具体的系统模型而不同。记 $\varepsilon_{\text{process}}$ 与 $\varepsilon_{\text{model}}$ 的和为总误差 $\varepsilon_{\text{total}} \sim N(0,\sigma_{\text{total}}^2)$。此时，可定义基于数据物理来源的可信度为

$$p_{\text{physics}} = \frac{1}{1 + \tau(\varepsilon_{\text{process}}/\varepsilon_{\text{model}})^{\gamma}} \tag{6.47}$$

式中：τ 和 γ 为衡量变化速率的参数，可以根据不同类型试验的折合值进行拟合。

考虑不同可信度定义的优点，定义综合基于数据层及基于物理来源的可信度：

（1）将物理可信度看作两类试验数据相容的先验概率，即 $P(H_0) = p_{\text{physics}}$，则有综合可信度，即

$$p_c = P(H_0 \mid A) = \frac{1}{1 + \frac{(1 - p_{\text{physics}})}{p_{\text{physics}}} \cdot \frac{\beta}{1 - \alpha}} \tag{6.48}$$

（2）对物理可信度 p_{physics} 和数据层可信度 p_{data} 进行加权，有

$$p_c = w p_{\text{physics}} + (1 - w) p_{\text{data}} \tag{6.49}$$

式中：p_{physics} 的权值分配可参考数据来源与 CLIMB 等级的对应关系。

4. 多源先验信息的融合

假设在现场试验之前具有 L 个不同阶段的先验子样，且它们都已通过与现场子样的相容性检验。记 $\boldsymbol{X}_h = (X_1^{(h)},\cdots,X_{n_h}^{(h)})$，$h = 1,\cdots,L$ 为第 h 阶段的先验子样，每阶段子样的可信度由其与现场试验子样之间的一致性检验置信度获得。则在已获取先验子样的基础上确定 θ 的融合 Bootstrap 统计量主要有两种方法。

1）Bootstrap 中心融合法

Bootstrap 方法是一类非参数蒙特卡罗方法，通过对样本的再抽样对总体分布进行估计，同时它也可对总体分布已知的样本从已知分布中抽样进行统计推断，此时称为参数 Bootstrap。Bootstrap 常用于统计量的标准差（Standard Error）和偏差（Bias）的估计，其估计表达式分别为

$$\hat{\text{se}}(\hat{\theta}^*) = \sqrt{\frac{1}{B - 1}\sum_{b=1}^{B}(\hat{\theta}(b) - \overline{\hat{\theta}^*})^2} \tag{6.50}$$

$$\hat{\text{bias}}_B(\hat{\theta}) = \overline{\hat{\theta}^*} - \hat{\theta} \tag{6.51}$$

式中：$\hat{\text{se}}(\hat{\theta}^*)$ 为估计量 $\hat{\theta}$ 的标准差；$\hat{\text{bias}}_B(\hat{\theta})$ 为估计量 $\hat{\theta}$ 的偏差，B 为重抽样次数（点估计一般为 50，区间估计一般为 200）；$\overline{\hat{\theta}^*} = \frac{1}{B}\sum_{b=1}^{B}\hat{\theta}(b)$，$\hat{\theta}(b)$ 为估计量 $\hat{\theta}$ 的 Bootstrap 重复。对子样 $\boldsymbol{X}_h = (X_1^{(h)},\cdots,X_{n_h}^{(h)})$，$h = 1,\cdots,L$，产生其 N 个 Bootstrap 再抽样子样 $\boldsymbol{X}_h^*(b) = (X_{1b}^{*(h)},\cdots,X_{mb}^{*(h)})$，$b = 1,\cdots,N$，其中 m 为每个再抽样样本的容量，对于第 n 个先验子样，一般取 $m \geqslant n_h$。对于每个再抽样样本都可得到其 Bootstrap 统计量：

$$R_{n_h}^{*(h)}(b) = \hat{\theta}(\boldsymbol{X}_{n_h}^*(b)) - \hat{\theta}(F_{n_h}) \tag{6.52}$$

式中：$\hat{\theta}(F_{n_h})$ 为仅使用第 h 阶段先验子样获得的 $\hat{\theta}$ 的估计。

以 w_h^* 作为第 h 阶段的 Bootstrap 统计量 $R_{n_h}^{*(h)}(b)$ 的权系数：

$$w_h^* = \frac{P_h}{\sum_{h=1}^{L} P_h}, h = 1, \cdots, L \tag{6.53}$$

则以

$$R(b) = \sum_{h=1}^{L} w_h^* R_{n_h}^{*(h)}(b), b = 1, \cdots, N \tag{6.54}$$

作为所求的 θ 的 Bootstrap 融合偏差统计量。记

$$\hat{\theta}_b(F_{n_1}, \cdots, F_{n_L}) = \sum_{h=1}^{L} w_h^* \hat{\theta}(F_{n_h}) - R(b), b = 1, \cdots, N \tag{6.55}$$

由式(6.55)可以作出 θ 的直方图,它就是 θ 先验密度的逼近。亦可计算出 θ 的各阶统计矩,用 Edgeworth 级数的有限项作为 $\pi(\theta)$ 的逼近。

2) Bootstrap 分散融合法

Bootstrap 中心融合,先估计出包含所有阶段先验子样的单个 Bootstrap 统计量 $R_{n_h}^{*(h)}(b)$,再对 θ 的先验密度进行逼近。分散融合法则先分阶段对某一阶段的先验分布进行估计,然后在进行跨阶段的融合估计。对每个先验子样 $\boldsymbol{X}_h = (X_1^{(h)}, \cdots, X_{n_h}^{(h)})$,作 Bootstrap 经验分布 F_{n_h},从 F_{n_h} 中再抽样产生 N 个 Boostrap 再抽样子样 $\boldsymbol{X}^{*(h)}(b), b = 1, \cdots, N$,可获得每一阶段的 Bootstrap 统计量 $R_{n_h}^{*(h)}(b)$,有

$$\hat{\theta}_b(F) = \hat{\theta}_b(F_{n_h}) - R_{n_h}^{*(h)}(b), b = 1, \cdots, N \tag{6.56}$$

由式(6.56)可作出每一阶段 θ 的直方图,或者由 θ 的各阶统计矩作出先验密度 $\pi(\theta)$ 的 Edgeworth 级数表征。记第 h 阶段获得的先验密度表示为 $\hat{\pi}^{(h)}(\theta), h = 1, \cdots, L$,则有最终的先验密度的融合估计为

$$\hat{\pi}(\theta) = \sum_{h=1}^{L} w_h^* \hat{\pi}^{(h)}(\theta) \tag{6.57}$$

6.2.3 验后分布的推断

1. 直接计算法

设观测样本为 $\boldsymbol{x} = (x_1, \cdots, x_n)$,未知分布参数的先验密度为 $\pi(\theta)$,由贝叶斯公式的密度函数形式——式(6.4)可知,$p(\boldsymbol{x} \mid \theta)$ 反映了观测样本引入的新信息。本质上,对于某个 θ_1 和 θ_2,若有

$$p(\boldsymbol{x} \mid \theta_1) > p(\boldsymbol{x} \mid \theta_2) \tag{6.58}$$

从概率密度的观点出发,当 θ 的真值为 θ_1 时,观测到 $\boldsymbol{x}$ 较之 θ_2 更大。反之,得到 $\boldsymbol{x}$ 后,该不等式可理解为在观测样本 $\boldsymbol{x}$ 下,θ 取 θ_1 的"似然"性大于 θ 取 θ_2 的"似然"性。因此,若已然得到观测样本 $\boldsymbol{x}$,并把 $p(\boldsymbol{x} \mid \theta)$ 看作是 θ 的函数并把其改写为 $L(\theta \mid \boldsymbol{x})$,这就是我们熟知的似然函数,它与 θ 的先验分布无关,只是反映了样本的信息。其实,经典频率统计方法中的最大似然估计就是基于上述原理构造的。

另外,贝叶斯公式的右端分母项 $m(\boldsymbol{x}) = \int_{\Theta} p(\boldsymbol{x} \mid \theta) \pi(\theta)$ 为 $\boldsymbol{x}$ 的边缘分布密度。它与 $p(\boldsymbol{x} \mid \theta)$ 不同,它描述的是 $\boldsymbol{x}$ 在先验分布密度 $\pi(\theta)$ 作用下的平均行为,即实际的样本观测值应按此分布发生,且它不依赖于 θ,因此也可把式(6.4)改写成

$$\pi(\theta \mid \boldsymbol{x}) \propto \pi(\theta) L(\theta \mid \boldsymbol{x}) \tag{6.59}$$

式(6.59)的右端不是一个完全的密度函数,但它是验后分布 $\pi(\theta \mid \boldsymbol{x})$ 的核,可以根据适当的方式计算验后密度,尤其是能够推断出 $\pi(\theta) L(\theta \mid \boldsymbol{x})$ 的核就是某一常用分布的核时,不用计算 $m(\boldsymbol{x})$ 就可恢复出所缺的常数因子,从而简化验后密度分布的计算。

2. 共轭先验分布

共轭先验分布的选取是由似然函数 $p(\boldsymbol{x} \mid \theta)$ 中所含 θ 的因式决定的,即选取与似然函数具有相同核的分布作为先验分布。常用的共轭先验分布如表 6.1 所列。

表 6.1 常用的共轭先验分布表

总体分布	参数	共轭先验分布
二项分布 $b(n,\theta)$	成功概率 θ	贝塔分布 $Be(\alpha,\beta)$
泊松分布 $P(\lambda)$	均值	伽马分布 $Ga(\alpha,\lambda)$
指数分布 $Exp(\lambda)$, $Ga(1,\lambda)$	均值的倒数	伽马分布 $Ga(\alpha,\lambda)$
正态分布 $N(\mu,\sigma^2)$(方差已知)	均值	正态分布 $N(\mu,\sigma^2)$
正态分布 $N(\mu,\sigma^2)$(均值已知)	方差	逆伽马分布 $IGa(\alpha,\lambda)$
正态分布 $N(\mu,\sigma^2)$	均值、方差	正态-逆伽马分布 $N-IGa(\nu,\mu,\sigma^2,k)$

先验分布中所含的位置参数称为超参数,例如,$Be(\alpha,\beta)$ 和 $N(\mu,\sigma^2)$ 都含有两个超参数,这些参数需充分利用各种先验信息来确定。在进行 AUV 的性能模型验证中,如命中概率、捕获概率等,较常用的是二项分布,其成功概率的共轭先验分布为贝塔分布 $Be(\alpha,\beta)$,其超参数 α 及 β 的求解方法如下。

1) 利用先验矩

设有先验信息获得了成功概率 p 的若干估计值,记为 $p_1,\cdots,p_k$,它们由历史数据或仿真试验数据经折合整理而得,由此,可算得先验均值 $\bar{p}$ 和先验方差 S_P^2 为

$$\bar{p} = \frac{1}{k}\sum_{i=1}^{k} p_i, \quad S_p^2 = \frac{1}{k-1}\sum_{i=1}^{k}(p_i - \bar{p})^2 \tag{6.60}$$

则可令其分别等于 $Be(\alpha,\beta)$ 的期望及方差,即

$$\begin{cases} \dfrac{\alpha}{\alpha+\beta} = \bar{p} \\ \dfrac{\alpha\beta}{(\alpha+\beta)^2(\alpha+\beta+1)} = S_p^2 \end{cases} \tag{6.61}$$

解之,可得超参数 α 及 β 的估计值为

$$\begin{cases} \hat{\alpha} = \bar{p}\left(\dfrac{(1-\bar{p})\bar{p}}{S_p^2} - 1\right) \\ \hat{\beta} = (1-\bar{p})\left(\dfrac{(1-\bar{p})\bar{p}}{S_p^2} - 1\right) \end{cases} \tag{6.62}$$

2) 利用先验分位数

若根据先验信息可以确定 $Be(\alpha,\beta)$ 的 2 个分位数,则可用这 2 个分位数来确定 α 及 β,如用 $Be(\alpha,\beta)$ 的上下 1/4 分位数 p_L 和 p_R 来推断 α 及 β,有其满足如下方程:

$$\begin{cases}\int_0^{p_L}\frac{\Gamma(\alpha+\beta)}{\Gamma(\alpha)\Gamma(\beta)}p^{\alpha-1}(1-p)^{\beta-1}\mathrm{d}p=0.25\\ \int_{p_R}^{1}\frac{\Gamma(\alpha+\beta)}{\Gamma(\alpha)\Gamma(\beta)}p^{\alpha-1}(1-p)^{\beta-1}\mathrm{d}p=0.25\end{cases} \tag{6.63}$$

解方程(6.63)即可得 α 及 β 的估计值。

3）多超参数模型

在进行 AUV 的静态性能模型验证中，如最大航行距离等，较常用的分布是正态分布，下面以正态分布为例，说明多超参数的求解方法及过程。

设 $x_1,\cdots,x_n$ 是来自正态分布的一个样本，该样本的联合密度函数为

$$p(\boldsymbol{x}|\mu,\sigma^2)\propto\sigma^{-n}\exp\left[-\frac{1}{2\sigma^2}\sum_{i=1}^{n}(x_i-\mu)^2\right]=\sigma^{-n}\exp\left\{-\frac{1}{2\sigma^2}\left[(n-1)S^2+n(\bar{x}-\mu)^2\right]\right\} \tag{6.64}$$

式中：$\bar{x}=\frac{1}{n}\sum_{i=1}^{n}x_i$，$S^2=\frac{1}{n-1}\sum_{i=1}^{n}(x_i-\bar{x})^2$。可求得 μ,σ^2 的联合密度函数，即

$$\pi(\mu,\sigma^2)\propto(\sigma^2)^{-\left(\frac{v_0}{2}+1\right)}\exp\left\{-\frac{1}{2\sigma^2}\left[v_0\sigma_0^2+k_0(\mu-\mu_0)^2\right]\right\} \tag{6.65}$$

记为 $N-IGa(v_0,\mu_0,\sigma_0^2,k_0)$。把先验密度式(6.65)乘以正态似然 $p(\boldsymbol{x}|\mu,\sigma)$，可得验后密度，即

$$\begin{aligned}\pi(\mu,\sigma|\boldsymbol{x})&\propto p(\boldsymbol{x}|\mu,\sigma)\pi(\mu,\sigma)\\&\propto(\sigma^2)^{-\left(\frac{v_0+n}{2}+1\right)}\exp\left\{-\frac{1}{2\sigma^2}\left[v_0\sigma_0^2+k_0(\mu-\mu_0)^2+(n-1)S^2+n(\bar{x}-\mu)^2\right]\right\}\end{aligned} \tag{6.66}$$

可见，μ,σ^2 的联合共轭先验分布为正态－逆伽马分布 $N-IGa(v_n,\mu_n,\sigma_n^2,k_n)$。其中

$$\begin{aligned}v_n&=v_0+n\\k_n&=k_0+n\\\mu_n&=\frac{k_0}{k_0+n}\mu_0+\frac{n}{k_0+n}\bar{x}\\v_n\sigma_n^2&=v_0\sigma_0^2+(n-1)S^2+\frac{k_0n}{k_0+n}(\mu_0-\bar{x})^2\end{aligned} \tag{6.67}$$

式(6.67)中 v_0,μ_0,σ_0^2,k_0 皆为已知，则易求得 μ,σ^2 的联合共轭先验分布，并以此作为其验后分布的估计。

6.3 小子样试验设计与静态模型统计推断

本节以 AUV 最大航程与命中概率为对象重点研究正态分布及二项分布下的贝叶斯统计推断算法性能比较及序贯假设检验方法，寻求最优的序贯检验方案及贝叶斯改进算法。本节主要关注小子样试验分析与检验方法，基于贝叶斯统计基本原理，通过对参数统计推断、试验序贯检验方法的研究实现小子样条件下高精度的试验分析及数据统计推断。

6.3.1 小子样试验设计

为解决小子样试验容量问题而开展的研究可分为两类:①借助仿真模型产生仿真试验数据;②使用贝叶斯方法对小子样试验数据进行分析。前者利用了仿真试验的可重复性以扩充样本容量,但其模型可信度评估方法需根据模拟对象的特性深入研究,且仿真试验数据的可利用度由可信度水平决定;后者基于似然函数,在保证决策风险尽可能小的情况下,尽可能利用所有可用的信息(总体信息、样本信息及先验信息),以求在同样或更少的样本量下,获取较高的参数估计精度及较窄的可信区间,并在此基础上进行试验的优化设计,如试验检验方法、试验样本量的实时预报等。

物理试验和计算机试验是获取系统模型或评估数据的两种主要途径,物理试验是直接通过可控的实体试验进行的观测,它具有较强的随机性。经典设计中"随机化、区组化、重复"就是针对这种随机性所采取的措施。计算机试验则是在运算载体上运行程序代码而进行的仿真试验。计算机试验设计和分析的基本思路如下:①选择合适的试验设计方法来产生数据;②选择合适的参数化模型来表征数据;③根据数据拟合模型来验证模型。就其本质而言,计算机试验的最终目的是建立与实体模型相比可信度较高的模型,并使用其试验数据来辅助实体试验数据的分析及评估,对小子样实体试验而言,更是如此。

回归设计的基本思想是把试验规划、数据处理和回归方程的精度统筹考虑,根据试验目的和数据分析选择试验点,使试验点提供最大信息量且减少试验次数,更便于数据分析。回归试验设计的正交性、均匀性是在进行试验设计时遵循的两个主要原则,由于单纯性正交试验设计只适合于因素水平不多的试验,而单纯性均匀试验设计虽然较正交设计减少了试验次数,实现了试验点的"充满空间",但却牺牲了整齐可比性,易造成效应混杂,且根据偏差给出的均匀设计有存在列共线性的隐患。结合正交设计及均匀设计的优点,周晓光等[273]提出了一种针对多维输入变量的近正交试验设计,实现了正交性和均匀性的较好折中;刘晓路等[274]提出的优化拉丁方试验设计方案,通过模拟退火算法对拉丁方矩阵进行优化,通过定义动态权重因子实现算法的正交性和均匀性的均衡;同样是对拉丁方试验设计的优化,刘新亮等[275]则从度量准则的改进入手,通过设计正交度量准则和均匀度量准则,实现了多目标优化试验设计。

6.3.2 小子样试验参数统计推断及序贯检验

1. 小子样试验参数点估计

贝叶斯小子样理论是充分利用可用信息实现小样本高精度的数据统计推断理论。贝叶斯方法要求先验分布已知或可推断,近年来贝叶斯理论的研究热点也多集中在先验分布的求解上,针对各种应用背景下多种先验分布下的共轭先验分布也已经得到推导,虽然共轭先验分布提供了相当大的便利,但在不同的应用背景下合理的先验分布的选取则是第一重要的。在无先验分布信息可用时,Bootstrap 法和随机加权法提供了先验分布基于频率统计学的获取途径。

在讨论未知分布参数 θ 的估计时,除了要考虑样本信息、先验信息外,还要给出参数真值与估计值之间的差异引起的"损失",这种"损失"一般用损失函数衡量。前文中已经

给出了常用的平方误差损失函数的表达形式，一定情况下损失函数也可取为绝对误差损失函数，即

$$L=(\theta,\hat{\theta})=|\theta-\hat{\theta}| \tag{6.68}$$

此时 θ 的贝叶斯估计即为其验后分布 $\pi(\theta|\boldsymbol{x})$ 的中位数，记作 $\hat{\theta}_{\mathrm{Me}}$，称为验后中位数估计。对于贝叶斯估计 $\hat{\theta}$，记 $E^{\theta|\boldsymbol{x}}(\theta-\hat{\theta})^2$ 为 $\hat{\theta}$ 的验后均方差，$[E^{\theta|\boldsymbol{x}}(\theta-\hat{\theta})^2]^{1/2}$ 为验后标准差，用于描述点估计的估计精度。

本节将以正态分布和二项分布为例，研究已知共轭先验分布条件下未知参数的点估计。设 $X=(x_1,x_2,\cdots,x_n)$ 为服从正态总体分布 $N(\mu,\sigma^2)$ 的 i. i. d. 样本，$\overline{X}$，S 为样本均值及方差，记 μ 的先验分布 $\pi(\mu)$ 为正态分布 $N(\mu_\pi,\sigma_\pi^2)$，σ^2 的先验分布 $\pi(\sigma^2)$ 为逆伽马分布 $IGa(\alpha_\pi,\beta_\pi)$，$(\mu,\sigma^2)$ 的先验分布为正态－逆伽马分布 $N-IGa(v_\pi,\mu_\pi,\sigma_\pi^2,k_\pi)$，正态分布未知参数的贝叶斯估计问题可归纳为表 6.2 所列。

表 6.2　正态分布未知参数的贝叶斯估计问题

已知参数	估计参数	验后分布及参数	分布参数 $\hat{\theta}_{\mathrm{E}}$ 点估计	分布参数 $\hat{\theta}_{\mathrm{Me}}$ 点估计
σ^2	μ	$(\mu\|X)\sim N(\mu_1,\sigma_1^2)$ $\begin{cases}\mu_1=\dfrac{n\overline{X}\sigma_\pi^2+\mu_\pi\sigma^2}{n\sigma_\pi^2+\sigma^2}\\ \sigma_1^2=\dfrac{\sigma^2\sigma_\pi^2}{n\sigma_\pi^2+\sigma^2}\end{cases}$	$\dfrac{n\overline{X}\sigma_\pi^2+\mu_\pi\sigma^2}{n\sigma_\pi^2+\sigma^2}$	$\dfrac{n\overline{X}\sigma_\pi^2+\mu_\pi\sigma^2}{n\sigma_\pi^2+\sigma^2}$
μ	σ^2	$(\sigma^2\|X)\sim IGa(\alpha_1,\beta_1)$ $\begin{cases}\alpha_1=\alpha_\pi+\dfrac{n}{2}\\ \beta_1=\beta_\pi+\dfrac{\sum_{i=1}^{n}(X_i-\mu)^2}{2}\end{cases}$	$\dfrac{\beta_1}{\alpha_1-1}$	$\dfrac{\beta_1}{\alpha_1+1}$
	μ σ^2	$(\mu,\sigma^2\|X)\sim N-IGa(v_1,\mu_1,\sigma_1^2,k_1)$ $\begin{cases}\mu_1=\dfrac{k_\pi}{k_\pi+n}\mu_\pi+\dfrac{n}{k_\pi+n}\overline{X}\\ v_1=v_\pi+n\\ \sigma_1^2=\dfrac{1}{v_1}\left[v_\pi\sigma_\pi^2+nS^2+\dfrac{k_\pi n}{k_\pi+n}(\mu_\pi-\overline{X})^2\right]\\ k_1=k_\pi+n\end{cases}$	$\hat{\mu}=\mu_1$ $\hat{\sigma}^2=\dfrac{v_1\sigma_1^2}{v_1-2}$	$\hat{\mu}=\mu_1$ $\hat{\sigma}^2=\dfrac{v_1\sigma_1^2}{v_1+2}$

当研究对象服从二项分布时，设 $X_i(i=1,\cdots,n)$ 是服从参数为 p 的 $(0-1)$ 分布的 i. i. d. 样本，其中 p 未知，记 $X=\sum_{i=1}^{n}X_i$，n 表示试验次数，则 $X\sim b(n,p)$，即

$$f(X)=\binom{X}{n}p^X(1-p)^{n-X} \tag{6.69}$$

由前文可知，成功概率 p 的共轭先验分布为贝塔分布 $Be(\alpha,\beta)$，且其验后期望估计 $\hat{p}_{\mathrm{E}}$ 为

$\frac{\alpha_1}{\alpha_1+\beta_1}$,验后中位数估计$\hat{p}_{\mathrm{Me}}$为$\frac{\alpha_1-1}{\alpha_1+\beta_1-2}$。

2. 小子样贝叶斯准则下的 Bootstrap BCa 区间估计

前文已经详细阐述了贝叶斯区间估计常用的 HPD 区间估计,当验后密度函数单峰且对称时,HPD 可信区间是等尾可信区间。对于小子样试验样本,Bootstrap 方法体系不仅提供了统计量的渐进无偏估计,还提供了具有较好理论性质和更好的实际覆盖率的 BCa 可信区间。Bootstrap BCa 区间在百分位可信区间的基础上,使用两个因子来调整常用的 $\alpha/2$ 和 $1-\alpha/2$ 分位数,对于 $100(1-\alpha)\%$ 置信区间,偏差的修正因子记为 z_0,偏度的修正(或称为"加速")因子记为 a,则 $100(1-\alpha)\%$ BCa 置信区间为$(\hat{\theta}^*_{\alpha 1},\hat{\theta}^*_{\alpha 2})$,即 BCa 置信区间的上界和下界分别是 Bootstrap 重复的 $\alpha 1$ 和 $\alpha 2$ 经验分位数。

先计算:

$$\alpha_1=\Phi\left(\hat{z}_0+\frac{\hat{z}_0+z_{\alpha/2}}{1-\hat{a}(\hat{z}_0+z_{\alpha/2})}\right) \tag{6.70}$$

$$\alpha_2=\Phi\left(\hat{z}_0+\frac{\hat{z}_0+z_{1-\alpha/2}}{1-\hat{a}(\hat{z}_0+z_{1-\alpha/2})}\right) \tag{6.71}$$

式中:$z_\alpha=\Phi^{-1}(\alpha)$,偏差修正因子实际上是测量量 $\hat{\theta}$ 的重复 $\hat{\theta}^*$ 的中位数偏差,其估计为

$$\hat{z}_0=\Phi^{-1}\left(\frac{1}{B}\sum_{b=1}^{B}I(\hat{\theta}^{(b)}<\hat{\theta})\right) \tag{6.72}$$

加速因子是在 Jackknife 重复中估计,即

$$\hat{a}=\frac{\sum_{i=1}^{n}(\overline{\hat{\theta}^*_{(i)}}-\hat{\theta}^*_{(i)})^3}{6\left(\sum_{i=1}^{n}(\overline{\hat{\theta}^*_{(i)}}-\hat{\theta}^*_{(i)})^2\right)^{3/2}} \tag{6.73}$$

加速因子的目的是要考虑到估计量的方差可能与目标参数有关,因此对可信界进行调整。

BCa 可信区间有两个重要的理论性质:

(1) 不变性,即若 θ 的置信区间为$(\hat{\theta}^*_{\alpha 1},\hat{\theta}^*_{\alpha 2})$,$g(\cdot)$为一变换函数,则 $g(\theta)$ 的置信区间为$(g(\hat{\theta}^*_{\alpha 1}),g(\hat{\theta}^*_{\alpha 2}))$。

(2) 二阶精确性,即误差以 $1/n$ 速度趋近于 0。

传统标准正态置信区间不具有二阶精确性,也不具有不变性;贝叶斯 HPD 区间具有不变性,但不具有二阶精确性[96]。为更清晰地阐述这种区别,本书使用文献[265]中的雷达实际探测距离的区间估计作为算例,使用 Bootstrap 重复样本数为 200 的情况下(用于点估计一般重复 50 即足够,用于区间估计使用 200 重复样本即足够),区间估计的改善情况如图 6.1 所示,可见 BCa 区间的改进效果还是比较可观的。

3. 小子样试验序贯检验

在第二次世界大战时期,为满足军需验收工作的需求,A. Wald 提出了一种序贯检验方法,即序贯概率比检验(Sequential Probability Ratio Test, SPRT),并证明了在一切犯两类错误概率不超过给定 α 和 β 的检验类中,SPRT 所需要的平均抽样次数(试验样本容量)最少。采用序贯检验可以实现两个目标:

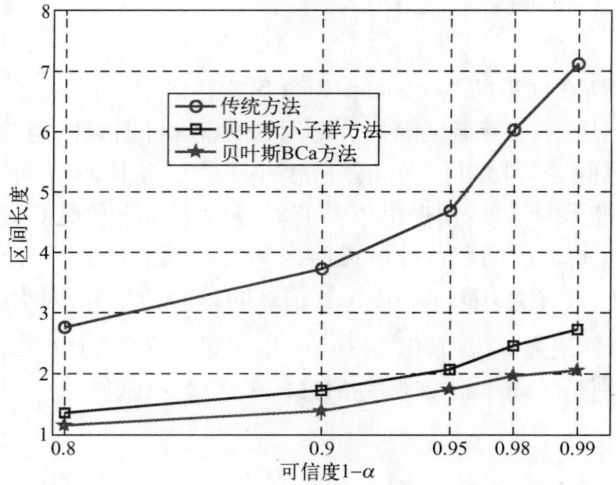

图 6.1　参数的区间估计方法对比:传统估计、贝叶斯估计与贝叶斯 BCa 估计

(1) 可望在相同的鉴定精度要求下,减少试验次数。该方法在拒绝区域和接受区域之间构建了一个缓冲区域,避免了因一次试验的成败而产生截然不同的判决。

(2) 可以根据当前的检验或估计效果调整抽样次数,从而可以恰当地选取子样容量,使所得的估计具有预定的精度;或者在给定的抽样成本下,使风险更小。

SPRT 方法较传统方法已有较大改进,在减少试验样本量方面改善显著,但是这种方法没有虑及先验信息,以致历史试验数据或经验数据没有得到充分利用,试验样本量依然较大。而实际上模型假设通常也是有偏的,即 SPRT 方法的稳健性研究,SPRT 的最优性只在某些假设模型下才成立[90]。

1) 贝叶斯序贯检验

在充分考虑先验信息的情况下,在 SPRT 基础上进行改进,提出了序贯验后加权检验(Sequential Posterior Odd Test, SPOT)方法。设参数空间为 Θ,考虑如下的复杂假设对复杂假设检验:

$$H_0:\theta\in\Theta_0,\quad H_1:\theta\in\Theta_1$$

其中,对于 $\forall\,\theta_0\in\Theta_0$, $\forall\,\theta_1\in\Theta_1$ 都满足 $\theta_0<\theta_1$,且有 $\Theta_0\cup\Theta_1=\Theta$, $\Theta_0\cap\Theta_1=\varnothing$,即 Θ_0 与 Θ_1 是 Θ 的一个分割。对于 i. i. d. 样本 $(X_1,\cdots,X_n)$,将 SPRT 中的似然函数比换作似然函数在 Θ_0、Θ_1 上的验后加权比:

$$O_n=\frac{\int_{\Theta_1}\left[\prod_{i=1}^{n}f(X_i\,|\,\theta)\right]\mathrm{d}F^{\pi}(\theta)}{\int_{\Theta_0}\left[\prod_{i=1}^{n}f(X_i\,|\,\theta)\right]\mathrm{d}F^{\pi}(\theta)}=\frac{\int_{\Theta_1}L(X\,|\,\theta)\,\mathrm{d}F^{\pi}(\theta)}{\int_{\Theta_0}L(X\,|\,\theta)\,\mathrm{d}F^{\pi}(\theta)}\tag{6.74}$$

式中,$F^{\pi}(\theta)$ 是 θ 的先验分布函数,引入常数 A、$B(0<A<1<B)$,运用检验法则:

(1) 当 $O_n\leqslant A$ 时,终止试验,采纳假设 H_0;

(2) 当 $O_n\geqslant B$ 时,终止试验,采纳假设 H_1;

(3) 当 $A<O_n<B$ 时,在试验次数上限范围内,继续下一次试验,不作决策。

此时,A 和 B 的确定、两类风险及截尾判决方案都要重新建立。注意到样本空间 $\mathbf{R}_n$

中，被 H_0 采纳的点满足 $O_n \leqslant A$，即

$$\int_{\theta \in \Theta_1} L(X|\theta)\mathrm{d}F^{\pi}(\theta) \leqslant A \int_{\theta \in \Theta_0} L(X|\theta)\mathrm{d}F^{\pi}(\theta) \tag{6.75}$$

记 $D_n = \{X: O_n \leqslant A\}$，将式(6.74)两边在 D_n 上积分，并根据 Fubini 定理交换积分顺序，最终可将式(6.74)转化为

$$\beta_{\pi_1} \leqslant A\left(\int_{\theta \in \Theta_1} \mathrm{d}F^{\pi}(\theta) - \alpha_{\pi_0}\right) \tag{6.76}$$

其中

$$\beta_{\pi_1} = \int_{\theta \in \Theta_1} \beta(\theta)\mathrm{d}F^{\pi}(\theta)$$

$$\alpha_{\pi_0} = \int_{\theta \in \Theta_0}\left(\int_{O_n \geqslant B} L(X|\theta)\mathrm{d}X\right)\mathrm{d}F^{\pi}(\theta)$$

分别表征考虑先验分布时的采伪概率和拒真概率。根据 A. Wald 的工作，一般取

$$\begin{cases} A = \dfrac{\beta_{\pi_1}}{P_{H_0} - \alpha_{\pi_0}} \\[2ex] B = \dfrac{P_{H_1} - \beta_{\pi_1}}{\alpha_{\pi_0}} \end{cases} \tag{6.77}$$

其中

$$\begin{cases} P_{H_0} = \displaystyle\int_{\theta \in \Theta_0} \mathrm{d}F^{\pi}(\theta) \\ P_{H_1} = 1 - P_{H_0} \end{cases}$$

在进行 SPOT 检验时，有时会遇到在进行了 $N-1$ 次试验后仍未达到判决门限的情况，那么需要在第 N 次试验后做出决策，此时，把试验区 $\{X: A < O_n < B\}$ 分割为两个区域：

$$D_1 = \{X: A < O_n < C\}, \quad D_2 = \{X: C < O_n < B\}$$

当子样 X 落入 D_1 时采纳假设 H_0；当子样 X 落入 D_2 时采纳假设 H_1，称这种序贯检验为截尾 SPOT 检验方法。

对于 SPOT 截尾方案 T_N，O_n 的分布一般很难确定，因此其 OC 函数的求解也是很困难的，工程上实用的方法是：给出 T_N 两类风险上限（记作 α_N, β_N），若确定出的判决方案的这些概率在容许范围之内，则判定 SPOT 截尾方案 T_N 是可取的。此时，SPOT 截尾方案的求解转化为判决门限 C 和样本容量 N 与两类风险之间的关系解析。

考虑先验分布时，第一类风险：

$$\alpha_{N\pi_0} < \int_{\theta \in \Theta_0} \alpha \mathrm{d}F^{\pi}(\theta) + \int_{\theta \in \Theta_0} P(C < O_N < B|H_0)\mathrm{d}F^{\pi}(\theta) \triangleq \alpha_{\pi_0} + \Delta\bar{\alpha}_{N\pi_0}$$

式中，$\alpha_{\pi_0} \triangleq \int_{\theta \in \Theta_0} \alpha \mathrm{d}F^{\pi}(\theta)$ 为非截尾 SPOT 检验时第一类风险。$\Delta\bar{\alpha}_{N\pi_0} = \int_{\theta \in \Theta_0} P(C < O_N < B|\theta \in \Theta_0)\mathrm{d}F^{\pi}(\theta)$ 为截尾 SPOT 方案相对于非截尾 SPOT 方案第二类风险的增量上界。

同理，有

$$\beta_{N\pi_1} < \beta_{\pi_1} + \Delta\bar{\beta}_{N\pi_1}$$

式中：$\beta_{\pi_1} \triangleq \int_{\theta\in\Theta_1} \beta \mathrm{d}F^{\pi}(\theta)$；$\Delta\bar{\beta}_{N\pi_1} = \int_{\theta\in\Theta_1} P(A < O_N < C \mid \theta \in \Theta_1)\mathrm{d}F^{\pi}(\theta)$ $\Delta\bar{\alpha}_{N\pi_0}$和$\Delta\bar{\beta}_{N\pi_1}$的计算依赖于总体分布及先验分布 $F^{\pi}(\theta)$，它们的一般表达式难以表征，但是对于具体的应用背景可以通过计算机辅助方法进行拟和求解。

2）序贯网图检验

针对 SPRT 的不足，序贯网图检验（Sequential Mess Test，SMT）法针对简单假设对简单假设的检验方案构建，并已被证明在风险相当的情况下，能较有效地降低试验样本量。该方法的思想是在给定 p_0，p_1 以及两类风险上限设定值 α，β 的条件下，将原两备选假设检验问题拆分为多组假设检验问题。以插入一个点的 SMT 假设检验为例，引入 $p_2 \in (p_1, p_0)$，将原 SPRT 假设检验拆分为如下两组假设检验问题：

$$H_{01}: p = p_2, \quad H_{11}: p = p_1$$
$$H_{02}: p = p_0, \quad H_{12}: p = p_2$$

对于两组假设检验分别采用 SPRT 法对其进行检验，使得算法停止时可取得有限值。图 6.2 所示描述了一个插入一个点的 SMT 方案。由图可知，这种方法所需样本量有一个上界 n_0，当所检验总体分布为二项分布时，该上界是两条直线的交点。通过计算可得当

$$p_2 = 1 - \frac{\log(p_0/p_1)}{\log\left(\frac{p_0(1-p_1)}{p_1(1-p_0)}\right)} \tag{6.78}$$

时，n_0 取得最小值，由此可得插入点 p_2 的值，显然 p_2 与 α_0，β_0 无关。

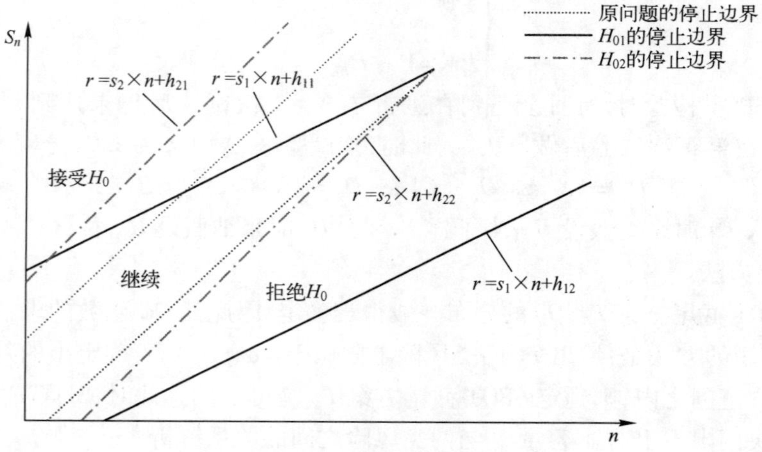

图 6.2　插入一个检验点的 SMT 方案

截尾 SMT 方案的试验最小样本量也远优于传统方法的试验样本量，但是单纯地插入多个点的 SMT 算法对试验检验效果的改善微乎其微[114]。

3）贝叶斯序贯网图检验

针对 SPRT 的不足，提出的上述两种改进算法，均可降低平均试验次数或两类风险，于是结合两种思路，构造新的检验方案，则有可能实现更好的改进效果，称为贝叶斯 SMT 方法。构建贝叶斯 SMT 检验需解决以下问题：①先验信息的获取、量化及合理性检验；②先验信息的拆分；③贝叶斯 SMT 的原则确定；④最优插入点解算；⑤实际上的两类风险

大小;⑥截尾方案设计。

下面本节以正态分布方差已知情况下的均值检验问题为例,阐述整个检验方案的实施过程。

(1) 检验问题及贝叶斯因子。

考虑简单假设对简单假设的检验问题 $H_0:\mu=\mu_0$,$H_1:\mu=\mu_1=\lambda\mu_0$,$\lambda<1$,抽取样本为 $(X_1,\cdots,X_n)$,H_0,H_1 假设的先验概率分别为 π_0 和 π_1,则贝叶斯因子为

$$B^{\pi}(X)=\frac{\alpha_0\pi_1}{\alpha_1\pi_0}=\frac{p(\boldsymbol{X}|\mu_0)}{p(\boldsymbol{X}|\mu_1)}=\exp\left(-\frac{(\mu_1-\mu_0)\left[2\sum_{i=1}^{n}X_i-n(\mu_0+\mu_1)\right]}{2\sigma}\right) \tag{6.79}$$

验后概率比为贝叶斯因子和先验概率比的乘积:

$$\frac{\alpha_0}{\alpha_1}=B^{\pi}(X)\frac{\pi_0}{\pi_1} \tag{6.80}$$

在有些情况下,$B^{\pi}(X)$异常的小,这时即使 π_0/π_1 成千上万都无法使 $\alpha_0/\alpha_1>1$,此时可以直接接受 H_1 而拒绝 H_0。在简单假设对简单假设的序贯检验中,贝叶斯因子反映的是抽样样本(验后样本)对 H_0 的支持程度。

(2) 假设检验拆分。

引入 $\mu_2(\mu_2\in(\mu_1,\mu_0),\mu_2=\lambda_2\mu_0)$,将上述假设拆分为两对假设检验问题:

$$H_{01}:\mu=\mu_2,\quad H_{11}:\mu=\mu_1$$
$$H_{02}:\mu=\mu_0,\quad H_{12}:\mu=\mu_2$$

则有 $H_{01}:\mu=\mu_2$,$H_{11}:\mu=\mu_1$ 假设下的贝叶斯因子为

$$B_1^{\pi}(X)=\frac{\alpha_{01}\pi_{11}}{\alpha_{11}\pi_{01}}=\frac{p(\boldsymbol{X}|\mu_2)}{p(\boldsymbol{X}|\mu_1)}=\exp\left(-\frac{(\mu_1-\mu_2)\left[2\sum_{i=1}^{n}X_i-n(\mu_2+\mu_1)\right]}{2\sigma}\right) \tag{6.81}$$

其先验概率比为 π_{01}/π_{11}。$H_{02}:\mu=\mu_0$,$H_{12}:\mu=\mu_2$ 假设下的贝叶斯因子为

$$B_2^{\pi}(X)=\frac{\alpha_{02}\pi_{12}}{\alpha_{12}\pi_{02}}=\frac{p(\boldsymbol{X}|\mu_0)}{p(\boldsymbol{X}|\mu_2)}=\exp\left(-\frac{(\mu_2-\mu_0)\left[2\sum_{i=1}^{n}X_i-n(\mu_0+\mu_2)\right]}{2\sigma}\right) \tag{6.82}$$

其先验概率比为 π_{02}/π_{12}。

(3) 插入点(n_0,s_0)的解算。

设序贯检验的停止边界为 $A=\dfrac{1-\beta}{\alpha}$,$B=\dfrac{\beta}{1-\alpha}$,其中,$\alpha,\beta$ 分别为弃真和采伪的概率上界,为简化计算表征记 $a=\log A$,$b=\log B$,贝叶斯 SMT 方案所需的样本量的下界 n_0 仍为两条直线的交点,并由式(6.83)决定:

$$s_1n_0+h_{11}=s_2n_0+h_{22} \tag{6.83}$$

其中

$$s_1=\frac{\mu_1+\mu_2}{2},\quad h_{11}=\frac{\sigma a_1}{\mu_2-\mu_1},\quad s_2=\frac{\mu_0+\mu_2}{2},\quad h_{22}=\frac{\sigma b_1}{\mu_0-\mu_2}$$

可解得

$$n_0 = \frac{2\sigma[a_1(\mu_0 - \mu_2) - b_1(\mu_2 - \mu_1)]}{\mu_0 - \mu_1} \tag{6.84}$$

其中

$$a_1 = \log(A\pi_{11}/\pi_{01}),\ b_1 = \log(B\pi_{12}/\pi_{02})$$

可见此时,试验样本上界最小值 n_0 是先验概率比、两类风险及总体分布参数的函数。

(4) 犯两类错误的实际概率。

验后概率比为贝叶斯因子与先验概率比的乘积,结合先验信息可得到贝叶斯 SMT 方案的拒真概率 $\alpha_{\pi 0}$ 和采伪概率 $\beta_{\pi 1}$ 分别为

$$\alpha_{\pi_0} = \sum_{n=1}^{n_0} P_{\mu_0}(s_1 n + h_{12} < S_n < s_2 n + h_{22}) \tag{6.85}$$

$$\beta_{\pi_1} = \sum_{n=1}^{n_0} P_{\mu_1}(s_1 n + h_{11} < S_n < s_2 n + h_{21}) \tag{6.86}$$

(5) 截尾方案的设计。

结合上述贝叶斯 SMT 方案及截尾 SPOT 方案的思想,可以得到贝叶斯 SMT 截尾方案的步骤如下:

① 首先按照上述步骤计算贝叶斯 SMT 非截尾检验方案指定两类风险(其他条件相同)下的试验样本上界最小值 n_0 及其对应的实际上的两类风险 $\alpha_{\pi 0}$ 和 $\beta_{\pi 1}$。

② 按照实际上的两类风险确定截尾方案下的两类风险的下界,根据试验检验需求确定两类风险的增量上界 $\Delta\bar{\alpha}_{\pi 0}$ 和 $\Delta\bar{\beta}_{\pi 1}$。

③ 假设在 n_t 次试验进行截尾判决,此时有检验准则(见图 6.3):

若 $s_{n_t} \geqslant r_{t1}$,则接受 H_0;

若 $s_{n_t} \leqslant r_{t2}$,则拒绝 H_0。

截尾贝叶斯 SMT 上停止边界 r_{t1} 为

$$r_{t1} = \left\{\frac{\mu_0 + \mu_1}{2} + \frac{\sigma[b_0(\mu_2 - \mu_1) - a_1(\mu_0 - \mu_1)]}{n_t(\mu_0 - \mu_1)(\mu_2 - \mu_1)}\right\} \times n + h_{11} \tag{6.87}$$

式中:$b_0 = \log(B\pi_1/\pi_0)$。

截尾贝叶斯 SMT 下停止边界 r_{t2} 为

$$r_{t2} = \left\{\frac{s_2[n_t(\mu_0^2 - \mu_1^2) + 2\sigma b_0]}{2(\mu_0 - \mu_1)(s_2 n_t + h_{22})}\right\} \times n + \left\{\frac{h_{22}[n_t(\mu_0^2 - \mu_1^2) + 2\sigma b_0]}{2(\mu_0 - \mu_1)(s_2 n_t + h_{22})}\right\} \tag{6.88}$$

式中参数如前所述。

④ 求解 n_t。如前所述,截尾贝叶斯 SMT 的判决门限取决于试验样本量 n_t。由图 6.3 易知两类风险的增量上界 $\Delta\bar{\alpha}_{\pi 0}$ 和 $\Delta\bar{\beta}_{\pi 1}$ 分别可表征为

$$\Delta\bar{\alpha}_{\pi_0} = \sum_{n=n_t}^{n_0} P_{\mu_0}(r_{t2} < S_n < s_2 \times n + h_{22}) \tag{6.89}$$

$$\Delta\bar{\beta}_{\pi_1} = \sum_{n=n_t}^{n_0} P_{\mu_1}(r_{t1} < S_n < s_1 \times n + h_{11}) \tag{6.90}$$

根据给定的 $\Delta\bar{\alpha}_{\pi 0}$ 和 $\Delta\bar{\beta}_{\pi 1}$ 分别解出 n_t,取其较大者作为对应的两类风险下的试验样本量,

并给出截尾贝叶斯 SMT 上、下停止边界 r_{t1} 及 r_{t2}。至此,截尾贝叶斯 SMT 方案完成。

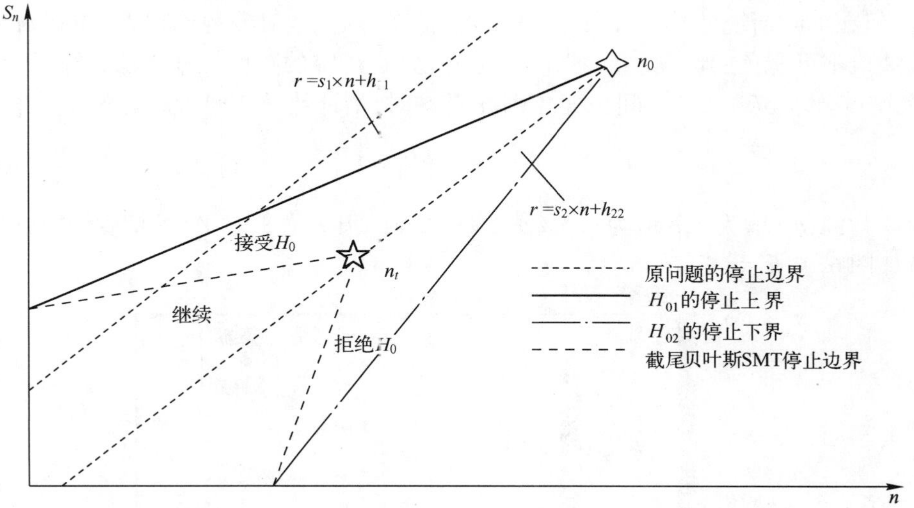

图 6.3 截尾贝叶斯 SMT 停止边界

但是由于 SMT 方案设计的出发点就是针对简单假设对简单假设的序贯检验,因此即使此方法可用于多假设检验,但也不能很好地解决含复杂假设的检验问题。但是在解决简单假设的序贯检验问题上,其还是能较好地减少计算量。

6.3.3 试验样本容量分析预测

试验样本量的确定与试验目的、先验信息相关,同时也与试验设计、试验分析评估方法密切相关。前面已经就贝叶斯方法基本理论基础、小子样物理及计算机试验设计、序贯检验进行了相应的阐述,本节将结合在 AUV 试验中常用到的两类分布,探讨基于贝叶斯基本理论及 Bootstrap 再抽样下的试验样本量分析预测方法。

1. 正态分布最大航程的试验样本量分析预测

1）AUV 最大航程

最大航程是 AUV 性能的重要指标,AUV 能够达到的航速和航程的限度取决于其能源贮备、动力推进系统的性能和流体动力特性。可用动力装置综合性能指标说明其关系,对于电动力 AUV 有 $V_T^2E_T=C(C_X,C_B,\Omega,\rho,U_H,\eta)$,即航速的平方与航程的乘积恒等于某一常数,该常数由 AUV 阻力系数、电池组的电容量、浸湿面积、海水密度、推进电机上的平均端电压、推进效率等组成。AUV 的试验最大航程 E_T 近似服从正态分布,即 $E_T\sim N(\mu,\sigma^2)$,其中,μ 为试验最大航程的期望值,σ^2 为试验最大航程的方差。对于给定概率水平 q,若 $p(E_T\geqslant E_{T\max})=q$,则称 $E_{T\max}$ 为概率水平 q 下的最大航程。一般要求,q 取 99% 或 98%,设 $f(E_T)$ 是 E_T 的概率密度函数,那么有

$$E_{T\max}=\mu-\sigma\Phi^{-1}(q) \tag{6.91}$$

其中,$\Phi(x)$ 为正态分布函数,可见,$E_{T\max}$ 是试验最大航程的下界。

2）AUV 最大航程点估计及区间估计

在进行试验的统计分析时,传统频率统计方法从式(6.91)出发,以试验样本(E_{T1},

$E_{T_2},\cdots,E_{Tn}$)的均值$\overline{E}_T$ 和方差 $S^2=\frac{1}{n}\sum_{i=1}^{n}(E_{Ti}-\overline{E}_T)^2$ 作为试验最大航程的期望μ 和方差 σ^2 的估计,但在贝叶斯统计学派看来,忽略先验信息的行为是对资源的浪费,也将对估计量的精度造成不可避免的影响(多数情况下是恶化)。传统的频率统计方法,给定置信水平 $1-\alpha$ 和精度要求 δ(1/2 的区间长度),则 σ 已知时,估计数学期望所需的子样大小为

$$n=\left[\frac{\sigma^2 u_{1-\alpha/2}^2}{\delta^2}\right]+1 \tag{6.92}$$

以 $\mu=60$ 为例,σ^2 取为 6,δ 取为 0.5%μ,1%μ,2%μ,其各置信水平、各精度要求下的试验样本量如图 6.4 所示。

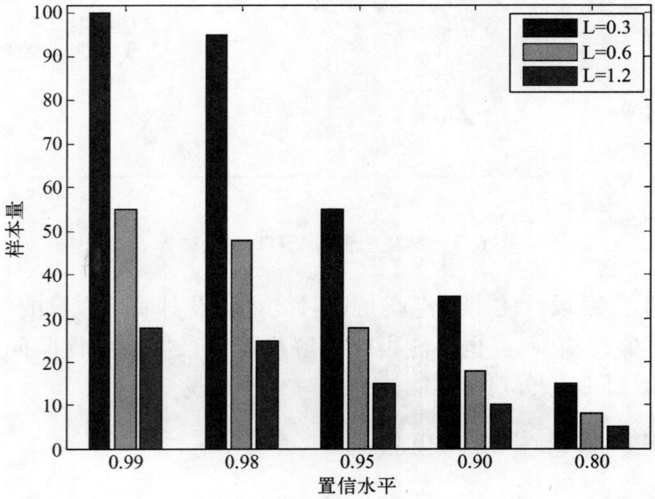

图 6.4　传统方法下各置信水平、各精度下的试验样本量

以某 AUV 的最大航程试验为例,从历史资料及先验半实物仿真试验经折合、可信度融合后得到其等价最大航程为(59.01,56.30,60.68,62.16,57.86,63.86,60.19,62.28,59.74,62.48,59.54,66.85,59.89);使用 Bootstrap 方法可得到最大航程均值的先验分布 $N(\mu_\pi,\sigma_\pi^2)$ 中超参数为

$$\begin{cases}\mu_\pi=\overline{\mu}=61.0701\\ \sigma_\pi^2=S_\mu^2=0.4858\end{cases}$$

在该 AUV 的实际最大航程试验中共得到 7 组数据 $\boldsymbol{X}$=(56.99,61.34,60.50,65.20,62.18,62.71,62.88),由表 6.1 可知,AUV 最大航程的验后分布 $N(\mu_1,\sigma_1^2)$ 与其方差的已知与否关联密切。

(1) 当方差已知,并假设 $\sigma^2=5$,此时有

$$\begin{aligned}\mu_1&=\frac{n\overline{X}\sigma_\pi^2+\mu_\pi\sigma^2}{n\sigma_\pi^2+\sigma^2}=61.3193\\ \sigma_1^2&=\frac{\sigma^2\sigma_\pi^2}{n\sigma_\pi^2+\sigma^2}=0.2892\end{aligned} \tag{6.93}$$

式中：$\overline{X}=\frac{1}{n}\sum_{i=1}^{n}X_i$。

（2）对试验观测数据同样使用 Bootstrap 方法进行推断估计，有 $\overline{X}_B=61.5818$，$\sigma_B^2=4.6469$，使用 $\overline{X}_B$、σ_B^2 替代 $\overline{X}$ 及 σ^2 代入式(6.93)，此时有

$$\mu_{1B}=61.2863$$

$$\sigma_{1B}^2=0.2805$$

（3）不使用 Boostrap 方法推断观测数据的方差，即假设验后分布均值及方差均未知，此时有均值及方差的验后联合分布为正态－逆伽马分布 $N-IGa(v_1,\mu_1,\sigma_1^2,k_1)$，其中

$$\begin{cases}\mu_1=\dfrac{k_\pi}{k_\pi+n}\mu_k+\dfrac{n}{k_\pi+n}\overline{X}\\ v_1=v_\pi+n\\ \sigma_1^2=\dfrac{1}{v_1}\left[v_\pi\sigma_\pi^2+nS^2+\dfrac{k_\pi n}{k_\pi+n}(\mu_k-\overline{X})^2\right]\\ k_1=k_\pi+n\end{cases}\tag{6.94}$$

利用先验矩确定 (μ,σ^2) 的联合先验分布 $N-IGa(v_\pi,\mu_\pi,\sigma_\pi^2,k_\pi)$ 中的超参数，有

$$\begin{cases}\mu_\pi=\overline{\mu}\\ \dfrac{v_\pi\sigma_\pi^2}{k_\pi(v_\pi-2)}=S_\mu^2\\ \dfrac{v_\pi\sigma_\pi^2}{v_\pi-2}=\overline{\sigma^2}\\ \dfrac{2(v_\pi\sigma_\pi^2)^2}{(v_\pi-2)^2(v_\pi-4)}=S_{\sigma^2}^2\end{cases}\tag{6.95}$$

使用上述相同数据，但假设 σ^2 未知。对于先验已折合、融合后数据信息，使用 Bootstrap 方法推断估计，有 $\overline{\mu}=61.0701$，$S_\mu^2=0.4858$，$\overline{\sigma^2}=5.1950$，$S_{\sigma^2}^2=6.4094$，代入式(6.95)，可得 (μ,σ^2) 的联合先验分布 $N-IGa(v_\pi,\mu_\pi,\sigma_\pi^2,k_\pi)$ 的参数为 $\mu_\pi=61.0701$，$k_\pi=10.6937$，$v_\pi=13$，$\sigma_\pi^2=4.3958$。在获取试验观测数据（同上述观测数据）后，可得到式(6.94)中的 $\overline{X}$，S^2，则可得验后分布超参数分别为 $\mu_1=61.3136$，$k_1=17.6937$，$v_1=20$，$\sigma_1^2=5.1917$。使用 Bootstrap 再抽样得到 $\overline{X}_B$，S_B^2 代替上文中 $\overline{X}$，S^2，则可得到此时的验后分布超参数分别为 $\mu_{1B}=61.2725$，$k_{1B}=17.6937$，$v_{1B}=20$，$\sigma_{1B}^2=4.5391$。

由上述参数估计可得 (μ,σ^2) 的贝叶斯小子样点估计、HPD 区间估计及 BCa 区间估计，并与传统统计方法结果进行比较，如表 6.3、表 6.4 所列。

由表 6.4 可以看出，在同样的可信度下，贝叶斯 HPD 区间估计较之传统统计估计有较明显的缩短，而贝叶斯 BCa 区间估计又较贝叶斯 HPD 区间估计有一定程度上的缩短。贝叶斯 HPD 区间估计的精度至少是传统估计 5 倍数据量下的区间估计精度，贝叶斯 BCa 区间估计的精度则至少是传统估计 7 倍数据量下的区间估计精度。

表 6.3 μ,σ^2 的贝叶斯方法、Bootstrap 方法与传统方法点估计对比

估计参数	统计方法			
	贝叶斯小子样方法			传统方法
	验后期望估计	验后信息 Bootstrap*	验后 Bootstrap 估计	
均值(方差已知)	61.3193	61.2863	61.2740	61.6857
均值 方差	61.3136 5.1917	61.2725 4.5391	61.3002 4.5391	61.6857 6.4409
均值 (方差 Bootstrap)	— —	61.2863 4.6469	61.2740 4.6469	61.6857 6.4409

注:验后信息 Bootstrap* 是指对数据进行重抽样,但估计方法仍使用贝叶斯估计方法,而验后 Bootstrap 估计则直接使用 Bootstrap 估计方法

表 6.4 μ,σ^2 的贝叶斯方法、Bootstrap 方法与传统方法区间估计对比

可信度 $1-\alpha$			0.80	0.90	0.95	0.98	0.99
均值 μ	贝叶斯 HPD	区间估计	[60.662, 61.831]	[60.454, 62.007]	[60.195, 62.172]	[59.913, 62.325]	[59.839, 62.371]
		区间长度	1.169	1.553	1.977	2.412	2.532
	贝叶斯 BCa	区间估计	[60.839, 61.896]	[60.706, 62.093]	[60.49, 62.28]	[60.367, 62.302]	[60.269, 62.346]
		区间长度	1.057	1.387	1.79	1.935	2.077
	传统方法	区间估计	[60.305, 63.067]	[59.822, 63.55]	[59.339, 64.033]	[58.671, 64.7]	[58.129, 65.242]
		区间长度	2.7622	3.728	4.6943	6.0291	7.1125
方差 σ^2	贝叶斯 HPD	区间估计	[3.656, 8.345]	[3.306, 9.57]	[3.039, 10.826]	[2.764, 12.57]	[2.596, 13.968]
		区间长度	4.691	6.264	7.789	9.806	11.372
	贝叶斯 BCa	区间估计	[3.195, 7.296]	[2.89, 8.366]	[2.657, 9.467]	[2.417, 10.99]	[2.270, 12.212]
		区间长度	4.101	5.476	6.809	8.573	9.942
	传统方法	区间估计	[3.631, 17.533]	[3.069, 23.63]	[2.675, 31.233]	[2.299, 44.313]	[2.084, 57.193]
		区间长度	13.903	20.561	28.559	42.014	55.109

3)截尾序贯检验试验样本量分析预测

这里将以正态总体分布下复杂假设对复杂假设的均值 SPOT 方法为例,探讨序贯检验中试验样本量的分析预测。首先作为对比,计算经典频率统计假设检验所需的样本量。仍以上述问题为例,方差已知的情况下,进行均值假设检验所需的试验样本量[275]为 $N=\mathrm{cei}((u_{1-\alpha}+\mu_{1-\beta})^2\sigma^2/d^2)$,其中,$\alpha,\beta$ 分别为检验的第一、二类风险,σ 为方差,d 为检验假设 $H_0:\mu\leqslant\mu_0,H_1:\mu\geqslant\mu_1=\mu_0+d$ 中的允许的误差。以 $\alpha=\beta=0.05$ 为例,则无论试验样本

均值为多大，在 $\sigma^2=5$ 时，试验样本量都为 $54/d^2+1$。

仍以上述问题为例，研究贝叶斯方法体系下的复杂假设对复杂假设检验：

$$H_0:\mu<\mu_0,\ H_1:\mu\geqslant\mu_0$$

中的试验样本量分析预测问题。此时有参数空间 $\Theta_0\cup\Theta_1=\Theta$，其中 $\Theta_0=\{\mu|\mu<\mu_0\}$，$\Theta_1=\{\mu|\mu\geqslant\mu_0\}$。由于 μ 的验后密度仍为正态分布 (μ_1,σ_1^2)，并有其验后加权比为

$$O_n=\frac{\int_{\Theta_1}\pi(\mu|X)\mathrm{d}\mu}{\int_{\Theta_0}\pi(\mu|X)\mathrm{d}\mu}=\frac{1-\Phi\left(\frac{\mu_0-\mu_1}{\sigma_1}\right)}{\Phi\left(\frac{\mu_0-\mu_1}{\sigma_1}\right)}\tag{6.96}$$

均值 μ 的先验分布为正态分布 $N(\mu_\pi,\sigma_\pi^2)$，由此可得

$$\begin{aligned}&P_{H_0}=\int_{\Theta_0}\mathrm{d}F^\pi(\theta)=\Phi\left(\frac{\mu_0-\mu_\pi}{\sigma_\pi}\right)\\&P_{H_1}=1-P_{H_0}\end{aligned}\tag{6.97}$$

由此，得到正态分布的均值 μ 的 SPOT 方案如下：取定两类风险的基量 α_{π_0}，β_{π_1}，且满足 $\alpha_{\pi_0}<P_{H_0}$，$\beta_{\pi_1}<P_{H_1}$，取原非截尾 SPOT 方案中的常数停止边界为

$$\begin{cases}A=\dfrac{\beta_{\pi_1}}{P_{H_0}-\alpha_{\pi_0}}\\[2ex]B=\dfrac{P_{H_1}-\beta_{\pi_1}}{\alpha_{\pi_0}}\end{cases}\tag{6.98}$$

对于截尾检验需在 A，B 之间嵌入 C，并对 N 次试验截尾判决时两类风险的上界进行估计。为计算风险 $\alpha_{N\pi_0}$ 的上界，计算

$$P\{C<O_N<B|\mu,\mu\in\Theta_0\}=P\{0<O_N<B|\mu,\mu\in\Theta_0\}-P\{0<O_N<C|\mu,\mu\in\Theta_0\}$$

经整理后可得

$$P\{C<O_N<B|\mu,\mu\in\Theta_0\}=\Phi\left(\frac{M_B-\mu}{\sigma/\sqrt{N}}\right)\bigg|_{\mu\in\Theta_0}-\Phi\left(\frac{M_C-\mu}{\sigma/\sqrt{N}}\right)\bigg|_{\mu\in\Theta_0}\tag{6.99}$$

其中

$$M_B=\frac{(N\sigma_\pi^2+\sigma^2)(\mu_0-\sigma_1u_{\frac{1}{1+B}})-\sigma^2\mu_\pi}{N\sigma_\pi^2}\tag{6.100}$$

$$M_C=\frac{(N\sigma_\pi^2+\sigma^2)(\mu_0-\sigma_1u_{\frac{1}{1+C}})-\sigma^2\mu_\pi}{N\sigma_\pi^2}\tag{6.101}$$

则有第一类风险的增量上界 $\Delta\overline{\alpha}_{N\pi_0}$ 为

$$\Delta\overline{\alpha}_{N\pi_0}=\int_{-\infty}^{\mu_0}\left[\Phi\left(\frac{M_B-\mu}{\sigma/\sqrt{N}}\right)-\Phi\left(\frac{M_C-\mu}{\sigma/\sqrt{N}}\right)\right]\frac{1}{\sqrt{2\pi}\sigma_\pi}\mathrm{e}^{\frac{(\mu-\mu_0)^2}{2\sigma_\pi^2}}\mathrm{d}\mu\tag{6.102}$$

同理有第二类风险的增量上界 $\Delta\overline{\beta}_{N\pi_1}$ 为

$$\Delta\overline{\beta}_{N\pi_1}=\int_{\mu_0}^{\infty}\left[\Phi\left(\frac{M_C-\mu}{\sigma/\sqrt{N}}\right)-\Phi\left(\frac{M_A-\mu}{\sigma/\sqrt{N}}\right)\right]\frac{1}{\sqrt{2\pi}\sigma_\pi}\mathrm{e}^{\frac{(\mu-\mu_0)^2}{2\sigma_\pi^2}}\mathrm{d}\mu\tag{6.103}$$

其中

$$M_A=\frac{(M\sigma_\pi^2+\sigma^2)(\mu_0-\sigma_1 u_{\frac{1}{1+A}})-\sigma^2\mu_\pi}{N\sigma_\pi^2} \tag{6.104}$$

由此可见,两类风险的增量上界只与子样容量 N 及截尾决策阈值 C 有关。

对于 N 和 C 的求解可使用的方法主要有优化停止理论及数值逼近法等。工程中常用的是数值逼近法,此时求得的是满意解而非最优解。

针对前文所述的例子,进行截尾序贯检验的试验样本容量分析预测。使用数值逼近法,在设定两类风险上界的前提下可求得 N 和 C,但实际上最大风险的值并不一定就能达到设定值。

使用方差 σ^2 已知时贝叶斯标准统计推断,有式(6.100)、式(6.101)、式(6.104)中 $\sigma^2=5$,$\mu_\pi=61.0701$,$\sigma_\pi^2=0.4858$,$\mu_0=60$,N 和 C 为求解量。

(1) 首先假定在非截尾检验下的两类风险大小,即截尾检验的两类风险值的基量。此处假设 $\alpha_{\pi_0}=0.02$,$\beta_{\pi_1}=0.02$。

(2) 分别设定两类风险的增量上界 $\Delta\bar{\alpha}_{N\pi_0}$ 和 $\Delta\bar{\beta}_{N\pi_1}$,进行 N 和 C 的求解,可知,在 N 固定不变时,$\Delta\bar{\alpha}_{N\pi_0}$ 是 C 的不增函数,$\Delta\bar{\beta}_{N\pi_1}$ 是 C 的不减函数。数值逼近法的主要步骤如下:

① 令 N 初值为 1,并设定最大搜索值 $N_{\max}$。

② 令 left $=A$,right $=B$。

③ 令 $C=\frac{\text{left}+\text{right}}{2}$,并计算

$$P_\alpha=\int_{-\infty}^{\mu_0}\left[\Phi\left(\frac{M_B-\mu}{\sigma/\sqrt{N}}\right)-\Phi\left(\frac{M_C-\mu}{\sigma/\sqrt{N}}\right)\right]\frac{1}{\sqrt{2\pi}\sigma_\pi}\mathrm{e}^{\frac{(\mu-\mu_0)^2}{2\sigma_\pi^2}}\mathrm{d}\mu \text{ 与}$$

$$P_\beta=\int_{\mu_0}^{\infty}\left[\Phi\left(\frac{M_C-\mu}{\sigma/\sqrt{N}}\right)-\Phi\left(\frac{M_A-\mu}{\sigma/\sqrt{N}}\right)\right]\frac{1}{\sqrt{2\pi}\sigma_\pi}\mathrm{e}^{\frac{(\mu-\mu_0)^2}{2\sigma_\pi^2}}\mathrm{d}\mu$$

M_A、M_B 与 M_C 的定义如上文所述。

④ 分别比较 P_α 与 $\Delta\bar{\alpha}_{N\pi_0}$,$P_\beta$ 与 $\Delta\bar{\beta}_{N\pi_1}$ 的数值大小,若

a. $P_\alpha\leqslant\Delta\bar{\alpha}_{N\pi_0}$,且 $P_\beta\leqslant\Delta\bar{\beta}_{N\pi_1}$,则结束计算程序,此时的 N 和 C 即为所要求的数值;

b. $P_\alpha>\Delta\bar{\alpha}_{N\pi_0}$,且 $P_\beta\leqslant\Delta\bar{\beta}_{N\pi_1}$,则令 left $=C$,重复过程③。

c. $P_\alpha\leqslant\Delta\bar{\alpha}_{N\pi_0}$,且 $P_\beta>\Delta\bar{\beta}_{N\pi_1}$,则令 right $=C$,重复过程③。

d. $P_\alpha>\Delta\bar{\alpha}_{N\pi_0}$,且 $P_\beta>\Delta\bar{\beta}_{N\pi_1}$,若 $N>N_{\max}$,则此方案无解,结束计算;否则,令 $N=N+1$,重复过程②。

(3) 令 $\Delta\bar{\alpha}_{N\pi_0}=\Delta\bar{\beta}_{N\pi_1}=0.03$,可得 N,C 及相应的实际两类风险为 $N=36$,$C=1.5173$,$P_\alpha=0.0129$,$P_\beta=0.0092$。

4) 结果分析及讨论

由上例可知,在 $\Delta\bar{\alpha}_{N\pi_0}\geqslant0.015$,$\Delta\bar{\beta}_{N\pi_1}\geqslant0.015$ 的两类风险上界要求下,$N=36$,$C=1.5173$,都可实现 SPOT 检验方案的判决。鉴于此,将 $\Delta\bar{\alpha}_{N\pi_0}$ 与 $\Delta\bar{\beta}_{N\pi_1}$ 以 0.01 为间隔,进

行实际上两类风险的搜索。可得到如表 6.5 所列的 SPOT 截尾检验的试验样本量、截尾判决阈值及截尾判决时实际上的两类风险大小。表中，为表述方便将实际上的两类风险 P_α、P_β 简记为 Pa、Pb。由表可得到如下结论：①在较小的风险增量上界要求下求得的截尾检验方案，其实际风险不一定是较小的；②需要较少的试验样本量的试验检验方案不一定具有较大的风险增量上界；③具有相同的截尾试验样本量 N 及截尾决策阈值 C 的检验方案具有相同的实际风险增量。下面本节将在两类风险值基量、搜索步长、簇检验等方面分别讨论其对截尾 SPOT 检验方案的影响，并使用 Bootstrap 自助数据对 SPOT 检验及簇检验的试验样本量需求进行验证。

表 6.5 $\alpha_{\pi_0}=\beta_{\pi_1}=0.02$，$\mu_0=60$ 时截尾 SPOT 检验两类风险及 N、C

$\Delta\bar{\beta}_{N\pi_1}$	$\Delta\bar{\alpha}_{N\pi_0}$				
	0.01	0.02	0.03	0.04	0.05
0.01	$N=227$ $C=0.8088$ Pa = 0.0086 Pb = 0.0063	$N=73$ $C=0.8088$ Pa = 0.0165 Pb = 0.0085	$N=38$ $C=0.8088$ Pa = 0.0238 Pb = 0.0088	$N=24$ $C=0.8088$ Pa = 0.0301 Pb = 0.0081	$N=17$ $C=0.8088$ Pa = 0.0347 Pb = 0.0069
0.02	$N=182$ $C=1.5173$ Pa = 0.0047 Pb = 0.0056	$N=64$ $C=1.5173$ Pa = 0.0089 Pb = 0.008	$N=36$ $C=1.5173$ Pa = 0.0129 Pb = 0.0092	$N=24$ $C=1.1631$ Pa = 0.0393 Pb = 0.0169	$N=17$ $C=1.1631$ Pa = 0.0473 Pb = 0.0152
0.03	$N=112$ $C=2.5801$ Pa = 0.0055 Pb = 0.0101	$N=64$ $C=1.5173$ Pa = 0.0089 Pb = 0.008	$N=36$ $C=1.5173$ Pa = 0.0129 Pb = 0.0092	$N=24$ $C=1.1631$ Pa = 0.0393 Pb = 0.0169	$N=17$ $C=1.1631$ Pa = 0.0473 Pb = 0.0152
0.04	$N=112$ $C=2.5801$ Pa = 0.0055 Pb = 0.0101	$N=44$ $C=2.5801$ Pa = 0.0106 Pb = 0.0144	$N=26$ $C=2.5801$ Pa = 0.0154 Pb = 0.0168	$N=18$ $C=2.5801$ Pa = 0.02 Pb = 0.0181	$N=14$ $C=2.5801$ Pa = 0.0238 Pb = 0.0187
0.05	$N=92$ $C=4.7057$ Pa = 0.0044 Pb = 0.015	$N=44$ $C=2.5801$ Pa = 0.0106 Pb = 0.0144	$N=26$ $C=2.5801$ Pa = 0.0154 Pb = 0.0168	$N=18$ $C=2.5801$ Pa = 0.02 Pb = 0.0181	$N=14$ $C=2.5801$ Pa = 0.0238 Pb = 0.0187

（1）两类风险值基量 α_{π_0}、β_{π_1} 对截尾 SPOT 检验的影响。

由前述分析可知，不同的 α_{π_0}、β_{π_1} 会影响到停止边界 A、B 因而影响到预测的样本需求值，如图 6.5 所示。其中对于 $\alpha_{\pi_0}=\beta_{\pi_1}=0.05$，在区间[0.06,0.07]有空穴的出现，表示当 $\Delta\bar{\alpha}_{N\pi_0}+\Delta\bar{\beta}_{N\pi_1}\in[0.06,0.07]$ 时没有满足条件的截尾 SPOT 检验方案。从图中还可以得到如下结论：当要求的总风险和大于 0.07 时，α_{π_0}、β_{π_1} 的选择对检验方案预测的样本量及实际的总风险和的影响不大；但是当要求的总风险和小于 0.06 时，检验方案预测的样本量会有较剧烈的变化。

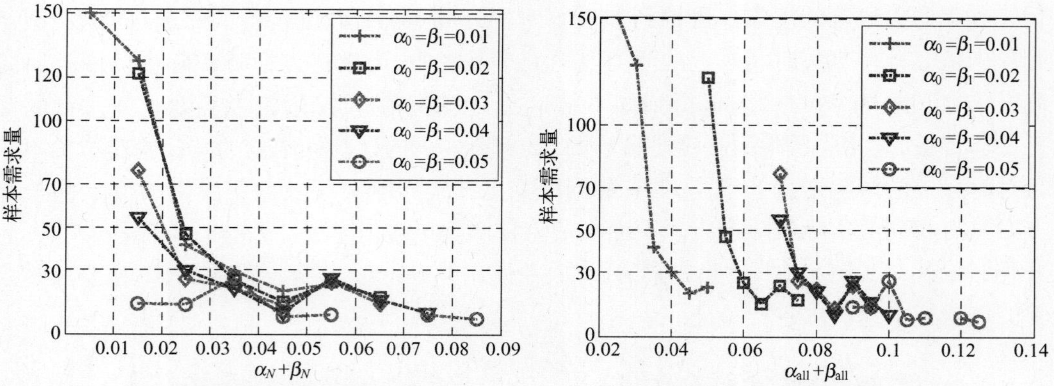

(a) 不同风险基值下预测的样本需求量与实际的两类风险增量之间的关系

(b) 不同风险基值下预测的样本需求量与实际的总风险和之间的关系

图 6.5　不同风险基值下预测的样本需求量、实际的两类风险增量(L)与实际的总风险和(R)

(2) 簇检验的风险。

当 $\mu_0=60$ 时,$P_{H_0}|_{\mu_0=60}=0.064<P_{H_0}|_{\mu_1=61}<P_{H_0}|_{\mu_1=62}$,考虑有 $P_w=\alpha_{\pi_0}+\Delta\bar{\alpha}_{N\pi_0}+\beta_{\pi_1}+\Delta\bar{\beta}_{N\pi_1}=0.1<P_{H_0}|_{\mu_0=60}+P_{H_1}|_{\mu_0=60}$,则有 $\Delta\bar{\alpha}_{N\pi_0}+\Delta\bar{\beta}_{N\pi_1}<0.06$。考虑满足 $\Delta\bar{\alpha}_{N\pi_0}+\Delta\bar{\beta}_{N\pi_1}<0.06$ 的需求样本量值组下界中的最大值,则它就是满足簇检验关于风险值要求的试验样本量值。通过搜索(见图 6.6)可知满足簇检验的试验样本量为 $N=32$,此时分别有 $P_w|_{\mu_0=60}=0.0722$,$P_w|_{\mu_0=61}=0.0809$,$P_w|_{\mu_0=62}=0.0765$。

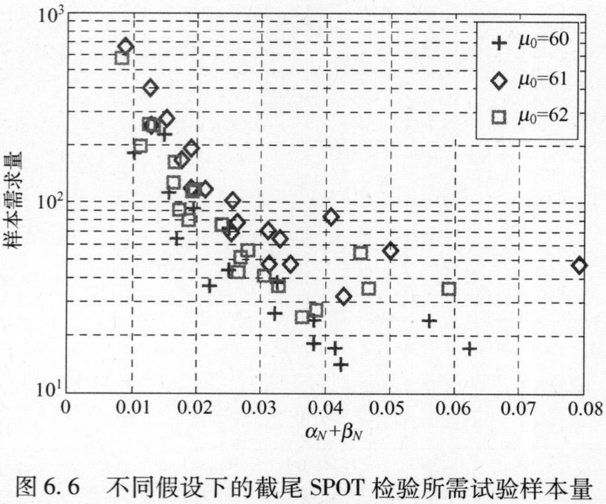

图 6.6　不同假设下的截尾 SPOT 检验所需试验样本量

(3) 搜索步长对试验样本量预测的影响。

如图 6.7 所示为不同步长下搜索到的需求试验样本量,图 6.7(a)和图 6.7(b)步长为 0.01,图 6.7(c)和图 6.7(d)步长为 0.005,易知,步长的缩短会提供更多的预测样本量及实际风险增量和细节。可以预测,步长缩短到一定程度时,可得到近似连续的不同风险要求下的所需试验样本量和对应的实际风险增量和。

(4) 使用 Bootstrap 自助数据检验试验样本量的预测效果。

使用 Bootstrap 方法从 $N(\mu,\sigma^2)$($\mu=61.0701$,$\sigma^2=5$)中有放回地抽样出一组 100 个

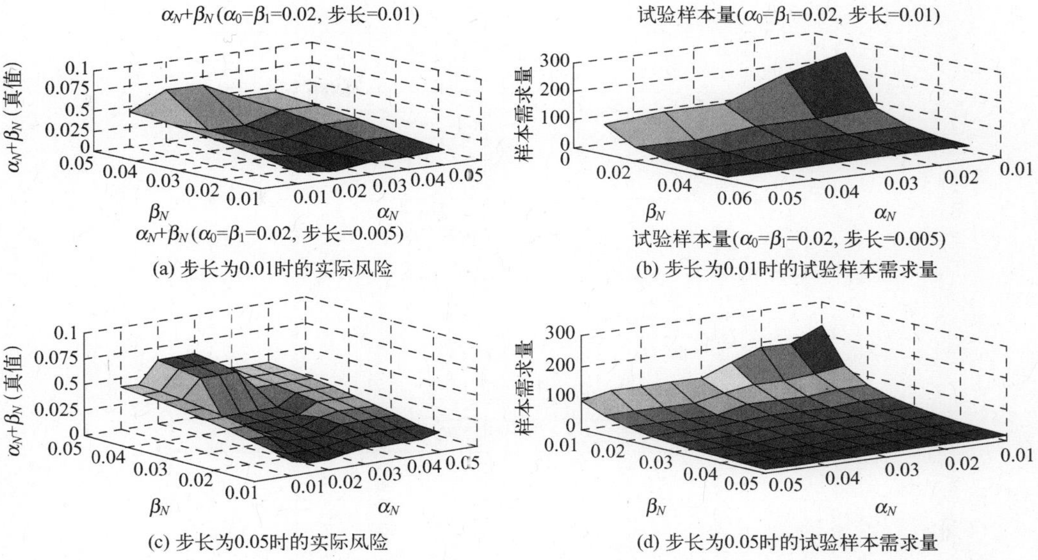

图 6.7　不同步长下的试验样本需求量及实际风险(Upper:0.01, Lower:0.005)

数据,使用非截尾的 SPOT 检验,假设 $\alpha_{\pi_0}=\beta_{\pi_1}=0.03$,$\mu_0=60$,由式(6.96)和式(6.97)及式(6.98)可知,$A=0.8824$,$B=30.2$,SPOT 检验结果如表 6.6 所列。

表 6.6　Bootstrap 数据的 SPOT 检验验证

样本号	1~6	7	8	9	10	11	12
样本值	—	60.328	66.646	64.127	62.593	52.303	62.355
O_n	(0.8824,30.20)	25.992	25.165	129.336	355.371	354.594	581.340
验后均值	—	60.946	60.913	61.217	61.357	61.708	61.2959

由前面的分析可知,在总风险和不大于 0.0722 时,所需的试验样本量不会超过 32,但在实际应用中,这个数值会随新产生的数据对假设的支持程度上下浮动。

当处理簇检验时,假设 $\alpha_{\pi_0}=\beta_{\pi_1}=0.02$,可以得到 $\mu_0=60$ 时 $A=0.4545$,$B=45.8$;$\mu_0=61$ 时 $A=0.0455$,$B=26.05$;$\mu_0=62$ 时 $A=0.0225$,$B=3.555$(式(6.96)和式(6.97)。从 $N(\mu,\sigma^2)$($\mu=61.0701$,$\sigma^2=5$)中使用 Bootstrap 方法抽样出 40 个数据验证簇检验的效果,得到的验证结果如图 6.8 所示。由图易知:随着样本量的增加,O_n 支持 $H_1:\mu>\mu_0=60$ 的程度以指数增长;当样本量在区间[17,34]内时,抽样样本支持 $H_1:\mu>\mu_0=61$,在其他样本量区间不作判决;当样本量在区间[2,9]内时,抽样样本支持 $H_0:\mu<\mu_0=62$,在其他样本量区间更倾向于不作判决。因此可以根据簇检验的结果给出判决结果:样本毫无疑问支持 $\mu>60$,基本上支持 $\mu>61$,但需要更进一步的验证或先验信息的更新;初步判决为不支持 $\mu>62$,是否支持 $\mu\leqslant 62$ 还有待更进一步的验证或先验信息的更新。

2. 二项分布下命中概率的试验样本量分析预测

1) AUV 的命中概率

AUV 的命中概率是 AUV 武器系统最主要的性能指标之一,如何正确有效的评估

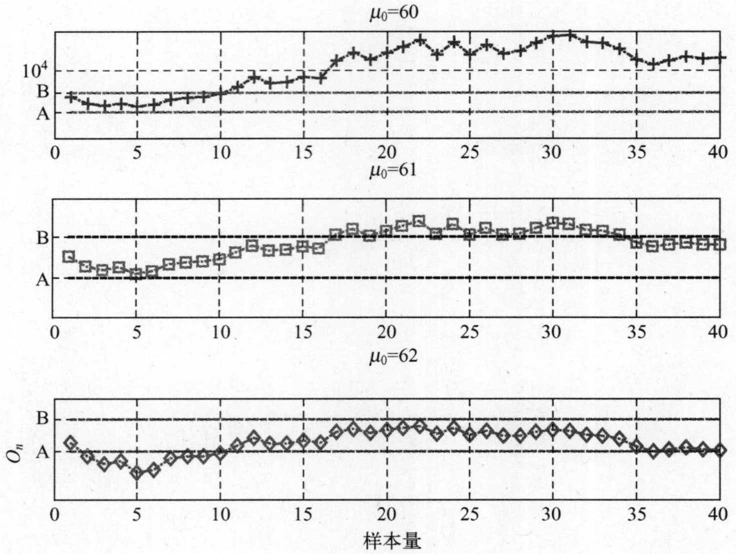

图 6.8　簇检验的验证结果

AUV 的命中概率是其静态性能模型评估的重要课题之一。AUV 命中概率的计算方法一般有两种:试验鉴定法和解析法。一般使用解析法作为 AUV 的预计指标,使用试验(现场试验或仿真试验)作为解析法预计指标的检验,检验失败则重新进行指标的估计。对于 AUV,一般预计指标命中概率(成功概率)在 70% 以上的检验,现场试验要进行 7 条次试验,命中要在 5 条次以上;预计指标命中概率在 80% 以上的检验,现场试验要进行 10 条次试验,命中要在 8 条次以上。计数型抽样和序贯抽样都是进行 AUV 命中概率检验的主要方法,而基于一定置信度的区间估计是计数型抽样检验的重要补充。

2）命中概率的点估计及区间估计

经典频率统计理论以 $\hat{p}=\dfrac{X}{n}$(X 为 n 次试验中成功的次数)作为二项分布 $b(n,p)$ 中 p 的点估计,p 的区间估计为 $[\hat{p}^*-\varepsilon,\hat{p}^*+\varepsilon]$,其中

$$
\begin{aligned}
\hat{p}^* &= \frac{n}{n+u_{1-\alpha/2}^2}\left(\hat{p}+\frac{u_{1-\alpha/2}^2}{2n}\right)\\
\varepsilon &= \frac{nu_{1-\alpha/2}}{n+u_{1-\alpha/2}^2}\sqrt{\frac{u_{1-\alpha/2}^2}{4n^2}+\frac{\hat{p}(1-\hat{p})}{n}}
\end{aligned}
\tag{6.105}
$$

使用经典频率统计进行区间估计时,其精度 ε 与试验次数 n 及试验成功概率的估计 $\hat{p}$ 密切相关。如表 6.7 所列为不同成功概率水平下的试验次数的估计。

由表 6.7 可知,在同等置信水平下,精度越小所需的试验样本量越大,且在同等精度需求下,成功概率估计越高所需的试验样本量越小。在置信度为 0.90、0.95 和 0.98 的情况下,在区间精度要求 ε 为 0.05,成功概率估计为 0.95 时,依据式(6.104)进行的试验样本量推算都出现了复数的现象,因为此时 ε 函数下界依然远大于 0.05,所以在此置信水平及成功概率估计下根本达不到所要求的精度。在表 6.7 所列的置信水平下,若要求精度在 0.01 以内基本上都需要几千的试验样本量,这是 AUV 湖海试验很难达到的。

表 6.7　一定精度要求时不同成功概率水平下的试验次数估计

置信度 $1-\alpha$	区间长度 2ε	成功概率 $\hat{p}$	试验次数 n
0.90	0.02	0.80	4319
		0.85	3439
		0.90	2422
		0.95	1265
	0.04	0.80	1073
		0.85	852
		0.90	596
		0.95	301
	0.10	0.80	163
		0.85	127
		0.90	83
		0.95	—
0.95	0.02	0.80	6132
		0.85	4883
		0.90	3439
		0.95	1796
	0.04	0.80	1522
		0.85	1209
		0.90	846
		0.95	427
	0.10	0.80	231
		0.85	180
		0.90	118
		0.95	—
0.98	0.02	0.80	8639
		0.85	6878
		0.90	4845
		0.95	2530
	0.04	0.80	2145
		0.85	1703
		0.90	1191
		0.95	601
	0.10	0.80	327
		0.85	254
		0.90	166
		0.95	—

对于成败型试验，一般采用贝塔分布作为成功概率的先验分布（均匀分布也是贝塔分布的特例之一），即

$$\pi(p)=\frac{\Gamma(\alpha_\pi+\beta_\pi)}{\Gamma(\alpha_\pi)\Gamma(\beta_\pi)}p^{\alpha_\pi-1}(1-p)^{\beta_\pi-1} \tag{6.106}$$

则可知成功概率的验后概率密度函数仍为贝塔分布，记为 $Be(\alpha_1,\beta_1)$，其中 $\alpha_1=\alpha_\pi+X_\Sigma$，$\beta_1=\beta_\pi+n-X_\Sigma$，$X_\Sigma=\sum_{i=1}^{n}X_i$ 。

采用贝塔先验分布的统计意义，就如预先做了 $\alpha_\pi+\beta_\pi$ 次试验，其中成功命中了 α_π 次，再加上实际试验时的 n 次试验，等效试验样本容量为 $\alpha_\pi+\beta_\pi+n$，而成功命中了 $\alpha_\pi+x$ 次。贝塔分布的超参数 α_π,β_π 的估计有三种方法：①利用均值及方差；②利用先验分布的两个分位数；③利用均值和一个分位数。表 6.8 所列为几种方法下的贝塔超参数推算结果，其中部分解算结果参考文献[276]。

表 6.8　贝塔超参数的估计

均值	方差	$R_{0.05}$	$R_{0.95}$	$\alpha_\pi+\beta_\pi$	α_π	均值	方差	$R_{0.05}$	$R_{0.95}$	$\alpha_\pi+\beta_\pi$	α_π
0.80	—	—	0.85	157.66	126.13	—	—	0.90	0.95	290.74	269.42
0.80	—	—	0.90	34.32	27.45	—	—	0.91	0.95	430.07	400.45
0.80	—	—	0.95	12.01	9.61	—	—	0.92	0.95	719.72	673.43
0.80	—	—	0.99	4.54	3.63	—	—	0.94	0.95	5611.64	5303.51
0.85	—	—	0.90	119.46	101.54	0.80	0.0025	—	—	63	50.4
0.85	—	—	0.95	23.23	19.75	0.80	0.0005	—	—	319	255.2
0.85	—	—	0.99	6.97	5.92	0.85	0.0025	—	—	50	42.5
0.90	—	—	0.95	74.82	67.33	0.85	0.0005	—	—	254	215.9
0.90	—	—	0.99	13.05	11.74	0.90	0.0025	—	—	35	31.5
—	—	0.85	0.95	90.23	81.67	0.90	0.0005	—	—	179	161.1
—	—	0.86	0.95	107.32	97.59	0.95	0.0005	—	—	94	89.3
—	—	0.87	0.95	130.52	119.24	0.95	0.00025	—	—	189	179.55
—	—	0.88	0.95	163.34	149.93	0.99	0.0005	—	—	18.8	18.61
—	—	0.89	0.95	212.28	195.78	0.99	0.00025	—	—	38.6	38.21

3）截尾序贯检验试验样本量分析预测

以二项分布 $b(n,p)$ 复杂假设对复杂假设的检验为例，记 p 的先验分布为贝塔分布 $Be(\alpha_\pi,\beta_\pi)$，即

$$\pi(p)=\frac{\Gamma(\alpha_\pi+\beta_\pi)}{\Gamma(\alpha_\pi)\Gamma(\beta_\pi)}p^{\alpha_\pi-1}(1-p)^{\beta_\pi-1} \tag{6.107}$$

且知其验后密度是贝塔分布 $Be(\alpha_1,\beta_1)$，其中 $\alpha_1=\alpha_\pi+X_\Sigma$，$\beta_1=\beta_\pi+n-X_\Sigma$，$X_\Sigma=\sum_{i=1}^{n}X_i$ 。

设统计假设为 $H_0:p<p_0$，$H_1:p\geqslant p_0$，令 $\Theta_0=\{p:p<p_0\}$，$\Theta_1=\{p:p\geqslant p_0\}$，有验后加权概率比为

$$Q_n=\frac{\int_{\Theta_1}\pi(p\mid X)\mathrm{d}p}{\int_{\Theta_0}\pi(p\mid X)\mathrm{d}p}=\frac{1-Be_{p_0}(\alpha_1,\beta_1)}{Be_{p_0}(\alpha_1,\beta_1)}$$

式中，$Be_{p_0}(\alpha_1,\beta_1)=\int_0^{p_0}\frac{\Gamma(\alpha_1+\beta_1)}{\Gamma(\alpha_1)\Gamma(\beta_1)}p^{\alpha_1-1}(1-p)^{\beta_1-1}\mathrm{d}p$，表示服从于 $Be(\alpha_1,\beta_1)$ 的变量小于 p_0 的概率。

对于截尾 SPOT 检验有 $P_{H_0}=\int_{\Theta_0}\mathrm{d}F^{\tau}(p)=Be_{p_0}(\alpha_\pi,\beta_\pi)$，$P_{H_1}=1-P_{H_0}$，取定两类风险 $\alpha_{\pi0}$，$\beta_{\pi1}$ 满足 $\alpha_{\pi0}<P_{H_0}$，$\beta_{\pi1}<P_{H_1}$，则有

$$A=\frac{\beta_{\pi_1}}{P_{H_0}-\alpha_{\pi0}},\ B=\frac{P_{H_1}-\beta_{\pi1}}{\alpha_{\pi0}}$$

此时需要计算嵌入 A 与 B 之间的 C 及试验样本量 N 与两类风险增量上界 $\Delta\bar{\alpha}_{N\pi0}$ 和 $\Delta\bar{\beta}_{N\pi1}$ 的关系。记 $M_b=\left[h^{-1}\left(\frac{1}{B+1}\right)\right]$，其中 $h^{-1}(Y)$ 是 $h(X_\Sigma)$ 的反函数。

$$h(X_\Sigma)=\int_0^{p_0}\frac{\Gamma(\alpha_\pi+\beta_\pi+N)}{\Gamma(\alpha_\pi+X_\Sigma)\Gamma(\beta_\pi+N-X_\Sigma)}p^{\alpha_\pi+X_\Sigma-1}(1-p)^{\beta_\pi+N-X_\Sigma-1}\mathrm{d}p$$

同记 $M_c=\left[h^{-1}\left(\frac{1}{C+1}\right)\right]$，$M_a=\left[h^{-1}\left(\frac{1}{A+1}\right)\right]$，则有

$$\Delta\bar{\alpha}_{N\pi0}=\frac{\Gamma(\alpha_\pi+\beta_\pi)}{\Gamma(\alpha_\pi)\Gamma(\beta_\pi)}\sum_{k=M_c+1}^{M_b}\binom{k}{N}\int_0^{p_0}p^{\alpha_\pi+k-1}(1-p)^{\beta_\pi+N-k-1}\mathrm{d}p$$

$$\Delta\bar{\beta}_{N\pi1}=\frac{\Gamma(\alpha_\pi+\beta_\pi)}{\Gamma(\alpha_\pi)\Gamma(\beta_\pi)}\sum_{k=M_a+1}^{M_c}\binom{k}{N}\int_0^{p_0}p^{\alpha_\pi+k-1}(1-p)^{\beta_\pi+N-k-1}\mathrm{d}p$$

由于 $h(X)$ 是关于 X 的单调不增函数，故 $O_N(X)$ 是 X 的单调不减函数，则 M_a 可用下述算法求解：

（1）令 $X=N$；

（2）计算 $O_N(X)$；

（3）若 $O_N(X)<A$，则结束循环，已得到所需 $M_a=X+1$；若 $O_N(X)\geqslant A$，则令 $X=X-1$，转(2)。

M_b 和 M_c 的求解与之类似。N 和 C 的求解与上文的求解过程类似。

以 $p_0=0.95$ 的检验为例，假设其 $\alpha_\pi=67.09$，$\beta_\pi=1.23$，此时有 $Be_{p_0}(\alpha_\pi,\beta_\pi)=0.049$，$P_{H_0}=0.049$，$P_{H_1}=1-P_{H_0}=0.951$，取 $\alpha_{\pi0}=\beta_{\pi1}=0.02$，则有判决门限 $A=0.6931$，$B=46.557$。分别取不同的两类风险的增量上限 $\Delta\bar{\alpha}_{N\pi0}$ 和 $\Delta\bar{\beta}_{N\pi1}$，可推算出所需样本数 N、决策阈值 C 及实际上的两类风险的估计，如表 6.9 所列。

表 6.9　不同 $\Delta\bar{\alpha}_{N\pi0}$、$\Delta\bar{\beta}_{N\pi1}$ 组合下的 SPOT 检验 N、C 及两类风险

$\Delta\bar{\alpha}_{N\pi0}$	$\Delta\bar{\beta}_{N\pi1}$	N	C	P_α	P_β
0.05	0.05	2	12.1591	0.0428	0.0289
0.05	0.03	2	12.1591	0.0428	0.0289
0.03	0.03	18	6.4261	0.0179	0.0398
0.03	0.05	18	2.1263	0.0283	0.0054
0.03	0.03	18	2.1263	0.0283	0.0054
0.02	0.02	54	3.5596	0.0196	0.0270
0.02	0.02	91	3.5596	0.0196	0.0196
0.02	0.01	104	23.6251	0.0003	0.0003

如表 6.10 所列 $b(1,0.95)$ 分布中 Bootstrap 产生一组 20 个数据进行 SPOT 检验效果的验证，Bootstrap 数据为[1 1 1 1 1 1 0 1 1 1 1 1 1 1 1 1 1 1 1 0]，取 $\alpha_{\pi_0}=\beta_{\pi_1}=0.04$，则有判决门限 $A=4.445$，$B=22.773$。

表 6.10 SPOT 检验的 Bootstrap 数据验证

n	1	2	3	4	5	6	7	8	9	10
O_n	20.39	21.45	22.57	23.75	24.98	26.28	6.13	6.40	6.70	7.02
p_1	0.997	0.997	0.997	0.997	0.997	0.997	0.983	0.983	0.984	0.984

在获取第四个样本后就已经可以做出判决 $p>0.95$ 了，但是随着样本量的增加，新的样本也会对检验比 O_n 的取值产生一定影响，但是在对验后成功概率的估计上依然支持 $p>0.95$。

6.4 贝叶斯与 Bootstrap 再抽样统计方法

在 6.1.1 节，就经典频率统计学派与贝叶斯统计学派之间的区别与联系进行了阐述，并对 AUV 试验分析中用到的典型分布下的有关统计推断问题进行了深入研究，其中用到了贝叶斯基本理论及一些再抽样方法，如 Bootstrap 等。本节将重点探讨贝叶斯的再抽样方法与 Bootstrap 再抽样方法的区别及联系，并分析两类统计推断方法在工程应用中的局限性。

6.4.1 无先验信息下的参数 Bootstrap 与马尔可夫链蒙特卡罗

马尔可夫链蒙特卡罗方法如 Gibbs 抽样为解决较复杂情况下的验后分布提供了数值方法，同样地，Bootstrap 尤其是参数 Bootstrap 方法为关注关键变量而忽略无关变量的统计推断提供了有效的手段。为便于说明两者的区别及联系，本节将以一个二元变量分布的例子来进行详细阐述。考虑下述模型：

$$\boldsymbol{\alpha}\sim N_n(\alpha_0 1,\sigma_0^2\boldsymbol{I})\text{ 且 }\boldsymbol{y}\mid\boldsymbol{\alpha}\sim N_n(\boldsymbol{\alpha},\boldsymbol{I}) \tag{6.108}$$

$\alpha_1,\alpha_2,\cdots,\alpha_n$ 为均值为 α_0，方差为 σ_0^2 的总体分布的 i.i.d. 样本，它们为非观测的随机量。对于独立的正态分布变量 y_i，有

$$y_i\overset{\text{ind}}{\sim}N(\alpha_i,1),i=1,2,\cdots,n \tag{6.109}$$

对于 y_i 的边缘分布，考虑非观测变量的贡献，则有

$$y_i\overset{\text{ind}}{\sim}N(\alpha_0,\sigma^2),i=1,2,\cdots,n \tag{6.110}$$

式中：$\sigma^2=\sigma_0^2+1$。在本节，我们关注于二元变量 $\beta=(\alpha_0,\sigma^2)$ 的推断问题。易知，其最大似然估计为

$$\hat{\beta}=(\hat{\alpha},\hat{\sigma}^2)=(\bar{y},\sum_{i=1}^{n}(y_i-\bar{y})^2/n) \tag{6.111}$$

式中：$\hat{\beta}$是 β 的充分统计量，且有

$$\hat{\alpha}_0\sim N(\alpha_0,\sigma^2/n),\hat{\sigma}^2\sim\sigma^2\chi_{n-1}^2/n \tag{6.112}$$

对于参数 Bootstrap，其 Bootstrap 重复可通过使用$\hat{\beta}=(\hat{\alpha}_0,\hat{\sigma}^2)$替代式(6.112)中的 $\beta=$

(α_0,σ^2)得到，即

$$\hat{\alpha}_0^* \sim N(\hat{\alpha}_C,\hat{\sigma}^2/n),\hat{\sigma}^{2*} \sim \hat{\sigma}^2\chi_{n-1}^2/n \tag{6.113}$$

$\hat{\beta}=(\hat{\alpha}_0,\hat{\sigma}^2)$由观测值直接确定，而$\hat{\beta}^*=(\hat{\alpha}_0^*,\hat{\sigma}^{2*})$则是由式(6.113)确定的随机量。为统一与贝叶斯理论中的有关标记，将 Bootstrap 方法中的$\hat{\beta}^*$简记为β，其全空间记为$\mathcal{B}$。假设估计推断量$\theta=t(\beta)$是β的任意函数，假设β的先验分布为$\pi(\beta)$，则$\theta=t(\beta)$在贝叶斯意义下的验后期望为

$$\mathrm{E}\{\theta \mid \hat{\beta}\}=\int_{\mathcal{B}} t(\beta)\pi(\beta)g_\beta(\hat{\beta})\mathrm{d}\beta \Big/ \int_{\mathcal{B}} \pi(\beta)g_\beta(\hat{\beta})\mathrm{d}\beta \tag{6.114}$$

式中：$g_\beta(\hat{\beta})$是似然函数，即$\hat{\beta}=(\hat{\alpha}_0,\hat{\sigma}^2)$的密度函数，由观测值确定。由式(6.112)可得

$$g_\beta(\hat{\beta})=c\exp\left\{-\frac{n}{2\sigma^2}[(\alpha_0-\hat{\alpha}_0)^2+\hat{\sigma}^2]\right\}\Big/(\sigma^2)^{n/2} \tag{6.115}$$

式中：c为与β无关的常数。定义转换因子$R(\beta)$为

$$R(\beta)=g_\beta(\hat{\beta})/g_{\hat{\beta}}(\beta) \tag{6.116}$$

分母为 Bootstrap 方法由式(6.113)获得的密度函数。此时，可将式(6.114)改写为

$$\mathrm{E}\{\theta|\hat{\beta}\}=\int_{\mathcal{B}} t(\beta)\pi(\beta)R(\beta)g_{\hat{\beta}}(\beta)\mathrm{d}\beta \Big/ \int_{\mathcal{B}} \pi(\beta)R(\beta)g_{\hat{\beta}}(\beta)\mathrm{d}\beta \tag{6.117}$$

此时积分已经转化到 Bootstrap 密度函数而非似然函数上，可以通过 Bootstrap 再抽样直接实现$\theta=t(\beta)$的统计推断。

通过N_B次 Bootstrap 获得参数 Bootstrap 再抽样样本为

$$g_{\hat{\beta}} \to \beta_1,\beta_2,\cdots,\beta_{N_B}$$

令$R_i=R(\beta_i)$，$\pi_i=\pi(\beta_i)$，$t_i=t(\beta_i)$，式(6.117)的分子及分母均基于$g_{\hat{\beta}}(\beta)$，它们都可通过 Bootstrap 再抽样样本估计得到，最终可得到

$$\hat{\mathrm{E}}\{\theta \mid \hat{\beta}\}=\sum_{i=1}^{N_B} t_i\pi_iR_i \Big/ \sum_{i=1}^{N_B} \pi_iR_i \tag{6.118}$$

可知，任何的贝叶斯验后期望都可通过 Bootstrap 重复估计得到。在较好的情况下，有时甚至可以给出$R(\beta)$的准确表达式，如本例中

$$R(\beta)=\left(\frac{\sigma^2}{\hat{\sigma}^2}\right)^{\frac{3}{2}}\exp\left\{-\frac{1}{2}\left\{(\alpha_0-\hat{\alpha}_0)^2\left(\frac{1}{\sigma^2}-\frac{1}{\hat{\sigma}^2}\right)+\left(\frac{\hat{\sigma}^2}{\sigma^2}-\frac{\sigma^2}{\hat{\sigma}^2}\right)+2\log\frac{\sigma^2}{\hat{\sigma}^2}\right\}\right\} \tag{6.119}$$

对于式(6.118)，定义

$$r_i=\pi_iR_i,\ s_i=t_i\pi_iR_i$$

则有

$$\hat{\mathrm{E}}\{\theta|\hat{\beta}\}=\bar{s}/\bar{r} \tag{6.120}$$

则有向量$\boldsymbol{s}=[s_i]$与$\boldsymbol{r}=[r_i]$的协方差矩阵为

$$\hat{\mathrm{C}}\mathrm{ov}=\begin{pmatrix}\hat{c}_{ss} & \hat{c}_{sr}\\ \hat{c}_{rs} & \hat{c}_{rr}\end{pmatrix} \tag{6.121}$$

则有$\hat{\mathrm{E}}\{\theta|\hat{\beta}\}=\bar{s}/\bar{r}$估计的方差为

$$\mathrm{var}\{\hat{\mathrm{E}}\{\theta|\hat{\beta}\}\}=\frac{\hat{\mathrm{E}}\{\theta|\hat{\beta}\}^2}{N_B}\left(\frac{\hat{c}_{ss}}{\bar{s}^2}-2\frac{\hat{c}_{sr}}{\bar{s}\cdot\bar{r}}+\frac{\hat{c}_{rr}}{\bar{r}^2}\right) \tag{6.122}$$

1. 算例说明

根据式(6.108)产生向量数据 $\boldsymbol{y}$,其中,$n=100$,$\alpha_0=1$,$\sigma_0^2=0.25$,则有

$$y_i \overset{\text{ind}}{\sim} N(\alpha_0,\sigma^2),i=1,2,\cdots,n$$

二元变量 $\beta=(\alpha_0,\sigma^2)$ 的 ML 估计为

$$\hat{\beta}=(\hat{\alpha}_0,\hat{\sigma}^2)=(0.9813,1.326) \tag{6.123}$$

此处我们仅关注于 σ^2 的验后分布。令 $N_B=25000$(远大于精度需求数目),产生 25000 组 $\beta=(\alpha_0,\sigma^2)$ 的 Bootstrap 重复 β_i,$i=1,2,\cdots,N_B$。根据式(6.119)计算 $R(\beta)$,根据无信息先验 Jeffery 准则,取 σ^2 的先验分布为

$$\pi(\beta)=1/\sigma^2 \tag{6.124}$$

则可以得到总方差 σ^2 的分布如图 6.9 所示。可以看出相较于 Bootstrap 方法推断的分布,贝叶斯 Jeffery 验后分布有一定量的右偏移。Welch 和 Peers 也证明了 Bootstrap 和贝叶斯在统计推断上一致性在先验分布具有 $\pi(\beta)=h(\alpha_0)/\sigma^2$ 形式,且 $h(\cdot)$ 为平滑函数时处处成立[277]。

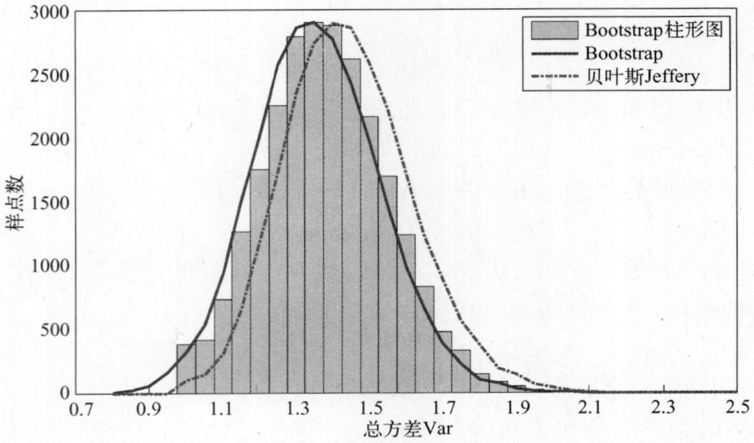

图 6.9　总方差 σ^2 的分布(Bootstrap 方法及贝叶斯 Jeffery 验后分布)

2. 结果分析

如表 6.11 所列为各区间内的样本点数,区间 1.0 指的是区间[0.95,1.05],表中的上面一行是 Bootstrap 方法下的区间样点数,下面一行是贝叶斯方法的区间样点数,以区间[1.15,1.25]为例,Bootstrap 方法有 509 个样本落在区间[1.15,1.25],贝叶斯方法下的样本点数为

$$\text{Bayes}_k=N_B\cdot\sum_{kth\ bin}r_i\Big/\left(\sum_{i=1}^{N_B}r_i\right) \tag{6.125}$$

由表 6.11 可知,在此区间内,贝叶斯方法的样点数小于 Bootstrap 方法的样点数,是因为对于此区间 r_i 小于 1,相反的情况则发生在分布的另一侧。

表 6.12 所列为 σ^2 验后分布百分位估计,可见在重复抽样数 $N_B=25000$ 的情况下,标准差还是比较小的。若取 $N_B=5000$,则标准差会增加为表中所列的$\sqrt{5}\approx2.236$ 倍,但精度还是可以接受的;但若 $N_B=1000$,则标准差会增加为表中所列的 5 倍,若重抽样样本数

再有减少则需要考查精度是否满足需求。

表 6.11　Bootstrap 方法和贝叶斯方法的样点分布统计

区间	1.0	1.1	1.2	1.3	1.4	1.5	1.6	1.7
Bootstrap	33	184	509	1329	2567	3598	4196	4110
贝叶斯	24	117	386	987	2044	3134	3703	3688
区间	1.8	1.9	2.0	2.1	2.2	2.3	2.4	2.5
Bootstrap	3314	2434	1408	732	385	106	44	16
贝叶斯	3450	2800	1992	1227	738	387	160	60

表 6.12　σ^2 验后百分位估计及标准差、方差

百分位 α	$\sigma^2[\alpha]$	标　准　差	方　差
0.025	1.055	0.0016	0.0015
0.050	1.110	0.0013	0.0014
0.100	1.165	0.0014	0.0012
0.250	1.264	0.0013	0.0014
0.500	1.375	0.0017	0.0013
0.750	1.492	0.0032	0.0021
0.900	1.598	0.0037	0.0046
0.950	1.665	0.0064	0.0058
0.975	1.726	0.0078	0.0069

6.4.2　确定先验信息下的验后分布

1. 算例说明

在单独考虑 σ_0^2 的统计推断问题时，一般贝叶斯学派的文献中使用的较为合理的先验分布[278]为

$$\pi(\beta):\alpha_0 \sim N(0,V_0),\sigma_0^2 \sim v_0/G_{v_0} \tag{6.126}$$

式中：$V_0=10$；$v_0=0.01$；G_{v_0}是特征参数为 v_0 的伽马分布。

此时有贝叶斯先验为

$$\pi_i = c\exp\{-v_0/\sigma_{0i}^2\}/\sigma_{0i}^{2(v_0+1)} \tag{6.127}$$

可见 α_0 的成分对先验分布基本没有影响，转换因子 $R(\beta)$ 依然采用式(6.119)进行表达，则验后分布如图 6.10 中柱形图所示。

作为加权 Bootstrap 方法的对比，考虑 Gibbs 抽样法拟合的验后分布，在已知数据 $\boldsymbol{y}$ 或充分统计量 $\hat{\beta}=(\hat{\alpha}_0,\hat{\sigma}^2)$ 的前提下，Gibbs 抽样可以通过非观测量 $\boldsymbol{a},\alpha_0,\sigma_0^2$ 进行迭代，可得它们的完全条件分布为

$$\begin{aligned}
&\boldsymbol{a}\mid\alpha_0,\sigma_0^2 \sim N_v\left(\left(\frac{\alpha_0}{\sigma_0^2}\mathbf{1}+\boldsymbol{y}/h_1\right),\boldsymbol{I}/h_1\right),\ h_1=\frac{1}{\sigma_0^2}+1\\
&\alpha_0\mid\boldsymbol{a},\sigma_0^2 \sim N\left(\left(\frac{n\bar{\alpha}}{\sigma_0^2}\Big/h_2\right),1/h_2\right),\ h_2=\frac{n}{\sigma_0^2}+\frac{1}{V_0}\\
&\sigma_0^2\mid\boldsymbol{a},\alpha_0 \sim (v_0+S/2)/G_{v_0+n/2},\ S=\sum_1^n(a_i-\bar{a})^2
\end{aligned} \tag{6.128}$$

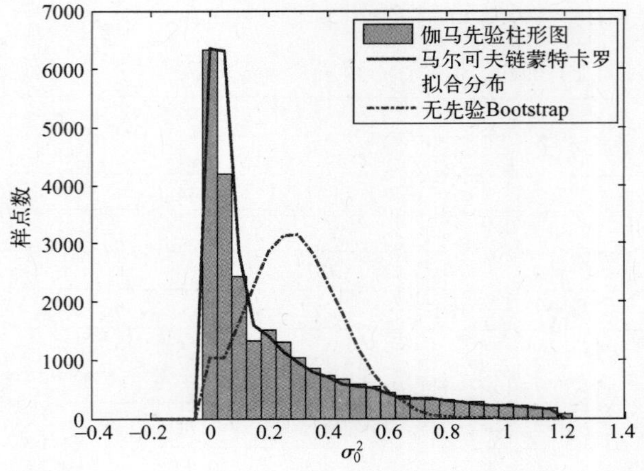

图 6.10　伽马先验下 σ_0^2 的验后分布与无先验验后分布的对比

取 $n=100,\bar{a}=\sum a_i/n$,从 $\alpha_0=0,\sigma_0^2=1$ 作为初始值,使用式(6.128)迭代 25000 次,可以得到 25000 个 σ_{0i}^2,其分布如图 6.10 中实线所示,图中虚线为上文中 Bootstrap 结果左移一个单位的分布情况。

2. 结果分析

贝叶斯 MCMC 迭代抽样结果(图 6.10 中实线)与 Bootstrap 基于伽马先验的重抽样结果(图 6.10 中柱形图)基本吻合,但是伽马先验下的 σ_0^2 验后分布与无先验时的推断结果(图 6.10 中虚线所示)相差较大。在伽马先验下,对 $\sigma_0^2=\sigma^2-1$ 的验后分布推断急剧下降至 $\sigma_0^2=0$,以大于 50% 的验后概率支持 $\sigma_0^2\leqslant 0.2$,而无先验统计推断时,$\sigma^2\leqslant 1.2$ 的验后概率只有 25% 左右。

在本例中,先验伽马分布的特征参数 $v_0=0.01$,若取 $v_0=0.001$ 会使 $\sigma_0^2=\sigma^2-1$ 的后验分布更快速地趋向于 0。伽马分布是 Gibbs 抽样最常使用的先验分布,故在选择先验分布及特征参数时需更科学谨慎。

式(6.111)在对 σ^2 进行 MLE 估计时,忽略了约束条件 $\sigma^2\geqslant 1$,故实际上 σ^2 的 MLE 估计应该为 $\max(1,\hat{\sigma}^2)$,此项约束可以抹去图 6.10 中小于 0 的分布,而也将增加零点处的后验概率。

3. 贝叶斯与基于 Bootstrap 的现代频率统计应用局限性

由 6.3.3 节的两算例分析可知,虽然在减少样本容量、提高小样本情况下的统计推断精度上,贝叶斯方法及基于 Bootstrap 的现代频率统计方法都表现卓越,尤其是在一些先验分布基本上获得大范围认可的应用领域,如最大航程等的参数估计一般认为服从正态分布,命中概率的先验信息服从贝塔分布。但在进行先验分布的选取,尤其是非常用分布的先验分布选取时,一定要慎重,并需充分考虑先验分布的多种可能性,避免因先验分布的选择失误而导致统计结果的谬误。在一定的试验样本容量下,某种先验分布可能可以满足统计推断的需求,随着验后样本的不断更新,新增加的样本信息同样可以用来对先验分布的类型进行反向验证。Bootstrap 方法虽然并不对信息的分布类型敏感,但因为小子样试验样本的分布均匀性有待分布类型的验证,而 Bootstrap 重抽样方法无法抽取抽样总体中未含有的样本,故对抽样总体的分布特性有均匀性、代表性等要求。

6.5 本章小结

本章主要针对 AUV 小子样静态模型的可信度测试与评估问题展开方法研究，以小子样方法贝叶斯理论为出发点，在对两类统计推断方法的对比与分析中，深入研究了提高静态模型参数统计推断精度的方法。本章的主要内容包括以下几个方面：

（1）总结分析了经典频率统计方法与贝叶斯统计方法的区别与联系，并从测试精度出发，定义了样本容量等级，并给出了典型分布下的容量大小判据。

（2）结合 AUV 静态模型可信度测试与评估，回顾了贝叶斯理论的基本统计推断方法，并对小子样条件下先验信息的获取、相容性检验、可信度度量及多源先验信息融合进行了理论探讨，并研究了典型应用下的验后分布及超参数的求解方法。

（3）在对小子样现场（物理）试验及仿真（计算机仿真）试验进行回归设计的基础上，对小子样试验参数估计和序贯检验进行了深入研究。相较于点估计，带置信度的区间估计可以提供更多的信息，在贝叶斯 HPD 区间估计的基础上，引入同时具备不变性和二阶精确性的 Bootstrap BCa 区间，相较于 HPD 区间又有进一步的缩短。在对小子样试验进行序贯检验时，针对 SPRT 下扩展出的 SMT 检验及贝叶斯理论的 SPOT 检验，对比了各自的优缺点，并对正态分布下方差已知的均值的假设检验问题，提出了贝叶斯 SMT 检验方案。最后，针对应用背景，对正态分布最大航程和二项分布命中概率的试验样本量与两类风险之间的关系进行了系统、深入的研究，为上述两类小子样试验的截尾序贯检验试验样本量提供了重要参考。

（4）针对两类统计推断方法（两个统计学派）之间的对立与统一，构造了一个特殊的算例，对比无信息先验与确定信息先验下的验后分布的区别，Bootstrap 重抽样方法与贝叶斯 MCMC Gibbs 抽样在两种情况下的性能表现较为近似，但两种不同情况下的算例差异说明，先验分布的选取对验后分布有着重大影响，在应用小子样方法时应注意其应用背景及应用局限性。

第7章　基于不确定信息及先验信息的动态模型可信度测试评估方法

随着高速计算技术、建模理论的发展与完善,仿真试验成为现场试验的主要辅助手段,尤其是在高成本、试验次数有限的试验中。仿真模型的可信度水平决定着其试验数据被用户接受的程度,而对于现场试验数据稀少的仿真模型验证,基于一定不确定度的数据处理方法逐渐受到人们的关注。建模与仿真技术已经广泛用于军事工程和武器系统的各层面,在军队采办、项目可行性论证方面表现不俗。仿真模型的可信度决定了其应用和辅助现场试验的程度,同时也有利于更好地了解仿真实体。AUV 作为一个复杂大系统,仿真模型不仅可以减少其实航次数,还能辅助进行性能评价。当进行动态模型验证时,大多数的验模人员都比较关注模型的内部具体结构。验证的实现通过具体的中间变量来检验仿真数据与实体数据的相似度,此过程可称为“过程验证”。对于复杂大系统,这会大大增加验证的工作量和实施难度。

第6章主要针对静态数据的随机不确定性展开研究,本章将更多关注于动态模型可信度测试与评估中的模糊性、灰性等不确定性,系统地提供解决基于不确定信息的动态模型可信度测试评估方法。Zadeh 教授于20世纪60年代提出的模糊数学理论,为不确定性信息的数学处理方法提供了理论基础,为解决模糊性概念、现象及事件提供了系统化方案[279],并在模型的综合可信度评估方面初步展现了其优势[147,153]。针对无先验信息,缺乏数据的不确定性问题,邓聚龙教授[280]提出了灰色系统理论,其中的灰关联分析理论将距离空间与拓扑空间相结合,构成了有参考系、有测度的整体比较方法体系。灰关联分析着眼的并非数值本身,而是数值大小所表示的序关系,为动态模型的可信度提供了一种新的度量途径[281,282]。

本章的主要研究目的是,在小子样现场数据条件下,建立 AUV 基于不确定性理论的模型验证体系,通过灰关联/聚类分析,定量解耦其模型主要因子的关联关系,为因子权重分配提供参考,建立完整的模型验证体系。针对多数据类型、跨时期多属性决策问题(Multi - Attribute Decision Making, MADM)给出基于 AHP、TOPSIS、GRA 的解决方案,并对试验过程中的横滚异常数据基于 Box - Jenkins 及灰 Verhulst 模型进行预测处理。其中,本章的验证基于 CLIMB 数据分级标准[271]构建。依据 CLIMB 准则,数据被分为5个等级,高等级的数据可以作为低等级数据的验证参照。在本章中,主要使用 L - 5 数据(现场试验数据)对 L - 2(仿真试验数据)进行验证。

本章的主要研究内容如下:7.1 节在回顾不确定信息概念内涵及外延的基础上,总结 AUV 控制系统模型的不确定性特性;7.2 节引入多属性决策中权重分配概念对模型各因子之间关联度进行解耦,探讨主、客观方法在权重分配中的影响;回顾动态模型验证频域、时域、时/频域相结合的验证方法,并比较三种方法的可信度、合理度及分辨力;7.3 节在合理表征综合可信度评估中涉及 MADM 问题的复杂形式——混合动态 MADM 问题的基础上,针对含特殊数据类型——语义评判的 HD - MADM 问题探讨各种决策准则的普适化实现;7.4 节首先回顾非线性块联模型,即 Hammerstein 模型、Wiener 模型及带外生变量的一般非线性回归模型(Non - linear AutoRegressive model with eXogenous inputs, NARX)的主要表征方式,并对其主要性质进行阐述;系统研究灰箱系统辨识理论框架及方法技术,首先对灰箱系统辨识的三个重要组成先验知识、辨识试验、辨识算法进行系统总结;在此基础上,针对建立的 AUV 非线性基本运动模型进行灰箱系统辨识,并比较不同的算法在准确度、辨识效率上的优劣;通过基于一定先验的灰箱辨识将动态模型的可信度测试与评估转化为静态参数的一致性检验;7.5 节总结本章的主要研究内容,并阐述其研究意义。

7.1 AUV 仿真模型的不确定特性

7.1.1 不确定信息理论基础

1. 不确定信息概念的内涵及外延

要给出不确定信息概念的定义,就需要先定义信息的概念。纵观信息理论的发展及历史,目前还没有统一的标准定义。美国的 Michael Buckland 从使用角度把信息分为三类:作为过程的信息、作为知识的信息以及作为事物的信息。Wiener 则强调"信息即信息,不是材料也不是能源"。香农的定义是"信息是被消除的随机不确定性"。在此基础上,本书倾向于认可这种定义:反映事物本质特征的一切外在表现(如形象、声音、数据等)统称为信息。信息可分为源信息及宿信息,由信源向外发射的信息称为源信息;经过信道传输在接收系统呈现的信息称为宿信息。源信息是相对的,而宿信息是绝对的[283]。

信息又可分为确定性信息和不确定性信息。能够本源地反映事物本质特性的信息,称为确定性信息。确定性信息的数学描述是 Cantor 集合,其特征函数为

$$\chi_A: U \to \{0,1\}, x \mapsto \chi_A(x) = \begin{cases} 1, x \in A \\ 0, x \notin A \end{cases}$$

式中:U 为论域;A 是 U 的子集,A 的特征函数在 x 处的值为 $\chi_A(x)$,称为 x 对 A 的隶属度。因为 $\chi_A(x) = 1$ 时,$x \in A$;$\chi_A(x) = 0$ 时,$x \notin A$,故 Cantor 集描述的是确定性信息。

未能本源地反映事物本质特性的信息,称为不确定性信息。关于不确定性信息的外延,目前已被发现且被公认的有 6 种:随机信息、模糊信息、粗糙信息、灰色信息、未确知信息、泛灰信息。参考确定性信息的定义,不加证明地给出 6 种不确定性信息的基于 Cantor 集的定义:

(1) 随机信息。设 x 是欲知元素,$x \in A \subset U$,A,U 为 Cantor 集,$x \in A$ 的可能性为 $\alpha_i \in [0,1]$,且 $\sum \alpha_i = 1$,则称 x 提供的信息为随机信息。

(2) 模糊信息。设 x 是欲知元素,$x \in A \subset U$,A,U 为 Cantor 集,$x \in A$ 的隶属度为 α_i,且 $0 \leqslant \alpha_i \leqslant 1$,则称 x 提供的信息为模糊信息。

(3) 粗糙信息。设 x 是欲知元素,$x \in A \subset U$,A,U 为 Cantor 集,x 是 A 不可定义的,即 x 不能用 A 确切地描述,则称 x 提供的信息为粗糙信息。

(4) 灰色信息。设 x 是欲知元素,$x \in A \subset U$,A,U 为 Cantor 集,$A = [x_1, x_2]$,则称 $x \in A$ 的可能性为灰信息。

(5) 未确知信息。设 x 是欲知元素,$x \in A \subset U$,A,U 为 Cantor 集,$x \in A$ 的可能性为 α_i,且 $0 \leqslant \alpha_i \leqslant 1$,称 x 提供的信息为未确知信息。

(6) 泛灰信息。设 x 是欲知元素,$x \in A \subset U$,A,U 为 Cantor 集,$x \in A$ 的可能性或隶属度为 $\alpha_i \in [-1,1]$ 时,称 x 提供的信息为狭义泛灰信息;当 $x \in A$ 的可能性或隶属度为 $\alpha_i \in (-\infty,0)$ 或 $\alpha_i \in (0,\infty)$ 时,其倒数 $1/\alpha_i$ 为广义泛灰信息。

2. 不确定性信息

目前人们所认识到的不确定性信息主要有随机信息、模糊信息、灰色信息和未确知信息,其相对应的信息处理方法分别为数理统计理论、模糊理论、灰色系统理论及未确知数学[279,280,284]。所谓"不确定性",是在认识论域内存在的,即并非是研究对象本身不确定,而是由于缺乏相关信息(由于测试手段或者测试基础理论的不完善),使得对研究对象某个方面的认识没有确定的"把握"。在认识论域内,关于研究对象的信息,即人们所能感知与表述的该事物的运动状态及其变化方式。信息的传播一般由三个环节组成:信源、信道、信宿。在进行仿真模型的验证时,使用的数据都属于信宿范畴,由于试验条件的制约、人的辨识能力的限制以及不尽可知的外界噪声干扰,其数学表征往往包含不确定性。则所谓不确定性,就是其内涵或其外延的认识至少有一个是不明确或不完全的。表 7.1 所列即为各种不确定性信息处理方法的比较。第 6 章主要探讨了小子样数据下的统计推断方法在静态模型可信度测试与评估中的应用,本章将主要研究不确定性理论在"乏数据、不确定"动态模型可信度测试与评估中的应用。

表 7.1　四种不确定性方法的对比

特　性	不确定方法			
	灰色系统理论	数理统计理论	模糊数学	未确知数学
研究对象	乏数据不确定	随机不确定	认知不确定	主观认知不确定
基础集合	灰朦胧集	康托尔集	模糊集	未确知有理数集
方法依据	信息覆盖	映射	映射	信息覆盖及映射
途径手段	灰序列算子	数理统计	截集	区间灰数分布族
侧重	内涵	内涵	外延	外延
目标	现实规律	历史统计规律	认知表征	主观认知表征
应用背景	乏数据	总体样本抽样	经验	主观认知缺乏

7.1.2　AUV 控制系统模型

1. AUV 控制和流体动力方程

AUV 控制和流体动力方程为

$$\boldsymbol{X} = \boldsymbol{AX} + \boldsymbol{Bu}$$
$$\boldsymbol{Y} = \boldsymbol{CX} \tag{7.1}$$

式中:$\boldsymbol{X}$ 是状态矩阵;$\boldsymbol{u}$ 是输入;$\boldsymbol{Y}$ 是输出;$\boldsymbol{A}$ 是系统矩阵;$\boldsymbol{B}$ 是输入矩阵;$\boldsymbol{C}$ 是输出矩阵。其中

$$\boldsymbol{X} = (\dot{v}_x, \dot{v}_y, \dot{v}_z, \dot{w}_x, \dot{w}_y, \dot{w}_z, \dot{\psi}, \dot{\theta}, \dot{\phi}, \dot{x}, \dot{y}, \dot{z}, r_x, r_y, r_z, \dot{r}_x, \dot{r}_y, \dot{r}_z, \cos\psi, \sin\psi, v)^{\mathrm{T}}$$

$$\boldsymbol{Y} = (v_x, v_y, v_z, w_x, w_y, w_z, \psi, \theta, \phi, x, y, z, r_x^g, r_y^g, r_z^g, r_x, r_y, r_z, (\cos\psi)^g, (\sin\psi)^g, S)^{\mathrm{T}}$$

式中，v_x, v_y, v_z 与 w_x, w_y, w_z 是本体坐标系下速度和角速度的三方向上的分量；ψ, θ, ϕ 是偏航角、俯仰角和横滚角；x, y, z 是大地坐标下三方向上的位置坐标值；r_x^g, r_y^g, r_z^g 是横舵、直舵和差分舵的 Gill 积分；r_x, r_y, r_z 是横舵、直舵和差分舵；$(\cos\psi)^g$，$(\sin\psi)^g$ 是 $\cos\psi$，$\sin\psi$ 的 Gill 积分；S 是 AUV 航程。

可见，$\boldsymbol{X}$ 是 $\boldsymbol{Y}$ 的微分，$\boldsymbol{u}$ 是控制指令输入，$\boldsymbol{A}$ 是 AUV 流体动力方程，$\boldsymbol{B}$ 代表控制模型，$\boldsymbol{C}$ 是 Gill 积分模型。针对 $\boldsymbol{A}$、$\boldsymbol{B}$ 和 $\boldsymbol{C}$ 的仿真建模方面已经进行了较多的研究，并取得了一定的成果[285-288]，本章则旨在探讨模型内部结构未知的情况下模型验证的实现途径。控制系统的战术指标如下：航向角的准确性和稳定性；航行深度的准确性和稳定性；初始弹道的技术要求；横滚的稳定性。在这里，我们只讨论①、②和④。本章主要是基于战术指标进行动态模型的可信度测试与评估等。

AUV 的姿态调整主要由两个部分组成：①横向，即航向角、横滚；②纵向，即深度、俯仰角等。横滚的控制是有条件的，即只当横滚角超出安全范围时采用控制措施（一般 AUV 横滚角要求 15°以内，现代 AUV 要求 10°以内）。可以把 AUV 的整个运动过程划分为如表 7.2 所列的 8 个姿态调整过程。其中，稳定性过程以指令执行后达到指令姿态参数的(1 ±0.05)为起始，至下一指令执行后姿态参数达到(1 ±0.05)为止；调整性过程以指令执行后超过原姿态参数(1 ±0.05)为起始，以达到指令目标值的(1 ±0.05)为止。每一个姿态调整过程均可以看作是 AUV 运动模型验证中的一个元过程，如图 7.1 所示。

表 7.2　控制系统控制指令分类

(i,j,k)	$I(i,j,k)$ 指令
(0,0,0)	定俯仰，定航向，定深
(0,0,1)	定俯仰，定航向，变深
(0,1,0)	定俯仰，变航向，定深
(0,1,1)	定俯仰，变航向，变深
(1,0,0)	变俯仰，定航向，定深（无效）
(1,0,1)	变俯仰，定航向，变深
(1,1,0)	变俯仰，变航向，定深（无效）
(1,1,1)	变俯仰，变航向，变深

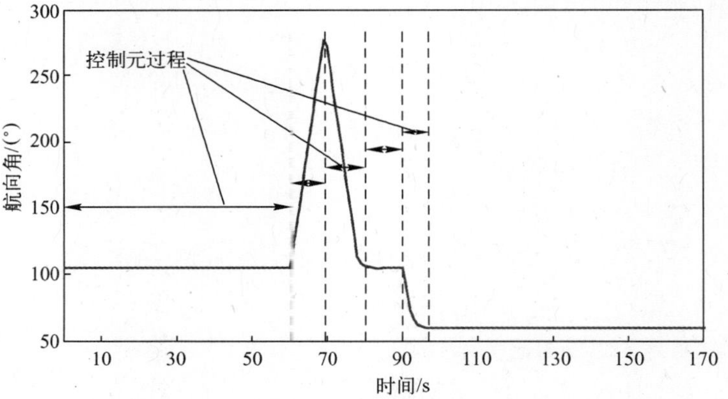

图 7.1　AUV 控制系统模型验证中的元过程

2. AUV 控制系统仿真模型验证的不确定性

任何的测试或测量结果都会存在一定的不确定性,AUV 控制系统仿真模型验证的数据来源如图 7.2 所示,对应于本章研究的 AUV 控制系统仿真模型的验证中主要涉及的不确定性成因有以下两种。

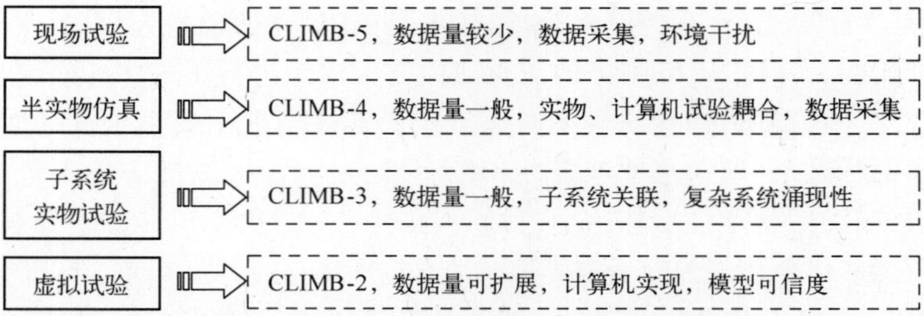

图 7.2　AUV 控制系统仿真模型验证中的数据来源及其 CLIMB 等级

1）系统误差的不确定性

试验数据来源于试验者对试验量的观测,设其试验均值为$\bar{x}$,试验估计值与真值之差(随机误差与系统误差之和)称为系统误差的不确定性,即为 bias $=\bar{x}-x$,从统计学的观点出发,当观测次数足够大,即样本量足够大(如 $n\to\infty$)时,若 bias $\neq 0$,则说明测量系统是存在系统偏差的,即存在系统误差的不确定性,关键的是,很多情况下,被测量的真实值是不可知的。对于 AUV 控制系统仿真模型验证,系统误差的来源主要有以下两个:

(1) 实物试验系统本身存在的不稳定性。在进行数据采集时由于试验配置、工作方式的不合理产生的不确定性;由一定限制条件设计的试验系统本身的缺陷引起的不确定性等。这种不确定性存在于 CLIMB－5、CLIMB－4、CLIMB－3 各级数据中。

(2) 各种假设条件引起的不确定性。AUV 实物试验或仿真试验都是在各种假设条件下进行的,实际上试验环境的瞬息变化、声信号传播的不稳定性都增加了试验数据的不确定性,在进行试验分析或评估时所假设的一些典型分布或者各种算法的初始条件都可能产生不确定性。仿真试验模型在进行建模时,会忽略掉一些因素便于建模的进行或数学表达。子系统实物试验时无法解耦各子系统之间的关联度,而导致单独的子系统试验与全系统试验受耦合影响的子系统不尽相同,即涌现性在复杂系统整体试验中的体现,这种不确定性存在于 CLIMB－5、CLIMB－4、CLIMB－3、CLIMB－2 各级数据中。

2）试验观测非精确的不确定性

AUV 实物试验或仿真试验中试验观测非精确的不确定性主要表现在测量设备误差、数据采集误差和数据处理引起的不确定性以及算法模型在进行计算机实现时机器计算(如截尾或舍入)产生的不确定性。这种不确定性同样存在于 CLIMB－5、CLIMB－4、CLIMB－3、CLIMB－2 各级数据中。

7.2　动态模型基本可信度测试与评估

7.2.1　基本可信度评估方法

对动态模型进行基本可信度评估(Validation,验证,相对于综合可信度而言)的方法一般分时域与频域两类，时域一般有 Theil 不等式系数法（Theil's Inequality Coefficient，TIC）、灰色关联分析法、自相关函数法等；频域则有最大熵谱估计法、窗谱估计法等，时频域相结合的方法有小波分析等。本节将选取其中的几类进行其主要思想的阐述。

1. 最大熵谱估计法

在动态系统模型的分析中，频率及频谱是最能反映系统性能的重要指标之一。平稳随机过程或广义平稳随机过程的频谱能集中反映过程本身在频域中的统计特性。首先对观测数据做平稳性检验，对不满足广义平稳条件的数据进行零均值化处理、数据分段处理、提取趋势项实现平稳化[289]等预处理。

2. 小波变换法

仿真模型的输出大多是统计特性随时间变化的非平稳时间序列，而常用的时域及频域的模型验证方法都大多是针对平稳随机信号的分析方法，因此必须对其进行平稳化处理，再进行具体的验证工作，而这势必会造成原始数据的失真。小波变换在处理非平稳信号序列方面具有分辨率高、局部分析性能好的独特优点，是一种能同时在时域及频域上具有良好局部化分析特性的方法。一般的频谱分析方法只能得到试验数据的各个频率成分，而无法确定该频率点对应于时域上的发生时刻，而这对于实际应用中验证工作后续的模型修正环节是至关重要的。

依据小波变换多分辨率分析理论可知，任意 $s(t) \in L^2(\boldsymbol{R})$，都可重构为

$$s(t) = \sum_{k \in \mathbf{Z}} a_{j,k}\phi_{j,k}(t) + \sum_{m=1}^{j} \sum_{k \in \mathbf{Z}} d_{m,k}\psi_{m,k}(t) \tag{7.2}$$

式中：j 为尺度因子；k 为平移参数；$\psi_{m,k}(t)$ 为离散小波函数；$\phi_{j,k}(t)$ 为多分辨率分析的尺度函数；$a_{j,k}$ 为小波低频（逼近）系数，反映信号 $s(t)$ 在相邻两级尺度空间上的 2 个平滑副本；$d_{m,k}$ 为小波高频（细节）系数，反映 2 个平滑副本之间的差异。式（7.2）为小波变换多分辨率分析分解公式，同理，在多尺度小波分解基础上，完全可以根据低频系数 $a_{j,k}$ 和高频系数 $d_{m,k}$ 重构出原始信号 $s(t)$。

使用小波多分辨率分析进行模型验证的策略[290]如下：

（1）对多尺度分解后的小波低频部分使用传统的频谱分析方法如最大熵谱估计进行验证。

（2）对分解后的小波高频部分，因其含有较多的非平稳成分（如噪声、信号的极大值点等）无法使用传统的验证方法进行验证，因此可将高频分解系数作为低等级模型数据与高等级模型数据一致性检验的特征参数，从而实现模型的验证。

设 $s_0(t)$（来自 CLIMB 较高等级）和 $s_1(t)$（来自 CLIMB 较低等级）经小波多分辨率分解后的高频系数分别为 $d_0(m,k)$ 和 $d_1(m,k)$，根据小波框架理论和多分辨率分析理论，有

$$A \| s_0(t) - s_1(t) \|^2 \leqslant \sum_{m} \sum_{m} | d_0(m,k) - d_1(m,k) |^2 \leqslant B \| s_0(t) - s_1(t) \|^2 \tag{7.3}$$

式中：A 和 B 均为实数，且 $0 < A \leqslant b < +\infty$。因此可将 $s_0(t)$ 和 $s_1(t)$ 的一致性检验归纳为 $d_0(m,k)$ 和 $d_1(m,k)$ 的一致性检验。假设信号 $s_0(t)$ 和 $s_1(t)$ 近似相等，且两者相互独立，即

$$s_0(t) = s(t) + v_0(t), \quad s_1(t) = s(t) + v_1(t) \tag{7.4}$$

式中：$v_0(t)$ 和 $v_1(t)$ 为均值为0，方差分别为 σ_0^2 和 σ_1^2 的正态分布。选取合适的离散小波函数 $\psi_{m,k}(t)$，对 $s_0(t)$ 和 $s_1(t)$ 进行正交小波变换，可得

$$d_0(m,k) - d_1(m,k) = \int_{\boldsymbol{R}} (s_0(t) - s_1(t)) \psi_{m,k}(t) \mathrm{d}t \tag{7.5}$$

且

$$|d_0(m,k) - d_1(m,k)|^2 \leqslant N \int_{\boldsymbol{R}} |(s_0(t) - s_1(t))|^2 |\psi_{m,k}(t)|^2 \mathrm{d}t \tag{7.6}$$

式中：N 为小波多分辨率分解高频系数长度。由正态分布性质及正交小波性质可得

$$|d_0(m,k) - d_1(m,k)|^2 \leqslant 9N(\sigma_0^2 + \sigma_1^2) \tag{7.7}$$

对式(7.7)的满足程度可以用来表征待验证模型数据与参考模型数据之间的一致性程度。

3. 灰色关联分析法

基本灰色关联系数定义为

$$\rho(a_{ij}, a_{ik}) = \frac{\min\limits_{i} \min\limits_{j} \min\limits_{k,k\neq i} |a_{ij} - a_{ik}| + \zeta \max\limits_{i} \max\limits_{j} \max\limits_{k,k\neq j} |a_{ij} - a_{ik}|}{|a_{ij} - a_{ik}| + \zeta \max\limits_{i} \max\limits_{j} \max\limits_{k,k\neq j} |a_{ij} - a_{ik}|} \tag{7.8}$$

式中：ζ 为分辨系数。

除了式(7.8)表征的基本灰色关联系数外，兼顾其相近性及相似性的改写还有以下几种形式：

（1）灰色A型关联系数改进模型I[281]：

$$\rho(a_{ij}, a_{ik}) = \left(\frac{\min\limits_{i} \min\limits_{j} \min\limits_{k,k\neq j} |a_{ij} - a_{ik}| + \zeta \max\limits_{i} \max\limits_{j} \max\limits_{k,k\neq j} |a_{ij} - a_{ik}|}{|a_{ij} - a_{ik}| + \zeta \max\limits_{i} \max\limits_{j} \max\limits_{k,k\neq j} |a_{ij} - a_{ik}|} \times \exp(-\eta_{jk}(i)) \right)^{1/2} \tag{7.9}$$

其中，$\eta_{jk}(i) = \dfrac{2|a_{ij} - a_{ik}|}{|a_{ij}| + |a_{ik}|}$。

（2）灰色A型关联系数改进模型II[291]：

$$\rho(a_{ij}, a_{ik}) = \frac{\min\limits_{i} \min\limits_{j} \min\limits_{k,k\neq j} |a_{ij} - a_{ik}| + \zeta \max\limits_{i} \max\limits_{j} \max\limits_{k,k\neq j} |a_{ij} - a_{ik}|}{|a_{ij} - a_{ik}| + \zeta \max\limits_{i} \max\limits_{j} \max\limits_{k,k\neq j} |a_{ij} - a_{ik}| + \left(\sum\limits_{j=1}^{n} |a_{ij} - a_{ik}|^2 \right) / n} \tag{7.10}$$

（3）灰色T型关联系数改进模型[282]：

$$\rho(a_{ij}, a_{ik}) = \frac{\min\limits_{i} \min\limits_{j} \min\limits_{k,k\neq j} |d_{kj}(i)| + \zeta \max\limits_{i} \max\limits_{j} \max\limits_{k,k\neq j} |d_{kj}(i)|}{|d_{kj}(i)| + \zeta \max\limits_{i} \max\limits_{j} \max\limits_{k,k\neq j} |d_{kj}(i)|} \tag{7.11}$$

式中：$d_{kj}^{(0)}(i)$，$d_{kj}^{(1)}(i)$，$d_{kj}^{(2)}(i)$ 分别表示列 a_{ij} 与列 a_{ik} 在第 i 点的位移差、一阶斜率差及二阶斜率差，且有

$$d_{kj}(i) = d_{kj}^{(0)}(i) + d_{kj}^{(1)}(i) + d_{kj}^{(2)}(i)$$

$$d_{kj}^{(0)}(i) = |a_{ij} - a_{ik}|$$

$$d_{kj}^{(1)}(i) = |(a_{(i+1)j} - a_{(i+1)k}) - (a_{ij} - a_{ik})|$$

$$d_{kj}^{(2)}(i) = \frac{1}{2} \left| (a_{(i+1)j} - a_{(i+1)k}) - 2(a_{ij} - a_{ik}) + (a_{(i-1)j} - a_{(i-1)k}) \right|$$

则改进的灰色关联度模型为

$$\gamma(a_{:j},a_{:k})=\frac{1}{m-2}\sum_{i=2}^{m-1}\rho(a_{ij},a_{ik}) \tag{7.12}$$

基于灰色关联度概念建立的动态模型验证方法的基本思想为:在相同(或相当)的试验条件下,获取不同 CLIMB 等级的模型数据时间序列,进行一系列的数据预处理使其满足时间对齐、等时距序列且满足采样间隔等条件,然后代入上述的灰色关联度的计算模型,以得到的灰色关联度作为衡量两类(或一组几类)输出一致性和动态关联性的量化定性指标。

7.2.2 模型可信度测试评估中的关联度解耦——权重分配

1. 多属性决策

在进行模型可信度测试评估时,由于系统的复杂性和层次性,待评估模型是由具有一定耦合度的若干子系统组成的,此时,若干待评估模型的可信度评估问题可表述为一定准则下的多属性决策问题。

1) 多属性决策问题

多属性决策(MADM)即在一系列有限的基于多属性评价的备选方案中寻找最优方案的过程。整个决策过程由三个要素组成:属性、权重、准则。

(1) 属性(Attribute)。

属性是指备选方案的特征、品质或性能参数。在决策分析理论中,更多地使用方案属性一词来表述通常所说的评估指标(Evaluation Index)。

(2) 权重(Weight)。

权重是表征在对各种属性综合衡量时相对重要性的权系数。

(3) 准则(Criterion)。

准则是判断标准或度量事物价值的原则及检验事物合意性的规则,兼指属性及目标。

在决策领域的一些基本方法,有些是基于属性分析的,如聚类分析;有些是针对权重分配的,如层次分析法(Analytic Hieraychy Process, AHP),有些则是针对决策准则的,如逼近理想解排序法(Technique for Order Preference by Similarity to Ideal Solution, TOPSIS)。由于在对控制系统战术指标进行模型测试验证时,其控制律的横向、纵向之间存在一定的耦合度,本节主要关注于基于一定控制类别的关联度解耦及基于此的权重分配,为控制系统仿真模型的验证提供主客观相结合的评估参考。

2) 权重

属性主要有两个方面的权重,即价值权重和影响权重。通过主观价值判断确定的权重称为价值权重;根据各目标相互影响的大小确定的权重成为影响权重,反映了一个目标对其他所有目标影响的大小。基于 AHP 得到的是价值权重;而影响权重的确定方法基本有主观赋权法及客观赋权法两种。在实际中,为同时发挥人的主观能动作用及经验积累和客观赋权算法的建议权重,常采用的是主客观相结合的权重分配方案。

2. 权重分配方法

1) 层次分析法

AHP 是一种符合人们对复杂问题思维过程层次化的定性与定量相结合的分析方

法，其基本思想为：将复杂问题分解成若干层次，通过比较若干因素对于同一准则的影响，把决策者的主观判断用数量形式表达和处理，从而确定它在准则中的比重，最终选择比重最大的系统方案[292]。经过理论研究及实际工程应用，可得 AHP 法进行权重分配的流程：建立层次结构模型→利用成对比较法构造判断矩阵 $\boldsymbol{A}$→进行层次单排序→获得权向量 $\boldsymbol{w}$→进行一致性检验→完成层次总排序及一致性检验（必要时，需重新调整判断矩阵的元素取值，再重复上述两种排序及一致性检验）→获得最优层次化权重分配方案。

一般层次结构如图 7.3 所示分为三层，即最高层、中间层及最低层。利用成对比较法构造判断矩阵即针对上一层某因素对本层因素的影响，进行两两比较。一般采用 1 ~ 9 及其倒数作为决策的定量判断，即判断矩阵的元素为集合 $S = \{1,2,\cdots,9,1/2,1/3,\cdots,1/9\}$ 中的元素，集合中各元素的标度含义如表 7.3 所列。

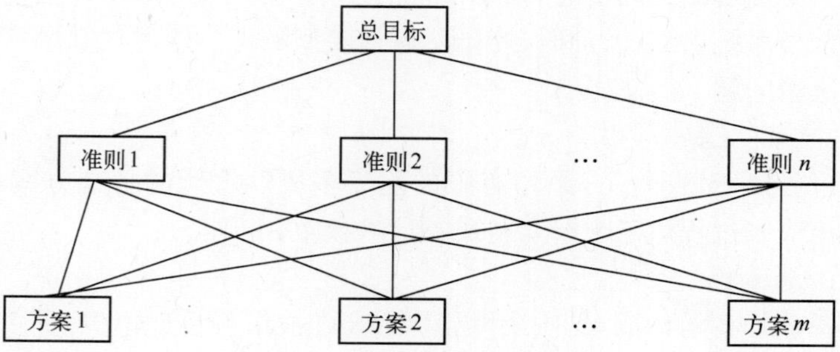

图 7.3　AHP 层次模型示意图

表 7.3　集合 S 各元素的标度含义

标　度	含　义
1	两个因素相比，具有相同（或相当）的重要性
3	两个因素相比，前者比后者稍强（或稍优于）
5	两个因素相比，前者比后者强（或优于）
7	两个因素相比，前者比后者很强（或很优于）
9	两个因素相比，前者比后者绝对强（或极优于）
2,4,6,8	上述各判断值的中间值
上述各值的倒数	若因素 i 与 j 比较得判断标度 a_{ij}，则因素 j 与 i 比较得 $a_{ji} = 1/a_{ij}$

得到判断矩阵 $\boldsymbol{A}$ 后，即可求取对于上一层某因素而言，本层各因素的权重分配 $\boldsymbol{w} = [w_1, w_2, \cdots, w_n]^{\mathrm{T}}$，其中 $w_i = \sum_{j=1}^{n} a_{1j} \Big/ \sum_{i=1}^{n}\sum_{j=1}^{n} a_{1j}$。在权重向量得到后，还需要使用 $CR = \dfrac{CI}{RI} = \dfrac{\lambda_{\max} - n}{RI(n-1)}$ 对上述的权重分配进行一致性检验。其中，$\lambda_{\max}$ 为 $\boldsymbol{A}$ 的最大特征根，RI 为平均随机一致性指标，如表 7.4 所列。通常，认为 $CR < 0.01$ 时 $\boldsymbol{A}$ 阵具有满意的一致性。若权重分配未通过一致性检验，则需要重新调整判断矩阵 $\boldsymbol{A}$ 的取值，直至符合一致性要求为止。

表 7.4　平均随机一致性指标(1～11 阶方阵)

阶数 n	1	2	3	4	5	6	7	8	9	10	11
RI	0	0	0.58	0.90	1.12	1.24	1.32	1.41	1.45	1.49	1.51

2）熵权法

假设决策矩阵为 $\boldsymbol{A}=[a_{ij}]_{m\times n}$，需要对其进行规范化：一般对于效益型(极大化测度)属性 $a'_{ij}=a_{ij}/\sum_{i=1}^{m}a_{ij}$；对于成本型(极小化测度)属性，$a'_{ij}=(1/a_{ij})/\sum_{i=1}^{m}(1/a_{ij})$。另一种规范化效益型及成本型指标的规范化公式分别为

$$a'_{ij}=\begin{cases}\dfrac{a_{ij}-\min\limits_{i}a_{ij}}{\max\limits_{i}a_{ij}-\min\limits_{i}a_{ij}}\\[2ex]\dfrac{\max\limits_{i}a_{ij}-a_{ij}}{\max\limits_{i}a_{ij}-\min\limits_{i}a_{ij}}\end{cases}$$

此时，对已经规范化的矩阵作变换，有

$$a_{ij}=\frac{a'_{ij}}{\sum\limits_{i}a'_{ij}}\tag{7.13}$$

为方便表述，将规范化后的决策矩阵同样记为 $\boldsymbol{A}=[a_{ij}]_{m\times n}$。对于规范化处理过的决策矩阵 $\boldsymbol{A}=[a_{ij}]_{m\times n}$，$a_{ij}$ 为第 i 个备选方案的第 j 个属性值，则有 j 属性的熵为

$$H_j=-k\sum_{i=1}^{m}a_{ij}\ln(a_{ij}),\quad j=1,2,\cdots,n\tag{7.14}$$

式中，$k=1/\ln(m)$，且 $a_{ij}=0$ 时，$\ln(a_{ij})=0$。则有属性 j 的熵权为

$$w_j=\frac{1-H_j}{n-\sum\limits_{j=1}^{n}H_j}\tag{7.15}$$

文献[293]研究了熵权分配在区间数属性中的扩展应用，为多数据类型(混合)决策奠定了基础。

3）灰色自关联矩阵法

同熵权法类似，灰色自关联矩阵法也是根据决策样本矩阵进行权重确定的方法。设经过规范化处理的决策样本矩阵为 $\boldsymbol{A}=[a_{ij}]_{m\times n}$，$a_{ij}$ 为第 i 个备选方案的第 j 个属性值，确定属性权重分配的步骤如下：

(1) 构造灰色自关联矩阵。

将决策矩阵 $\boldsymbol{A}$ 中的每一列作为参考序列，以其余列作为比较序列，求取其灰色关联度。第 i 个备选方案的第 j 个属性和第 k 个属性之间的灰色关联系数为

$$\rho(a_{ij},a_{ik})=\frac{\min\limits_{i}\min\limits_{j}\min\limits_{k,k\neq i}\ a_{ij}-a_{ik}\mid+\zeta\max\limits_{i}\max\limits_{j}\max\limits_{k,k\neq j}|a_{ij}-a_{ik}|}{|a_{ij}-a_{ik}|+\zeta\max\limits_{i}\max\limits_{j}\max\limits_{k,k\neq j}|a_{ij}-a_{ik}|}\tag{7.16}$$

式中：ζ 为分辨系数。因式(7.16)只针对比较序列的相似性而忽略了相近性，不能识别两序列之间的距离差，而距离差也是误差分析的重要组成，将其改写为

$$\rho(a_{ij},a_{ik})=\frac{\min\limits_i\min\limits_j\min\limits_{k,k\neq j}|a_{ij}-a_{ik}|+\zeta\max\limits_i\max\limits_j\max\limits_{k,k\neq j}|a_{ij}-a_{ik}|}{|a_{ij}-a_{ik}|+\zeta\max\limits_i\max\limits_j\max\limits_{k,k\neq j}|a_{ij}-a_{ik}|+\left(\sum\limits_{i=1}^{n}|a_{ij}-a_{ik}|^2\right)/n} \tag{7.17}$$

则有第 j 个属性和第 k 个属性之间的灰色关联度为

$$\gamma(a_{:j},a_{:k})=\frac{1}{m}\sum_{i=1}^{m}\rho(a_{ij},a_{ik}) \tag{7.18}$$

则得到对称灰色自关联矩阵的下三角矩阵为

$$\boldsymbol{R}_{n\times n}=\begin{bmatrix}1 & & & \\ \gamma(a_{:1},a_{:2}) & 1 & & \\ \vdots & \vdots & \ddots & \\ \gamma(a_{:1},a_{:n}) & \gamma(a_{:2},a_{:n}) & \gamma(a_{:3},a_{:n}) & 1\end{bmatrix}$$

（2）求取灰色自关联矩阵 $\boldsymbol{R}_{n\times n}$ 的特征值：

$$\boldsymbol{R}_{n\times n}\cdot\boldsymbol{X}=\lambda\cdot\boldsymbol{X}$$

式中：λ 为特征根；$\boldsymbol{X}$ 为特征向量。

（3）求取最大特征根对应的特征向量，即

$$\boldsymbol{R}_{n\times n}\cdot\boldsymbol{w}=\lambda_{\max}\cdot\boldsymbol{w} \tag{7.19}$$

（4）确定权重分配。

对于 $\boldsymbol{w}=(w_1,w_2,\cdots,w_n)$，有权重向量 $\overline{\boldsymbol{w}}=(\overline{w}_1,\overline{w}_2,\cdots,\overline{w}_n)$，其中

$$\overline{w}_i=\frac{w_i}{\sum\limits_{i=1}^{m}w_i} \tag{7.20}$$

在本方法中，由于式(7.16)的局限性，对其的改进模型也有多种，如基于 A 型关联系数的改进 I 型（相似性、相近性乘法合成）、基于 T 型关联系数的改进等，在后文的讨论中再行分析。

4）各种权重分配方法的比较

仍以控制系统的战术指标测试检验为例，其主要观测参数为航向、横滚、深度及俯仰角。选取控制指令 $I(1,1,1)$ 对应的元过程，即变俯仰、变航、变深。

（1）AHP 权重分配。

对于控制系统总体战术指标，其紧随较低层次的主要指标为航向、横滚、深度及俯仰角，对于评价指标航向、横滚、深度及俯仰角有该层次的判断矩阵为

$$\boldsymbol{A}=\begin{bmatrix}1 & 5 & 1 & 5\\ 1/5 & 1 & 1/5 & 1\\ 1 & 5 & 1 & 5\\ 1/5 & 1 & 1/5 & 1\end{bmatrix}$$

则其权重向量可解得为

$$\boldsymbol{w}=[5/12\quad 1/12\quad 5/12\quad 1/12]^{\mathrm{T}}$$

进行一致性检验，有

$$CR = \frac{CI}{RI} = \frac{\lambda_{\max} - n}{RI(n-1)} = 0$$

即认为 **A** 阵具有较好的一致性。至此,基于 AHP 的权重分配已经完成。

(2) 熵权法权重分配。

不同于 AHP,熵权法是影响权重,即其权分配是基于属性(指标)值而得到的。本章主要关注的是仿真试验模型的验证,即其与同条件下现场试验的一致性检验。对于本例中的控制系统元过程,其相当条件下的现场试验及仿真试验中的属性值时间序列如图 7.4 所示。

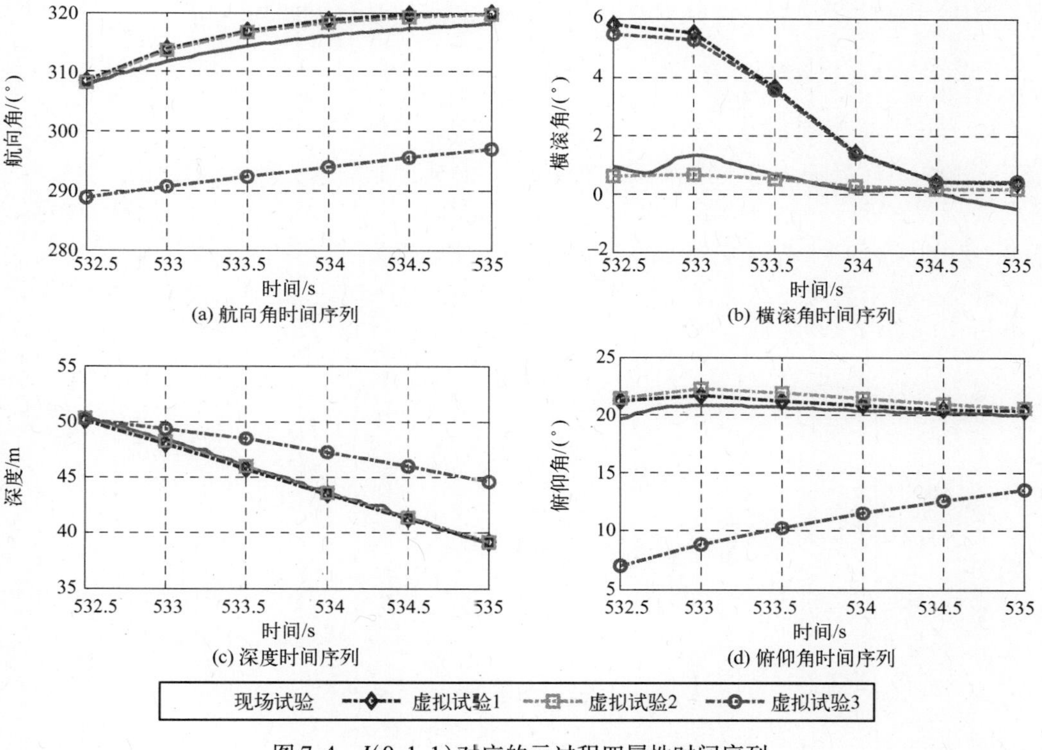

图 7.4 $I(0,1,1)$ 对应的元过程四属性时间序列

元过程的模型验证问题可以转化为单个属性参数的一致性检验与 MADM 两个问题,前者可以使用定量的动态参数一致性检验方法实现,而后者的首要步骤就是解决相互关联的不同属性之间的权重分配。以各参数之间的差值作为判决矩阵,并进行成本型(极小化测度)规范化处理,可得规范化处理后的矩阵为

$$\boldsymbol{A} = \begin{bmatrix} 0.828 & 0 & 0.341 & 1 \\ 1 & 1 & 1 & 0.5657 \\ 0 & 0.0038 & 0 & 0 \end{bmatrix}$$

由式(7.13)至式(7.15)可得到该元过程的权向量为

$$\boldsymbol{w} = [0.17 \quad 0.44 \quad 0.21 \quad 0.18]^{\mathrm{T}}$$

(3) 灰自相关矩阵权重分配。

出于模型验证的目的,求取现场试验数据各属性参数之间的灰色关联度矩阵 **R**,使用

熵权法相同的数据，由式(7.17)可得决策矩阵为

$$\boldsymbol{R}=\begin{bmatrix}1 & 0.5372 & 0.8266 & 0.9576\\ 0.5372 & 1 & 0.5655 & 0.5512\\ 0.8266 & 0.5655 & 1 & 0.8278\\ 0.9576 & 0.5512 & 0.8278 & 1\end{bmatrix}$$

由式(7.19)至式(7.20)可得灰自相关矩阵法求得的权向量为

$$\boldsymbol{w}=[0.79\quad 0.15\quad 0.05\quad 0.01]^{\mathrm{T}}$$

对比三种方法的结果不难发现，三种方法在权重分配上的差异还是比较大的，在下面章节有关 MADM 在模型验证及确认中的应用中再具体讨论权重的影响。

7.2.3 AUV 控制系统横滚控制模型验证实例

1. 模型验证数据基础

选取 AUV 控制系统的同等试验条件下的现场试验横滚试验数据与一组三个全数字仿真试验数据进行一致性检验。选取的试验数据时间序列如图 7.5 所示，选取的实例数据是 50s 的横滚角时间序列，仿真模型 1～3 的数据分别来自不同的全数字仿真试验，而现场模型数据来自现场试验，模型验证的目的是在一组三个模型中寻找与现场模型(参考模型，CLIMB L－5 等级数据)相似度最近的仿真模型(CLIMB L－2 等级数据)。

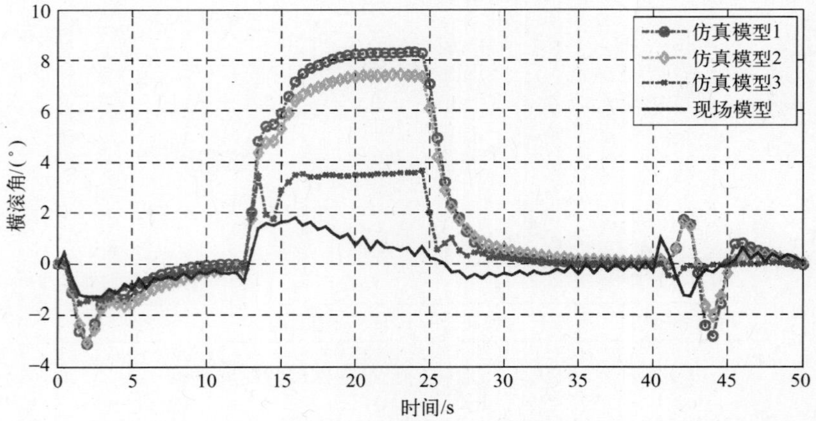

图 7.5　用于模型验证的仿真模型及现场模型横滚角时间序列

2. 基本可信度评估结果

1) 最大熵谱估计法

首先检验用于模型验证的时间序列的平稳性，以现场试验数据作为非平稳数据分段的参考依据，如图 7.6 所示为现场试验样本数据及其一阶差分样本、二阶差分样本的自相关函数(AutoCorrelation Function, ACF)，虽然原始样本在使用 ARMA(p,q)($p>30$)模型拟和时也可看作是平稳的，但是使用一阶差分样本，可以使用 10 阶以内的 ARMA(p,q)模型进行拟合，可在一定程度上降低模型拟和的复杂度，且使用二阶差分较之一阶差分其 ACF 的改善并不明显。

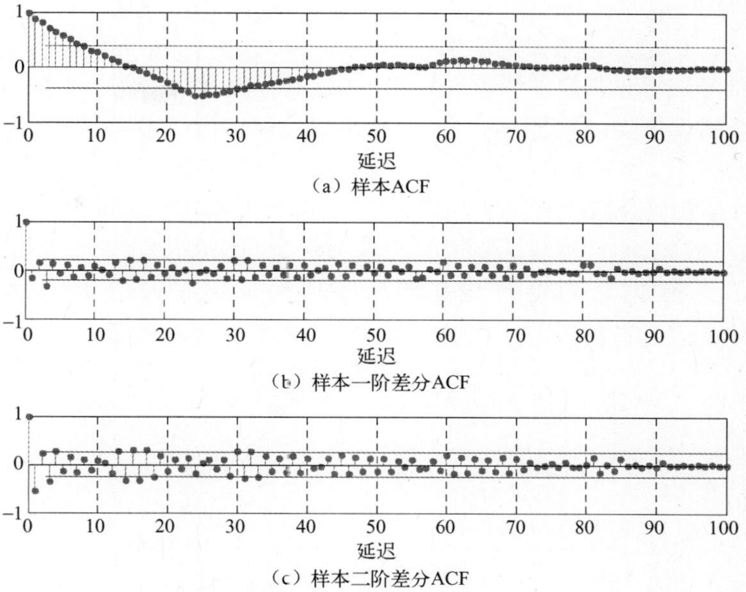

图 7.6　原始样本及一阶、二阶差分样本的 ACF

在进行完平稳性检验及平稳性预处理后，进行一阶差分样本的分段平稳性检验，根据 W. Gersch 和 T. Brotherton 的应用信息论判阶准则（Akaike Information Criterion，AIC），有分两段后的 AIC 和不分段的 AIC 分别如图 7.7 所示，可见在所有的分段点都有 AIC(1,2) > AIC(3)，因此认为一阶差分样本作为一个不应分段的整体平稳过程进行数据处理。

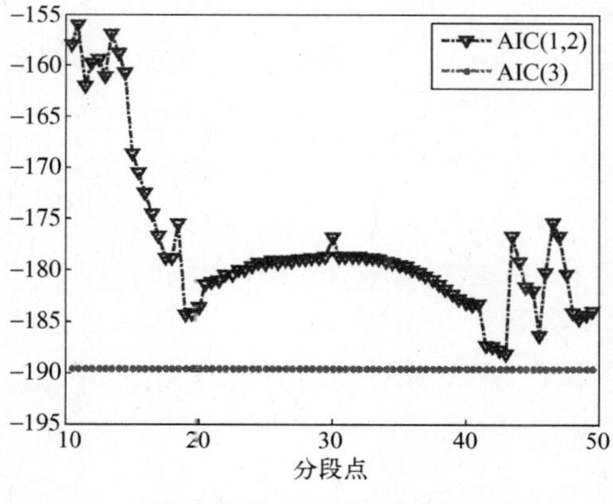

图 7.7　一阶差分样本平稳性分段 AIC 检验

在平稳性检验及平稳性分段检验后，即可使用 7.2.1 节所示的方法进行动态模型的验证。所选数据段有 100 点，经 AIC 信息准则检验后，可得数据段由 AR(18) 过程拟合最为合适，对于检验统计量 D 有

$$D(w_i) = V(w_i)^{-\frac{1}{2}}\log\left(\frac{S_x(w_i)}{S_y(w_i)}\right) \tag{7.21}$$

式中：i 为进行最大熵谱估计时选取的 FFT 点数 N_{fft}，其大小的选取由频谱分析的精度决定。此检验的接受域为$[-Z_{\alpha/2} \leqslant D \leqslant Z_{\alpha/2}]$，其中，$1-\alpha$ 为检验的显著性水平，$D(w_i)$ 为频

率点 w_i 的检验结果。从式(7.21)及接受域易知,从表面上看,可能在显著性水平 $1-\alpha=0.95(Z_{\alpha/2}=1.96)$ 时通不过检验的 D 可能会在显著性水平 $1-\alpha=0.99(Z_{\alpha/2}=2.58)$ 时通过检验,而使接受域看起来像是悖论。其实,这是由于假设检验的“两类错误”问题造成的,在犯第一类错误风险(弃真概率)为 $\alpha=0.01$ 时,而犯第二类错误风险(采伪概率)可能比较大,实验证明,选取 $\alpha=0.05$ 是比较适当的[128]。如图 7.8 所示为显著性水平为 $1-\alpha=0.95$ 时最大熵谱估计统计量 D 检验结果,由图可知,在中低频区域,仿真试验模型还是较好地通过检验,而且仿真试验模型与现场模型的相似度的排序为仿真模型 3 > 仿真模型 2 > 仿真模型 1,以通过检验的频率点的百分比表示,则分别为 75.45%、55.64%、44.75%。

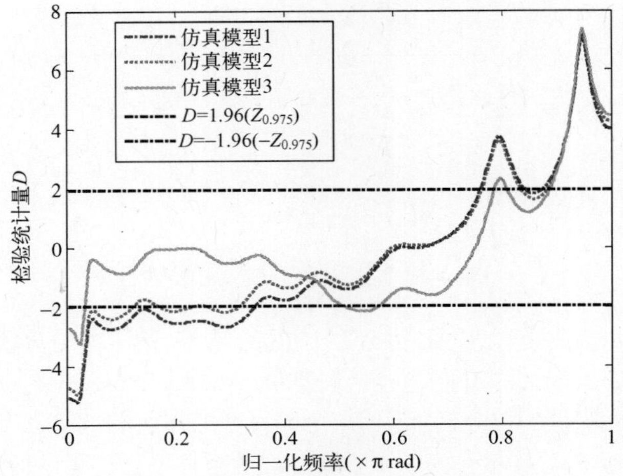

图 7.8 最大熵谱估计统计量 D 检验

2)小波分析法

使用小波分析的方法进行模型验证,不需要对待检验数据进行平稳检验,也不需要对模型进行拟合。将现场试验数据进行基于 Daubechies 小波的单尺度及多尺度的高低频分解,如图 7.9 和图 7.10 所示。低频部分的验证仍使用前述的最大熵谱估计方法实现,可得到显著性水平为 0.95 下的检验统计量 D 与接受域的分布情况(见图 7.11),而且仿真模型 1 ~ 3 的一阶低频系数通过统计量 D 检验的频率点通过百分比分别为 94.55%、96.50%、97.28%,二阶低频系数通过统计量 D 检验的频率点通过百分比分别为 91.83%、93.00%、94.55%,三阶低频系数通过统计量 D 检验的频率点通过百分比分别为 82.49%、85.60%、89.11%。令检验统计量为 $T=|d_0(m,k)-d_1(m,k)|^2$,判决门限为 $9N(\sigma_0^2+\sigma_1^2)$,检验比为 $\text{Threshold}/T=9N(\sigma_0^2+\sigma_1^2)/|d_0(m,k)-d_1(m,k)|^2$,则有三阶高频系数的检验结果如表 7.5 所列,可见三阶高频系数都通过了检验。

表 7.5 小波分解高频系数统计检验结果

检验参数	模型		
	模型 1	模型 2	模型 3
一阶高频系数 T	5.8554	4.6737	2.7323
判决门限	23.484	18.655	10.788

（续）

检 验 参 数	模　　型		
	模型 1	模型 2	模型 3
检验比	4. 0107	4. 149	4. 1052
二阶高频系数 *T*	6. 7452	3. 6567	6. 0175
判决门限	27. 986	15. 179	24. 924
检验比	3. 9915	4. 1508	4. 1612
三阶高频系数	28. 212	22. 818	3. 7406
判决门限	115. 81	94. 95	15. 919
检验比	3. 9192	4. 1418	4. 255

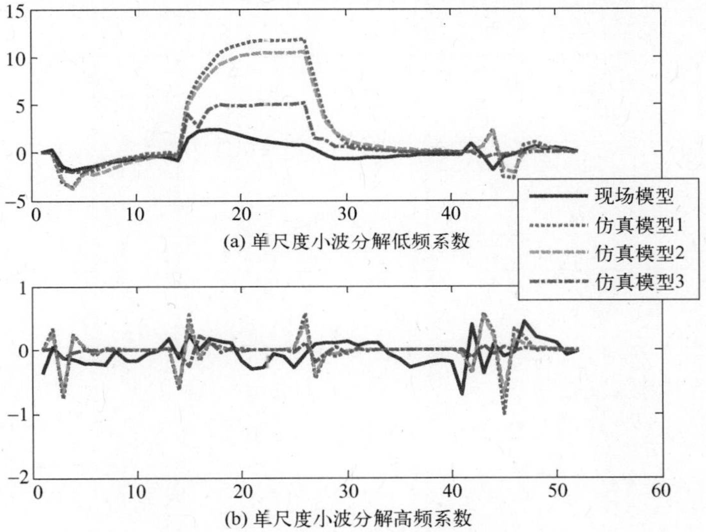

图 7. 9　单尺度高低频小波分解

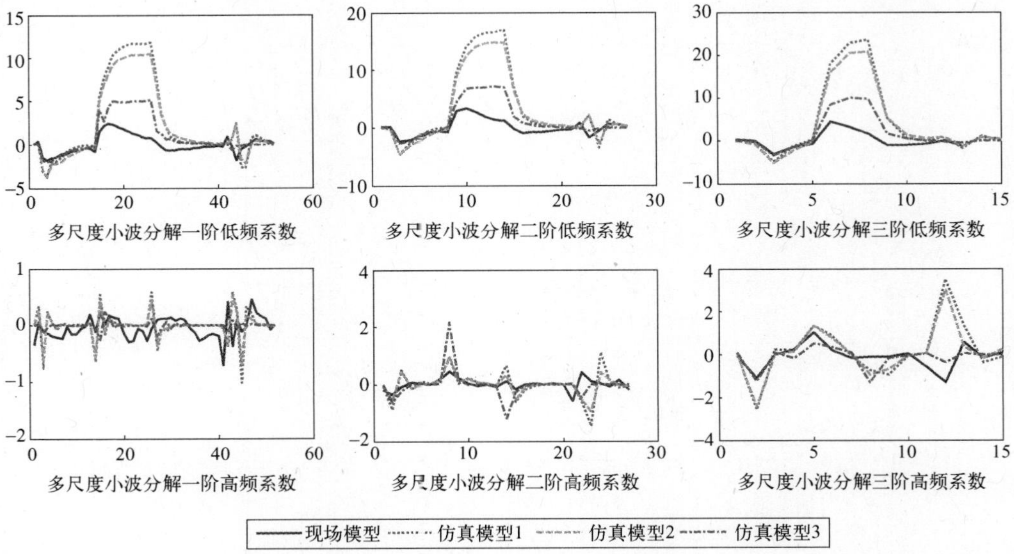

图 7. 10　多尺度小波分解

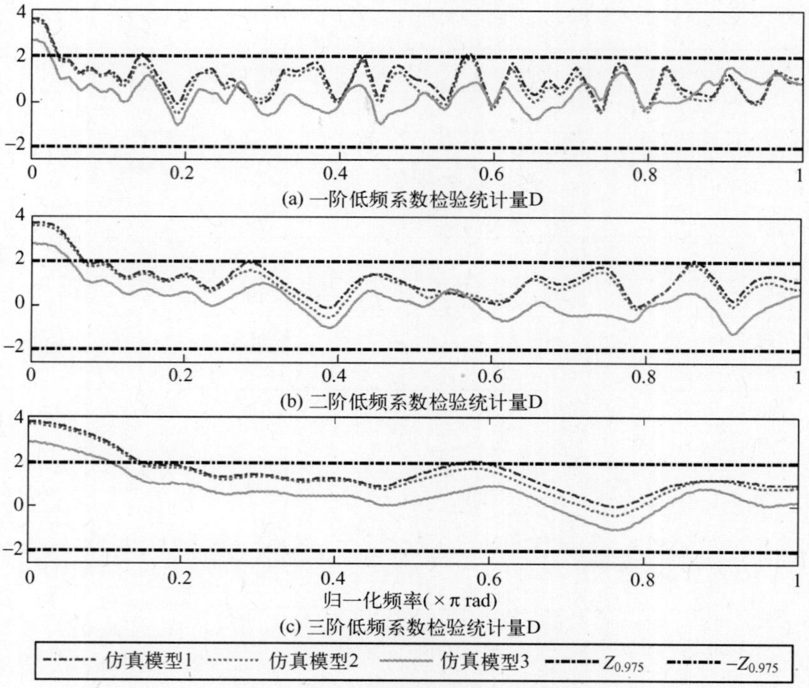

图 7.11　三尺度低频系数 D 检验

3）灰关联分析法

获取与现场试验数据对齐、采样间隔相同的待验证数据，可得到在式（7.8）、式（7.9）、式（7.10）、式（7.11）下的灰色关联系数序列如图 7.12 所示。由图可知，各种算法

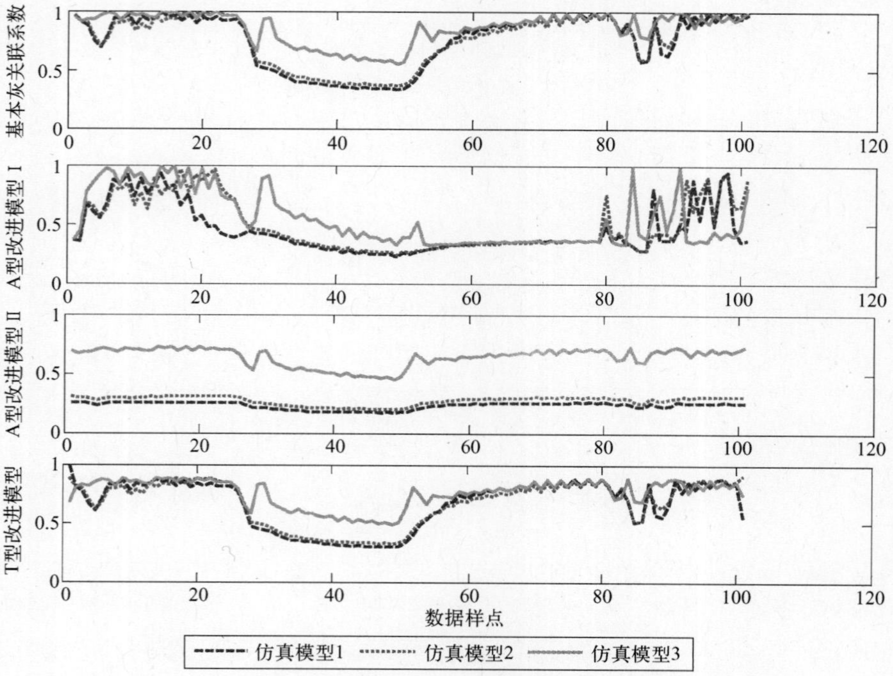

图 7.12　不同算法下的模型灰色关联系数序列

在检验仿真模型与现场模型数据的关联度时也支持如下结论：仿真模型 3 > 仿真模型 2 $\overset{\text{slight}}{>}$ 仿真模型 1，且仿真模型 3 较之其他两个仿真模型与现场模型数据的关联有更强的显著性。

分辨率 ζ 取不同值时，各种算法模型对应的灰色关联度如表 7.6 所列。

表 7.6　不同 ζ 对应的灰关联度

ζ	验证模型	基本灰关联度	A 型改进型 I	A 型改进型 II	T 型改进型
0.5	模型 1	0.7552	0.4448	0.2350	0.4807
	模型 2	0.7611	0.4872	0.2775	0.4805
	模型 3	0.8598	0.5438	0.6412	0.5428
0.1	模型 1	0.5125	0.3588	0.05828	0.2346
	模型 2	0.5098	0.3962	0.07194	0.2312
	模型 3	0.6343	0.4667	0.2715	0.2823
0.3	模型 1	0.6843	0.4216	0.1560	0.2564
	模型 2	0.6875	0.4629	0.1878	0.2594
	模型 3	0.8007	0.5251	0.5201	0.2941
0.7	模型 1	0.7976	0.4580	0.3002	0.6862
	模型 2	0.8044	0.5007	0.3491	0.6901
	模型 3	0.8913	0.5533	0.7126	0.7613

3. 有关可信度评估的可信度、合理度及分辨力的讨论

在对仿真模型与参考模型进行基本可信度测试评估即验证时，因具体应用目的及背景的不同而衍生了主观或客观、定性或定量的可信度评估方法，上文例示了三种典型的动态模型验证方法，从频域、时域、时频混合或三方面探讨了横滚动态模型的基本可信度测试评估方法。虽然所述的三种方法都定量或定性地给出了模型簇验证的结果或簇排序，但是如何评估验证方法的可信度、合理度或分辨率却鲜有文献发表。一个单纯的验证结果，尤其是单个待检验模型与参考模型的可信度估计，源于主观或客观，都只是基于该理论方法的一个度量，而缺乏综合的参考标准。本章在进行模型验证时选取了一组三个待检验模型进行验证方法比较，在使用最大熵谱估计法进行模型的验证时，一组三个模型的频率点通过百分比分别为 44.75%、55.64%、75.45%，从检验结果易知，待检验模型在高频区域的通过率较小。小波变换则在高低频分解后进行独立的验证检验，在高低频分解后，低频部分的各阶低频系数的频率点检验通过率都在 80% 以上，也同样验证了最大熵谱估计法检验时高频部分的检验统计结果。在对小波分解后的高频系数进行检验时，各阶系数还是通过了检验，检验比在 4 左右。GRA 则基于隐信息的关联分析实现，基本灰关联度模型在各种分辨率系数 ζ 下的模型检验结果都比其他模型较大，虽然检验结果只是定性分析的定量表述，就分辨力而言，A 型改进型 II > T 型改进型 > 基本灰关联度 > A

型改进型 I,但 T 型改进型在 ζ 取 0.1 及 0.5 时,对模型 1 和模型 2 的辨识度与其他方法存在差异。

综合三种方法的检验结果可知,三种方法基本上在与参考模型(现场模型)的相容性检验时,都支持一致性,程度为:仿真模型 3 > 仿真模型 2 > 仿真模型 1。在实际应用中,需要根据不同的应用对象使用几种方法进行综合比较,并能使用一定的手段对各方法的检验结果进行交叉验证。

7.3 模型综合可信度评估中的混合动态多属性决策问题

7.3.1 模型综合可信度评估中的混合动态决策问题描述

模型综合可信度测试与评估是对模型针对特定目的的可用性给出正式评价结论的过程,由于系统的层次性、复杂性,在得到不同子系统的模型基本可信度之后,对所应用目的的复杂系统的可信度评价一般都会涉及 MADM 相关理论及应用,本节着眼于解决在模型确认中涉及的混合动态多属性决策问题,并针对含有多颗粒度的语义评判(Linguistic Terms, LT)决策问题进行深入研究。

1. 混合动态多属性决策问题表征

混合动态多属性决策(Hybrid and Dynamic MADM, HD - MADM)是 MADM 问题的一个特例,其决策信息是由决策者(Decision Maker, DM)在不同时期给出的判断,且决策信息的表征不具有统一的数据类型。假设 $A=\{A_1,A_2,\cdots,A_m\}$ 为备选方案集,$G=\{G_1,G_2,\cdots,G_n\}$ 为属性集,共有 $t_k,k=1,2,\cdots,p$ 个时期的决策信息,决策样点 $a_{ij}(t_k)$ 为 DM 在 t_k 时期给出的 i 备选方案的第 j 个属性的评判值,且其类型可以是精确数、区间数、语义评判等中的任一种。有 t_k 时期的决策矩阵可表征为如表 7.7 所列,其中决策样点 $a_{ij}(t_k)$ 为精确数。HD - MADM 需要解决的是在决策阵已知、权重分配已知或未知的前提下,在备选方案中基于一定的决策准则寻找最优方案。

表 7.7 t_k 时期的决策矩阵

属性集	备选方案集			
	A_1	A_2	…	A_m
G_1	$a_{11}(t_k)$	$a_{12}(t_k)$	…	$a_{1m}(t_k)$
G_2	$a_{21}(t_k)$	$a_{22}(t_k)$	…	$a_{2m}(t_k)$
⋮	⋮	⋮	⋮	⋮
G_n	$a_{n1}(t_k)$	$a_{n2}(t_k)$	…	$a_{nm}(t_k)$

2. MADM 的决策准则

如 7.2.2 节所述,HD - MADM 的要素也同样包含属性、权重、决策准则三个主要部分。权重分配的有关实现方法已在前文中进行了探讨,本节主要研究不同属性的决策样点在不同决策准则下的实现途径。纵观已有的 MADM 有关研究可以发现,主要使用的决策准则可分为以下三类。

1）基于构造比较判断矩阵的 AHP 法

在 AHP 决策准则中，决策样点 $a_{ij}(t_k)$ 依照表 7.3 所列的标度进行赋值，此方法是按照人的思维判断能力将半定量半定性问题转化为定量系统分析建模，并进行求解的方法，不可否认在进行比较判断时有较强的主观性，这也是在 7.2.2 节权重分配中把 AHP 法划分为主观赋值法的原因。决策准则的 AHP 法将决策样点的判决值与本层次中所有元素之间的影响与相对重要性关联起来，其决策样点的值域也都是集合 $S=\{1,2,\cdots,9,1/2,1/3,\cdots,1/9\}$ 中的元素，其备选方案的优劣排序问题转化为求解决策阵的特征权向量及进行一致性检验的过程。

针对一致性检验难以达成的问题，模糊 AHP（Fuzzy AHP，FAHP）将 AHP 中"构造判断矩阵"的过程改为"构造模糊一致性判断矩阵"[16]，然后使用模糊一致性判断矩阵去推算各因素的重要次序，并对权重指标进行归一化处理。

2）基于正负理想点距离测度的 TOPSIS 法

逼近理想解排序法（Technique for Order Preference by Similarity to Ideal Solution，TOPSIS）是对 MADM 问题中备选方案进行排序的一种有效方法，目标是求取与正理想解距离最短且与负理想解距离最长的最优解。TOPSIS 方法是针对权重分配确定后加权规范化矩阵构建的，假设规范化后的决策矩阵为 $\boldsymbol{C}=[c_{ij}]_{m\times n}$，$i\in M$，$j\in N$，$m$ 为备选方案个数，n 为每个方案的属性个数。记 $\boldsymbol{\Phi}^{+}=(c_j^{+})$，$\boldsymbol{\Phi}^{-}=(c_j^{-})$ 分别为正、负理想点，其中

$$c_j^{+}=\max_{i\in M}c_{ij},\quad c_j^{-}=\min_{i\in M}c_{ij}$$

则第 i 个备选方案与正、负理想点的距离（贴近度）可分别表示为

$$d_i^{+}=\sqrt{\sum_{j=1}^{n}(c_{ij}-c_j^{+})^2}$$

$$d_i^{-}=\sqrt{\sum_{j=1}^{n}(c_{ij}-c_j^{-})^2} \tag{7.22}$$

则有基于 TOPSIS 法的综合排序指标值向量为 $\boldsymbol{Z}=(z_i)$，$i\in M$，其中

$$z_i=\frac{d_i^{-}}{d_i^{-}+d_i^{+}} \tag{7.23}$$

依照 TOPSIS 决策准则，综合指标值越大的备选方案越优。

3）基于隐信息灰关联度的 GRA 法

灰色关联分析（Grey Relational Analysis，GRA）基于拓扑空间和距离空间共同构建，用乏数据量的序列之间的灰关联度即序列由线几何形状的相似程度来表征序列之间的联系。不同于 AHP 的判断比较矩阵构建的主观性，亦不同于 TOPSIS 基于正、负理想点为参考的距离衡量准则，它以灰关联度的大小表征比较序列与参考序列之间的相近性及相似性。

在解决 MADM 问题时，一般使用灰色绝对关联度（Grey Absolute Relational Degree，GARD）进行表征，对于等间距等长度的序列 $X_0=(x_0(1),x_0(2),\cdots,x_0(n))$ 和 $X_i=(x_i(1),x_i(2),\cdots,x_i(n))$，它们之间的 GARD 为

$$\varepsilon_{0i}=\frac{1+|s_0|+|s_i|}{1+|s_0|+|s_i|+|s_i-s_0|} \tag{7.24}$$

其中

$$|s_0| = \left| \sum_{k=2}^{n-1} (x_0(k) - x_0(1)) + \frac{1}{2}(x_0(n) - x_0(1)) \right|$$

$$|s_i| = \left| \sum_{k=2}^{n-1} (x_i(k) - x_i(1)) + \frac{1}{2}(x_i(n) - x_i(1)) \right|$$

$$|s_i - s_0| = \left| \sum_{k=2}^{n-1} (x_i(k) - x_0(k)) - \left(n - \frac{1}{2}\right)(x_i(1) - x_0(1)) + \frac{1}{2}(x_i(n) - x_0(n)) \right|$$

设f_k是k灰类的灰化权函数,其可用四个点$x(1)$、$x(2)$、$x(3)$、$x(4)$进行标记,灰化权函数主要有四种形式,并可分别简记为$f_k(x(1),x(2),x(3),x(4))$、$f_k(-,-,x(3),x(4))$、$f_k(x(1),x(2),-,x(4))$和$f_k(x(1),x(2),-,-)$。

(1) $$f_k(x) = \begin{cases} 0, & x \notin [x(1),x(4)] \\ \dfrac{x - x(1)}{x(2) - x(1)}, & x \in [x(1),x(2)] \\ 1, & x \in [x(2),x(3)] \\ \dfrac{x(4) - x}{x(4) - x(3)}, & x \in [x(3),x(4)] \end{cases},$$

(2) $$f_k(x) = \begin{cases} 0, & x \notin [0,x(4)] \\ 1, & x \in [0,x(3)] \\ \dfrac{x(4) - x}{x(4) - x(3)}, & x \in [x(3),x(4)] \end{cases}$$

(3) $$f_k(x) = \begin{cases} 0, & x \notin [x(1),x(4)] \\ \dfrac{x - x(1)}{x(2) - x(1)}, & x \in [x(1),x(2)] \\ \dfrac{x(4) - x}{x(4) - x(2)}, & x \in [x(2),x(4)] \end{cases},$$

(4) $$f_k(x) = \begin{cases} 0, & x < x(1) \\ \dfrac{x - x(1)}{x(2) - x(1)}, & x \in [x(1),x(2)] \\ 1, & x > x(2) \end{cases}$$

设d_{pj}为某属性决策矩阵$\boldsymbol{D}_{q\times m}$的阵元,$w_p$为决策者的权重,$\sum_{p=1}^{q} w_p = 1$,则有

$$\sigma_{jk} = \frac{\sum_{i=1}^{q} f_k(d_{ij}) w_i}{\sum_{k=1}^{n} \sum_{i=1}^{q} f_k(d_{ij}) w_i} \tag{7.25}$$

为此属性的加权决策样本,$\sigma = (\sigma_{jk})_{m\times n}$为加权决策矩阵。

定义 7.1 对于矩阵$\boldsymbol{A}_{m\times n}$和$\boldsymbol{B}_{p\times m}$,计算$\boldsymbol{B}_{p\times m}$的第$i$行与$\boldsymbol{A}_{m\times n}$的第$j$列的GARD,并记作$c_{ij}$,定义矩阵间的◉运算如下:

$$\boldsymbol{C}_{p\times n} = [c_{ij}]_{p\times n} = \boldsymbol{A}_{m\times n} ◉ \boldsymbol{B}_{p\times m}$$

注:不同于普通的矩阵运算,◉运算的计算规则严格遵循从左至右一步一步的计算实现,即 $C_{1,i}=((A_1◉A_2)◉\cdots)◉A_i$。

$\sigma_1=(\sigma_{j_1k_1})_{m_1\times n_1},\cdots,\sigma_L=(\sigma_{j_Lk_L})_{m_L\times n_L}$为 $1,\cdots,L$ 属性的加权决策矩阵,第 i 属性的灰类数 $k_i=j_{i-1},i=2,\cdots,L$,且有 $k_1=j_L$,求取第 i 属性的加权决策矩阵的第 j_i 行与第 $i-1$ 属性的加权决策矩阵的第 k_{i-1} 列的 GARD,即 $\varepsilon_{j_ik_{i-1}}$,其为第 i 属性和第 $i-1$ 属性的联合决策元,$R_i^{i-1}=[\varepsilon_{j_ik_{i-1}}]_{m_i\times n_{i-1}}=[\varepsilon_1,\varepsilon_2,\cdots,\varepsilon_{m_i}]^{\mathrm{T}}$ 为联合决策矩阵,$R_{\text{total}}=\sigma_{j_1k_1}◉\sigma_{j_2k_2}◉\cdots◉\sigma_{j_Lk_L}=[\lambda_{j_Lk_1}]_{m_L\times n_1}$为所有属性的联合决策矩阵。对于第 L 属性,满足$\max\limits_{j_L}\max\limits_{k_1}(\lambda_{j_Lk_1})$的第 j_L^* 个方案为最优的,同时,满足$\max\limits_{j_L}\max\limits_{k_1}(\lambda_{j_Lk_1})$的第 k_1^* 个灰类为最佳灰类。对于 $R_i^1,i=L-1,\cdots,1$,满足$\max\limits_{j_i}\max\limits_{k_1}(\varepsilon_{j_ik_1})$的第 j_i^* 方案为最优的。

7.3.2 语义评判的 MADM 解决方案

在 MADM 问题中的决策样点时,有时 SMEs 无法准确、定量地描述自己的判决,而是使用类似“较好”“差不多”等语义评判(Linguistic Terms)来表征自己的判决,这些判决统称为语义判决,语义评判在模型表征、决策准则等方面的处理是不确定性决策的重要组成部分。

1. 语义评判的数学描述

Zadeh[279] 最早使用五元组合$(L,H(L),U,G,M)$来表征语义变量,其中,L 表示变量的名字,$H(L)$表示语义变量的集合,U 为论域,G 为 $H(L)$的集合生成准则,M 是 U 的一个子集,表征其各元素与 L 的语义关联。

语义评判集中的元素可由定义在$[0,1]$上模糊数的隶属度函数表征。一般认为线性梯形隶属度函数已足够表征语义评判的模糊度,线性梯形隶属度函数一般用 4-tuple (x_1,x_2,x_3,x_4)表示,$[x_2,x_3]$区间内隶属度函数值为 1,x_1 和 x_4 则分别表示线性梯形隶属度函数定义域的左右界限。

2. 多颗粒度语义评判

不可否认,不同的决策者在使用相同的语义标签时所表达的语义评判的隶属度函数会有所分别,如表 7.8 所列的两个语义评判集的 N-tuple 隶属度函数的特征参数 N 分别为 4 和 3。对于 $S=\{s_i\},i\in\{0,\cdots,T\}$,一般有 $T<9$,s_i 表示一个语义变量,一般由三角/梯形隶属度函数表征,其有如下的主要特性:

(1) 顺序性:若 $i\geqslant j$,则有 $s_i\geqslant s_j$;

(2) 非操作:$\mathrm{Neg}(s_i)=s_j,j=T-i$;

(3) 取大操作:$\mathrm{Max}(s_i,s_j)=s_i,i\geqslant j$;

(4) 取小操作:$\mathrm{Min}(s_i,s_j)=s_i,i\leqslant j$。

在涉及如表 7.8 所列的多颗粒度语义评判的 MADM 问题时,需要对不同颗粒度的语义评判数据进行规范化处理,然后再根据决策准则选取最优的备选方案。进行语义评判的规范化处理,首先需要建立一个基本语义评判集(Basic Linguistic Terms Set,BLTS),记为 $S_T=\{s_1,\cdots,s_T\}$,我们定义 3-tuple 的 BLTS 具有 15 级的语义评判,它们对应的语义隶属度函数如表 7.9 所列。

表 7.8　不同颗粒度的语义评判集对比

语义评判集 1			语义评判集 2		
缩称	语义标签	隶属度函数	缩称	语义标签	隶属度函数
N	None	(0,0,0,0.1)	N	None	(0,0,0.16)
VL	Very Low	(0.04,0.1,0.18,0.23)	VL	Very Low	(0,0.16,0.33)
L	Low	(0.1,0.15,0.25,0.35)	L	Low	(0.16,0.33,0.49)
M	Medium	(0.25,0.4,0.6,0.65)	M	Medium	(0.33,0.5,0.67)
H	High	(0.58,0.63,0.8,0.86)	H	High	(0.49,0.67,0.84)
VH	Very High	(0.75,0.90,0.95,0.99)	VH	Very High	(0.67,0.84,1)
P	Perfect	(0.9,1,1,1)	P	Perfect	(0.84,1,1)

表 7.9　BLTS 语义隶属度函数

语义评判	隶属度函数	语义评判	隶属度函数	语义评判	隶属度函数
s_0	(0,0,0.07)	s_5	(0.29,0.36,0.43)	s_{10}	(0.65,0.72,0.79)
s_1	(0,0.07,0.15)	s_6	(0.36,0.43,0.5)	s_{11}	(0.72,0.79,0.86)
s_2	(0.07,015,0.22)	s_7	(0.43,0.5,0.58)	s_{12}	(0.79,0.86,0.93)
s_3	(0.15,0.22,0.29)	s_8	(0.5,0.58,0.65)	s_{13}	(0.86,0.93,1)
s_4	(0.22,0.29,0.36)	s_9	(0.58,0.65,0.72)	s_{14}	(0.93,1,1)

设 $A=\{l_0,\cdots,l_p\}$ 和 $S_T=\{c_0,\cdots,c_q\}$ 为两个语义评判集，且有 $q\geqslant p$，则不同颗粒度语义评判集之间的转化为

$$\tau_{AS_T}:A\rightarrow F(S_T),$$
$$\tau_{AS_T}(l_i)=\{(c_k,\alpha_k^i)\mid k\in\{0,\cdots,q\}\},\ \forall\, l_i\in A$$
$$\alpha_k^i=\max_y \min\{\mu_{l_i}(y),\mu_{c_k}(y)\}$$

式中：$F(S)$ 为定义在 S 上的语义评判集；$\mu_{l_i}(y)$ 和 $\mu_{c_k}(y)$ 为模糊集对 l_i、c_k 的隶属度函数。

使用多颗粒度转换 $\{\tau_{A_j,S_T}\}$ 将第 $j(j=1,\cdots,m)$ 个 SME 对第 $k(k=1,\cdots,n)$ 个备选方案的评判向量 $\{a_{j1},\cdots,a_{jn}\}$，$\forall\, a_{jk}\in S_j$ 通过下述的规范化过程转化为 BLTS S_T 上的模糊集：

$$\tau_{S_jS_T}(a_{jk})=\{(c_0,\alpha_0^{jk}),\cdots,(c_q,\alpha_q^{jk})\} \tag{7.26}$$

为简化标记，将 $\tau_{S_jS_T}(a_{jk})$ 记作 r_{jk}，并只使用对 BLTS 的隶属度标记 r_{jk}，即 $\boldsymbol{r_{jk}}=(\alpha_0^{jk},\cdots,\alpha_q^{jk})$。则有加权聚合后的第 k 个备选方案评判模糊集为 $\boldsymbol{r}^k=(\alpha_0^k,\cdots,\alpha_q^k)$，其中，$\alpha_i^k=f(\alpha_i^{1k},\cdots,\alpha_i^{mk})$ 为加权聚合函数，即决策准则。为方便备选方案的选优，定义模糊数 u 对 v 的优势度为

$$P(u\geqslant v)=\max_z \min_{y\leqslant z}\{\mu_u(z),\mu_v(y)\} \tag{7.27}$$

参考模糊数优势度的概念，定义第 i 个备选方案对第 j 个备选方案的优势度为

$$b_{ij}=\max_{c_l} \min_{c_h\leqslant c_l}\{\mu_{r^i}(c_l),\mu_{r^j}(c_h)\} \tag{7.28}$$

则可得到一个模糊偏好阵 $\boldsymbol{B}=[b_{ij}]_{n\times m}$，至此，多颗粒度的语义评判 MADM 决策问题可得到完整的解决方案。

7.3.3 混合动态 MADM 决策体系

1. HD－MADM 需解决的关键问题

对于确定性 MADM 决策问题已有较成熟的求解方法，而针对不确定性 MADM 问题的研究也日益引起人们的关注。对于涉及不同时期、不同类型数据的 MADM 问题，需要考虑到权重分配及评判准则两个主要部分。前者主要用于确定不同决策者之间、同一方案不同属性之间和同一评价参数指标在不同时期的评价元之间的重要性排序及量化分配；后者则是从备选方案中选取最优方案的判断依据。在前文中，已经就确定性 MADM 问题给出了这两个主要问题的解决方案。

HD－MADM 问题较一般的 MADM 问题有着跨时期、涉及数据类型不同的特点，因为决策矩阵的赋值时期的不同而导致 SMEs 或者客观评价方法参考依据不同，所以需要对评价准则的适用范围进行扩展，使其能在不同数据类型之间同样可行。

2. 多数据类型的混合决策准则

对于涉及多种数据类型的 MADM 问题，需对数据进行规范化处理，为了保留数据的信息量，应该把数据归一化类型向信息量最大也即模糊度最大的语义评判表征方式靠拢，则多数据类型间的决策准则的改进包含数据类型间的转化及语义评判的决策准则的生成。

1）混合 AHP 法

假设三角模糊数以 3－tuple 函数表征的语义评判，进行数据类型之间的规范化转换及 AHP 决策准则的改进。以(a^{L},a^{M},a^{U})表示三角模糊数 F，则其典型隶属度函数可表征为

$$\mu_a(x)=\begin{cases}\dfrac{x-a^{L}}{a^{M}-a^{L}},a^{L}\leqslant x\leqslant a^{M}\\0,\text{其他}\\\dfrac{a^{L}-x}{a^{U}-a^{M}},a^{M}\leqslant x\leqslant a^{U}\end{cases}$$

对于精确数 e，将其转换为三角模糊数 $E=(e,e,e)$；对于区间数 $i=[i^{L},i^{R}]$，将其转换为三角模糊数 $I=(i^{L},I^{med},i^{R})$，其中 i^{med}表示区间变量 i 的中位数估计，当区间估计为对称估计时有 $i^{med}=\dfrac{1}{2}(i^{L}+i^{R})$。其中，对于精确数、区间数向语义评判集元素的转换以较低的语义评判等级为优先。

对于规范化处理后的决策矩阵 $\boldsymbol{A}=[a_{ij}]_{m\times n}$，其元素 a_{ij}可以为模糊数 F、精确化模糊数 E 或区间化模糊数 I 的任一种，且它们对应于满足各特性的语义评判标签。将语义评判标签转化为与 AHP 判断矩阵相合的 9 级评判集，则可根据其对应的语义标签相对程度取得其 AHP 判断矩阵标度，经一致性检验后的具有最大系数的对应方案即为最优方案。

2）混合 TOPSIS 法

TOPSIS 是基于正负理想点相似度检验的 MADM 决策准则，在进行准则的改进前需要对数据进行规范化处理并求解正负理想点。对于 MADM 决策矩阵 $\boldsymbol{A}=[a_{ij}]_{m\times n}(i\in M,j\in N)$，其中 a_{ij}为第 i 个备选方案的第 j 个属性值，则有

（1）a_{ij}为精确数时，规范化处理由下式实现：

$$b_{ij}=\frac{a_{ij}-a_{\min}}{a_{i\max}-a_{i\min}},j\in I_1$$

$$b_{ij}=\frac{a_{i\max}-a_{ij}}{a_{i\max}-a_{i\min}},j\in I_2 \tag{7.29}$$

则由经典 TOPSIS 可知，使得式(7.23)取得最大值的备选方案为最优的。

(2) a_{ij} 为区间数时，假设其可表示为 $a_{ij}=[a_{ij}^{\mathrm{L}},a_{ij}^{\mathrm{R}}]$，则其规范化处理由式(7.30)实现：

$$b_{ij}^{L}=\frac{\min\limits_{i,k\in M}|a_{ij}^{\mathrm{L}}-a_{ij}^{\mathrm{R}}|}{\max\limits_{i,k\in M}|a_{ij}^{\mathrm{R}}-a_{kj}^{\mathrm{L}}|},b_{ij}^{R}=\frac{a_{ij}^{\mathrm{R}}-\min\limits_{i\in M}a_{ij}^{\mathrm{L}}}{\min\limits_{i,k\in M}|a_{ij}^{\mathrm{R}}-a_{kj}^{\mathrm{L}}|},j\in I_1$$

$$b_{ij}^{L}=\frac{\min\limits_{i,k\in M}|a_{ij}^{\mathrm{R}}-a_{kj}^{\mathrm{R}}|}{\max\limits_{i,k\in M}|a_{ij}^{\mathrm{R}}-a_{kj}^{\mathrm{L}}|},b_{ij}^{R}=\frac{\max\limits_{i\in M}a_{ij}^{\mathrm{R}}-a_{ij}^{\mathrm{R}}}{\min\limits_{i,k\in M}|a_{ij}^{\mathrm{R}}-a_{kj}^{\mathrm{L}}|},j\in I_2 \tag{7.30}$$

则规范化后的区间数的正理想解(Positive Idel Answer, PIA)和负理想解(Negtive Idel Answer, NIA)分别为

$$c_j^{+}=[c_j^{+\mathrm{L}},c_j^{+\mathrm{R}}]=[\max_{i\in M}(b_{ij}^{\mathrm{L}}),\max_{i\in M}(b_{ij}^{\mathrm{R}})]$$

$$c_j^{-}=[c_j^{-\mathrm{L}},c_j^{-\mathrm{R}}]=[\min_{i\in M}(b_{ij}^{\mathrm{L}}),\min_{i\in M}(b_{ij}^{\mathrm{R}})]$$

不同于精确数基于距离空间的贴近度度量方法，对于区间数引入交集的概念，并使用交集区间长度作为量化指标。定义备选方案与 PIA、NIA 的贴近度为

$$d_i^{+}=\sum_{j=1}^{n}b_{ij}\cap c_j^{+}$$

$$d_i^{-}=\sum_{j=1}^{n}b_{ij}\cap c_j^{-} \tag{7.31}$$

其中：若 $b_{ij}\cap c_j^{+}\neq\varnothing$，则 $b_{ij}\cap c_j^{+}=0$；否则有 $b_{ij}\cap c_j^{+}=[e^{\mathrm{L}},e^{\mathrm{R}}]=[\min(|b_{ij}^{\mathrm{R}}-c_j^{+\mathrm{L}}|,|b_{ij}^{\mathrm{L}}-c_j^{+\mathrm{R}}|),\max(|b_{ij}^{\mathrm{R}}-c_j^{+\mathrm{L}}|,|b_{ij}^{\mathrm{L}}-c_j^{+\mathrm{R}}|)]$。$b_{ij}\cap c_j^{+}$ 的运算类似，而衡量备选方案的排序指标值为

$$z_i=[z_i^{L},z_i^{R}]=\left[\frac{d_i^{-L}}{d_i^{-L}+d_i^{+R}},\frac{d_i^{-R}}{d_i^{-R}+d_i^{+L}}\right] \tag{7.32}$$

(3) a_{ij}为语义评判变量时，假设其可表示为 $s_i(s_i\in S_T)$，则其规范化处理由式(7.29)实现。因为 BLTS 的特性使得 a_{ij}可实现加减及除法运算：

$$b_{ij}=\frac{a_{ij}-a_{i\min}}{a_{i\max}-a_{i\min}}=\frac{s_i}{s_d},j\in I_1$$

$$b_{ij}=\frac{a_{i\max}-a_{ij}}{a_{i\max}-a_{i\min}}=\frac{s_i}{s_d},j\in I_2 \tag{7.33}$$

则有语义评判规范化后的 PIA 和 NIA 分别为

$$c_j^{+}=\max_{i\in M}b_{ij},c_j^{-}=\min_{i\in M}b_{ij} \tag{7.34}$$

使用优势度来衡量模糊数与 PIA、NIA 的贴近度，有

$$d_j^{+}=\sum_{i=1}^{n}\max_{c_l}\min_{c_h\leqslant c_l}\{\mu_{b_{ij}}(c_l),\mu_{c_j^{+}}(c_h)\}$$

$$d_j^{-}=\sum_{i=1}^{n}\max_{c_l}\min_{c_h\leqslant c_l}\{\mu_{b_{ij}}(c_l),\mu_{c_j^{-}}(c_h)\} \tag{7.35}$$

而衡量备选方案的排序指标值为

$$z_i = \frac{d_i^+}{d_i^- + d_i^+} \tag{7.36}$$

3）混合 GRA 法

混合 GRA 应用于 MADM 时，是基于 GARD 概念实现跨属性决策。对于 MADM 决策矩阵 $\boldsymbol{A} = [a_{pj}]_{q \times n}(p \in M, j \in N)$，其中 a_{ij}为第 i 个 SME 对第 j 个备选方案的某属性的评判值，a_{pj}为精确数时的 MADM 跨属性解决方案在前文中已详细阐述。当 a_{pj}为区间数时，有 k 灰类灰化权函数下的加权决策样本为

$$\sigma_{jk}^- = \min_{e_{pj} \in [e_{pj}^-, e_{pj}^+]} \left(\frac{\sum_{p=1}^{q} f_k(e_{pj}) w_p}{\sum_{k=1}^{q} \sum_{p=1}^{q} f_k(e_{pj}) w_p} \right)$$

$$\sigma_{jk}^+ = \max_{e_{pj} \in [e_{pj}^-, e_{pj}^+]} \left(\frac{\sum_{p=1}^{q} f_k(e_{pj}) w_p}{\sum_{k=1}^{n} \sum_{p=1}^{q} f_k(e_{pj}) w_p} \right) \tag{7.37}$$

区间数序列 $X_0 = (x_0(1), x_0(2), \cdots, x_0(n))$ 和 $X_i = (x_i(1), x_i(2), \cdots, x_i(n))$ 间的 GARD 为

$$\varepsilon_{0i}^- = \frac{1 + |s_0|^- + |s_i|^-}{1 + |s_0|^- + |s_i|^- + |s_i - s_0|^+}$$

$$\varepsilon_{0i}^+ = \frac{1 + |s_0|^+ + |s_i|^+}{1 + |s_0|^+ + |s_i|^+ + |s_i - s_0|^-} \tag{7.38}$$

当 a_{pj}为语义评判时，假设其可表示为 $s_i(s_i \in S_T)$，其三角数形式为$(s_{pj}^{\mathrm{L}}, s_{pj}^{\mathrm{M}}, s_{pj}^{\mathrm{U}})$，则有 k 灰类灰化权函数下的加权决策样本为

$$\sigma_{jk}^{\mathrm{M}} = \frac{\sum_{p=1}^{q} f_k(s_{pj}^{\mathrm{M}}) w_p}{\sum_{k=1}^{n} \sum_{p=1}^{q} f_k(s_{pj}^{\mathrm{M}}) w_p} \tag{7.39}$$

精确数 $X_0 = (x_0(1), x_0(2), \cdots, x_0(n))$和语义评判 $X_i = (x_i(1), x_i(2), \cdots, x_i(n))$间的 GARD 为

$$s_i = \sum_{k=2}^{n-1} (x_i(k) - x_i(1)) + \frac{1}{2}(x_i(n) - x_i(1)) \Rightarrow \sum_{k=2}^{n-1} (x_i^{\mathrm{M}}(k) - x_i^{\mathrm{M}}(1)) + \frac{1}{2}(x_i^{\mathrm{M}}(n) - x_i^{\mathrm{M}}(1))$$

$$s_i - s_0 = \sum_{k=2}^{n-1} (x_i(k) - x_0(k)) - \left(n - \frac{1}{2}\right)(x_i(1) - x_0(1)) + \frac{1}{2}(x_i(n) - x_0(n)) \Rightarrow$$

$$\sum_{k=2, x_*^{\mathrm{M}}(*) \in S}^{n-1} (x_i^{\mathrm{M}}(k) - x_{lk}^{\mathrm{M}}(k)) - \left(n - \frac{1}{2}\right)(x_i^{\mathrm{M}}(1) - x_{l1}^{\mathrm{M}}(1)) + \frac{1}{2}(x_i^{\mathrm{M}}(n) - x_{ln}^{\mathrm{M}}(n))$$

然后即可使用标准 GARD 公式求取其灰色绝对关联度。

当所求的 GARD 发生在区间数 $X_0 = (x_0(1), x_0(2), \cdots, x_0(n))$和语义评判 $X_i = (x_i(1), x_i(2), \cdots, x_i(n))$之间时，若有

$$x_0(k) = [x_0^-(k), x_0^+(k)] \bigcap_{l \in S} [x_{0l}^{\mathrm{L}}, x_{0l}^{\mathrm{U}}] > [x_0^-(k), x_0^+(k)] \bigcap_{j \neq l, j \in S} [x_{0j}^{\mathrm{L}}, x_{0j}^{\mathrm{U}}]$$

式中：>表示前者较之后者有着更长的区间长度。则近似认为

$$x_0(k) \Rightarrow x_{0l}^M(k)$$

在转换后 $s_i - s_0$ 的计算与前文类似。

3. 控制系统仿真模型的综合可信度评估实例

以控制系统仿真模型的综合可信度评估为例阐述上述方法的应用，控制系统模型的主要组成因子有四个，即航向、横滚、深度、俯仰、对指令 $I(1,1,1)$ 对应的元过程进行评估，选取 7.2.2 节中权重分配中的算例。则有方案集 $A=\{A_1,A_2,A_3\}=\{VM_1,VM_2,VM_3\}$ 分别代表仿真模型 1、仿真模型 2、仿真模型 3，属性集 $G=\{G_1,G_2,G_3,G_4\}=\{$航向，横滚，深度，俯仰$\}$，使用横滚控制系统模型验证的方法可得到各因子的可信度排序，各 SMEs 在可信度量化测试结果的基础上结合各自的主观判断，得到其各自参考系下的评判结果。如表 7.10 所列为不同 SMEs 在其各自参考语义评判体系下对上述四个因子（属性）的可信度评判。

表 7.10　SME1、SME2、SME3 的评判值

仿真模型	专家库											
	SME1				SME2				SME3			
	G_1	G_2	G_3	G_4	G_1	G_2	G_3	G_4	G_1	G_2	G_3	G_4
VM_1	0.89	0.30	0.98	0.95	[0.85,0.90]	[0.30,0.35]	[0.96,0.99]	[0.92,0.94]	s_{12}	s_4	s_{13}	s_{13}
VM_2	0.80	0.79	0.88	0.62	[0.76,0.79]	[0.72,0.75]	[0.90,0.93]	[0.65,0.70]	s_{12}	s_{12}	s_{13}	s_{11}
VM_3	0.23	0.21	0.52	0.37	[0.30,0.35]	[0.25,0.28]	[0.60,0.65]	[0.30,0.34]	s_2	s_3	s_8	s_5

其中，三个 SME 的决策评判的权重为 $\boldsymbol{w}^{\mathrm{T}}=[0.35,0.30,0.35]$，因子间的权重分配使用 7.2.2 节中的求解结果。在表 7.10 所列的评判值中，SME1 使用精确数评判，SME2 使用区间数评判，SME3 使用的是表 7.9 所列的 BLTS 语义评判标准集，即他们在对可信度进行评估时使用的是不同的数据类型。下面就几种评价准则下的 MADM 决策结果进行分析。

1）混合 AHP 法

表 7.10 在转换为模糊数之后，可得其评判值如表 7.11 所列。参照表 7.9 进行成对比较法判断矩阵的生成，BLTS 是 15 级差别体系，因此对于 BLTS 等级 s_i, s_j，矩阵在 $i>j$ 时，s_i 对 s_j 的比较判断阵元为 $9|i-j|/16$ 的四舍五入整数值，在 $i<j$ 时，则为该整数值的倒数，结合前文解算的四因素权重 $\boldsymbol{w}=[5/12\quad 1/12\quad 5/12\quad 1/12]^{\mathrm{T}}$，则可得比较判断矩阵如表 7.12 所列。

表 7.11　SME1、SME2、SME3 的模糊数评判值

仿真模型	专家库											
	SME1				SME2				SME3			
	G_1	G_2	G_3	G_4	G_1	G_2	G_3	G_4	G_1	G_2	G_3	G_4
VM_1	s_{12}	s_4	s_{13}	s_{13}	s_{12}	s_4	s_{13}	s_{13}	s_{12}	s_4	s_{13}	s_{13}
VM_2	s_{11}	s_{10}	s_{12}	s_8	s_{10}	s_{10}	s_{12}	s_9	s_{12}	s_{12}	s_{13}	s_{11}
VM_3	s_3	s_2	s_7	s_5	s_4	s_3	s_8	s_4	s_2	s_3	s_8	s_5

表 7.12　SME1、SME2、SME3 的比较判断矩阵

仿真模型	专家库								
	SME1			SME2			SME3		
	VM_1	VM_2	VM_3	VM_1	VM_2	VM_3	VM_1	VM_2	VM_3
VM_1	1	1	6	1	2	4	1	1	5
VM_2	1	1	6	1/2	1	3	1	1	5
VM_3	1/6	1/6	1	1/4	1/3	1	1/5	1/5	1

求取各比较判断矩阵的最大特征根及特征向量,对于 SME1 有最大特征根为 $\lambda_{\max}^{(1)}=3.0037$,特征向量为 $\boldsymbol{w}^{(1)}=[0.702\ 0.702\ 0.117]^{\mathrm{T}}$;对于 SME2 有最大特征根为 $\lambda_{\max}^{(2)}=3.0083$,特征向量为 $\boldsymbol{w}^{(2)}=[0.853\ 0.488\ 0.186]^{\mathrm{T}}$;对于 SME3 有最大特征根为 $\lambda_{\max}^{(3)}=3$,特征向量为 $\boldsymbol{w}^{(3)}=[0.701\ 0.701\ 0.146]^{\mathrm{T}}$。按照三个 SME 的权重分配[0.35,0.30,0.35],有最终的决策向量为[0.747 0.637 0.148],即混合 AHP 决策支持 $VM_1 \overset{\text{slightly}}{>} VM_2 \overset{\text{intensely}}{>} VM_3$。

2）混合 TOPSIS 法

依据表 7.10 中 SME1 的判决阵,并综合各属性的熵权法权重(式(7.13)),可得各方案与正、负理想点的距离分别为 $d_1^+=0.1065$、$d_1^-=0.1826$,$d_2^+=0.0231$、$d_2^-=0.2418$,$d_3^+=0.2665$、$d_3^-=0$,则有综合指标值为 0.6316、0.9128、0,即 SME1 在熵权法权重下支持 $VM_2>VM_1 \overset{\text{intensely}}{>} VM_3$。对于 SME2 的判决阵,在熵权法权重下的综合指标为[0.549,0.654]、[0.775,0.865]、[0.071,0.081];对于 SME3 的判决阵,在熵权法权重下的综合指标为 0.568、0.956、0。以区间数的中位数表示其综合指标,则在 SME 权重下的加权综合指标量化排序为 0.599、0.886、0.115。

3）混合 GRA 法

SME1 的判决阵,在 GRA 权重下的综合指标为 0.807、0.801、0.243;SME2 的判决阵,在 GRA 权重下的综合指标为[0.856,0.895]、[0.806,0.838]、[0.421,0.468];SME3 的判决阵,在 GRA 权重下的综合指标为 0.724、0.803、0.165。以区间数的中位数表示其综合指标,则在 SME 权重下的加权综合指标量化排序为 0.775、0.794、0.242。

上述都只分析了单一权重分配下的 MADM 决策结果,表 7.13 给出了三种权重与三种决策准则组合下的综合指标量化排序。由表可知,在 AHP 权重分配下,AHP 决策与 GRA 决策支持 $VM_1 \overset{\text{slightly}}{>} VM_2 \overset{\text{intensely}}{>} VM_3$,TOPSIS 决策支持 $VM_1 \approx VM_2 \overset{\text{intensely}}{>} VM_3$,在其他权重分配与决策准则的组合下它们都支持 $VM_2>VM_1 \overset{\text{intensely}}{>} VM_3$,虑及权重分配 AHP 的主观作用及各种决策的综合表现,拟支持 $VM_2>VM_1 \overset{\text{intensely}}{>} VM_3$。

表 7.13　三种权重与三种决策准则组合下的综合指标量化排序

决策准则	权重分配方法		
	AHP 权重分配	熵权法权重	GRA 权重
AHP 决策	[0.747 0.637 0.148]	[0.608 0.759 0.204]	[0.706 0.686 0.170]
TOPSIS 决策	[0.906 0.908 0.028]	[0.599 0.886 0.115]	[0.870 0.940 0.025]
GRA 决策	[0.845 0.820 0.372]	[0.637 0.784 0.415]	[0.775 0.794 0.242]

7.4 基于灰箱系统辨识的 AUV 控制系统动态模型验证

7.4.1 基本非线性模型 NARX

在非线性系统辨识理论提出的初期，就有这样的共识：块联模型其实就是带外生变量的非线性回归模型的特例[294]。一般的 NARX 模型可表示为

$$y(k) = F^{\ell}[y(k-1),\cdots,y(k-n_y),u(k-d),\cdots,u(k-n_u),e(k)] \tag{7.40}$$

式中：$u(k)$ 和 $y(k)$ 分别代表系统的输入和输出信号；$e(k)$ 表示因噪声或建模不完全导致的不确定性；$F^{\ell}[\cdot]$ 表示以多项式形式表征的非线性度为 ℓ 的函数。其模型的展开式为多项式，且关于参数是线性的，理论上可逼近任意的非线性系统[295]。

若非线性 $f(\cdot)$ 仅作用在 NARX 的输入上，此时为一个 Hammerstein 模型，可表示为

$$y(k) = a_1 y(k-1) + \cdots + a_{n_y} y(k-n_y) + f[u(k-d),\cdots,u(k-n_u)] \tag{7.41}$$

其中为简化表征，略去了不确定性 $e(k)$。Wiener 模型的非线性 $f(\cdot)$ 则同时作用在 NARX 的输入和输出上，可表示为

$$y(k) = f[a_1 f^{-1}(y(k-1)) + \cdots + a_{n_y} f^{-1}(y(k-n_y)) + b_d u(k-d) + \cdots + b_{n_u} u(k-n_u)] \tag{7.42}$$

$f^{-1}(\cdot)$ 为 $f(\cdot)$ 的反函数[296]，两种结构的模型表征如图 7.13 所示。

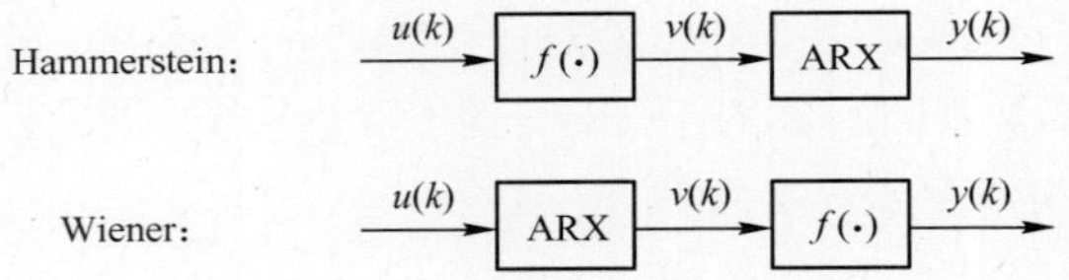

图 7.13 Hammerstein 和 Wiener 模型的块联非线性表征

式(7.40)可展开为非线性度在 $[1,\ell]$ 区间上的多项式和，第 $(p+m)$ 项包括一个 p 阶 $y(k-n_i)$、一个 m 阶 $u(k-n_i)$ 和一个倍数因子 $c_{p,m}(n_1,\cdots,n_m)$，如式(7.43)所示：

$$y(k) = \sum_{m=0}^{\ell} \sum_{p=0}^{\ell-m} \sum_{n_1,n_m}^{n_y,n_u} c_{p,m}(n_1,\cdots,n_m) \prod_{i=1}^{p} y(k-n_i) \prod_{i=1}^{m} u(k-n_i) + e(k) \tag{7.43}$$

式中：$\sum_{n_1,n_m}^{n_y,n_u} \equiv \sum_{n_1=1}^{n_y} \sum_{n_2=1}^{n_y} \cdots \sum_{n_m=1}^{n_y}$。

1. 非线性系统 Hammerstein 模型

在 Hammerstein 模型（H－模型）中，中间输入信号 $v(k)$ 由下式得到：

$$v(k-i) = f^{\ell}(u(k-i)),\ i=1,2,\cdots,n_u \tag{7.44}$$

式中：f^{ℓ} 为模型的静态非线性，且其存在一个阶数为 ℓ 的多项式逼近。如图 7.13 所示，H－模型的线性子系统为一个标准的 ARX 模型，可表示为

$$y(k) = \sum_{j=1}^{n_y} \theta_j y(k-j) + \sum_{i=1}^{n_v} \sigma_i v(k-i) \tag{7.45}$$

将式(7.44)代入式(7.45)，可得

$$y(k)=\sum_{j=1}^{n_y}\theta_j y(k-j)+\sum_{i=1}^{n_u}\sigma_i f^{\ell}(u(k-i)) \tag{7.46}$$

2. 非线性系统 Wiener 模型

非线性系统 Wiener 模型(W－模型)是由一个线性子系统后接一非线性增益组成,如图 7.13 所示,线性子系统 ARX 的输出 $v(k)$ 可表示为

$$v(k)=\sum_{j=1}^{n_v}\theta_j v(k-j)+\sum_{i=1}^{n_u}\sigma_i u(k-i) \tag{7.47}$$

则有 W－模型的输出 $y(k)$ 为

$$y(k)=f^{\ell}\left(\sum_{j=1}^{n_v}\theta_j v(k-j)+\sum_{i=1}^{n_u}\sigma_i u(k-i)\right) \tag{7.48}$$

在 W－模型中,静态的非线性作用在中间输出信号 $v(k)$ 上,即 $y(k)=f^{\ell}(v(k)$,假设 $f^{\ell}(\cdot)$ 存在一个反函数 $g^{\ell_1}(\cdot)$,则有 $v(k)=g^{\ell_1}(y(k))$,则模型输出 $y(k)$ 也可表示为

$$y(k)=f^{\ell}\left(\sum_{j=1}^{n_v}\theta_j g^{\ell_1}(y(k-j))+\sum_{i=1}^{n_u}\sigma_i u(k-i)\right) \tag{7.49}$$

3. NARMAX 模型

作为 NARX 的普适模型,NARMAX 模型基本涵盖了所有的非线性模型,如双线性模型、H－模型、W－模型、非线性时间序列模型、ARMAX 模型等。其一般形式可表示为

$$y(k)=F^{\ell}[y(k-1),\cdots,y(k-n_y),u(k-d),\cdots,u(k-n_u),e(k),\cdots,e(k-n_e)] \tag{7.50}$$

因 ARMA 与 AR 模型之间的转换关系,可知,式(7.50)与式(7.40)是可相互转化的。本章有关非线性控制系统的研究都是基于 NARX 模型进行的。

4. AUV 运动方程基本模型

AUV 的水下运动是 6 自由度的空间运动,通常难以获得精确的运动方程,且其侧向、纵向的运动方程具有强非线性、强耦合性,AUV 控制系统属于多输入多输出、时变参数的非线性系统。

AUV 的非线性运动方程的机理建模研究,是建立在以下基本假设上的:

(1) AUV 为刚体,其外形关于纵平面 xoz 平面对称;

(2) AUV 完全浸没在流体介质中,并处于全沾湿状态;

(3) 本体坐标系 $Ox_by_bz_b$ 的原点在 AUV 的浮心处;

(4) 不考虑地球的自转和地球的曲率,近似认为地面坐标系为惯性坐标系;

(5) 不单独考虑波浪和洋流对 AUV 运动的影响;

(6) AUV 航行过程中,不考虑任何可能引起 AUV 质量变化的因素,即认为 AUV 的质量是恒定的。

在对 AUV 的空间运动进行研究时,会因为研究对象的不同选取不同的参考坐标系,本章的模型分析中用到的坐标系有地面坐标系(平移坐标系)$Ox_0y_0z_0$、本体坐标系 $Ox_by_bz_b$、速度坐标系 $Oxyz$。地面坐标系到本体坐标系的转换矩阵为 $\boldsymbol{C}_0^b$,速度坐标系到本体坐标系的转换矩阵为 $\boldsymbol{C}_v^b$,对于各转换矩阵有 $\boldsymbol{C}_0^b=\boldsymbol{C}_b^{0T}$,$\boldsymbol{C}_v^b=\boldsymbol{C}_b^{vT}$,且有 $\boldsymbol{C}_0^v=\boldsymbol{C}_0^b\boldsymbol{C}_b^v$,即各坐标系之间的转换关系可以传递。

$$
\boldsymbol{C}_v^b=\begin{bmatrix} \mathrm{C}\alpha\mathrm{C}\beta & \mathrm{S}\alpha & -\mathrm{C}\alpha\mathrm{S}\beta \\ -\mathrm{S}\alpha\mathrm{C}\beta & \mathrm{C}\alpha & \mathrm{S}\alpha\mathrm{S}\beta \\ \mathrm{S}\beta & 0 & \mathrm{C}\beta \end{bmatrix}
$$

$$
\boldsymbol{C}_0^b=\begin{bmatrix} \mathrm{C}\theta\mathrm{C}\psi & \mathrm{S}\theta & -\mathrm{C}\theta\mathrm{S}\psi \\ -\mathrm{S}\theta\mathrm{C}\psi\mathrm{C}\varphi+\mathrm{S}\psi\mathrm{S}\varphi & \mathrm{C}\theta\mathrm{C}\varphi & \mathrm{S}\theta\mathrm{S}\psi\mathrm{C}\varphi+\mathrm{C}\psi\mathrm{S}\varphi \\ \mathrm{S}\theta\mathrm{C}\psi\mathrm{S}\varphi+\mathrm{S}\psi\mathrm{C}\varphi & -\mathrm{C}\theta\mathrm{S}\varphi & -\mathrm{S}\theta\mathrm{S}\psi\mathrm{S}\varphi+\mathrm{C}\psi\mathrm{C}\varphi \end{bmatrix}
$$

式中:α 为攻角;β 为侧滑角;θ 为俯仰角;ψ 为偏航角;φ 为横滚角;$S\cdot=\sin(\cdot)$;$C\cdot=\cos(\cdot)$。刚体的空间运动方程包括动力学方程和运动学方程:动力学方程描述刚体的受力与加速度、角加速度之间的关系;运动学方程则描述空间位置、姿态与速度和角速度之间的关系。

依据动量定理及动量矩定理,可得刚体的动力学方程为

$$
\boldsymbol{M}\frac{\mathrm{d}V}{\mathrm{d}t}+\boldsymbol{C}(V)V+\boldsymbol{D}(V)+\boldsymbol{G}(\boldsymbol{\eta})=\boldsymbol{B}(\boldsymbol{u}(t)) \tag{7.51}
$$

式中:$\boldsymbol{M}=\boldsymbol{M}_1+\boldsymbol{M}_A$ 为惯性矩阵和附加质量矩阵;$\boldsymbol{C}$ 为科氏力和离心力矩阵;$\boldsymbol{D}$ 为黏性流体阻尼力矩阵;$\boldsymbol{G}$ 为重力和浮力向量;$\boldsymbol{B}(u(t))$为作用在 AUV 上的可控流体动力,其中,$\boldsymbol{B}$ 为依赖于激励特性的非线性函数,输入 $\boldsymbol{u}(t)=[\delta_E,\delta_R,\delta_D,T]$ 为控制向量,其组成分别为升降舵的舵角、方向舵的舵角、差动舵角及推进器的推力。其中

$$
\boldsymbol{M}_I=\begin{bmatrix} m & 0 & 0 & 0 & mz_G & -my_G \\ 0 & m & 0 & -mz_G & 0 & mx_G \\ 0 & 0 & m & my_G & -mx_G & 0 \\ 0 & -mz_G & my_G & I_{xx} & -mx_Gy_G & -mx_GZ_G \\ mz_G & 0 & -mx_G & -mx_Gy_G & I_{yy} & -my_Gz_G \\ -my_G & mx_G & 0 & -mx_Gz_G & -my_Gz_G & I_{zz} \end{bmatrix},
$$

$$
\boldsymbol{M}_A=\begin{bmatrix} \lambda_{11} & 0 & 0 & 0 & 0 & 0 \\ 0 & \lambda_{22} & 0 & 0 & 0 & \lambda_{26} \\ 0 & 0 & \lambda_{33} & 0 & -\lambda_{26} & 0 \\ 0 & 0 & 0 & \lambda_{44} & 0 & 0 \\ 0 & 0 & -\lambda_{26} & 0 & \lambda_{55} & 0 \\ 0 & \lambda_{26} & 0 & 0 & 0 & \lambda_{66} \end{bmatrix},\boldsymbol{C}=\begin{bmatrix} 0 & w_y & w_z & 0 & 0 & 0 \\ w_y & 0 & -w_x & 0 & 0 & 0 \\ -w_z & w_x & 0 & 0 & 0 & 0 \\ 0 & v_y & v_z & 0 & -w_y & w_z \\ -v_y & 0 & -v_x & w_y & 0 & -w_x \\ v_z & v_x & 0 & -w_z & w_x & 0 \end{bmatrix}
$$

$$
\boldsymbol{D}=\begin{bmatrix} \frac{1}{2}c_x\rho v^2 S \\ \frac{1}{2}c_y(v,\delta_E)\rho v^2 S \\ \frac{1}{2}c_z(v,\delta_R)\rho v^2 S \\ \frac{1}{2}m_x(v,\delta_R,\delta_D)\rho v^2 SL \\ \frac{1}{2}m_y(v,\delta_R)\rho v^2 SL \\ \frac{1}{2}m_z(v,\delta_E)\rho v^2 SL \end{bmatrix},\boldsymbol{B}=f(v_x,v_y,v_z,w_x,w_y,w_z,\delta_E,\delta_R,\delta_D)
$$

运动学方程描述空间位置和姿态角与速度和角速度之间的动态变化关系，设向量 $\boldsymbol{V}=[v_x,v_y,v_z,w_x,w_y,w_z]^{\mathrm{T}}$为本体坐标系中 AUV 的速度与角速度向量；$\boldsymbol{\eta}=[x_b,y_b,z_b,\psi,\theta,\varphi]^{\mathrm{T}}$ 为地面坐标系中 AUV 的位置和姿态向量，依据欧拉运动方程可得 AUV 的运动方程为

$$\dot{\boldsymbol{\eta}}=\boldsymbol{C}_0^b\boldsymbol{M}(\boldsymbol{\eta},\boldsymbol{V}) \tag{7.52}$$

即$\dot{\boldsymbol{\eta}}$是 $\boldsymbol{\eta}$、$\boldsymbol{V}$ 和坐标转换矩阵 $\boldsymbol{C}_0^b$ 的函数。表 7.14 所列为模型中的参量及定义。

表 7.14　AUV 运动模型中的参数及其定义

变　量	定　义
m	AUV 质量(kg)
S	特征面积，一般取最大横截面积(m^2)
L	特征长度，一般取 AUV 的总长度(m)
v	AUV 速度(m/s)
$\delta_E,\delta_R,\delta_D$	横舵、直舵、差动舵
ρ	水的密度，此处取 994kg/m^3
$c_x(\cdot),c_y(\cdot),c_z(\cdot)$	阻力、升力、侧力系数
$m_x(\cdot),m_y(\cdot),m_z(\cdot)$	横滚力矩、偏航力矩、俯仰力矩系数
x_G,y_G,z_G	重心后移量、下降量、侧移量
I_{xx},I_{yy},I_{zz}	X、Y、Z 方向上的惯性转量
λ_{ij}	惯性附加力和力矩的分量系数
α,β	攻角、侧滑角
v_x,v_y,v_z	X、Y、Z 方向上的速度分量
w_x,w_y,w_z	X、Y、Z 方向上的角速度分量
x_b,y_b,z_b	AUV 在地面坐标系的位置分量
ψ,θ,φ	偏航角、俯仰角、横滚角
D_t	AUV 排水量(m^3)
g	重力加速度，此处取 9.81m/s^2

航行器运动模型的分析，一般都是通过基于小扰动原理的线性化方法或运动方程的分组在特定点附近将非线性的运动方程转化为线性方程进行求解的[297-299]，如式(7.51)是观测变量为 $\boldsymbol{y}=[v_x,v_y,v_z,w_x,w_y,w_z]^{\mathrm{T}}$ 的线性动力模型。

5. AUV 运动方程的 NARX 模型表征

由上述分析可得 6 自由度 AUV 的运动模型的非线性状态方程可表示为

$$\begin{cases}\dot{\boldsymbol{x}}=f(\boldsymbol{x},\boldsymbol{u})\\ \boldsymbol{y}=g(\boldsymbol{x})\end{cases} \tag{7.53}$$

其中

$$\boldsymbol{x}=[v_x,v_y,v_z,w_x,w_y,w_z,x_b,y_b,z_b,\psi,\theta,\varphi]^{\mathrm{T}},\boldsymbol{u}=f(v_x,v_y,v_z,w_x,w_y,w_z,\delta_E,\delta_R,\delta_D)$$

$$\boldsymbol{E}=[e_1,e_2,e_3,e_4,e_5,e_6]^{\mathrm{T}},\quad \boldsymbol{M}=\boldsymbol{M}_I+\boldsymbol{M}_A,[\dot{v}_x,\dot{v}_y,\dot{v}_z,\dot{w}_x,\dot{w}_y,\dot{w}_z]^{\mathrm{T}}=\boldsymbol{M}^{-1}\boldsymbol{E},$$

$$e_1=m(v_yw_z-v_zw_y)+mx_G(w_y^2+w_z^2)-my_Gw_xw_y-mz_Gw_x\dot{w}_z$$

$$+\lambda_{22}-\lambda_{33}v_zw_y+\lambda_{26}(w_y^2+w_z^2)-(mg-F_G)\sin\theta+Te+Rx$$

$$e_2=m(v_zw_x-v_xw_z)+my_G(w_x^2+w_z^2)-mz_Gw_yw_z-mx_Gw_xw_y$$

$$+\lambda_{33}v_zw_x-\lambda_{11}v_xw_z-\lambda_{26}w_xw_y-(mg-F_G)\cos\theta\cos\varphi+Ry$$

$$e_3=m(v_xw_y-v_yw_x)+mz_G(w_x^2+w_y^2)-mx_Gw_xw_z-my_Gw_yw_z$$

$$+\lambda_{11}v_xw_y-\lambda_{22}v_yw_x-\lambda_{26}w_xw_z+(mg-F_G)\cos\theta\sin\varphi+Rz$$

$$e_4=(I_{yy}+\lambda_{55}-I_{zz}-\lambda_{66})w_yw_z+my_Gz_G(w_y^2-w_z^2)+mx_Gz_Gw_xw_y-mx_Gy_Gw_xw_z$$

$$+my_G(v_xw_y-v_yw_x)+mz_G(v_xw_z-v_zw_x)+mgy_G\cos\theta+mgz_G\cos\theta\cos\varphi+Mx$$

$$e_5=(I_{zz}+\lambda_{66}-I_{xx}-\lambda_{44})w_xw_z+mx_Gz_G(w_z^2-w_x^2)+mx_Gy_Gw_yw_z-my_Gz_Gw_xw_y-mgz_G\sin\theta$$

$$+my_G(v_yw_z-v_zw_y)+mx_G(v_yw_x-v_xw_y)+\lambda_{26}(v_yw_x-v_xw_y)+mgx_G\cos\theta\sin\varphi+My$$

$$e_6=(I_{xx}+\lambda_{44}-I_{yy}-\lambda_{55})w_xm_y+mx_Gy_G(w_x^2-w_y^2)+my_Gz_Gw_xw_z-mx_Gz_Gw_yw_z+mgy_G\sin\theta$$

$$+mx_G(v_zw_x-v_xw_z)+my_G(v_zw_y-v_yw_z)+\lambda_{26}(v_zw_x-v_xw_z)-mgx_G\cos\theta\cos\varphi+Mz$$

$$\begin{bmatrix}\dot{x}_a\\ \dot{y}_b\\ \dot{z}_b\end{bmatrix}=\boldsymbol{C}_0^b\begin{bmatrix}v_x\\ v_y\\ v_z\end{bmatrix},\begin{bmatrix}\dot{\psi}\\ \dot{\theta}\\ \dot{\varphi}\end{bmatrix}=\begin{bmatrix}(w_y\cos\varphi-w_z\sin\varphi)/\cos\theta\\ w_y\sin\varphi+w_z\cos\varphi\\ w_x-(w_y\cos\varphi-w_z\sin\varphi)\tan\theta\end{bmatrix}$$

至此，$\dot{\boldsymbol{x}}=f(\boldsymbol{x},\boldsymbol{u})$ 函数关系的机理建模已全部完成，取观测方程 $\boldsymbol{y}=g(\boldsymbol{x})=\dot{\boldsymbol{x}}$，则有离散化 NARMAX 状态方程为

$$\boldsymbol{X}(k+1)=F^{\ell}(\boldsymbol{X}(k),\boldsymbol{U}(k),\boldsymbol{C}_0^b,Te,Rx,\cdots,Mx,\cdots)\tag{7.54}$$

在坐标转换矩阵 $\boldsymbol{C}_i^j$ 及其他一些非线性函数中，存在 sin(·)，cos(·)，tan(·)之类的三角函数，对其进行 x^3 以内的泰勒级数展开后进行非线性综合。由上述分析可知，延迟参数 $n_y=n_u=1$，选择已知的参数作为需要识别的参数，即 $m,x_G,y_G,z_G,\lambda_{11},\lambda_{22},\lambda_{33},\lambda_{44},\lambda_{55},\lambda_{26},I_{xx},I_{yy},I_{zz}$。

7.4.2 灰箱系统辨识理论框架

系统辨识在无人航空器（Unmanmed Aerial Vehicle, UAV）、水下航行器（Autonomous Underwater Vehicle, AUV）等自主航行器的控制系统建模中发挥着重要作用。尤其是相对于“黑箱”（Black Box）建模与“白箱”（White Box）建模概念建立的“灰箱”（Grey Box）建模及系统辨识方法，将先验信息以一种量化的方式有效引入到参数化模型的描述中，可显著降低对辨识实验信息的需求量[300]。在本书第 6 章基于贝叶斯理论对静态模型可信度评估中的统计推断方法进行了较深入的研究，在进行动态模型可信度测试与评估中，可利用先验信息将动态模型辨识问题转化为贝叶斯的极大后验（Maximum A Posterior, MAP）估计问题，并通过扩展方法进行求解[301]。进行基于先验的灰箱辨识的首要任务是表征先验信息，对于模型结构的先验表征一般采用传递函数或状态方程形式。在对模型进行建模时，一般有两种主要方法，即机理建模（理论建模）和系统辨识建模（实验建模），在进行系统辨识时，机理建模中累积的知识或工程经验可以为模型结构或阶次提供一定的参考信息[302]。在对参数分布进行表征时，针对特定的参数，可以采用成熟的先验分布假设，如正态分布、泊松分布等，而对一定区间内的无信息先验一般采用区间均匀分布[303]。系统辨识算法对辨识试验输入信号的要求大多是比较严格的，伪随机序列如 m 序列、$m3$ 序列等的特殊性质为进行系统辨识提供了良好的激励基础[304]，为使实验数据能提供更

多的信息，在对动态系统进行辨识时常采用类似正弦的扫频信号作为输入[303,305]，而无法直接使用自由输入的试验数据进行辨识。

1. 先验知识表征

一般的物理系统辨识中，对系统的内部机理一无所知，此时仅能够利用输入－输出数据建立描述其某种特性的近似模型，即系统辨识中的“黑箱”问题，与之相对的是“白箱”问题，即内部结构完全已知的模型。而在工程应用中遇到的问题一般都有一定的工程经验积累，再结合机理建模可以预先确定或估计模型结构和其中部分参数的变化规律，从而为模型辨识提供先验知识，此时的辨识问题可称为“灰箱”问题，对于实际应用而言，“黑箱”和“白箱”都是相对的，而“灰箱”是绝对的。先验知识可以是模型的阶次、结构[306]、参数分布[303]、变化规律[307]及一切有助于确定辨识模型的已知条件或可获取信息[300,308]。结构辨识及参数辨识是系统辨识的两种不同表现形式，参数辨识其实就是在结构已知或已辨识先验下的灰箱辨识。对于航行器这种已经建立较完善的动力学及运动学模型的系统进行辨识时，基于机理建立的普适模型为参数辨识提供了良好的模型结构信息基础[309]。文献[305]从旋翼飞行器的飞行动力学建模的共性问题出发，建立了15维MIMO小扰动线性化模型，根据机理模型的先验信息确定模型的结构、阶次与待辨识未知参数的分布规律，并引入子空间辨识法及加权预报误差辨识法相结合的两步辨识法，使辨识算法具有极好的数值稳定性和辨识精度。文献[303]在对小型无人飞机动态模型进行系统辨识时，在基于一定假设的基础上，获取了悬停点附近的线性化参数状态空间模型，采用无信息先验分布的典型分布形式——区间均匀分布作为待辨识参数的先验分布，将辨识问题转化为了贝叶斯MAP估计问题，有效降低了对辨识实验的要求，为参数分布的先验信息表征提供了系统的理论基础。虽然先验信息的引入，大大减少了算法计算量并改善了辨识精度，但上述航行器系统辨识都是在一定假设条件下的线性化方程的辨识，NARX（或NARMAX）提供了几乎所有非线性系统的逼近实现，基于NARX模型的系统辨识更能准确地反应模型的非线性。本章主要研究基于一定先验的NARX模型的参数辨识法在AUV运动模型参数辨识中的应用。

2. 辨识试验技术

试验是系统辨识必不可少的组成部分，主要有现场试验和仿真试验两种方式，其中前者的成本及实施难度都比后者要大很多，在进行现场试验时需要充分考虑系统辨识需求，进行有关试验参数数据的激励设计并采集、记录试验数据。半实物或全数字的仿真试验也是辨识试验的另一个重要组成部分，航行器动力模型辨识问题具有未知参数众多的特点，随着未知参数的增加无疑会加大辨识的难度。非现场试验或仿真试验是为“灰箱”系统辨识提供先验信息的重要手段，例如AUV运动模型有关参数的辨识中，AUV的质量、转动惯量、特征面积、特征长度、重心偏移量等都是可以在进行现场试验前获取的模型特征参数。

除试验设计外，数据的采集和处理也是辨识试验的重要组成部分。输入－输出数据在航行器模型辨识中具有决定性作用，故在航行中的内测数据记录系统的设计也是很重要的。AUV中统一时间体系支持下的全系统数据记录系统为其模型辨识提供了良好的数据基础。此外，对内测系统记录的数据进行基于标准测度的融合也会在一定程度上提高数据的可信度与精度。

3. 辨识算法

辨识算法是进行 AUV 运动模型辨识研究的核心,其旨在从包含噪声和非线性污染的数据中,提取所期望的运动模型。随着系统辨识技术的不断发展及对辨识精度等要求的不断提高,对 AUV 的运动模型辨识算法的研究也从早期的 SISO 传递函数辨识向全参数状态空间模型甚至非线性模型转变。从研究手段上,可以将辨识算法分为时域和频域两类,从机理上又可分为 SISO、SIMO、MIMO 等系统的辨识。目前,较成功的辨识案例大多是采用 SISO、MISO 辨识方法。

1) NARX 模型参数辨识

NARX 模型参数辨识的辨识方法有伪随机序列辨识法、直交最小二乘法及稳态响应法三种,下面将以 MIMO - NARMAX 模型的辨识为例分别探讨几种方法的实现。

伪随机序列是系统辨识的重要组成部分,经典的系统辨识一般都使用伪随机序列作为系统辨识的输入,在系统辨识中,主要利用了伪随机二位式序列(m 序列)或伪随机三位式序列(m3 序列)[304]的一些统计特性进行辨识。以 m3 序列输入下的 W - 模型非线性部分偶数项系数辨识为例,假设线性 ARX 的输出为$\hat{\boldsymbol{\nu}}(k)$,则有$\hat{\boldsymbol{\nu}}(k)$可表示为

$$\hat{\boldsymbol{\nu}}(k) = \sum_{i=1}^{n_u} \theta_i u(k-i) \tag{7.55}$$

从而有

$$R_{u\nu}(2k+1,0) = \frac{1}{N}\sum_{i=1}^{N} u(k-i)\,\hat{\boldsymbol{\nu}}^{2j+1}(i) \tag{7.56}$$

由于 m3 序列的周期性及逆重复性,可知序列$\{\hat{\boldsymbol{\nu}}(k)\}$是周期为 N_p 的逆重复序列,而$\{u(k-i)\hat{\boldsymbol{\nu}}^{2j+1}(i)\}$为周期为 $N_p/2$ 的逆重复序列,定义 $X_{i,j} = A_i^{2j+1}R_{u\nu}(2k+1,0)$,则有

$$X_{i,j} = A_i^{2j+1}\frac{2}{N_p}\sum_{i=1}^{N_p/2} u(k-i)\,\hat{\boldsymbol{\nu}}^{2j+1}(i) \tag{7.57}$$

令式(7.56)中的 $i=0$,并考虑到 $\theta_0 \equiv 0$,则有

$$R_{uy}(i,0) = a_2X_{i,1} + a_4X_{i,2} + \cdots + a_{2m}X_{im} \tag{7.58}$$

取 $i=1,2,\cdots,m$,联立方程组,即有

$$[\hat{a}_2,\hat{a}_4,\cdots,\hat{a}_{2m}] = X^{-1}[R_{uy}(1,0),R_{uy}(2,0),\cdots,R_{uy}(w,0)]^{\mathrm{T}} \tag{7.59}$$

其他系数的辨识方法与此类似。但是在实际试验数据的设计或采集中,很难保证试验的输入信号满足 m 序列的性质要求。

离散化 MIMO - NARMAX 模型可表述为

$$\boldsymbol{y}(\boldsymbol{k}) = F^{\ell}[\boldsymbol{y}(\boldsymbol{k}-1),\cdots,\boldsymbol{y}(\boldsymbol{k}-n_y),\boldsymbol{u}(\boldsymbol{k}-1),\cdots\boldsymbol{u}(\boldsymbol{k}-n_u),e(\boldsymbol{k}-1),\cdots,e(\boldsymbol{k}-n_e)] + e(k)$$

式中:$\boldsymbol{y}(\boldsymbol{k}) = [y_1(k),\cdots,y_m(k)]^{\mathrm{T}}$,$\boldsymbol{u}(\boldsymbol{k}) = [u_1(k),\cdots,u_r(k)]$,$\boldsymbol{e}(\boldsymbol{k}) = [e_1(k),\cdots,e_m(k)]$,分别表示系统的输出、输入及噪声;$n_y,n_u,n_e$ 分别是它们的最大延迟;$\{e_i(k)\}$为独立的高斯白噪声过程;$F^{\ell}(\cdot)$为向量的非线性函数。则上述模型可展开为 L_i 阶的多项式形式,即

$$y_i(k) = \theta_{i0} + \sum_{j=1}^{n_i}\theta_{ij}x_{ij}(k) + e_i(k),\ i=1,\cdots,m \tag{7.60}$$

此处有 $n_i = \sum_{j=0}^{L_i} n_{ij}$,$n_{i0}=1$,$n_{ij}$是 j 阶多项式的项的个数,$n_{ij} = \{n_{ij-1}[m(n_y+n_e)+rn_u+1]+$

$2n_{ij-2}+\cdots+(j-1)n_{ij}\}/j, j=1,\cdots,L_i$；$\theta_{i0}$是常数项；$x_{ij}(k), i=1,\cdots,m, i=1,\cdots,n_i$ 是单项式，每项由带延迟的输入、输出及噪声组成。式(7.60)的矩阵形式为

$$\boldsymbol{Y}_i=\boldsymbol{X}_i\boldsymbol{\Theta}_i+\boldsymbol{E}_i \tag{7.61}$$

式中：$\boldsymbol{Y}_i=[y_i(1),y_i(2),\cdots,y_i(N)]^{\mathrm{T}}$；$\boldsymbol{\Theta}_i=[\theta_{i0},\theta_{i1},\cdots,\theta_{in_i}]^{\mathrm{T}}$；$\boldsymbol{E}_i=[e_i(1),e_i(2),\cdots,e_i(N)]^{\mathrm{T}}$；$\boldsymbol{X}_i=[\boldsymbol{x}_{i0},\boldsymbol{x}_{i1},\cdots,\boldsymbol{x}_{in_i}]=\begin{bmatrix} x_{i0}(1) & x_{i1}(1) & \cdots & x_{in_i}(1)\\ x_{i0}(2) & x_{i1}(2) & \cdots & x_{in_i}(2)\\ \vdots & \vdots & \ddots & \vdots\\ x_{i0}(N) & x_{i1}(N) & \cdots & x_{in_i}(N)\end{bmatrix}$，$N$ 为数据样本长度，n_i+1 为未知的参数个数。可见 NARMAX 模型的辨识问题本质上是一个最小二乘问题。

对于给定秩为 n 的 $N\times n$ 实矩阵 $\boldsymbol{X}_i=[\boldsymbol{x}_0,\boldsymbol{x}_1,\cdots,\boldsymbol{x}_n](N\geqslant n)$ 及 N 维实向量 $\boldsymbol{Y}=[y_1,y_2,\cdots,y_N]^{\mathrm{T}}$，则最小二乘问题可描述如下：求解 $\boldsymbol{\Theta}=[\theta_1,\theta_2,\cdots,\theta_n]^{\mathrm{T}}$，使得 $\|\boldsymbol{X\Theta}-\boldsymbol{Y}\|_2$ 最小。

求矩阵 $\boldsymbol{X}$ 的正交分解，使得 $\boldsymbol{X}=\boldsymbol{QR}$，$\boldsymbol{Q}$ 为 $\boldsymbol{X}$ 正交化后的矩阵，$\boldsymbol{Q}^{\mathrm{T}}\boldsymbol{Q}=\boldsymbol{D}=\mathrm{diag}\{d_1,d_2,\cdots,d_n\}$ 为正定的对角阵，$\boldsymbol{R}$ 为上三角阵，即

$$\boldsymbol{R}=\begin{bmatrix} 1 & r_{12} & r_{13} & \cdots & \cdots & r_{1n}\\ & 1 & r_{23} & \cdots & \cdots & r_{2n}\\ & & 1 & r_{34} & \cdots & r_{3n}\\ & & & \ddots & \vdots & \vdots\\ & & & & 1 & r_{(n-1)n}\\ & & & & & 1\end{bmatrix} \tag{7.62}$$

经典 Gram – Schmidt(Classical Gram – Schmidt, CGS)方法可表述为

$$\left.\begin{array}{l} \boldsymbol{q}_1=\boldsymbol{x}_1,\\ r_{ik}=<\boldsymbol{q}_i,\boldsymbol{x}_k>/<\boldsymbol{q}_i,\boldsymbol{q}_i>, 1\leqslant i\leqslant k,\\ \boldsymbol{q}_k=\boldsymbol{x}_k-\sum\limits_{i=1}^{k-1}r_{ik}\boldsymbol{q}_i \end{array}\right\} k=2,\cdots,n \tag{7.63}$$

定义 $\boldsymbol{g}=\boldsymbol{D}^{-1}\boldsymbol{Q}^{\mathrm{T}}\boldsymbol{Y}=[g_1,g_2,\cdots,g_n]^{\mathrm{T}}$，则上述最小二乘解 $\boldsymbol{\Theta}$ 可由方程 $\boldsymbol{R\Theta}=\boldsymbol{g}$ 经简单的回代后计算得到。由于 CGS 在求解时会引入两类误差：舍入误差及方程回代累积误差，改进 Gram – Schmidt(Modified Gram – Schmidt, MGS)方法被提出。其主要方法可表述为

$$\left.\begin{array}{l} \boldsymbol{q}_k=\boldsymbol{x}_k^{(k-1)},\\ r_{ki}=<\boldsymbol{q}_k,\boldsymbol{x}_i^{(k-1)}>/d_k, i=k+1,\cdots,n\\ \boldsymbol{x}_i^{(k)}=\boldsymbol{x}_i^{(k-1)}-r_{ki}\boldsymbol{q}_k, i=k+1,\cdots,n\\ \boldsymbol{q}_n=\boldsymbol{x}_n^{(n-1)} \end{array}\right\} k=1,2,\cdots,n-1 \tag{7.64}$$

对 N 维实向量 $\boldsymbol{Y}$ 作上述类似变换：

$$\boldsymbol{Y}\rightarrow\boldsymbol{Y}^{(0)}\rightarrow\cdots\rightarrow\boldsymbol{Y}^{(n)}=\boldsymbol{e} \tag{7.65}$$

在变换的第 k 步，$Y^{(k)}$ 通过式(7.66)求得

$$\left.\begin{array}{l} g_k=<\boldsymbol{q}_k,\boldsymbol{Y}^{(k-1)}>/d_k\\ \boldsymbol{Y}^{(k)}=\boldsymbol{Y}^{(k-1)}-g_k\boldsymbol{q}_k \end{array}\right\} \tag{7.66}$$

定义 $\boldsymbol{g}=\boldsymbol{D}^{-1}\boldsymbol{Q}^{\mathrm{T}}\boldsymbol{Y}=[g_1,g_2,\cdots,g_n]^{\mathrm{T}}$，则最小二乘解 $\boldsymbol{\Theta}$ 可由方程 $\boldsymbol{R\Theta}=\boldsymbol{g}$ 经简单的回代计算得到。

对式(7.42)而言，稳态中间信号 $v(k)$ 与输出信号 $y(k)$ 间的函数 $f(\cdot)$ 是稳态的，且它是 ARX 模型的增益，若将稳态增益调为 1，即 $\bar{v}(k)=\bar{u}(k)$，则 $f(\cdot)$ 即为输入与输出之间的稳态响应函数。函数 $f(\cdot)$ 可用来得到 $\bar{y}\times\bar{u}=\bar{v}$ 的对应关系，并可使用一定的线性回归方法得到函数估计 $\bar{v}=g(\bar{y})$，$g(\cdot)$ 为应用定义域上 $f^{-1}(\cdot)$ 的估计。假设模型(式(7.43)所示)被常量输入激励，那么有稳态响应为

$$\bar{y}=y(k-1)=y(k-2)=\cdots=y(k-n_y),\bar{u}=u(k-1)=u(k-2)=\cdots=u(k-n_u) \tag{7.67}$$

则有式(7.43)可改写为

$$y(k)=\sum_{m=0}^{\ell}\sum_{p=0}^{\ell-m}\sum_{n_1,n_m}^{n_y,n_u}c_{p,m}(n_1,\cdots,n_m)\,\bar{y}^p\,\bar{u}^m \tag{7.68}$$

这可得到在特定输入点下的模型响应。

定义 7.2[310] 式(7.68)中常数 $\sum_{m=0}^{\ell}\sum_{p=0}^{\ell-m}\sum_{n_1,n_m}^{n_y,n_u}c_{p,m}(n_1,\cdots,n_m)$ 是组合项簇 $\boldsymbol{\Omega}_{y^pu^m}$ 的系数，$\boldsymbol{\Omega}_{y^pu^m}$ 包含 $y^p(k-i)u^m(k-j)$，$m+p<\ell$，这些系数称为组合簇系数，记作 $\sum_{y^pu^m}$。

定义 7.3[311] 满足 $y^p(k-d)u^m(k-j)$，$m+p<\ell$ 的组合称为 d-簇，记作 $\boldsymbol{\Omega}_{y_d^pu^m}$，所有 d-簇的总和为 d-系数，记作 $\sum_{y_d^pu^m}$。

因此，具有相同簇的模型具有相同的非线性特性，d-簇是组合项簇的子集，其间的关系取决于输出的延时参数。如 $y(k-1)u(k-2)$、$y(k-1)u(k-3)$、$y(k-2)u(k-2)$ 三个组合项都属于组合项簇 $\boldsymbol{\Omega}_{yu}$，但 $y(k-1)u(k-2)$ 和 $y(k-1)u(k-3)$ 属于 d-簇 $\boldsymbol{\Omega}_{y_1u}$，$y(k-2)u(k-2)$ 属于 d-簇 $\boldsymbol{\Omega}_{y_2u}$。

对于 H-模型，其稳定性断言可通过对平衡点 $(\bar{u},\bar{y})$ 附近估计的 Jacob 矩阵 $\boldsymbol{D}_f$ 的特征值 λ 的检验实现。特征值为等式 $\det|\boldsymbol{\lambda I}-\boldsymbol{D}_f|=0$ 的解，也可表示为

$$\lambda^{n_y}-\Delta_1\lambda^{n_y-1}-\cdots-\Delta_{n_y-1}\lambda^1-\Delta_{n_y}=0 \tag{7.69}$$

式中：$\Delta_1=\left.\dfrac{\partial y(k)}{\partial y(k-1)}\right|_{(\bar{u},\bar{y})},\cdots,\Delta_{n_y}=\left.\dfrac{\partial y(k)}{\partial y(k-n_y)}\right|_{(\bar{u},\bar{y})}$。

H-模型的稳定性通过检验 $\Delta_i=\theta_i$，$i=1,2,\cdots,n_y$ 是否成立实现，也即 $\boldsymbol{D}_f$ 的特征值为多项式 $\lambda^{n_y}-\theta_1\lambda^{n_y-1}-\cdots-\theta_{n_y-1}\lambda^1-\theta_{n_y}=0$ 的解。这同时也侧证了 H-模型的动态性能与平衡点无关。

对于 W-模型，其平衡点附近的 Jacob 矩阵 $\boldsymbol{D}_f$ 的特征值也可通过式(7.69)求解，不同的是

$$\begin{aligned}\Delta_i&=\left.\frac{\partial y(k)}{\partial y(k-i)}\right|_{(\bar{u},\bar{y})}=\frac{\partial f^{\ell}(x)}{\partial x}\times\left.\frac{\partial x}{\partial y(k-i)}\right|_{(\bar{u},\bar{y})}=\left.\frac{\partial f^{\ell}(x)}{\partial x}\right|_{(\bar{u},\bar{y})}\times\theta_i\frac{\partial g^{\ell_1}(z)}{\partial z}\left.\frac{\partial z}{\partial y(k-i)}\right|_{(\bar{y})}\\&=\ell f^{\ell-1}(x)\,|_{(\bar{u},\bar{y})}\times\theta_i\ell_1g^{\ell_1-1}(z)\,|_{(\bar{y})}=\ell f^{\ell-1}\left(\sum\nolimits_y g^{\ell_1}(\bar{y})+\sum\nolimits_u\bar{u}\right)\times\theta_i\ell_1g^{\ell_1-1}(\bar{y})\end{aligned} \tag{7.70}$$

式中：x,z 分别为函数 $f(\cdot)$ 和 $g(\cdot)$ 的自变量；$\sum_y=\sum_{j=1}^{n_y}\theta_j$；$\sum_u=\sum_{i=1}^{n_u}\sigma_i$。通过式(7.70)可

知 W－模型的特征值与平衡点相关。

对比 H－模型与 W－模型，可得到以下重要启示：

(1) 因为任何形式的组合项簇 Ω_{yPu^m}，$p>1$，$\forall m$ 的出现，都会引发输出的非唯一性，因此具有上述性状的 NARX 多项式不可归为 H－模型或 W－模型。

(2) 仅当簇的多项式子项的延时相同时，以 Ω_{u^m}，$\forall m$ 形式的非线性簇构成 NARX 多项式才可改写为 H－模型，如 $u(k-2)u(k-2)$。

(3) 具有交叉项簇 Ω_{yu^m}，$\forall m$ 的 NARX 多项式与 W－模型一样，其特征值与平衡点相关，因此建议此类 NARX 多项式使用 W－模型表征。此类簇中的多项式可以具有不同的时延参数，一些在时延参数上有特殊约束条件的除外。

(4) 具有交叉项簇 Ω_{yPu^m}，$p=1$，$\forall m$ 的 NARX 静态函数是有理函数，当 $p=0$ 时，其静态函数为多项式。

(5) 即使 NARX 的时延参数无法从(2)和(3)中直接获取，(3)仍可用于辅助判决一个 NARX 多项式是 H－模型还是 W－模型。

2) 神经网络辨识

神经网络近年来得到普遍重视并迅速发展，它具有并行信息处理和非线性加权连接等特点，在许多领域都已得到广泛应用，尤其是在非线性模型辨识方面取得了一系列较为显著的成果[312－314]。

如图 7.14 所示为简单神经元 M－P 模型，其为接收或产生、传递和处理信息的基本单元，其数学描述为

$$u_i=\sum_{j=1}^{n} w_{ij}x_i-\theta_i=\sum_{j=0}^{n} w_{ij}x_j$$

$$y_i=f(u_i)$$

式中：w_{ij}是神经元 j 到神经元 i 的连接权重，$w_{i0}=-1$，$x_0=\theta_i$；$f(u_i)$是神经元的特征(激活)函数，较常用的特征函数是 Sigmoid 函数 $f(u)=\dfrac{1}{1+e^{-\lambda u}}$；$x_j$ 是神经元 j 的输出，也是神经元 i 的输入。

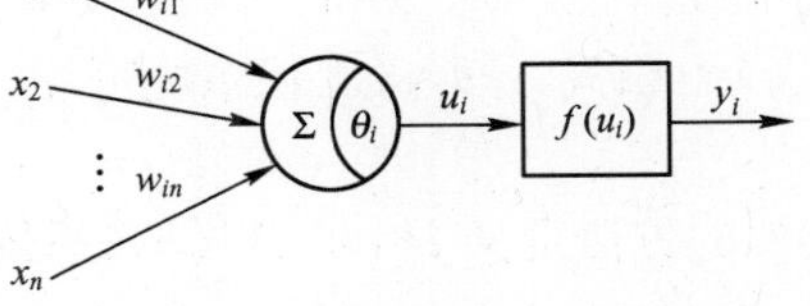

图 7.14　简单神经元 M－P 模型

神经网络有两种主要的网络拓扑结构：典型的前馈式网络有感知器网络、BP 网络、RBF 网络等；典型的反馈式网络有 Hopfield 网络等。学习方法是神经网络智能特性的重要特征，其学习规则主要有 Hebb 学习规则和 δ 学习规则。Hebb 学习规则是一种无导师学习算法，可归结为“当某一突触(连接)两端神经元的激活同步，则该连接的强度应增强，反之应减弱”。可用公式描述为

$$\Delta w_{kj}(n)=F(y_k(n),x_j(n)) \tag{7.71}$$

式中：$y_k(n)$，$x_j(n)$分别为 w_{kj}两端神经元的状态，最常用的一种情况为

$$\Delta w_{kj}(n)=\eta y_k(n)x_j(n) \tag{7.72}$$

δ 学习规则是一种有导师的学习方法，也称梯度下降法。定义误差准则函数为

$$E=\frac{1}{2}\sum_{i=1}^{n}(d_i-y_i)^2=\sum_{i=1}^{n}E_i \tag{7.73}$$

式中：d_i 为期望输出；$y_i = f(wx)$ 为网络的实际输出。δ 学习规则的目标是调整权值 w 使 E 最小，一般沿着 E 的负梯度方向不断修正 w 值，直至 E 达到最小，即

$$\Delta w_i = \eta\left(-\frac{\partial E}{\partial w_i}\right)$$

网络权重 w 的修正规则为

$$\Delta w_i = \eta \sum_{i=1}^{n} (d_i - y_i) f'(wx_i) x_i \tag{7.74}$$

误差函数会随着训练次数的增加而达到最小。

3）子空间辨识法

子空间模型辨识方法是20世纪90年代初出现的一种针对线性时不变多输入－多输出系统的有效辨识方法。子空间辨识方法综合了系统理论、线性代数和统计学三方面的思想，可以直接由输入－输出数据估计多变量系统状态空间模型。算法的基本思想起源于20世纪60年代提出的状态空间实现理论。该理论表明，系统的状态空间表达可以由脉冲响应系数组成的Hankel矩阵估计得到。其基本思想就是由输入－输出的Hankel矩阵投影的行子空间和列子空间来获取模型参数。子空间辨识方法一般由两步组成：

（1）对采样数据构成的特定线性空间进行分解，将其分解成两个相互正交的子空间，其中一个对应于系统的信号部分，另一个对应于噪声部分。然后，利用系统信号子空间得到系统的广义可观测矩阵或者状态序列。

（2）利用广义可观测矩阵或者状态序列计算系统矩阵。

子空间辨识方法的主要优点是：直接根据输入－输出数据估计状态空间模型，而无须寻优计算；通常使用QR分解或奇异值分解等数值上稳定的计算方法，因而子空间方法在数值上一般是稳定的。另外，在数值计算时，子空间辨识算法对于零初始状态和非零初始状态的辨识没有区别，不需要估计初始状态。

设系统离散状态空间方程如下：

$$\begin{aligned} \boldsymbol{x}(k+1) &= \boldsymbol{A}\boldsymbol{x}(k) + \boldsymbol{B}\boldsymbol{u}(k) \\ \boldsymbol{y}(k) &= \boldsymbol{C}\boldsymbol{x}(k) + \boldsymbol{D}\boldsymbol{u}(k) + \boldsymbol{e}(k) \end{aligned} \tag{7.75}$$

式中：$\boldsymbol{y}(k)$ 为一个 p 维列向量；$\boldsymbol{x}(k)$ 为 n 维列向量；$\boldsymbol{e}(k)$ 为噪声向量。假设 $\boldsymbol{e}(k)$ 与输入 $\boldsymbol{u}(k)$ 不相关，并假设上述系统可控、可观。令

$$\boldsymbol{Y}_r(k) = [y(k)\ y(k+1)\ \cdots\ y(k+r-1)]^{\mathrm{T}} \tag{7.76}$$

类似的方法定义 $\boldsymbol{U}_r(k)$、$\boldsymbol{V}_r(k)$，系统的扩展可观性矩阵为

$$\boldsymbol{O}_r = [\boldsymbol{C}\ \boldsymbol{CA} \cdots \boldsymbol{CA}^{r-1}]^{\mathrm{T}} \tag{7.77}$$

定义下三角Toeplitz矩阵为

$$\boldsymbol{S}_r = \begin{bmatrix} \boldsymbol{D} & 0 & \cdots & 0 \\ \boldsymbol{CB} & \boldsymbol{D} & \cdots & 0 \\ \vdots & \vdots & \ddots & \vdots \\ \boldsymbol{CA}^{r-2}\boldsymbol{B} & \boldsymbol{CA}^{r-3}\boldsymbol{B} & \cdots & \boldsymbol{D} \end{bmatrix} \tag{7.78}$$

由式(7.75)至式(7.78)可知

$$\boldsymbol{Y}_r(k) = \boldsymbol{O}_r\boldsymbol{x}(k) + \boldsymbol{S}_r\boldsymbol{U}_r(k) + \boldsymbol{V}_r(k) \tag{7.79}$$

定义 $\boldsymbol{Y} = [Y_r(1)\ Y_r(2)\ \cdots\ Y_r(N)]$，同理定义 $\boldsymbol{X}$、$\boldsymbol{U}$、$\boldsymbol{V}$，可将式(7.79)扩展为

$$Y = O_r X + S_r U + V \tag{7.80}$$

取 $\boldsymbol{U}$ 的正交投影为

$$\boldsymbol{\Pi}_{U^H}^{\perp} = \boldsymbol{I} - \boldsymbol{U}^{\mathrm{H}}(\boldsymbol{U}\boldsymbol{U}^{\mathrm{H}})^{-1}\boldsymbol{U} \tag{7.81}$$

则式(7.80)变为

$$\boldsymbol{Y}\boldsymbol{\Pi}_{U^H}^{\perp} = \boldsymbol{O}_r\boldsymbol{X}\boldsymbol{\Pi}_{U^H}^{\perp} + \boldsymbol{V}\boldsymbol{\Pi}_{U^H}^{\perp} \tag{7.82}$$

取 $\phi_s(k) = [y(k-1),\cdots,y(k-s_1),u(k-1),\cdots,u(k-s_2)]^{\mathrm{T}}$,令 $\boldsymbol{\Phi} = [\phi_s(1)\ \phi_s(2)\ \cdots\ \phi_s(N)]$,取 $\boldsymbol{\Phi}$ 的转置右乘式(7.82)得到

$$\frac{1}{N}\boldsymbol{Y}\boldsymbol{\Pi}_{U^H}^{\perp}\boldsymbol{\Phi}^{\mathrm{H}} = \boldsymbol{O}_r\frac{1}{N}\boldsymbol{X}\boldsymbol{\Pi}_{U^H}^{\perp}\boldsymbol{\Phi}^{\mathrm{H}} \tag{7.83}$$

且 $\frac{1}{N}\boldsymbol{X}\boldsymbol{\Pi}_{U^H}^{\perp}\boldsymbol{\Phi}^{\mathrm{H}}$ 满秩[315]。由式(7.83)即可确定 $\boldsymbol{A}$、$\boldsymbol{C}$ 的估计 $\hat{\boldsymbol{A}}$、$\hat{\boldsymbol{C}}$。求得 $\hat{\boldsymbol{A}}$、$\hat{\boldsymbol{C}}$ 之后,$\boldsymbol{B}$、$\boldsymbol{D}$ 的估计 $\hat{\boldsymbol{B}}$、$\hat{\boldsymbol{D}}$ 可以通过求解式(7.84)所示的线性回归问题得到:

$$\arg\min_{\substack{\boldsymbol{B}\in\boldsymbol{R}^{n\times m}\\ \boldsymbol{D}\in\boldsymbol{R}^{p\times m}}}\sum_{k=1}^{X}\|y(k) - \hat{\boldsymbol{C}}(q\boldsymbol{I}-\hat{\boldsymbol{A}})^{-1}\boldsymbol{B}u(k) - \boldsymbol{D}u(k) - \hat{\boldsymbol{C}}(q\boldsymbol{I}-\hat{\boldsymbol{A}})^{-1}\boldsymbol{x}_0\delta(k-1)\|^2 \tag{7.84}$$

式中:q 为差分方程的前移算子。

4) 频域极大似然法

设系统传递函数 $H(\Omega)$ 为

$$H(\Omega) = \mathrm{e}^{-\mathrm{j}wT_d}\frac{b_0\Omega^0 + b_1\Omega^1 + \cdots + b_{n_\Omega}\Omega^{n\Omega}}{a_0\Omega^0 + a_1\Omega^1 + \cdots + a_{n_\Omega}\Omega^{n\Omega}} \tag{7.85}$$

式中:在 S 域中,$\Omega = s = \mathrm{j}w = \mathrm{j}2\pi f$;$T_d$ 为系统延迟时间。输入 $x(t)\xrightarrow{\text{Fourier}}X$,输出 $y(t)\xrightarrow{\text{Fourier}}Y$,$X_k$、$Y_k$ 表示频率 w_k 对应的 Fourier 系数,X_{mk}、Y_{mk}表示测量得到的 w_k 对应的 Fourier 系数。设系统的输入–输出噪声分别为 N_x、N_y,且服从高斯分布,相互独立,在不同的频率点互不相关,设 P 为 $H(\Omega)$ 中的未知参数,则有

$$Y_{mk} = H(\Omega,P)(X_{mk} - N_{xk}) + N_{yk} \tag{7.86}$$

可知噪声的联合概率密度函数为

$$\begin{aligned}\rho(N_x,N_y) &= \prod_{k=1}^{F}\frac{1}{2\pi\sigma_{xk}^2}\left(-\frac{N_{Rxk}^2 + N_{Ixk}^2}{2\sigma_{xk}^2}\right)\prod_{k=1}^{F}\frac{1}{2\pi\sigma_{yk}^2}\left(-\frac{N_{Ryk}^2 + N_{Iyk}^2}{2\sigma_{yk}^2}\right)\\ &= \prod_{k=1}^{F}\frac{1}{2\pi\sigma_{xk}^2}\left(-\frac{N_{xk}\overline{N_{xk}}}{2\sigma_{xk}^2}\right)\prod_{k=1}^{F}\frac{1}{2\pi\sigma_{yk}^2}\left(-\frac{N_{yk}\overline{N_{yk}}}{2\sigma_{yk}^2}\right)\end{aligned} \tag{7.87}$$

式中:N_{Rxk}、N_{Ixk}和 N_{Ryk}、N_{Iyk}分别为 X_{xk}和 X_{yk}的实部与虚部;σ_{xk}^2、σ_{yk}^2为方差;$\overline{N}$ 为 N 的共轭。将式(7.87)中的 N_x、N_y 换成使用 X_k、Y_k、X_{mk}、Y_{mk}表示,并取自然对数,则可得到

$$\ln(L(X,Y,P)) = C - \sum_{k=1}^{F}\left(\frac{(X_{mk}-X_k)\overline{(X_{mk}-X_k)}}{2\sigma_{xk}^2}\right) - \sum_{k=1}^{F}\left(\frac{(Y_{mk}-Y_k)\overline{(Y_{mk}-Y_k)}}{2\sigma_{yk}^2}\right) \tag{7.88}$$

求解式(7.88)所示的似然函数的最大值可转化为下述的带约束的最小值求解:

$$\min = \left\{ \sum_{k=1}^{F} \left(\frac{(X_{mk} - X_k)\overline{(X_{mk} - X_k)}}{2\sigma_{xk}^2} \right) + \sum_{k=1}^{F} \left(\frac{(Y_{mk} - Y_k)\overline{(Y_{mk} - Y_k)}}{2\sigma_{yk}^2} \right) \right\}$$

$$\text{constraint } s: Y_k = H(\Omega_k, P) X_k, k = 1, 2, \cdots, F \tag{7.89}$$

使用拉格朗日乘子法消去 X、Y，将式(7.89)所示的问题转化为无约束的最小化问题：

$$\min\left(\frac{1}{2} \sum_{k=1}^{F} \frac{|e^{-jw_k T_d} N(\Omega_k, P) X_{mk} - D(\Omega_k, P) Y_{mk}|^2}{\sigma_{yk}^2 |D(\Omega_k, P)|^2 + \sigma_{xk}^2 |N(\Omega_k, P)|^2} \right) \tag{7.90}$$

式中：$N(\Omega_k, P)$、$D(\Omega_k, P)$、F 分别为传递函数的分子、分母和频率点个数。式(7.90)所示的非线性最小化问题，可使用牛顿－高斯法、单纯型法等求解。

7.4.3 灰箱系统辨识在 AUV 控制系统模型验证中的应用

1. RFF－LS 参数辨识

使用前文所述的 AUV 运动模型进行参数辨识，由 NARX 基本模型可知 $\boldsymbol{E} = \boldsymbol{MY}$，为方便说明辨识过程，仅使用 $\boldsymbol{E}$ 的第二行即 e_2 作为例示进行参数辨识阐述。此时需要辨识的时不变参数为 $m + \lambda_{11}$、$m + \lambda_{22}$、$mx_G + \lambda_{26}$、my_G、mz_G、$mg - \rho D_t g$6 个。使用带遗忘因子的递推最小二乘法(Recursive Forgetting Factor Least Square，RFF－LS)[316]进行参数辨识，取遗忘因子 $\rho_f = 0.96$，可得不同噪声下的辨识结果。

由表 7.15 可知，虽然 RFF－LS 算法可以避免因数据的累积而造成的数据饱和现象，但在对以重心偏移量 $\boldsymbol{y}_G$、$\boldsymbol{z}_G$ 为代表的参数进行辨识时误差较大。可使用 $\boldsymbol{E}$ 的其他行的数据进行参数辨识作为辅助，可确定各行的独立辨识结果都一致支持的参数辨识值，而存在争议的辨识结果可能是由于以模型结构形式出现的先验信息存在一定的偏差。对辨识数据的数据进行输入数据的代入，对比输出数据的一致性程度，对比结果如图 7.15 所示，显然辨识输出与算例的对应参数输出具有相当高的相似度，因此只能说明，针对非线性组合的观测变量而言，被辨识参数虽然可被看作是线性的，但是辨识结果却不是唯一的。针对这种情况，可以使用参数的区间限定作为先验，以减小辨识误差。

表 7.15 RFF－LS 参数辨识结果

辨识常量及实测值		RFF－LS 参数辨识			
		$\sigma_e^2 = 0.05$	$\sigma_e^2 = 0.01$	$\sigma_e^2 = 0.005$	$\sigma_e^2 = 0.001$
$m + \lambda_{11}$	1311.8	1311.2	1311.9	1311.9	1312.0
$m + \lambda_{22}$	2650.1	2648.9	2648.9	2648.9	2649.1
$mx_G + \lambda_{26}$	−308.56	−311.57	−307.44	−306.83	−305.54
my_G	−8.3228	15.588	10.516	9.9146	9.7254
mz_G	−0.99567	−1.1925	−1.4043	−1.4384	−1.521
$mg - \rho D_t g$	−310.82	−310.82	−310.82	−310.82	−310.82

对表 7.15 所列的辨识进行参数区间限定先验，得到的辨识结果如表 7.16 所列。带区间限定的先验下，参数辨识的结果会剔除一些区间外满足辨识精度要求的辨识组合，使得参数辨识结果更具合理性。但究其深层原因，使用 RFF－LS 法进行基于先验的灰箱参数辨识，虽然利用了一部分机理分析提供的模型结构信息，但是没有对结构进行进一步的

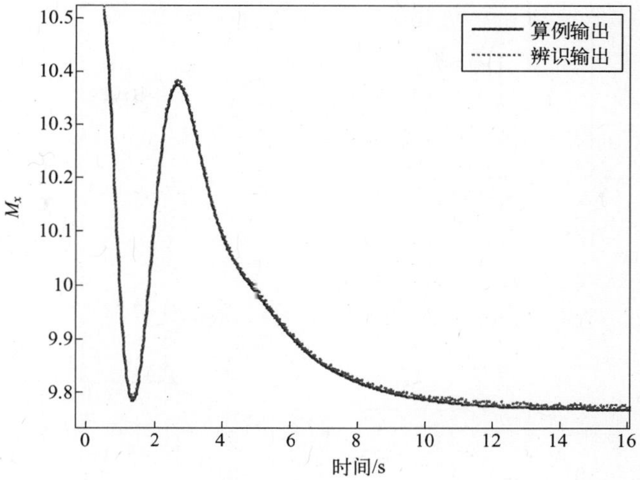

图 7.15　RFF－LS 法辨识的 M_x 与原模型输出值对比

限定。NARX 模型基于多项式组合以平方范数逼近任意函数的出发点，对于非线性模型的参数辨识具有更好的合理性，本章的剩余部分将针对基于 NARX 模型的灰箱参数辨识进行深入研究。

表 7.16　带区间限定先验的 RFF－LS 辨识结果

辨识常量	实测值	区间限定	RFF－LS 参数辨识	RFF－LS 参数辨识
			($\sigma_e^2=0.005$)	($\sigma_e^2=0.001$)
$m+\lambda_{11}$	1311.8	[1300,1320]	1311.9	1311.9
$m+\lambda_{22}$	2650.1	[2600,2700]	2649.7	2649.8
$mx_G+\lambda_{26}$	－308.56	[－310，－300]	－311.01	－310.42
my_G	－8.3228	[－9，－8]	－9.1004	－8.7059
mz_G	－0.99567	[－1.5,0.5]	－0.81096	－0.87273
$mg-\rho D_t g$	－310.82	[－320，－300]	－310.82	－310.82

2. 神经网络法 NARX 模型灰箱参数辨识

运用神经网络进行参数辨识，仍使用 $\boldsymbol{E}$ 的第二行进行 MISO NARX 模型基于 BP 前馈神经网络参数辨识，式(7.44)及式(7.50)所示的 NARX 或 NARMAX 模型都可用式(7.91)所示的回归方程表示：

$$y(k)=\sum_{i=1}^{M}P_i(k)\theta_i+e(k) \tag{7.91}$$

对于本例，有 $M=12$，且有各组合函数分别为

$P_1(k)=v_x(k-1)w_z(k-1)$，$P_2(k)=\dot{v}_y(k-1)$，$P_3(k)=v_z(k-1)w_x(k-1)$

$P_4(k)=\dot{w}_z(k-1)$，$P_5(k)=w_x(k-1)w_y(k-1)$，$P_6(k)=w_z^2(k-1)$，$P_7(k)=w_x^2(k-1)$

$P_8(k)=\dot{w}_x(k-1)$，$P_9(k)=w_y(k-1)w_z(k-1)$，$P_{10}(k)=\theta^2(k-1)$

$P_{11}(k)=\varphi^2(k-1)$，$P_{12}(k)=\theta^2(k-1)\varphi^2(k-1)$

使用 12-1-1 结构的 BP 神经网络进行参数辨识，隐含层神经元激活函数使用 logsig

函数,输出层激活函数使用 purelin 函数。此时网络连接权矩阵为

$$\boldsymbol{W}=\begin{bmatrix}0 & W^1 & \boldsymbol{0}\\ 0 & 0 & \boldsymbol{W}^2\end{bmatrix},W^1\in\boldsymbol{R}^{1\times 1},\boldsymbol{W}^2\in\boldsymbol{R}^{1\times 12} \tag{7.92}$$

即神经网络拟合下的输入-输出关系为

$$\hat{y}(k)=W^1\frac{1}{1+\exp\left(-\left(\sum_{i=1}^{M}P_i(t)+b_i\right)\right)} \tag{7.93}$$

使用图 7.16 所示的神经网络进行 NARX 模型的参数辨识。

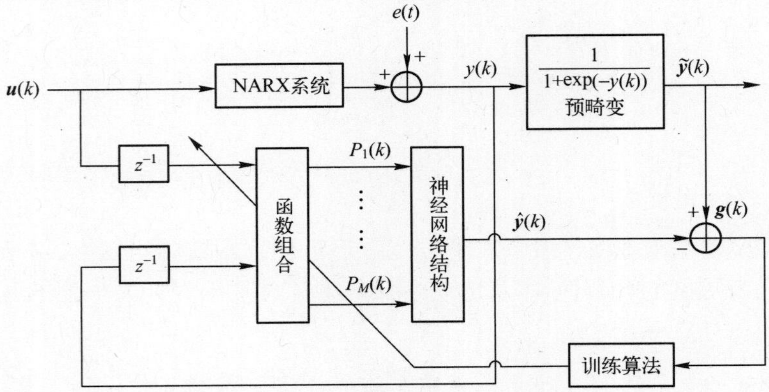

图 7.16 基于 BP 神经网络的 NARX 模型参数辨识

使用平行递归预测误差算法(Recursive Prediction Error Algorithm,RPEA)[317]进行训练,使用 1000 样本进行参数辨识,在使用 120 个样本进行训练后,参数辨识趋于稳定,各参数辨识结果如表 7.17 所列。因为 NARX 是以多项式的组合形式出现的,所以相较于 RFF-LS 方法,使用 NARX 进行辨识时参数增加至 12 个,其中 $P_{11}(k)$、$P_{12}(k)$ 是其原本组合函数的泰勒级数近似。其中如 θ_2 和 θ_3、θ_4、θ_5 等虽然在机理分析建模中已知其间存在等同或相反的关系,但在辨识中并未得到类似的辨识结果。且从辨识试验中可知对于参数 my_G、mz_G 的估计存在较大的方差,而其他参数估计值的方差较小,从辨识参数精度来看,基于相同区间限定先验的递归预测误差 BP 神经网络辨识结果精度与同先验下的 RFF-LS 辨识结果精度相当。

表 7.17 带区间限定先验的 RPEA-BP 神经网络辨识结果

辨识常量		实测值	区间限定	RPEA-BP 辨识 ($\sigma_e^2=0.005$)	RPEA-BP 辨识 ($\sigma_e^2=0.001$)
$m+\lambda_{11}$	θ_1	1311.8	[1300,1320]	1312.2	1311.9
$m+\lambda_{22}$	θ_2	2650.1	[2600,2700]	2648.1	2649.8
$-(m+\lambda_{22})$	θ_3	-2650.1	[-2700,2600]	-2643.2	-2646.7
$mx_G+\lambda_{26}$	θ_4	-308.56	[-310,-300]	-312.29	-309.68
$mx_G+\lambda_{26}$	θ_5	-308.56	[-310,-300]	-314.26	-310.47
$-my_G$	θ_6	-8.3228	[-9,-8]	-9.5885	-8.8345
$-my_G$	θ_7	-8.3228	[-9,-8]	-9.6748	-9.0562

（续）

辨识常量		实测值	区间限定	RPEA－BP 辨识 ($\sigma_e^2=0.005$)	RPEA－BP 辨识 ($\sigma_e^2=0.001$)
$-mz_G$	θ_8	－0.99567	[－1.5,0.5]	－0.96792	－0.95487
mz_G	θ_9	0.99567	[0.5,1.5]	0.86973	0.94876
$\frac{1}{2}(mg-\rho D_t g)$	θ_{10}	－155.41	[－160,－155]	－155.41	－155.41
$\frac{1}{2}(mg-\rho D_t g)$	θ_{11}	－155.41	[－160,－155]	－155.41	－155.41
$\frac{1}{4}(mg-\rho D_t g)$	θ_{12}	－77.705	[－80,－75]	－77.706	－77.705

3. NARX 模型稳态响应法灰箱辨识

上文中有关 SISO－NARX 模型使用稳态响应进行参数辨识的方法可扩展至多维的情况，仍以同样的算例进行分析，此非线性系统为 MISO－NARX 系统，NARX 的稳态响应参数辨识法是基于 SISO 系统提出的[318－320]，在这些方法中变量的标记都是基于 SISO 定义的，在 MISO－NARX 的辨识实现时，需要对有关标记方法进行改进。由组合函数$P_i(k)$可知

$$y_0(k)=\sum_{i=1}^{12} d_i f^e(v_x,v_y,v_z,w_x,w_y,w_z,\theta,\varphi,\dot{v}_y,\dot{w}_x,\dot{w}_z,R_y)+d_0 \tag{7.94}$$

式(7.94)中，共有 12 个输入，虽然 $y_0=\dot{v}_x$ 并无其本身形如$\dot{v}_x(k-n)$形式的输入组成，但$\dot{v}_y$、$\dot{w}_x$、$\dot{w}_z$ 等为多维输出 $\boldsymbol{Y}=[\dot{v}_x,\dot{v}_y,\dot{v}_z,\dot{w}_x,\dot{w}_y,\dot{w}_z,\dot{x}_b,\dot{y}_b,\dot{z}_b,\dot{\psi},\dot{\theta},\dot{\varphi}]^{\mathrm{T}}$ 的组成部分。$n_y=n_u=1$，因此需要考虑上述 12 个输入 $u_i(k-1)=u_i(k)$时的非线性 NARX 关系。在不经辨识设计的试验数据中选取符合条件的数据进行稳态响应辨识，即使用前文中的稳态响应过程。上述两种算法中用到的 100 个数据样本来自一个直航、提速过程，因此进入稳态时除 $v_x(k-1)=v_x(k)=15.2408$ 外，其他观测变量皆为 0 或接近于 0，此时有

$$-\varepsilon<(mg-\rho D_t g)\left(1+\frac{\theta^2}{2}\right)\left(1+\frac{\varphi^2}{2}\right)-\overline{R}_y<\varepsilon \tag{7.95}$$

式中：$\overline{R}_y$ 指 R_y 的稳态输入；ε 为辨识精度要求。而此时 R_y 的稳态输出为－310.82，这也是无论在哪种辨识算法中辨识参数 $mg-\rho D_t g$ 总有较小的辨识方差的原因。如图 7.17 所

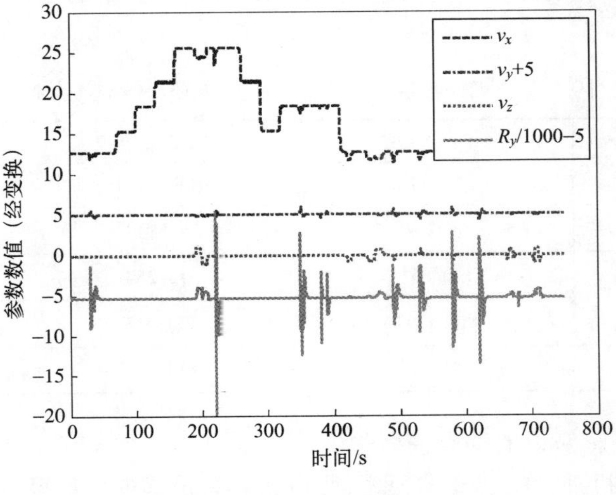

图 7.17　部分辨识数据

示为部分可用于辨识的试验数据时间序列，为方便观察，对数据进行了平移、压缩等变换。式(7.95)所进行的辨识就是截取试验中的一个元过程或元过程片断进行的，在整个过程中搜索可用于稳态响应辨识的片断，可得到如表7.18所列的辨识片断及辨识不等式。

表7.18　总时长试验数据中提取的辨识片断及辨识不等式

时间片断	辨识不等式
196～198s	$\lvert 0.9538a_1+0.0042a_2-0.0014a_3-0.0015a_4+0.1285a_5-1262.9\rvert<\varepsilon$
200～203s	$\lvert 0.6757a_1-0.00014a_2-0.00014a_3-0.00078a_4-0.00878a_5-886.1\rvert<\varepsilon$
455～460s	$\lvert 0.02134a_1+0.00405a_2-0.00124a_3-0.00040a_5-39.111\rvert<\varepsilon$
465～470s	$\lvert 0.2221a_1-0.01863a_2+0.00521a_3-0.00127a_4+0.00965a_5-240.38\rvert<\varepsilon$
66～670s	$\lvert 0.34845a_1-0.00983a_2+0.00247a_3-0.00047a_4-0.00366a_5-430.32\rvert<\varepsilon$
706～710s	$\lvert 0.69503a_1-0.01152a_2+0.00304a_3-0.00086a_4+0.00571a_5-880.3\rvert<\varepsilon$

表7.18中ε为估计需求精度，此处取$\varepsilon=0.01$，结合区间限定先验，使用EA算法等最小优化算法进行搜索求值，可得到该结构先验下的参数估计值为

$$a_1=1311.84, a_2=2650.90, a_3=-306.23, a_4=-8.5, a_5=-310.82$$

可见，稳态响应法基于先验的灰箱辨识结果还是比较理想的。

4. 结果分析

将上述三种算法辨识的参数代入模型，可得到如表7.19所列的$y_0(k)=\dot{v}_x(k)$的拟合效果及累积误差。前两种方法的辨识使用的是0～40s的采样数据，采样周期为0.025s，由表可知，对于本例，参数辨识的效果为NARX稳态相应法＞RFF－LS＞RPEA－BP。RFF－LS的遗忘因子算法优先考虑新信息以防止数据饱和导致的参数辨识偏移，充分利用了先验信息及试验采集新信息。BP神经网络通过训练识别样本系统的内在结构及参数，但是对于结构已知的模型系统，对参数的辨识结果精度较差。基于NARX稳态响应的灰箱辨识法，充分利用了系统稳态响应的输入－输出关系在NARX模型中的特性，虽然对待辨识系统没有特殊的试验设计需求，但是足够量的稳态响应辨识不等式是不可缺少的。

表7.19　三种算法基于相同先验约束辨识参数的拟合精度

时间段	辨识误差累积		
	RFF－LS	RPEA－BP	NARX稳态响应法
0～40s	6.5254	14.5911	5.5376
0～200s	132.851	213.284	78.265
0～400s	416.4397	520.515	222.549
0～750s	814.675	1302.32	416.61

5. 基于先验灰箱辨识的动态模型验证

对于基于成熟机理分析建立的模型，假设其具有足够的可信度，则将其作为实际模型的先验结构信息，使用现场试验数据在结构先验上进行模型参数的辨识，该实现方法在上

文基于先验的灰箱辨识中已进行了深入研究。考虑到对不同测试环境及测试条件的适应性,对不同时期、不同试验条件下进行模型参数的灰箱辨识,建议使用 NARX 稳态响应法。设在不同现场试验中辨识出的参数为 $\theta_i(i=1,2,\cdots,N)$,其中,N 为可用于灰箱辨识的现场试验条数,而基于机理建模的模型参数为 θ_0,此时进行基于灰箱辨识的动态模型的可信度评估转化为检验 θ_0 是否服从 θ_i 总体所属的分布,或 θ_0 是否以一定置信水平落在 θ_i 的均值区间估计内。对于 θ_i,假设其服从正态分布,估计其各置信度下的 Bootstrap BCa 区间估计(详细方法参见 6.3.2 节)。然后考查 θ_0 的落点,以置信度衡量仿真模型(机理建模)的可信度水平。

7.5 本章小结

本章主要对不确定信息下的动态模型可信度测试与评估方法展开研究,以不确定信息为出发点,深入研究了 AUV 仿真动态模型的可信度测试评估方法;系统地研究了含语义评判的综合可信度评估的解决方案,并为异常试验过程的可信度测试评估提供了建模及预测基础。本章的主要研究内容主要包括以下几个方面:

(1) 回顾了不确定信息概念的内涵及外延,对比了四种主要的不确定信息类型,在前文主要研究随机不确定性的基础上,本章主要针对模糊不确定性和灰色不确定性开展 AUV 控制系统仿真模型可信度测试与评估方法理论研究。

(2) 针对复杂仿真模型可信度测试评估中涉及的 MADM 问题,研究了其理论体系的重要组成部分——权重分配,并深入研究了基本动态模型的时域、频域及时频域的可信度评估方法,讨论了验证结果的可信度、合理度及分辨力。表征了模型综合可信度评估中的混合动态 MADM 问题,并回顾了 MADM 问题中的三类决策准则,针对含语义评判的 MADM 问题,引入模糊数学的 N - tuple 表征方式,使用基本语义评判集解决多颗粒度的语义评判问题;同时改进了涉及语义评判的决策准则,提出了混合 MADM 问题的系统解决方案。

(3) 总结了基本非线性块联模型 NARX 表征及 H - 模型、W - 模型的主要特性;基于机理分析的角度,构建了非线性 AUV 运动的 NARX 模型。系统阐述了灰箱系统辨识的理论框架,尤其是几种主要的辨识算法,分别论述了其应用背景及应用限制。提出了使用稳态响应进行 NARX 模型参数辨识的 MISO 实现方法,避免了对试验输入信号进行伪随机化处理。应用几种辨识算法对非线性 AUV 运动的常量参数进行基于先验的灰箱辨识,分析了先验对于辨识效率及辨识精度的影响。通过对辨识参数的统计检验为基于匹配现场试验的仿真试验动态模型的可信度评估提供了一种量化方法,同时也为研究对象的动态性能研究提供了一种新的思路。

参 考 文 献

[1] Griffiths G. Technology and applications of autonomous underwater vehicles[M]. London and New York:Taylor & Francis,2003:139-178.

[2] 刘伟.为应对中国潜艇美大力发展无人潜航器[J].舰船知识,2010(374):58-62.

[3] 陈强,张林根.美国军用UUV现状及发展趋势分析[J].舰船科学技术,2010(32):129-134.

[4] 钱东,孟庆国,薛蒙,等.美国海军UUV的任务与能力需求[J].鱼雷技术,2005(13):7-25.

[5] 兰志林,周家波.无人水下航行器发展[J].国防科技,2008(29):11-15.

[6] 王蓬.军用UUV的发展与应用前景展望[J].鱼雷技术,2009 (17):5-9.

[7] 许韦韦,孟昭香.新兴的水下作战平台UUV[J].指挥控制与仿真,2006 (28):16-19.

[8] 李锡群,王志华.无人水下航行器(UUV)技术综述[J].船电技术,2003(6):12-29.

[9] 王建斌,王志敏.UUV发展、应用及关键技术[J].信息与电子工程,2007 (5):476-480.

[10] Hwang A,Seong W,Choi H S,et al. Concurrent mapping and localization using range sonar in small AUV,SNUUV I[J]. Journal of Ship and Ocean Technology,2005(9):23-24.

[11] Babb R J. Navigation of unmanned underwater vehicles for scientific surveys[J]. Autonomous underwater vehicle technology,1990(90):194-198.

[12] AP0012.美军力推无人潜航器[EB/OL].[2012-03-26]. http://news. 21cn. com/caiji/roll1/2012/03/26/11273190. shtml.

[13] 和讯网站.无人潜航器不光能用在深海反潜,潜在应用价值高[EB/OL].[2008-03-25]. http://bank. hexun. com/2008-03-25/104753062. html.

[14] 许真珍,封锡盛.多UUV协作系统的研究现状与发展[J].机器人,2007(29):186-192.

[15] 綦辉,蔡云祥,宋裕农.基于UUV支持的水下协同作战研究[J].火力与指挥控制,2009(34):96-101.

[16] 刘兴堂,梁炳成,刘力,等.复杂系统建模理论、方法与技术[M].北京:科学出版社,2008.

[17] 江振宇,张为华,张磊.虚拟试验设计中的序贯极大熵方法研究[J].系统仿真学报,2007(17):3867-3872.

[18] 江振宇,张为华.战斗部虚拟试验贝叶斯线性校准预测方法[J].国防科技大学学报,2007(29):14-20.

[19] Schroeder K,Robenson J. Improving hardware-in-the-loop testing:application of design of experiments[R]. Nashville,Tennessee:U. S. Air Force T&E Days,2005:12-23.

[20] 赵雯,胡德文.武器系统虚拟试验验证技术发展研究[J].计算机测量及控制,2008(1):1-5.

[21] Lee H. Virtual test track[J]. IEEE Transactions on Vehicular Technology,2004(6):1818-1816.

[22] 李皓.基于HLA的鱼雷武器系统分布式交互仿真研究[D].西安:西北工业大学,2003:140-145.

[23] 钱东,唐献平,崔立.美国海军预研中的鱼雷新技术[J].鱼雷技术,2003,11(1):1-7.

[24] 杨宝民.鱼雷自导系统仿真可信性分析方法研究[D].西安:西北工业大学,2000:86-89.

[25] 王刚,黄飞,乔纯捷,等.基于以太网的鱼雷自导电信号半实物仿真系统[J].兵工学报,2009(30):567-572.

[26] 周明,初磊.高频噪声干扰器干扰主动声自导鱼雷仿真研究[J].兵工学报,2010,31(3):327-331.

[27] 刘孟庵,连立民. 水声工程[M]. 浙江:浙江科学技术出版社,2002.

[28] 布列霍夫斯基. 海洋声学[M]. 中国科学院声学研究所,译.北京:科学出版社,1983.

[29] Urick. 水声原理[M]. 洪申,译. 3版. 哈尔滨:哈尔滨船舶工业学院出版社,1990.

[30] 汪德昭,尚尔昌. 水声学[M]. 北京:科学出版社,1981.

[31] 杨士莪. 水声传播原理[M]. 哈尔滨:哈尔滨工程大学出版社,1994.

[32] 田坦. 声呐技术[M]. 2版. 哈尔滨:哈尔滨工程大学出版社,2009.

[33] Wilson M A,Farwell R W,Stannic S. Statistics of shallow water,high-frequency acoustic scattering and propagation[C].

Washington:OCEANS'93,1993.

[34] Abraham D A,Willett P K. Active sonar detection in shallow water using the page test[J]. IEEE J. Oceanic Eng.,2002,27(1):35 -46.

[35] Zhou J,Zhang X,Rogers P H,et al. Reverberation vertical coherence and sea - bottom geoacoustic inversion in shallow water[J]. IEEE J. Oceanic Eng.,2004,29(4):988 -999.

[36] LePage K. Bottom reverberation in shallow water:coherent properties as a function of bandwidth,waveguide characteristics,and scatterer distributions[J]. J. Acoust. Soc. Am.,1999,106(6):3240 -3254.

[37] LePage K. Higher moment estimation for shallow - water reverberation prediction[J]. IEEE J. Oceanic Eng.,2010,35(2):185 -198.

[38] Lyons A P,Abraham D A. Statistical characterization of high - frequency shallow - water seafoor backscatter[J]. J. Acoust. Soc. Am.,1999,106(3):1307 -1315.

[39] 高博,杨士莪,朴胜春,等. 浅海远程海底混响的耦合简正波模型[J]. 中国科学(物理学 力学 天文学),2010,40(12):1461 -1467.

[40] 兰英,章新华,熊鑫. 浅海水声多途信道建模与仿真[J]. 舰船科学技术,2010,32(9):120 -122.

[41] 奥里雪夫斯基. 海洋混响的统计特性[M]. 罗耀杰,等,译. 北京:科学出版社,1977.

[42] 刘海波. 抗混响技术研究[D]. 哈尔滨:哈尔滨工程大学,2005.

[43] 王志强. 浅海混响背景下的信号检测[D]. 南京:东南大学,2009.

[44] Vossen R,Ainslie M A. The effect of wind - generated bubbles on sea - surface backscattering at 940Hz[J]. J. Acoust. Soc. Am.,2011,130(5):3413 -3420.

[45] Dahl P H,Kapodistrias G. Scattering from a single bubble near roughened air - water interface:laboratory measurements and modeling[J]. J. Acoust. Soc. Am.,2003(113):94 -101.

[46] Kirk J T O. Volume scattering function,average cosines,and the underwater light field[J]. Am. Soc. Limn. Oceanog.,1991,36(3):455 -467.

[47] Liu Y W,Li Q,Shang D J,et al. Low frequency volume reverberation measurements in turbid seawater[C]. London:SWAC'09,2010:308 -313.

[48] Lyons A P,Pouliquen E. Measurements of high - frequency acoustic scattering from seabed vegetation[C]. Newyork:16th Int. Congr. Acoust.,1998:1627 -1628.

[49] Maguer A,Fox W L J,Schmidt H,et al. Mechanisms for subcritical penetration into a sandy bottom:Experimental and modeling results[J]. J. Acous. Soc. Am.,2000(107):1215 -1225.

[50] Chotiros N P,Lyons A P,Osler J,et al. Normal incidence refection loss from a sandy sediment[J]. J. Acoust. Soc. Am.,2002(112):1831 -1841.

[51] Rousseaux G,Caps H,Wesfreid J E. Granular size segregation in underwater sand ripples[J]. Eur. Phys. J. Eng.,2004(13):213 -219.

[52] Fialkowski J M,Gauss R C. Methods for identifying and controlling sonar clutter[J]. IEEE J. OCEANIC Eng.,2010,35(2):330 -354.

[53] Cobb J T,Slatton K C,Dobeck G J. A parametric model for characterizing seabed textures in synthetic aperture sonar images[J]. IEEE J. OCEANIC Eng.,2010,35(2):250 -266.

[54] Holland C W. Fitting data,but poor predictions:reverberation prediction uncertainty when seabed parameters are derived from reverberation measurements[J]. J. Acoust. Soc. Am.,2008,123(5):2553 -2562.

[55] Gavrilov A N,Parnum. I M Fluctuations of seafloor backscatter data from multibeam sonar systems[J]. IEEE J. OCEANIC Eng.,2010,35(2):209 -219.

[56] Trevorrow M V. Statistics of fuctuations in high - frequency low - grazing angle backscatter from a rocky seabed[J]. IEEE J. OCEANIC Eng.,2004,24(3):236 -245.

[57] Penrose J,Gavrilov A,Parnum I M. Statistics of seafoor backscatter measured with multibeam sonar systems[C]. Paris:Acoust. Conf. 2008,2008:617 -622.

[58] Hellequin L,Boucher J M,Lurton X. Processing of high - frequency multibeam echo sounder data for seafoor character-

ization[J]. IEEE J. OCEANIC Eng. ,2003,28(1):78 - 89.

[59] Lyons A P, Abraham D A, Johnson S F. Modeling the effect of seafloor ripples on synthetic aperture sonar speckle statistics[J]. IEEE J. OCEANIC Eng. ,2010,35(2):242 - 249.

[60] Sun Q Y, Wang H Y, Shen X H, et al. Research on the statistical modeling and simulation for interface reverberation [C]. Beijing: ICCSIT2010. 2010(9):566 - 570.

[61] Abraham D A, Lyons A P. Simulation of non - rayleigh reverberation and clutter[J]. IEEE J. OCEANIC Eng. ,2004, 29(2):347 - 362.

[62] 王美娜. 关于混响信号建模及其时空统计规律的研究[D]. 哈尔滨:哈尔滨工程大学,2007.

[63] 郭熙业. 主动声呐海底混响信号的合成方法研究[D]. 长沙:国防科技大学,2009.

[64] Abraham D A, Lyons A P. Exponential scattering and K - distributed reverberation[C]. Washington: OCEANS 2001. 2001(3):1622 - 1628.

[65] Jakeman E, Pusey P N. A model for non - Rayleigh sea echo[J]. IEEE Trans. Antenna Propag. ,1976,24(6):806 - 814.

[66] Li F H, Liu J J, Zhang R H. A model/data comparison for shallow - water reverberation[J]. IEEE J. OCEANIC Eng. , 2004,29(4):1060 - 1066.

[67] Desharnais F, Ellis D D. Data - model comparisons of reverberation at three shallow - water sites[J]. IEEE J. OCEANIC Eng. ,1997,22(2):309 - 316.

[68] Sehr A, Kellermann W. New results for feature - domain reverberation modeling[C]. London: HSCMA 2008. 2008: 168 - 171.

[69] Stanton T K, Chu D Z. Non - rayleigh echoes from resolved individuals and patches of resonant fish at 2 - 4 kHz[J]. IEEE J. OCEANIC Eng. ,2010,35(2):152 - 163.

[70] 石晓娟. 鱼雷技术基础[M]. 西安:西北工业大学出版社,2005:42 - 47.

[71] Pace D K. Modeling and simulation verification and validation challenges[J]. Johns Hopkins APL Technical Digest, 2004(25):163 - 172.

[72] DoD US, Office (DMSO). Verification, validation and accreditation recommanded practice guides[R]. Washington: DMSO,2000:2 - 12.

[73] Society I C. IEEE trial - use recommended practice for distributed interactive simulation verification, validation, and accreditation[S]. Washington: IEEE,1997.

[74] Society I C. IEEE standard for modeling and simulation (M&S) high level architecture (HLA)[S]. Washington: IEEE,2000.

[75] Society I C. IEEE recommended practice for verification, validation, and accreditation of a federation—an overlay to the high level architecture federation development and execution process[S]. Washington: IEEE,2007.

[76] Goodin II J R, Bomber T M. The role of modeling and simulation in operational test and evaluation[J]. Simulation,1990 (54):141 - 148.

[77] Liu Y, Warner T T, Bowers J F. The operational mesogamma - scale analysis and forecast system of the U. S. army test and evaluation command. part I: overview of the modeling system, the forecast products, and how the products are used [J]. American Meteorological Society,2008(47):1077 - 1093.

[78] Ruscetta C L. Small diameter bomb certified for operational test, evaluation[R]. Washington: Defense AT&L,2006.

[79] Streilein J J. Test and evaluation of highly complex systems[J]. ITEA Journal,2009(30):3 - 6.

[80] 廖瑛,邓加方,梁加红. 系统建模与仿真的校核、验证与确认(VV&A)技术[M]. 长沙:国防科学技术大学出版社, 2006:12 - 26.

[81] 孙勇成. M&S 的相关 VV&A 技术研究[D]. 南京:南京理工大学,2005:3 - 12.

[82] 符文星,朱苏朋,王建华,等. 小波变换在导弹仿真模型验证中的应用研究[J]. 弹箭与制导学报,2006(26): 174 - 177.

[83] Liu F, Yang M, Wang Z. VV&A Solution for complex simulation systems[J]. I. J. of Simulation,2009(9):62 - 69.

[84] Min F, Yang M, Wang Z. Knowledge - based method for the validation of complex simulation models[J]. Simulation

Modeling Practice and Theory,2009(18):500 - 515.
[85] 刘丽,贾荣珍. 建模与仿真、VV&A、T&E 三者的关系[J]. 系统仿真学报,2000(2):91 - 94.
[86] 曹星平,黄柯棣. T&E 与 VV&A 过程的联系及集成[J]. 计算机仿真,2003(7):52 - 524.
[87] 张伟,刘足. 基于测试的作战仿真模型可信度研究[C]. 北京:2011 全国仿真技术学术会议,2011:216 - 211.
[88] Ambrose J R. Operational Missile Testing[Z]. Washington:DMSO,1982.
[89] Staff T. Guidelines for Missile Operational[Z]. Washington:DMSO,1984.
[90] 蔡洪,张士峰,张金槐. 贝叶斯试验分析与评估[M]. 长沙:国防科技大学出版社,2004:17 - 25.
[91] 唐雪梅. 武器装备小子样试验分析及评估[M]. 北京:国防工业出版社,2001:7 - 14.
[92] Pai Y,Kokkolaras M,Hulbert G. Assessment of a bayesian model and test validation method[D]. East Lancing:Univ. of Michigan,2009:2 - 9.
[93] Zhang J H. Bayes test analysis method[M]. Changsha:National University of Defense Technology Press,2007.
[94] Song J J,Oliveira V D. Bayesian model selection in spatial lattice models[J]. Statistical Methodology,2012(9):228 - 238.
[95] Kottas A,Fellingham G. Bayesian semiparametric modeling and inference with mixtures of symmetric distributions[J]. Statistical Computation,2012(22):93 - 106.
[96] Efron B. The bootstrap and Markov Chain Monte Carlo[Z]. Zurich:SIAM,2012.
[97] Ramirez C P,Lillo R E,Wilson S. Bayesian inference for double Pareto lognormal queues[J]. Ann. Appl. Statist,2010(4):1533 - 1557.
[98] Spiegelhalter D J,Best N G. A case study in MCMC methods. Markov chain Monte Carlo in practice[M]. London:Chapman & Hall,1996.
[99] Efron B. The Jackknife,the Bootstrap and Other Resampling Plans[C]. Regional Conference Series in Applied Mathematics. Philadelphia:Society for Industrial and Applied Mathematics (SIAM),1982.
[100] Newton M A,Raftery A E. Approximate Bayesian inference with the weighted likelihood bootstrap[J]. J. Roy. Statist. Soc. Ser. B,1994(56):3 - 48.
[101] Fan L,Wu P,Wan W. Evaluation of hit precision in small - sample circumstances based on the method of bayes and bootstrap[C]. Beijing:International Conference on Computational Intelligence and Industrial Application (PACIIA) 2010,2010.
[102] Lehmann E L. Testing statitical hypotheses[M]. London:Chapman and Hall,1994.
[103] Irle A,Lotov V. On the properties of a multiple sequential test[J]. Metrika,2010(72):189 - 198.
[104] Guo B,Jiang P,Xing Y Y. A censored sequential posterior odd test (SPOT) method for verifcation of the mean time to repair[J]. IEEE Transactions on Reliability,2008(2):243 - 247.
[105] Costantini C,Pasqualucci D. Monotonicity of Bayes sequential tests for multidimensional and censored observations[J]. Journal of Statistical Planning and Inference,1998(75):117 - 131.
[106] 唐雪梅,王仁春. 小样本情况下仿真模型的验证方法[J]. 系统仿真学报,2002(14):1263 - 1267.
[107] 唐雪梅,周伯昭,李荣. 武器装备小子样综合试验设计与鉴定技术[J]. 战术导弹技术,2007(2):51 - 56.
[108] 李鹏波,张士峰,张湘平. 加强小子样试验鉴定技术的一体化研究[J]. 飞行器测控学报,2000(2):43 - 48.
[109] 唐雪梅,白光请,胡正东. 地地导弹系统误差小子样快速收敛点估计法[J]. 航天控制,2011(2):27 - 30.
[110] 周华章. 小子样统计推断理论简述[J]. 数学通,1959(4):13 - 16.
[111] 刘君,李庆民,张志华. 贝叶斯小子样分析在武器性能评估中的应用[J]. 兵工学报,2008(9):1114 - 1117.
[112] 吕明春,张金槐. 小子样贝叶斯理论方法及其工程应用问题探讨[J]. 质量与可靠性,2009(2):32 - 35.
[113] 何峻,赵宏钟,付强. ATR 算法识别率的区间估计与样本量分析[J]. 系统工程与电子技术,2007(7):1021 - 1026.
[114] 濮晓龙,闰章更,茆诗松. 计数型序贯网图检验[J]. 华东师范大学学报(自然科学版),2006(1):63 - 71.
[115] 韦金芬,宋保维,毛昭勇. 基于序贯验后加权检验的计数抽样方法[J]. 计算机工程,2012,38(1):279 - 280.
[116] 毛昭勇,宋保维,胡海豹. 基于序贯验后加权检验的鱼雷抽样检验分析[J]. 机械强度,2009,31(2):231 - 235.
[117] 申绪涧,戚宗锋,汪连栋,等. 正态分布未知参数的联合序贯验后加权检验方法[J]. 系统工程与电子技术,

2004,26(6):744 - 747.
[118] 张金槐. 多元正态总体分布参数的贝叶斯序贯验后加权检验及估计[J]. 飞行器测控学报,2002,21(4):65 - 69.
[119] Klein J P C. Verification and validation of simulation models[J]. European Journal of Operational Research,1995(82):145 - 162.
[120] 陈强,黄声享. 小波去噪效果评价的另一指标[J]. 测绘信息与工程,2008,33(5):12 - 14.
[121] Holmes W M. Validation and credible models for system simulation[C]. Chicago:The 1984 Summer Computer Simulation Conference,1984.
[122] Kleinen J P C. Validation of models:statistical techniques and data availability[C]. Arizona:1999 Winter Simulation Conference,1999.
[123] Kleinen J P C,Deflandre D. Validation of regression metamodels in simulation:Bootstrap approach[J]. European Journal of Operational Research,2006(170):120 - 131.
[124] Hamad H. Validation of metamodels in simulation: a new metric [J]. Engineering with Computers, 2011(27):309 - 317.
[125] 刘鹏,陈长兴,白云. 使用窗谱估计法验证仿真系统模型[J]. 空军工程大学学报(自然科学版),2000(1):69 - 74.
[126] Trompette N,Guerich M. An experimental validation of vibro - acoustic prediction by the use of simplified methods[J]. Applied Acoustics,2005(66):427 - 455.
[127] 李鹏波,高霞. 应用最大熵谱估计进行导弹系统的仿真模型验证[J]. 国防科技大学学报,1999,21(2):9 - 12.
[128] 王建华,符文星,董敏周,等. 最大熵谱估计在空空导弹仿真模型验证中的应用[J]. 弹箭与制导学报,2005,25(4):848 - 851.
[129] Sankararaman S,Mahadevan S. Model validation under epistemic uncertainty[J]. Reliability Engineering and System Safety,2011(96):1232 - 1241.
[130] Pace D K. Modeling and simulation verification and validation challenges[J]. Johns Hopkins APL Technical Digest,2004,25(2):163 - 172.
[131] Percival D B,Walden A T. 时间序列分析的小波方法[M]. 程正兴,译. 北京:机械工业出版社,2006.
[132] 吴晓燕,杨丽娜,周延延,等. 基于小波变换的仿真模型验证方法研究[J]. 空军工程大学学报(自然科学版),2008,9(6):52 - 56.
[133] Louis G B,Özmizrak F N. A knowledge - based approach for the validation of simulation models:the foundation[J]. ACM Transactions on Modeling and Computer Simulation,1996(6):76 - 89.
[134] Madhav E,Perakath C B,Richard J M. An architecture of a knowledge - based simulation engine[C]. Washington:Winter Simulation Conference 1999,1999:673 - 681.
[135] Deslandres V,Pierreval H. An expert system prototype assisting the statistical validation of simulation models[J]. Simulation,1991,56(2):79 - 89.
[136] Min F,Yang M,Wang Z. An intelligent validation system of simulation model[C]. Dalian:The Fifth International Conference on Machine Learning and Cybernetics,2006:1459 - 1464.
[137] Min F,Yang M,Wang Z. Knowledge - based method for the validation of complex simulation models[J]. Simulation Modelling Practice and Theory,2010(18):500 - 515.
[138] 伍智锋,唐硕. 武器系统分布仿真研究[J]. 系统仿真学报,2001,13(2):244 - 246.
[139] 李斌,王顺杰. 潜艇应用自航式声诱饵防御声自导鱼雷仿真研究[J]. 指挥控制与仿真,2014,36(3):98 - 103.
[140] 刘峰,沈治河. 护航编队使用火箭助飞声诱饵对抗自导鱼雷仿真分析[J]. 鱼雷技术,2012,20(2):134 - 138.
[141] Bustince H,Herrera F,Montero J. Fuzzy sets and their extensions:representation,aggregation and models[M]. Heidelberg:Physica - Verlag,2007.
[142] 刘飞,马萍,杨明,等. 复杂仿真系统可信度量化研究[J]. 哈尔滨工业大学学报,2007,39(1):1 - 4.
[143] Guo W,Zhao C J,Huang W J. Grey comprehensive evaluation model of wheat medium and low yield zoning via rempte sensing monitoring data[J]. The Journal of Grey System,2012(2):143 - 156.

[144] Hsu K T. Using a back propagation network combined with grey clustering to forecast policyholder decision to purchase investment – inked insurance[J]. Expert Systems with Applications,2011(38):6736 – 6747.
[145] Ch B M,Padmaja M,Rao T S,et al. Evaluating web site based on grey clustering theory combined with AHP[J]. International Journal of Engineering and Technology,2010,2(2):71 – 76.
[146] Mahsa R,Shams A F,Badie K. An AHP – based approach toward enterprise architecture analysis based on enterprise architecture quality attributes[J]. Knowl. Inf. Syst.,2011(28):449 – 472.
[147] Wu J,Wu X Y,Gao Z C. FAHP – based fuzzy comprehensive evaluation of M&S credibility[C]. Shanghai:ISICA 2009,2009:285 – 294.
[148] 冉承新,凌云翔. AHP – Fuzzy 在仿真系统可信度综合评价中的应用[J]. 计算机仿真,2005(22):5 – 9.
[149] Li Y,Wang K. Index weight technology in threat evaluation based on improved grey theory[C]. London:2008 International Symposium on Intelligent Information Technology Application Workshops,2008:307 – 310.
[150] Metropolis A A,Basseville V H. A new fuzzy MADM approach used for finite selection problem[J]. Advances in Information Mining,2010,2(2):8 – 12.
[151] 方可,马萍,杨明. 仿真可信度评估中的 AHP 超越权重[J]. 北京航空航天大学学报,2011,37(5):584 – 588.
[152] 卢志忠,李锋,袁赣南. 基于层次分析法的航行模拟器仿真可信度研究[J]. 计算机仿真,2008,25(3):216 – 219.
[153] Chen C T. Extensions of the TOPSIS for group decision – making under fuzzy environment[J]. Fuzzy Sets and Systems,2000(114):1 – 9.
[154] Singh R K,Benyoucef L. A fuzzy TOPSIS based approach for e – sourcing[J]. Engineering Applications of Artificial Intelligence,2011(24):437 – 488.
[155] Li G D,Yamaguchi D,Nagai M. A grey – based decision – making approach to the supplier selection problem[J]. Mathematical and Computer Modelling,2007(46):573 – 581.
[156] Li D C,Chang C J,Chen W C,et al. An extended grey forecasting model for omnidirectional forecasting considering data gap difference[J]. Applied Mathematical Modelling,2011(35):5051 – 5058.
[157] Wang X,Triantaphyllou E. Ranking irregularities when evaluating alternatives by using some ELECTRE methods[J]. The International Journal of Management Science,2008(36):45 – 63.
[158] Özcan T,Çelebi N,Esnaf S. Comparative analysis of multi – criteria decision making methodologies and implementation of a warehouse location selection problem[J]. Expert Systems with Applications,2011(38):9773 – 9779.
[159] Kuo M S,Liang G S. Combining VIKOR with GRA techniques to evaluate service quality of airports under fuzzy environment[J]. Expert Systems with Applications,2011(38):1304 – 1312.
[160] Hung K C,Lin K P. An efficient fuzzy weighted average algorithm for the military UAV selecting under group decision – making[J]. Knowledge – Based Systems,2011(12):877 – 889.
[161] Wei G. Grey relational analysis model for dynamic hybrid multiple attribute decision making[J]. Knowledge – Based Systems,2011(24):672 – 679.
[162] Tsihrintzis G A,Nikias C L. Incoherent receivers in alpha – stable impulsive noise[J]. IEEE Trans. Signal Proc.,1995,43(9):2225 – 2229.
[163] Tsihrintzis G A,Nikias C L. Evaluation of fractional,lower – order statistics – based detection algorithms on real radar sea – clutter data[J]. IEE Proc. – Radar,Sonar Navig.,1997,144(1):29 – 37.
[164] Ilow J,Hatzinakos D. Applications of the empirical characteristic function to estimation and detection problems[J]. Signal Processing,1998,65:199 – 219.
[165] 夏光荣. ALPHA – STABLE 过程中的信号检测与参数估计[D]. 上海:海交通大学,2004.
[166] 茆诗松. 贝叶斯统计[M]. 北京:中国统计出版社,1999.
[167] 朱新玲. 马尔科夫链蒙特卡罗方法研究综述[J]. 统计与决策,2009(21):151 – 153.
[168] 刘军. 科学计算中的蒙特卡罗策略[M]. 唐年胜,译. 北京:高等教育出版社,2009.
[169] Metropolis N. Equations of state calculations by fast computing machine[J]. J. Chem. Phy.,1953(21):213 – 220.
[170] Geman S,Geman D. Stochastic relaxation,Gibbs distribution and the Bayesian restoration of images[J]. IEEE Trans.

Patt. Ana. Mach. Intel. ,1984(6):721 - 741.
[171] Richardson S,Green P J. On Bayesian analysis of mixtures with an unknown number of components[J]. J. Royal Statistic. Soc. (B),1997(59):731 - 792.
[172] Kuruoglu E E,Molina C,Godsill S J,et al. A new analytic representation for the alpha - stable probability density function[C]. Istanbul:The Fifth World Meeting of the International Society for Bayesian Analysis (ISBA),1997.
[173] Kuruoglu E E,Molina C,Fitzgerald W J. Approximation of alpha stable probability densities using finite mixtures of Gaussian[C]. Rhodes:The European Signal Processing Conference,1998.
[174] Godsill S,Kuruoglu E E. Bayesian inference for time series with heavy - tailed symmetric alpha stable noise processes [C]. Washington D C:Applications of Heavy Tailed Distributions in Economics,Engineering and Statistics,1999.
[175] Salas - Gonzalez D,Kuruoglu E E,Ruiz D P. Modeling with mixture of symmetric stable distributions using Gibbs sampling[J]. Signal Process. ,2010(90):774 - 783.
[176] Carmillet V,Amblard P O,Jourdain G. Detection of phase - or frequency - modulated signals in reverberation noise [J]. J. Acoust. Soc. Am. ,1999,105(6):3375 - 3389.
[177] 皇甫堪,陈建文,楼生强. 现代数字信号处理[M]. 北京:电子工业出版社,2003.
[178] 王宏禹,邱天爽,陈喆. 非平稳随机信号分析与处理[M]. 2 版. 北京:国防工业出版社,2008.
[179] Ginolhac G,Jourdain G. Detection in presence of reverberation[C]. Washington D C:OCEANS 2000/IEEE Conference and Exhibition,2000(2):1043 - 1046.
[180] Itakura F. Minimum prediction residual principle applied to speech recognition[J]. IEEE Trans. Acoust. ,Speech, Signal Process. ,1975,23(1):67 - 72.
[181] Basseville M. Distance measures for signal processing and pattern recognition [J]. Signal Process, 1989 (18):349 - 369.
[182] 张贤达. 现代信号处理[M]. 2 版. 北京:清华大学出版社,2002.
[183] Shao M,Nikias C L. Signal Processing with Fractional Lower Order Moments:Stable Processes and Their Applications [J]. Proceedings of the IEEE,1993,81(7):986 - 1010.
[184] Chambers J M, Mallows C L, Stuck B W. A method for simulating stable variables [J]. JASA, 1976, 71 (354):340 - 344.
[185] Chambers J M, Mallows C L, Stuck B W. A method for simulating stable variables [J]. JASA, 1976, 71 (354):340 - 344.
[186] 汪晋宽,宋昕. 鲁棒自适应阵列信号处理[M]. 北京:电子工业出版社,2009.
[187] Johnson D, Dudgeon D. Array signal processing: concepts and techniques [M]. Englewood Cliffs NJ: Prentice - Hall,1993.
[188] Stoica P,Nehorai A. Performance study of conditional and unconditional direction - of - Arrival estimation[J]. IEEE Trans. Acoust. ,Speech,Signal Process,1990,38(10):1783 - 1795.
[189] Schmidt R O. Multiple emitter location and signal parameter estimation[J]. IEEE Trans. Antenna Propagat. ,1986,34 (3):276 - 280.
[190] Roy R,Kailath T,Gershman A B. ESPRIT,estimation of signal parameters via rotational invariance techniques[J]. IEEE Trans. Acoust. ,Speech,Signal Process. ,1989,37(7):984 - 995.
[191] Tsakalides P,Nikias C L. Maximum likelihood localization of sources in noise modeled as a stable process[J]. IEEE Trans. Signal Processing,1995(43):2700 - 2713.
[192] Liu T H,Mendel J M. A subspace - based direction finding algorithm using fractional lower order statistics[J]. IEEE Trans. Signal Proc. ,2001,49(8):1605 - 1613.
[193] Hari K V S,Lalitha V. Subspace - based DOA estimation using Fractional Lower Order statistics[C]. Shanghai:2011 IEEE International Conference on Acoustics,Speech and Signal Processing (ICASSP),2011,2580 - 2583.
[194] Liu W H,Qiu T S,Hu T T,et al. High resolution multipath time delay estimation based on FLOCCS - ESPRIT[J]. J. China Univ. Mining & Tech. ,2007,17(1):30 - 34.
[195] Ma X,Nikias C L. Joint estimation of time delay and frequency delay in impulsive noise using fractional lower order sta-

tistics[J]. IEEE Trans. Signal Proc. ,1996,44(11):2669 – 2687.

[196] Tsakalides P, Raspanti R, Nikias C L. Angle/Doppler estimation in heavy – tailed clutter backgrounds[J]. IEEE Trans. Aero. Elect. Syst. ,1999,35(2):419 – 436.

[197] Belkacemi H, Marcos S. Robust subspace – based algorithms for joint angle/Doppler estimation in non – Gaussian clutter[J]. Signal Processing,2007(87):1547 – 1558.

[198] Sahmoudi M. Robust approaches for joint angle Doppler estimation for space – time adaptive processing (STAP) airborne radar in non – Gaussian clutter[C]. London:The Eighth International Symposium on Signal Processing and its applications,2005(2):743 – 746.

[199] Veen A J, Vanderveen M C, Paulraj A. Joint angle and delay estimation using shift – invariance techniques[J]. IEEE Trans. Signal Process. ,1998,46(2):405 – 418.

[200] Wang X D. Joint angle and frequency estimation using multiple – delay output based on ESPRIT[J]. EURASIP J. Adv. Sig. Proc. ,2010(1):1 – 6.

[201] Lemma A N, Veen A J, Deprettere E F. Analysis of joint angle – frequency estimation using ESPRIT[J]. IEEE Trans. Signal Process. ,2003,51(5):1264 – 1283.

[202] 符渭波,苏涛,赵永波,等. 空间色噪声环境下基于时空结构的双基地 MIMO 雷达角度和多普勒频率联合估计方法[J]. 电子与信息学报,2011,33(7):1649 – 1654.

[203] He J, Liu Z. Underwater acoustic azimuth and elevation angle estimation using spatial invariance of two identically oriented vector hydrophones at unknown locations in impulsive noise[J]. Digital Signal Process. ,2009(19):452 – 462.

[204] Zha D F, Qiu T S. Underwater sources location in non – Gaussian impulsive noise environments[J]. Digital Signal Process. ,2006(16):149 – 163.

[205] 宋红军,尚秀芹,郑经波. 脉冲性噪声中二维波达方向估计算法[J]. 电子科技大学学报,2011,40(6):844 – 848.

[206] Baggeroer A B, Kuperman W A, Mikhalevsky P N. An overview of matched field methods in ocean acoustics[J]. IEEE Journal of Oceanic Engineering,1993 (18):401 – 424.

[207] 黄易旺. 浅海远距离匹配场声源定位研究[D]. 哈尔滨:哈尔滨工程大学,2005:1 – 22.

[208] 刘孟庵,连立民. 水声工程[M]. 浙江:浙江科学技术出版社,2002:1 – 464.

[209] 熊鑫,章新华,高成志,等. 水中目标被动定位技术综述[J]. 舰船科学技术,2010,(32):140 – 143.

[210] Tolstoy A. Matched field processing for underwater acoustics[M]. Singapore:World Scientific,1993:1 – 199.

[211] 孙超. 水下多传感器阵列信号处理[M] 西安:西北工业大学出版社,2007:76 – 351.

[212] 王静,黄建国,管静. 水声信号处理中匹配场处理技术研究的现状和展望[J]. 声学技术,2000(19):34 – 38.

[213] Debever C, Kuperman W A. Robust matched – field processing using a coherent broadband white noise constraint processor[J]. Journal of the Acoustical Society of America,2007(122):1979 – 1986.

[214] Cox H, Zeskind R M, Myers M. Large aperture matched field processing via subaperture beamforming techniques[J]. International Conference on Acoustics, Speech, and Signal Processing,1989(4):2593 – 2596.

[215] Soares C, Jesus S M. Broadband matched – field processing: coherent and incoherent approaches[J]. Journal of the Acoustical Society of America,2003(113):2587 – 2598.

[216] Debever C. Study of how environmental fluctuations influence the coherence of acoustic signals[R]. California:Scripps Institution of Oceanography,2009:1 – 7.

[217] Jensen F B, Kuperman W A, Porter M B, et al. Computational ocean acoustics [M]. New York: Springer, 2011:457 – 527.

[218] Katsnelson B, Petnikov V, Lynch J. Fundamentals of shallow water acoustics [M]. New York: Springer, 2012:425 – 435.

[219] Tappert F D, Keller J B, Papadakis J S. The parabolic approximation method on wave propagation in underwater acoustics[R]. New York:Springer,1977:224 – 287.

[220] Tantum S L, Nolte L W. On array design for matched – field processing[J]. Journal of the Acoustical Society of America,2000 (107):2101 – 2111.

[221] 李志舜.鱼雷自导信号与信息处理[M].西安:西北工业大学出版社,2004:164－200.
[222] Hodges R P. Underwater acoustics: analysis, design and performance of sonar [M]. West Sussex: Wiley, 2010:299－324.
[223] Porter M B, Tolstoy A. The matched－field processing benchmark problems[J]. Journal of Computational Acoustics, 1994(2):161－185.
[224] Collins M D. User's guide for RAM versions 1.0 and 1.0p[S]. Washington, DC: Naval Research Lab, 1995:1－14.
[225] Tollefsen D, Dosso S E. Three－dimensional source tracking in an uncertain environment[J]. Journal of the Acoustical Society of America, 2009(125):2909－2917.
[226] 张铭钧.水下机器人[M].北京:海洋出版社,2000:10－20.
[227] 刘正元,王磊,崔维成.国外无人潜航器最新进展[J].船舶力学,2011(10):1182－1193.
[228] 田坦.水下定位与导航技术[M].北京:国防工业出版社,2006:3－12.
[229] Nicholson J W, Healey A J. The present state of autonomous underwater vehicle (AUV) applications and technologies [J]. Journal of Marine Technology Society, 2008 (42):44－51.
[230] Hwang A, Seong W. Simultaneous mapping and localization for small military unmanned underwater vehicle[J]. Defence Science Journal, 2012 (62):223－227.
[231] Stutters L, Liu H, Tiltman C, et al. Navigation technologies for autonomous underwater vehicles[J]. IEEE Transactions on Systems, Man, and Cybernetics, Part C: Applications and Reviews, 2008 (38):581－589.
[232] Chang X, Yang G. Robust h－infinity filtering for uncertain discrete－time systems using parameter－dependent lyapunov functions[J]. Journal of Control Theory and Applications, 2013 (11):122－127.
[233] Jazwinski A H. Stochastic processes and filtering theory[M]. New York: Academic Press, 1970:30－40.
[234] Julier S J, Uhlmann J K. New extension of the kalman filter to nonlinear systems[J]. Proceeding of the International Society for Optical Engineering, Signal Processing, Sensor Fusion, and Target Recognition Ⅵ, 1997 (3068):182－193.
[235] Bar－Shalom Y, Li X R. Multitarget－multisensor tracking: principles and techniques[M]. Storrs, CT: YBS Publishing, 1995:50－60.
[236] Chen J, Cao X, Xiao Y, et al. Simulated annealing for optimisation with wireless sensor and actuator networks[J]. Electronics Letters, 2008 (44):1208－1209.
[237] Tanizaki H. Nonlinear filters: estimation and applications[M]. Berlin: Springer, 1996:25－40.
[238] Kim K H, Lee J G, Park C G. Adaptive two－stage kalman filter in the presence of unknown random bias[J]. International Journal of Adaptive Control and Signal Processing, 2006 (20):305－319.
[239] Jetto L, Longhi S, Venturini G. Development and experimental validation of an adaptive extended kalman filter for the localization of mobile robots[J]. IEEE Transactions on Robotics and Automation, 1999 (15):219－229.
[240] Almagbile A, Wang J, Ding W. Evaluating the performances of adaptive kalman filter methods in GPS/INS integration [J]. Journal of Global Positioning Systems, 2010 (9):33－40.
[241] Gordon N J, Salmond D J, Smith A F M. Novel approach to nonlinear/non－gaussian bayesian state estimation[J]. IEEE Proceeding F (Radar and Signal Processing), 1993 (140):107－213.
[242] Blom H A P, Bar－Shalom Y. The interacting multiple model algorithm for systems with Markovian switching coefficients[J]. IEEE Transactions on Automatic Control, 1988 (33):780－783.
[243] Li X R, Jilkov V P. Survey of maneuvering target tracking. part V. multiple－model methods[J]. IEEE Transactions on Aerospace and Electronic Systems, 2003 (41):1255－1321.
[244] Yang N, Tian W, Jin Z. An interacting multiple model particle filter for manoeuvring target location[J]. Measurement Science and Technology, 2006 (10):1307－1311.
[245] Won S P, Melek W, Golnaraghi F. Fastening tool tracking system using a kalman filter and particle filter combination [J]. Measurement Science and Technology, 2011 (22):108－125.
[246] McGinnity S, Irwin G W. Multiple model bootstrap filter for maneuvering target tracking[J]. IEEE Transactions on Aerospace and Electronic Systems, 2000 (36):1006－1012.
[247] 陈俊丰.基于粒子滤波的机动目标跟踪算法研究[D].杭州:浙江大学,2010:1－16.

[248] 高羽,张建秋. 小波变换域估计观测噪声方差的 Kalman 滤波算法及其在数据融合中的应用[J]. 电子学报, 2007 (35):108 - 111.
[249] Fitzgerald R J. Divergence of the kalman filter[J]. IEEE Transactions on Automatic Control,1971 (16):736 - 747.
[250] Xu L J,Zhang J Q,Yan Y. A Wavelet - based multisensor data fusion algorithm[J]. IEEE Transactions on Instrumentation and Measurement,2004 (53):1539 - 1545.
[251] Chen J F,Shi Z G,Hong S H,et al. Grey prediction based particle filter for maneuvering target tracking[J]. Progress in Electromagnetics Research,2009 (93):237 - 254.
[252] Arulampalam M S,Maskell S,Gordon N J. A tutorial on particle filters for online nonlinear/non - gaussian bayesian tracking[J]. IEEE Transactions on Signal Processing,2002(50):174 - 188.
[253] Wang X,Chen J F,Shi Z G,et al. Fuzzy - control - based particle filter for maneuvering target tracking[J]. Progress in Electromagnetics Research,2011 (18):1 - 15.
[254] Haykin S. Adaptive filter theory[M]. 4th ed. New Jersey:Prentice Hall,2001:10 - 20.
[255] 冯久超. 混沌信号与信息处理[M]. 北京:清华大学出版社,2012:1 - 20.
[256] Li X R,Jilkov V P. Survey of maneuvering target tracking. part I. dynamic systems[J]. IEEE Transactions on Aerospace and Electronic Systems,2003 (39):1333 - 1364.
[257] Deng J L. Control problems of grey system[J]. Systems & Control Letters,1982 (5):288 - 294.
[258] Kayacan E,Ulutas B,Kaynak O. Grey system theory - based models in time series prediction[J]. Expert Systems with Applications,2010 (37):1784 - 1789.
[259] Wong C C,Lin B C,Cheng C T. Fuzzy tracking method with a switching grey prediction for mobile robot[J]. IEEE International Conference on Fuzzy Systems,2001(3):103 - 106.
[260] Rudin W. Principles of mathematical analysis[M]. New York:McGraw - Hill,1976:10 - 15.
[261] Mallat S. A Wavelet tour of signal processing[M]. San Diego:Academic Press,1998:1 - 15.
[262] 戴路,金光,陈涛. 自适应扩展卡尔曼滤波在卫星姿态确定系统中的应用[J]. 吉林大学学报(工学版),2008 (38):466 - 470.
[263] 邓自立. 自校正滤波理论及其应用[M]. 哈尔滨:哈尔滨工业大学出版社,2003:30 - 46.
[264] Lippiello V,Siciliano B,Villani V. Adaptive extended Kalman filtering for visual motion estimation of 3D objects[J]. Control Engineering Practice,2007 (15):123 - 134.
[265] 王国玉. 电子系统小子样试验理论与方法[M]. 北京:国防工业出版社,2003:56 - 78.
[266] 金光. 小子样条件下航天轴承性能可靠性建模与评估[J]. 国防科技大学学报,2010,32(1):133 - 138.
[267] Diciccio T J,Martin M A,Young G A. Analytical approximations for iterated bootstrap confidence intervals[J]. Statistics and Computing,1992(2):161 - 171.
[268] Jeffreys H. 科学推断[M]. 厦门:厦门大学出版社,2011:35 - 38.
[269] 李鹏波,谢红卫,张金槐. 考虑验前信息可信度时的贝叶斯估计[J]. 国防科技大学学报,2003,25 (4):107 - 110.
[270] 刘君,张志华. 成败型武器性能评估中的"淹没"问题研究[J]. 系统仿真学报,2008(20):26 - 30.
[271] 李宁,江敬灼. 军事仿真模型的 VV&A 级别研究[J]. 作战辅助决策与军事系统工程,2005(2):174 - 178.
[272] 宋保维,邵成,毛昭勇. 小子样鱼雷湖海试验环境因子折算方法研究[J]. 兵工学报,2007,28(5):565 - 567.
[273] 周晓光. 一种近正交试验设计方法[J]. 空军工程大学学报(自然科学版),2010,11(3):84 - 92.
[274] 刘晓路,陈英武. 优化拉丁方试验设计方法及其应用[J]. 国防科技大学学报,2011,33(5):73 - 78.
[275] 刘新亮,郭波. 基于改进 ESE 算法的多目标优化试验设计方法[J]. 系统工程与电子技术,2010,32 (2):410 - 416.
[276] 包国忱,柴义隆,赵秀英. 电子装备试验数据处理[M]. 北京:国防工业出版社,2002:26 - 30.
[277] Duran B S,Booker J M. A Bayes sensitivity analysis when using the Beta distribution as prior[J]. IEEE Trans. on Reliability,1988,37(2):239 - 247.
[278] Welch B L,Peers H W. On formulae for confidence points based on integrals of weighted likelihoods[J]. J. Roy. Statist. Soc. Ser. B,1963(25):318 - 329.

[279] Zadeh L A. Fuzzy sets[J]. Information and Control,1965(8):338 - 353.
[280] Deng J L. The primary methods of grey system theory[M]. Wuhan:Huazhong University of Science and Technology Press,2005:2 - 12.
[281] 孙勇成,周献中,李桂芳,等. 基于灰关联分析的仿真模型验证及其改进[J]. 系统仿真学报,2005,17(3):522 - 525.
[282] 吴静,吴晓燕,陈永兴,等. 基于改进灰关联分析的仿真模型验证方法[J]. 系统工程与电子技术,2010,32(8):1677 - 1679.
[283] 王清印,刘志勇,赵秀恒. 不确定信息概念的内涵与外延[J]. 浙江万里学院学报,2003(2):6 - 9.
[284] 王光远. 未确知信息及其数学处理[J]. 哈尔滨建筑工程学院学报,1990(4):6 - 10.
[285] Li J H,Lee P M. Asymptotic diving control method for torpedo - type underactuated AUVs[Z]. Washington:IEEE Socirty,2008.
[286] 陈晔,王德石. 鱼雷非线性姿态系统的自适应反演控制[J]. 海军工程大学学报,2008,20(4):87 - 90.
[287] 王茂励,赵国良. 鱼雷空间运动非线性数学模型的建立与仿真[J]. 系统仿真学报,2007,(20)19:4812 - 4814.
[288] Jie Z,Wang S Z. Dynamics modeling and maneuverability simulation of the unmanned underwater vehicle hanging torpedoes externally[C]. Beijing:2009 International Asia Conference on Informatics in Control,Automation and Robotics,2009:207 - 210.
[289] 王宏禹,邱天爽,陈喆. 非平稳随机信号分析与处理[M]. 北京:国防工业出版社,2008.
[290] 吴晓燕,杨丽娜,周延延. 基于小波分析的仿真模型验证方法研究[J]. 空军工程大学学报(自然科学版),2008,9(6):52 - 57.
[291] Guo X J,Huang Z P,Liu C W,et al. Solution for validation of simulation models using GRA after GRA[J]. The Journal of Grey System,2012(2):119 - 132.
[292] Saaty T L. The Analytic Hierarchy Process[M]. New York:McGraw - Hill,1980.
[293] 张毅,姜青山. 基于分层 TOPSIS 法的预警机效能评估[J]. 系统工程与电子技术,2011,33(5):1051 - 1054.
[294] Billings S A,Leontaritis I J. Identification of nonlinear systems using parametric estimation techniques[C]. Warwick:Proc. IEEE Conf. Control and Its Applications,1987:183 - 187.
[295] Chen S,Billings S A. Representation of non - linear systems:the NARMAX model[J]. Int. J. Control,1989,49(1):1013 - 1032.
[296] Pearson P K,Pottmann M. Gray - box identification of block - oriented nonlinear models[J]. Journal of Process Control,2000(10):301 - 315.
[297] 杜玉虎,房建成,盛蔚,等. 基于最小二乘与自适应免疫遗传算法的小型无人直升机系统辨识[J]. 机器人,2012,34(1):72 - 77.
[298] 胡德文. 非线性与多变量系统相关辨识[M]. 长沙:国防科技大学出版社,2001.
[299] 何登旭. 基于对分法求解线性规划问题的神经网络法[J]. 计算机工程与应用,2006,42(20):74 - 77.
[300] Kristensen N R,Madsen H,Jorgensen S B. Parameter estimation in stochastic grey - box models[J]. IFAC Journal of Automatica,2003,40(2):225 - 237.
[301] Wernholt E,Moberg S. Nonlinear gray - box identification using local models applied to industrial robots[J]. Automatica,2011(47):650 - 660.
[302] Walter E,Kieffer M. Guaranteed nonlinear parameter estimation in knowledge - based models[J]. Journal of Computational and Applied Mathematics,2007(19):277 - 285.
[303] 陈杰,朱琳. 基于混合最小二乘支持向量机网络模型的非线性系统辨识[J]. 控制理论与应用,2010,27(3):303 - 309.
[304] 方舟,李平,韩波. 基于贝叶斯技术的小型无人直升机灰箱建模[J]. 浙江大学学报(工学版),2009,43(11):1945 - 1950.
[305] 萧德云. 系统辨识理论及应用[M]. 北京:清华大学出版社,2014.
[306] 曹健,马育华. 灰箱辨识在连续回转电液伺服马达中的应用[J]. 哈尔滨工业大学学报,2009(3):43 - 46.
[307] 曹柳林,孙娅苹,吴海燕. 基于反应基元的非线性系统灰箱建模方法[J]. 中南大学学报(自然科学版),2011,

42(2):414 -418.

[308] Barbosa B H G, Aguirre L A. Black and gray - box identification of a hydraulic pumping system[J]. IEEE Transactions on Control Systems Technology, 2011, 19(2):398 -406.

[309] 徐德民. 鱼雷自动控制系统[M]. 西安:西北工业大学出版社,2006.

[310] Aguirre L A, Billings S A. Improved structure selection for nonlinear models based on term clustering[J]. Int. J. Control, 1995(62):569 -587.

[311] Correa M V. Grey - box identification of nonlinear systems using rational and polynomial model representations[R]. Belo Horizonte: Universidade Federal de Minas Gerais, 2001.

[312] Sonmez R. Range estimation of construction costs using neural networks with bootstrap prediction intervals[J]. Expert Systems with Applications, 2011(38):9913 -9917.

[313] 杨伟斌,吴光强,秦大同. 人工神经网络的各参数对系统辨识精度的影响分析及各参数的确定方法[J]. 机械工程学报,2006,42(7):217 -223.

[314] 翟东海,李力,靳蕃. 基于模糊神经网络的非线性系统模型的辨识[J]. 计算机学报,2004,27(4):561 -567.

[315] Ljung L. System identification: theory for the user[M]. London: Prentice - Hall, 1999.

[316] Paleologu C, Benesty J, Ciochina S. A robust variable forgetting factor recursive least - squares algorithm for system identification[J]. IEEE Signal Processing Letters, 2008(15):597 -600.

[317] Billings S A, Jamaliddin H B. A comparison of the backprogpagation and recursive prediction error algrothms for training neural networks[J]. Mech. Syst. and Sig. Processing, 1991, 5(3):233 -255.

[318] Corrêa M V, Aguirre L A, Saldanha R R. Using steady - state prior knowledge to constrain parameter estimates in nonlinear system identification[J]. IEEE Transactions on Circuits and Systems—I: fundamental theory and applications, 2002, 49(9):325 -331.

[319] Aguirre L A, Barroso M F S, Saldanha R R, et al. Imposing steady - state performance on identified nonlinear polynomial models by means of constrained parameter estimation[J]. IEE Proc. Control Theory Appl., 2004, 151(2):174 -179.

[320] Aguirre L A, Furtado E C. Building dynamical models from data anf prior knowledge: The case of the first period - doubling bifurcation[J]. Physical Review, 2007(76):1 -12.